U0487143

CCIEE

智库报告

中国经济
分析与展望

(2017~2018)

CHINA ECONOMIC ANALYSIS & OUTLOOK

(2017-2018)

中国国际经济交流中心　编著

社会科学文献出版社
SOCIAL SCIENCES ACADEMIC PRESS (CHINA)

《中国经济分析与展望（2017~2018）》
编　写　组

编写组指导　张晓强　陈文玲

编 写 组 长　杨绪珍

编写组成员　（按姓氏笔画排序）

　　牛　犁　王成仁　元利兴　田　栋　孙晓涛
　　邬　琼　闫　敏　陈　妍　张焕波　张　瑾
　　张前荣　张影强　刘向东　李　娣　李　锋
　　林　江　杨绪珍　胡祖铨　姜春力　郭迎锋
　　梅冠群　谈　俊　徐洪才　徐　伟　梁云凤
　　詹　琳

出版说明

自2009年成立以来，本着"同享人类智慧，共谋全球发展"的宗旨，中国国际经济交流中心开始筹划出版研究报告，对国际国内经济形势进行分析和展望，为政府、企业和社会组织等科学决策提供智力支持，为参与全球治理和服务中国经济发展提供咨询建议。九年来，中国国际经济交流中心以自身研究力量为主，吸纳国内各有关机构人员参加，对世界经济形势和国内经济形势进行系统研究，每年出版《国际经济分析与展望》和《中国经济分析与展望》（简称《世情报告》和《国情报告》）两本报告集，前者主要跟踪世界经济的年度变化，后者主要跟踪我国经济的年度变化，并展望下一年的发展前景。

本年度《国际经济分析与展望》在多年探索的基础上，在框架模式、研究方法与研究内容上进行了大胆创新。本年度《中国经济分析与展望》延续往年的设计体例，对2017年中国经济遇到的问题进行了深入剖析，对这些问题会怎样影响到中国的发展进行了系统的分析与论述；对未来经济形势的分析与展望，也放在全球经济一体化、中国经济进入新常态的大背景下展开，以求能够对中国经济形势做出更为全面和准确的判断。

这两本研究报告通过对国际国内经济形势和区域、行业等多维度的透视，全面系统地评价了过去一年与未来的发展趋势和特点，便于读者把握国内外经济发展大势，具有较强的战略性、系统性、针对性和应用性，希望这两本研究报告能对读者有所裨益。同时，也欢迎广大读者对其中的疏漏给予指正。

中国国际经济交流中心
2018年3月1日

目　录

综合报告

深化供给侧结构性改革　着力提升经济发展质量…………………………… 003

专题1　宏观经济

财税政策分析与展望……………………………………………………………… 027

货币政策分析与展望……………………………………………………………… 040

固定资产投资分析与展望………………………………………………………… 056

消费形势分析与展望……………………………………………………………… 072

对外贸易发展分析及展望………………………………………………………… 084

价格形势分析及展望……………………………………………………………… 094

我国就业形势分析与展望………………………………………………………… 108

专题2　改革开放

财税体制改革进展与建议………………………………………………………… 125

深化金融改革进展及建议………………………………………………………… 135

我国所有制结构变化与发展建议………………………………………………… 153

自由贸易试验区建设进展及建议………………………………………………… 166

外商直接投资现状与展望………………………………………………………… 180

对外投资回顾与展望……………………………………………………………… 193

专题3　产业经济

先进制造业发展及展望…………………………………………………………… 207

现代农业产业发展现状及展望 …………………………………………… 218

大健康产业发展现状与趋势分析 ………………………………………… 234

我国能源发展及展望 ……………………………………………………… 250

专题4　区域与城乡

京津冀协同发展现状与展望 ……………………………………………… 271

"一带一路"建设的主要进展及若干建议 ……………………………… 286

西部大开发建设进展与展望 ……………………………………………… 299

振兴东北建设进展与展望 ………………………………………………… 317

粤港澳大湾区发展现状及展望 …………………………………………… 330

两岸经贸发展与合作展望建议 …………………………………………… 343

专题5　热点领域

我国房地产市场形势分析与展望 ………………………………………… 359

国有企业去杠杆进展及展望 ……………………………………………… 375

生态文明建设进展与展望 ………………………………………………… 389

共享经济发展与展望 ……………………………………………………… 402

当前我国金融风险形势及其应对 ………………………………………… 412

东莞市加快构建开放型经济新体制 ……………………………………… 425

综合报告

深化供给侧结构性改革 着力提升经济发展质量

——2017年经济形势分析和2018年展望及建议

2017年以来,我国经济形势好于预期,经济结构不断优化,新旧动能加快转换,质量效益有所提升,总体上呈现出好中趋稳态势,全年GDP增长6.9%,较好地实现了政府预期调控目标。展望2018年,支持国内经济保持稳定发展的有利条件仍然较多。但是,发展不平衡不充分已经成为满足人民日益增长的美好生活需要的主要制约因素,国际环境不确定性因素较多、国内高杠杆率、地方政府隐性债务、房地产泡沫、实体经济困难等问题依然突出,提升经济发展质量的基础仍不稳固。为此,必须长期坚持稳中求进的工作总基调,以供给侧结构性改革为主线深化各项改革,确保积极的财政政策精准有效,稳健的货币政策适度中性,大力支持实体经济发展,防范化解重大风险,着力提升经济发展质量。

一 十八大以来我国经济社会发展的新变化和新成就

党的十八大以来,我国经济社会发展的内外环境发生了深刻变化,世界经济处在危机后的深度调整期,国际金融市场震荡波动;过去支撑我国经济高速增长的要素条件和市场环境发生了明显改变,经济增长面临较大的下行压力。面对新情况新变化,以习近平同志为核心的党中央作出了我国经济发展进入速度换挡、结构优化、动力转换的新常态的科学论断,坚持稳中求进的工作总基调,以新思想引领新常态,以新理念指导新实践,以供给侧结构性改革为主线深化各项改革,引导我国经济向形态更高级、分工更复杂、结构更合理的阶段演化,取得了一系列举世瞩目的成绩。

(一)新发展理念逐步贯彻落实

为应对我国经济社会发展出现的新问题,党中央和各级政府深入贯彻以人民为中心的思想,以新理念指导新发展。一是创新宏观调控方式,确保经济运行在合理区间。不再实行单一的目标调控,不因经济一时波动而采取短期强刺激政策,不搞大水漫灌。在区间调控的基础上进一步实施定向调控,抓住经济发展中的突出矛盾和结构性问题,定向施策、精准发力,协同推进经济增长与结构调整。二是深入推进供给侧结构性改革,优化经济结构,提升经济发展质量和效益。大力推进"去产能、去库存、去杠杆、降成本、补短板"五大任务,既利用市场倒逼机制,又加强政策引导。大力推动服务业重点领域发展,支持网络约车、远程教育、在线医疗、数字家庭、智慧社区等新业态新经济发展,产业结构和需求结构出现积极变化。三是创新驱动发展战略全面实施,促进经济增长动能加速转换。近年来,我国以科技创新为核心带动全面创新,以健全教育体系培养人才,以打造人才队伍支撑创新,大力推动大众创业、万众创新,积极推进"中国制造2025"、"互联网+"行动计划,促进产业链、创新链、人才链、教育链有机衔接,为经济稳中向好不断注入新的动力。四是深化城乡区域协调发展战略,大幅提升对外开放水平。同步推进新型城镇化与美丽乡村建设,城乡一体化建设有序推进;把区域"四大板块"发展与京津冀协同发展、长江经济带发展和"一带一路"建设三大战略有机结合起来,区域协同发展差距稳步缩小;把"一带一路"建设作为开放的总抓手和新引擎,推动我国外向型经济水平稳步提升。

(二)经济运行保持稳中有进

党的十八大以来,我国经济发展取得历史性成就,经济实力再上新台阶。一是经济保持中高速增长,始终运行在合理区间。7.1%的年均经济增长速度、2%的通胀率、5%左右的调查失业率,这样的运行格局难能可贵,符合经济发展的内在规律,在世界范围内一枝独秀。我国对世界经济增长的平均贡献率达到30%以上,超过美国、欧元区和日本贡献率的总和,居世界第一位,成为世界经济增长的主要动力源和稳定器。二是经济结构调整持续稳步推进,产业结构迈向中高端发展水平。2013~2017年,我国服务业增加值年均增长8.0%,比国内生产总值增速高0.9个百分点;高技术产业和装备制造业增长明显快于传统产业;

最终消费支出对经济增长的年均贡献率为56.2%,高于资本形成总额贡献率12.4个百分点。三是经济体制改革持续推进,经济更具活力和韧性。重要领域和关键环节改革取得突破性进展,主要领域主体框架基本确立。中国特色社会主义制度更加完善,国家治理体系和治理能力明显提高,全社会发展活力和创造活力明显增强。四是对外开放深入发展,倡导和推动共建"一带一路",积极引导经济全球化朝着正确方向发展。开放型经济体制逐步健全,对外贸易、对外投资、外汇储备稳居世界前列。五是创新驱动发展战略深入实施,新产业、新业态、新商业模式茁壮成长。2014~2016年,全国新登记市场主体超过4400万户,其中新登记企业1362万户,年均增长30%。共享经济、数字经济、生物经济、现代供应链等新业态新模式方兴未艾。六是协调发展取得积极进展,城乡和区域一体化水平提升。协调发展的重要标志是基本公共服务均等化、基础设施通达程度比较均衡、人民生活水平大体相当。"三大战略"实施进展顺利,西部开发、东北振兴、中部崛起、东部率先,"四大板块"统筹推进。七是生态环境状况明显好转,推进生态文明建设决心之大、力度之大、成效之大前所未有,大气、水、土壤污染防治行动成效明显。八是人民获得感、幸福感明显增强,脱贫攻坚战取得决定性进展,基本公共服务均等化程度不断提高,形成了世界上人口最多的中等收入群体。

(三)克服重重困难和挑战

党的十八大以来,我国经济社会发展遇到了前所未有的挑战,主要体现在:一是进入全面建成小康社会的攻坚期。脱贫任务仍十分艰巨而繁重,尚未脱贫的大都是条件较差、基础较弱、贫困程度较深的地区和群众,进入了"啃硬骨头"的攻坚阶段,与人民群众密切相关的就业、医疗、教育、养老等方面的保障水平依旧较低。二是进入经济减速换挡期。改革开放以来我国经济保持了年均9.6%的高速增长,然而长期以来支撑经济高速增长的人口红利正随着老龄化程度的加深出现逆转,经济全球化红利在国际金融危机冲击下消失殆尽,各类改革步入深水区,使制度性变革红利释放逐渐衰减。三是进入结构调整的阵痛期。国际金融危机带来的外需衰退导致内外需不平衡结构性问题凸显,消费升级加剧了产品供给质量不足和结构不合理问题,资源价格大幅下降直接导致资源依赖型的产业和区域出现崩塌,大量没有盈利能力的僵尸企业严重挤占社会资源等。四是进入经济增长动力的转换期。依靠大量要素投入驱动经济增长的粗放型模式无法持续,包括劳动力、资本、土地、自然资源、生态环境等在内的要素成本大幅上升,同时带来了严重的产能过剩和环境污染问题,经济发展模式亟须向依靠创新驱动的质量集约型增长转变。

(四) 经济出现新的质的变化

在一系列新思想、新战略、新理念的指导下,我国经济社会发展面貌焕然一新。一是经济增长减速不失速,综合国力稳步提升。2013~2017年,我国国内生产总值年均增长7.1%,在世界主要经济体中位居前列。2017年我国GDP为12.2万亿美元,占世界经济总量的15.7%左右,比2012年提高4.2个百分点。二是结构调整稳中有进,经济发展协调性增强。伴随着供给侧结构性改革的深入,市场预期和信心有效提振,工业企业利润持续改善;我国经济逐渐由工业主导向服务业主导转型;消费成为拉动经济增长的核心动力。三是新旧动力有序转换,创新驱动后劲增强。创新对经济社会发展的支撑和引领作用日益凸显,市场主体开办新企业、开发新产品、开拓新市场的速度加快。四是民生问题持续改善,人民的获得感显著增强。农村贫困发生率从2012年末的10.2%降到2016年末的4.5%,城乡居民收入差距持续缩小,居民物质和精神生活极大丰富,社会保障覆盖面逐步扩大。五是对外开放向纵深拓展,国际话语权和影响力进一步提升。自由贸易区作为对外开放的新窗口,成为经济的新增长点;一批重大工程和国际产能合作项目落地,高铁、核电"走出去"迈出坚实步伐;在"一带一路"国际合作高峰论坛、APEC北京峰会、杭州G20峰会等国际高规格论坛上,不断贡献中国智慧、中国方案。

二 2017年我国经济增长好于预期,呈现好中趋稳态势

2017年,在外需好于预期、房地产销售依然旺盛、工业补库存等需求拉动,供给侧结构性改革扎实推进,以及新旧动能加快转换等因素作用下,我国经济运行呈现出增速平稳、结构优化、动能增强、质量效益提升的稳中有进态势。

(一) 经济增长明显好于预期

2017年前,我国经济运行延续了十八大以来稳中有进的发展态势,GDP增长6.9%,较上年提高0.2个百分点,明显好于预期。

1. 生产形势趋于好转，农业发展基础扎实

2017年，农业生产增长3.9%，同比加快0.6个百分点。粮食产量稳步提升，2017年全国粮食总产量12358亿斤，比2016年增加33亿斤，增长0.3%。粮食生产再获丰收，属历史第二高产年。畜牧业稳定运行，农业投资增长较快，农业技术创新取得进展，农业供给侧结构性改革加速推进。

工业稳中有升。2017年，规模以上工业生产增长6.6%，同比加快0.6个百分点。工业对经济增长的贡献率为30.9%，拉动经济增长2.1个百分点。供给侧结构性改革加快工业领域产能出清进程，钢铁、煤炭以及高耗能行业加快转型升级，市场供需关系有所改善，全国工业产能利用率为77.0%，较上年提高3.7个百分点，创5年新高。

服务业运行平稳。2017年，服务业生产增长8.0%，比上年提高0.3个百分点，对经济增长的贡献率达到58.8%，拉动经济增长4.0个百分点。尤其突出的是信息传输、软件和信息技术服务业增速高达26%，对经济增长的贡献率为11.3%，拉动经济增长0.78个百分点。

2. 需求走势有所分化，投资需求逐季放缓

2017年，固定资产投资增长7.2%，较上年回落0.9个百分点。从季度看，投资增速呈下滑态势，四个季度累计增速分别为9.2%、8.6%、7.5%和7.2%。全年投资实际增速仅为1.3%，较上年回落7.4个百分点。受严控地方政府违规举债融资、财政支出放缓等影响，基建投资延续放慢态势，基建投资增速由年初的21.3%逐步放缓至全年的13.9%；受实体经济经营困难的影响，制造业投资低迷，制造业投资增长4.8%，低于全部投资2.4个百分点。在吸引外资方面，2017年国务院先后出台两个促进吸引外资的文件，效果开始显现，2017年全国实际利用外资同比增长7.9%，新设外商投资企业同比增长27.8%，比前两年明显加快。全年固定资本形成对经济增长的贡献率为32.1%，同比减少11个百分点。消费需求基本平稳。我国居民消费名义增长基本稳定、实际增速小幅回落。全年社会消费品零售总额名义增长10.2%，较上年略降0.2个百分点，但剔除价格因素的社会消费品零售总额实际增长9.0%，同比放缓0.6个百分点。全年最终消费对经济增长的贡献率为58.8%，高于资本形成26.7个百分点。出口增速明显好于预期。全年外贸出口增长7.9%，进口增长15.9%，同比分别提高15.6和21.4个百分点。全年外需对经济增长的贡献率由负转正，净出口对经济增长的贡献率为9.1%，而上年同期为-9.6%。

（二）经济结构优化升级

1. 供给侧结构性改革不断深化

2017年"三去一降一补"取得明显成效。去产能方面，5000万吨钢铁、1.5亿吨煤炭等重点领域全年去产能任务提前完成，1.4亿吨"地条钢"全部取缔；全国工业产能利用率为77%，同比提高3.7个百分点。去库存方面，截至12月末，全国商品房待售面积5.89亿平方米，较2016年末减少了11632万平方米，同比下降15.3%。去杠杆方面，11月末规模以上工业企业资产负债率为55.8%，同比降低0.5个百分点，其中国有控股企业资产负债率为60.8%，同比降低0.6个百分点。降成本方面，在2016年减税降费1万亿元的基础上，2017年预计又减轻1万亿元企业成本负担，1～11月规模以上工业企业每百元主营业务收入中的成本同比减少0.28元。补短板方面，生态环保、水利、社会事业等薄弱环节得到加强，全年生态保护和环境治理业投资增长23.9%，道路运输业投资增长23.1%，公共设施管理业投资增长21.8%，水利管理业投资增长16.4%。

2. 新旧动能转换持续推进

工业领域，高技术产业、装备制造业呈现快速增长态势，2017年高技术产业和装备制造业增加值同比分别增长13.4%和11.3%，增速分别比规模以上工业快6.8个和4.7个百分点，工业机器人产量增长68.1%，新能源汽车增长51.1%。服务业领域，新兴服务业快速发展，1～11月，战略性新兴服务业、生产性服务业和科技服务业营业收入同比分别增长18.0%、15.0%和15.1%。消费领域，以网络销售和快递业为代表的互联网经济快速增长，分享经济覆盖范围不断拓展，共享单车、网络约车、在线医疗等新模式涌现。全年全国网上零售额增长32.2%，比上年同期加快6.0个百分点。

（三）经济发展的质量效益有所提升

就业形势基本稳定，2017年全国城镇新增就业超过1300万人。居民收入较快增长，全国居民人均可支配收入实际增长7.3%，高于GDP增速0.4个百分点，城乡居民人均收入倍差2.71，比上年缩小0.01。企业效益大幅改善，1～11月，规模以上工业企业利润同比增长21.9%，同比加快12.5个百分点。财政收入增势良好，1～11月，全国财政收入增长8.4%，同比加快2.7个百分点，部分省份扭转财政收入下降的局面；1～11月，全国政府性基金预算收入增长

30.1%，其中国有土地使用权出让收入增长35.3%。节能降耗成效显现，全年单位GDP能耗同比下降3.7%，全国300多个地级及以上城市PM2.5浓度同比大幅下降。

（四）物价水平温和可控

居民消费价格保持温和上涨态势，既没有通胀压力，也没有通缩担忧。2017年，CPI上涨1.6%，同比回落0.4个百分点。粮食、猪肉、鸡蛋等食品价格下跌下拉CPI涨幅，医疗保健、居住、教育服务等价格支撑CPI上涨。工业生产者出厂价格高位运行。PPI上涨6.3%，同比提高7.7个百分点。工业品价格上涨中翘尾因素带动了66.7%，煤炭、钢铁、石化、有色等原材料价格拉动了八成左右。此外，环保督察风暴使得部分高污染企业关停也推动相关产品涨价。

总体来看，2017年，社会预期有所改善、新产业新业态蓬勃发展，服务业保持平稳增长对经济运行形成支撑，保持经济稳定增长的有利条件仍然较多。全年GDP增长6.9%左右，自2010年以来首次出现年度增速回升，可以较好地完成政府预期增长目标，也实现了"在实际工作中争取更好结果"的目标。居民消费价格温和可控，全年上涨1.6%左右；城镇新增就业超过1300万人，超额完成预期目标；进出口增速好于预期，国际收支基本平衡。

三　国内外经济发展处于重要转换阶段

（一）世界经济处于技术革命向商业化转变的关键期

发达经济体私人部门资产负债表修复、劳动力市场改善、企业利润回升，社会信心逐渐恢复，带动全球经济复苏动能增强。国际货币基金组织（IMF）《世界经济展望》连续两次上调2017年、2018年全球经济增长预期分别至3.6%和3.7%，改变了过去几年来IMF多次持续下调增长预期的状况。世界经济出现由收缩向复苏转变，主要表现如下。一是全球贸易增长动能增强。世界贸易组织数据显示，截至第三季度，全球贸易景气指数为102.6，创2011年4月以来新高，波罗的海干散货指数由年初的953上升至11月末的1578。世界贸易组织上调2017年全球贸易量增速1.2个百分点至3.6%。二是全球外商直接投资恢复增长。国际贸易改善、企业利润反弹以及投资者信心增强对全球外商直接投资形成有力支撑，联合国贸发组织预计，2017年全球外商直接投资规模将达到1.8万亿美元，增速由上年的-2%升至5%。三是全球就业形势向好。自金融危机以来，主要发达经济体劳动力市场持续改善，近期，美国失业率降至4.2%，为2000年以来新低，欧元区失业率降至8.9%，为2009年初来的低位，日本失业率降至2.8%，为1994年以来新低。四是全球通胀水平逐步回升。欧、日等主要经济体已摆脱通缩风险，美国通胀率在2.0%左右，欧元区通胀率在1.5%左右，日本通胀率在0.7%左右。五是全球制造业有所回暖。主要经济体制造业PMI指数达阶段性高点，其中美国制造业扩张强劲，制造业PMI达60.8，为近13年来新高，欧元区制造业加速扩张，PMI达58.1，为2011年来的高点，日本制造业PMI达52.9。全球经济逐步摆脱"低增长、低通胀、低利率"的"三低"状态。

展望未来，世界经济处于技术革命向商业化转变的关键期。从长波周期看，以页岩油气革命为代表的新能源技术取得较大突破，以机器人、大数据、3D打印为代表的新一代信息技术快速发展，以人工智能为引领的智能制造方兴未艾，节能环保以及生物工程等技术的研发正在如火如荼地进行中，全球技术革命逐渐由单一领域"裂变"引领转向多领域"聚变"，支撑第六长波的技术革命已现端倪。从短波周期看，全球经济以制造业复苏为支撑逐渐步入上行周期，经济活力不断增强，经济增速在2016年达到近六年以来的低点后，2017年开始出现明显回升。在长波周期和短波周期的叠加效应下，预计2018年全球经济将继续保持回暖势头。但也应注意到，全球经济尚未完全摆脱对高信贷增长以及宽松政策的依赖，前期全球过度宽松的货币环境滋生了资产泡沫，而今美国等主要经济体货币政策同步回归正常化，存在刺破资产泡沫、引发金融市场动荡的风险；特朗普税改计划可能引发全球恶性减税竞争、贸易保护主义抬头，以及地缘政治局势动荡等因素给全球经济复苏带来一定的负面冲击。

（二）中国经济由高速增长阶段转向高质量发展阶段

十九大报告指出，"我国经济已由高速增长阶段转向高质量发展阶段"。2017年以来对于我国经济新周期的讨论较多，当前与其说中国经济进入新周期，不如说中国经济进入新阶段，准确地说由经济快速下降阶段过渡到稳定提质阶段，未来工作重点将集中到提高经济发展质量上来。高质量发展阶段主要强调更高质量、更有效率、更加公平和更可持续的发展，必须坚持质量第一、效益优先，以供给侧结构性改革为主线，推动经济发展质量变革、效率变革、动力变革，提高全要素生产率。

一是推动经济发展方式显著转变。我国顺应经济发展基本规律，通过深化改革和激励创新来推动发展方式的切实转变，经济逐步由要素投入型向创新驱动型转变，由技术引进型向自主创新型转变，由高碳型经济向低碳型经济转变，由资源消耗型向环境友好型转变，由"少数人先富"向"共同富裕"型社会转变。

二是推动供给质量显著提升。以供给侧结构性改革为主线，把发展经济的着力点放在实体经济上，把提高供给体系质量作为主攻方向，显著增强我国经济质量优势。加快建设制造强国，大力发展先进制造业，推动互联网、大数据、人工智能和实体经济深度融合发展。支持传统产业优化升级，加快发展现代服务业，瞄准国际标准提高水平。促进我国产业迈向全球价值链中高端，努力培育若干世界级先进制造业集群。

三是推动增长动力显著转换。我国以科技创新为核心带动全面创新，以健全教育体系培养人才，以打造人才队伍支撑创新，推动产业链、创新链、人才链、教育链有机衔接，促进经济发展更多依靠创新驱动。大力推动大众创业、万众创新，积极推进"中国制造2025"、"互联网＋"行动计划，新产品、新服务快速成长，平台经济、分享经济、协同经济等新模式广泛渗透，跨境电商、智慧家庭、智能交流等迅速成长，新旧动能加速转换，为经济提质增效不断注入新的强劲动力。

（三）我国社会主要矛盾重大变化对未来发展提出新要求

站在新的历史起点上，我国经济社会发展由"站起来"到"富起来"进入"强起来"新时代。新时代面临的社会主要矛盾发生了重大变化，我国社会主要矛盾已经由"人民日益增长的物质文化需要和落后的社会生产之间的矛盾"转化为"人民日益增长的美好生活需要和不平衡不充分的发展之间的矛盾"。一方面，随着居民消费结构不断升级，衣食住行得到较大满足，休闲娱乐、健康医疗、文化体育等服务消费需求日益增加。人民不仅对物质文化生活提出了更高要求，而且在民主、法治、公平、正义、安全、环保等方面的需要日益增长。另一方面，我国社会生产力水平得到显著提高，已经是世界制造业大国，不再是社会生产能力落后的问题了，发展中存在的是城乡间、地区间发展不平衡问题，以及质量效益不高、创新能力不强、生态环境保护不力、可持续发展能力不足等发展不充分问题。发展不平衡不充分成为满足人民日益增长的美好生活需要的主要制约因素。从短期看，如何提高投资效率、科技创新和结构调整则是重中之重。2018年，我国经济领域的主要问题有以下几个。

一是金融领域蕴藏"灰犀牛"风险。近年来，一些市场主体行为出现异化，道德风险明显上升，而金融监管体制机制尚不适应；在经济全球化深入发展、国际金融危机外溢性加大的背景下，金融问题叠加周期性、结构性、体制性矛盾，形成了当前金融领域内的影子银行、银行不良贷款、企业债、互联网金融、房地产泡沫、地方隐性债务、违法违规集资等"灰犀牛"风险隐患，具有极大的隐蔽性、突发性、传染性和危害性。一旦发生"灰犀牛"事件，跨市场、产品关联和机构关联的金融市场特征将极易引发系统性金融风险。

二是地方政府隐性债务风险。尽管有关部门加强地方政府债务管理，地方政府杠杆率由升转降，但是部分债务风险不容忽视。融资平台无序扩张、政府购买服务异化、基金融资"明股实债"等隐性债务风险不容忽视，购买服务贷款异化形成违规政府性债务。规范地方政府融资行为迫在眉睫，但在"堵后门"的同时没有很好地打开"前门"，使得部分基建项目面临较为突出的融资难题。存在按时完成存量融资整改难度较大、基础建设项目政府购买服务与财政规划期限不匹配、已开工项目面临资金链断裂风险等问题。

三是房地产市场泡沫影响经济稳定运行。2014年"9·30"新政以来，受限购限贷放宽、利率下调、交易环节税收减免等政策刺激，我国房地产市场量价齐涨，"全民皆房"推动房价持续快速飙涨，资产泡沫风险明显加大，使得商品房已经严重超越了居住属性，扭曲为财富再分配的金融工具，房地产市场扭曲式发展已经影响到社会经济的平稳发展和群众的切身利益。高房价使得大学应届毕业生等新市民群体买房几乎无望，高房价吸引各种社会资本涌入，加剧房地产市场的扭曲，并在一定程度上挤压了实体经济的发展。与此同时，房地产市场一旦深度调整，将会打击一系列相关行业的正常发展，并造成金融乃至经济动荡，部分中小房企面临着资金链断裂的金融风险。

四是民间资本投资意愿较低。近年来，民间投资增速已经持续低于整体投资。民间投资的70%以上投向制造业和房地产开发。当前制造业领域整体产能过剩和市场需求不旺的矛盾尚未根本化解，民间资本投资意愿普遍较低。在去产能和环保督察过程中对部分中小民营制造业形成了一定的挤出效应。受调控政策收紧的影响，房地产开发投资增速也将有所回落。此外，企业融资等成本偏高、国企改革进展缓慢等因素制约民间投资增长。

五是贸易保护主义影响中国外贸环境。美国总统特朗普签署行政备忘录，责成美国贸易代表莱特希泽决定依据美国《1974年贸易法》对中国发起调查，尤其是针对中国在技术转让等知识产权领域的做法实施重点调查。这一事件对中国将造成几方面影响：（1）美国采取贸易救济措施，如征收额外关税、费用等对中国进口进行限制，影响中国出口贸易；（2）中美之间货物贸易和服务贸易领域发生一系列贸易摩擦，甚至升级为贸易战，导致双边贸易额缩减，贸易、投资、经济融合程度倒退；（3）美国的单边贸易制裁容易引发连锁反应，导致其他以保护本国利益为目的的国家跟风而动，致使中国面对更大范围的贸易摩擦。因此，全球贸易保护主义抬头不断恶化我国外贸环境，增加爆发贸易摩擦乃至贸易战的可能。

四　2018年我国经济将延续平稳发展态势

2018年是贯彻党的十九大精神的开局之年，是改革开放40周年，是决胜全面建成小康社会、实施"十三五"规划承上启下的关键一年。世界经济处于技术革命向商业化转变的关键期，国内经济已由高速增长阶段转向高质量发展阶段，十九大精神必将激发全社会创造力和发展活力，国内经济保持稳定发展的有利条件仍然较多。但是，发展不平衡不充分已经成为满足人民日益增长的美好生活需要的主要制约因素，国际环境不确定性因素较多、国内高杠杆率、地方政府隐性债务、房地产泡沫、实体经济困难、区域间经济分化等问题依然突出，提升经济发展质量的基础仍不稳固。综合考虑国内外发展环境和潜在经济增长水平，2018年我国经济增长将呈现出稳中缓降态势，预计我国GDP增长6.6%左右。

（一）我国短期经济仍面临一定的下行压力

目前，我国经济景气正处于1997年以来的第7个周期循环的下行阶段，一致合成指数的峰出现在2017年3月，截至11月已经连续下降了8个月，先行合成指数在2016年8月出现峰，尽管在2017年5~8月出现了小幅回升，但总体仍处于下行空间。本轮周期波动中先行合成指数领先于一致合成指数7个月，据此测算，我国一致合成指数在2018年上半年之前都将处于下行走势，我国宏观经济运行仍然面临一定的下行压力。

（二）生产侧逐步实现市场出清，结构优化升级

1. 工业生产稳中趋缓，结构继续优化

供给侧结构性改革深入推进，钢铁、煤炭等重点领域连年超额完成去产能任务，传统行业供需关系逐步改善；集成电路、人工智能、机器人等高技术产业快速成长，装备制造、战略性新兴产业势头良好，工业发展的新动能不断累积。但是，金融领域防风险、去杠杆力度不减，企业尤其是民营企业融资等成本难以下降；工业领域由补库存逐步转向去库存；同时环保督察风暴对钢铁、有色、化工等污染严重的企业关停限产。初步预计，工业生产将稳中趋缓，2018年工业生产将增长6.2%左右。

2. 服务业主导作用进一步增强

随着互联网、大数据、人工智能等技术的快速发展，我国分享经济、科技服务、信息传输、软件和信息技术服务等现代服务业加速发展；居民消费结构不断升级，旅游、文化、体育、健康、养老等五大幸福产业快速发展；中长期服务业发展规划等一系列促进服务业发展的政策出台，为服务业稳步前行提供了制度保障。但是，金融领域去杠杆导致融资等行为更趋谨慎，房地产市场销售与投资活跃程度下降，对服务业支持作用减弱。初步预计，2018年服务业生产增速将基本稳定在7.5%左右。

（三）需求侧发展更加均衡，增速稳中放缓

1. 投资增长略有放缓

货币政策回归正常化成为国际趋势，去杠杆、防风险要求货币政策保持稳健中性，社会投资成本难以进一步下降；新开工项目计划总投资增速处于金融危机以来的相对低位，投资到位资金增速放缓；商品房销售放慢的影响将会逐步传导至房地产开发建设领域，房地产开发投资增速将小幅回落；财政部等六部委联合出台规范地方政府举债融资的措施，在一定程度上抑制地方基础设施建设投资的资金来源。当然，经济结构升级带动装备制造、高技术产业投资较快增长，国家深化放管服改革、简化投资程序、优化投资流程有利于创造良好的投资环境，这些因素将会增强投资需求韧性。初步预计，2018年固定资产投资将增长6.5%左右。

2. 消费需求继续发挥对经济发展的基础性作用

我国城镇新增就业保持较快增加，农民工就业形势改善，城镇调查失业率处于较低水平；城乡居民收入增速高于 GDP 增速，为后期消费稳步运行提供良好基础；健康养老等幸福产业不断加速，为消费增长提供了新的空间；服务消费需求不断增长，并成为促进消费的重要增量来源。但是，汽车领域优惠政策效应递减将导致汽车消费减慢，房地产调控将抑制关联商品如家电、家具、装修等消费，农村消费增长的脆弱性较大，小微企业关停导致结构性失业问题显现等。初步预计，2018 年社会消费品零售总额将增长 10% 左右。

3. 进出口保持较快增长

世界经济呈现回暖态势，市场需求继续改善，国际贸易和投资日趋活跃，新兴经济体基础设施建设需求加大，我国对外贸易结构优化升级，外贸企业竞争力增强，加工贸易增长企稳回升，国内市场需求改善，有助于我国进出口保持较快增长。但是，美国对我国发起"301 调查"等贸易保护行为，制约我国重点领域对美出口；美联储持续加息及启动缩减资产负债表，对国际金融市场和各国货币政策带来一定冲击；全球地缘政治形势复杂，恐怖袭击、地缘冲突等突发事件较多；国际大宗商品价格震荡波动等，我国出口面临的不确定性仍然较大。初步预计，2018 年美元计价我国出口和进口将分别增长 6% 和 8.5% 左右。

（四）物价领域延续温和涨势

1. 居民消费价格温和回升

社会总供给和总需求基本平衡，居民消费价格保持温和上涨态势。消费品市场供过于求，工业品价格上涨对消费品价格的传导作用有限；粮食库存居高不下，食品价格上涨空间受限；货币环境难以进一步宽松，流动性稳中趋紧，不支持消费价格明显攀升。但是，肉禽、部分油料等食品价格具有较大不确定性。初步预计，居民消费价格将温和上涨，2018 年 CPI 将上涨 2.0% 左右。

2. 工业生产者出厂价格涨幅回落

PPI 翘尾因素影响将会较 2017 年明显减弱，生产领域供大于求局面仍然存在；对 2017 年工业品价格影响巨大的国内原材料价格涨幅将会趋缓；全球铁矿石供应增加、美国页岩油气复产，国际大宗初级产品价格将震荡走弱。但是，生态文明建设要求提高，环保督察力度不减，部分污染严重的工业品存在一定供应压力，初步预计 2018 年 PPI 上涨 4.0% 左右。

（五）GDP 预期增长 6.6% 左右

2018年我国将继续坚持"稳中求进"的工作总基调，把提升经济发展质量放到更加重要的位置。一方面，我国经济"稳"的压力较小，经济总量持续扩大，新旧动能不断转换，经济运行的稳定程度增强，对就业的吸纳能力提升；另一方面，"进"的压力较大，改革措施落实显效、创新驱动能力提升、经济发展提质增效，尤其是防范化解重大风险、精准脱贫、污染防治三大攻坚战等任务十分繁重。综合考虑全面贯彻落实十九大精神、国内外发展环境和我国潜在经济增长水平，建议2018年GDP增长预期目标保持在6.5%左右；由于工业品价格上涨向消费领域传导以及食品价格的不确定性，物价涨幅小幅上行，仍有望控制在3%以内；就业基本稳定，预计城镇新增就业1100万人以上；推动外贸进出口平稳增长，国际收支基本平衡。

表1 2018年中国主要宏观经济指标预测

项目	2017年实际		2018年预测	
	亿元	%	亿元	%
GDP	827122	6.9	912205	6.6
一产	65468	3.9	69655	3.8
二产	334623	6.1	368516	6.0
三产	427032	8.0	474033	7.5
规模以上工业增加值	—	6.6	—	6.2
城镇固定资产投资	631684	7.2	672743	6.5
房地产投资	109799	7.0	115289	5.0
社会消费品零售总额	366262	10.2	402888	10.0
出口（亿美元）	22635	7.9	23993	6.0
进口（亿美元）	18410	15.9	19975	8.5
居民消费者价格指数	101.6	1.6	102.0	2.0
工业生产者出厂价格指数	106.3	6.3	104.0	4.0

注："居民消费者价格指数""工业生产者出厂价格指数"无单位。

五 我国经济进入高质量发展新时代

中央经济工作会议指出，我国经济发展进入了新时代，已由高速增长阶段转向高质量发展阶段。针对社会主要矛盾和当前经济发展中存在的突出问题，需要长期坚持"稳中求进"工作总基调,积极的财政政策取向不变,稳健的货币政策要保持中性,结构性政策要发挥更大作用,切实深化供给侧结构性改革,防范化解重大风险,着力提升经济发展质量。

(一)"稳中求进"工作总基调要长期坚持

中央经济工作会议指出,"稳中求进"工作总基调是治国理政的重要原则,要长期坚持。"稳"就是要保持政策的稳定性和连续性,不能急转弯、猛刹车、强刺激;要保持经济运行在合理区间,稳经济、稳物价、扩就业、增收入,保持社会大局稳定。"进"就是要加大调结构、促改革的力度,推进结构调整和各项改革取得重大进展。

1. 在工作实践中,要处理好"稳"和"进"的辩证关系

"稳"是"进"的前提条件,如果急躁冒进、只考虑结构调整和改革,却忽视了经济社会稳定发展问题,一旦经济增长出现过快下滑,各种社会矛盾就会凸显,结构调整和改革也就无法有序推进。同样,如果一味求稳,畏手畏脚,不推进结构调整和深化改革,不优化经济结构,不培育新的发展动力,则将来经济增长的基础难以夯实。在"稳"的前提下,扎实深化供给侧结构性改革、加快推进重要领域和关键环节改革落地显效,改革反过来有助于保持经济的持续稳定健康发展。二者有机统一、互相影响、不能偏废,单纯强调某一者都不符合"稳中求进"治国理政的重要原则。

2. 要把"稳"和"进"作为一个整体来把握,特别要把握好工作节奏和力度

要加强政策协同,把握好经济社会发展和改革开放的政策取向,积极的财政政策取向不变,重在调整优化财政支出结构,切实加强地方政府债务管理;稳健的货币政策要保持中性,重在管住货币供给总闸门,守住不发生系统性金融风险的底线;结构性政策要发挥更大作用,重在强化实体经济吸引力和竞争力,优化存量资源配置,强化创新驱动;社会政策要积极主动回应群众关切,注重解决突出民生问题;改革步子再快一些,加快完善以产权制度和要素市场化配置为重点的改革;开放力度要大一些,大幅放宽市场准入,加快形成全面开放新格局。

(二)在"破、立、降"上下功夫深化供给侧结构性改革

深化供给侧结构性改革被列为2018年八项重点经济工作之首。当前,结构性矛盾的根源是要素配置扭曲,因而根本途径在于深化要素市场化配置改革,重

点在"破"、"立"、"降"上下功夫。

"破"就是大力破除无效供给,把处置"僵尸企业"作为重要抓手,用市场化、法制化手段化解过剩产能。目前,煤炭、钢铁行业去产能已取得实质性进展,但是水泥、平板玻璃、炼油、造船和电解铝等行业产能过剩压力依然较大。未来破除无效供给、处置"僵尸企业"、推动化解过剩产能仍是重要任务。

"立"就是大力培育新动能,强化科技创新,推动传统产业优化升级,培育一批具有创新能力的排头兵企业。近几年来在新旧动能转换过程中"青黄不接"是我国经济不断下行的重要原因。一方面需要不断培育壮大新经济动能,另一方面需要加快推动传统行业技术改造、转型升级,从而提升整体供给体系质量。

"降"就是大力降低实体经济成本,降低制度性交易成本,继续清理涉企收费,加大对乱收费的查处和整治力度,深化电力、石油天然气、铁路等行业改革,降低用能、物流成本。当前,在美国出台30年来最大规模减税政策的背景下,我们必须正视全球性减税的现实,切实深入研究制定我国普遍性减税和完善税制的应对之策。只有降低实体经济成本取得实质性进展,制造企业才有盈利空间,制造业投资、民间投资才能成为经济稳定增长的坚实动力。

(三)打好决胜全面建成小康社会三大攻坚战

实现2020年全面建成小康社会GDP翻番目标,今后三年经济增长6.3%即可达到。从当前经济运行情况看,实现增长目标应该不会有太大的问题,难点在防控重大风险、精准脱贫、污染防治,这三大攻坚战是全面建成小康社会的底线,是全面建成小康社会的标志。中央经济工作会议对今后三年打好三大攻坚战作出了全面部署。

1. 防范化解重大风险的重点是防控金融风险

明确了防控风险的方向和方式,就是服务于供给侧结构性改革这条主线,促进形成金融和实体经济、金融和房地产、金融体系内部的良性循环,做好重点领域风险防范和处置,坚决打击违法违规金融活动,加强薄弱环节监管制度建设。金融危机之后,全球主要国家实施量化宽松政策,世界宏观杠杆率显著提高。根据国际清算银行估计,2006~2016年,全球政府、企业和家庭累计债务占国内生产总值的比重从234.6%增至275%。同时,我国受前期刺激政策影响,政府、企业、个人都不同程度存在杠杆率上升速度较快和杠杆率水平较高问题。只有从实体经济、房地产、政府债务、金融领域等方面来系统发力,才能使宏观杠杆率得到有效控制，从根本上防控金融风险。

2. 打好精准脱贫攻坚战是党和政府对人民的庄严承诺

2012～2016年，我国现行标准下的贫困人口由9899万人减少至4335万人，累计减少5564万人。但是由于中国人口众多，在经济条件、地理条件和自然条件限制下，还有部分人口仍处于贫困线以下。中央经济工作会议提出，要保证现行标准下的脱贫质量，既不降低标准，也不吊高胃口，之所以提出这样的要求，是因为有些地方看到中央高度重视扶贫工作，所以擅自提高了扶贫标准，有的地方为了早日脱贫"摘帽"，降低了脱贫质量。今后三年的重点是瞄准特定贫困群众进行精准帮扶，向深度贫困地区聚焦发力，这二者都是扶贫的"硬骨头"，表明扶贫不仅要"授人以鱼"，而且要"授人以渔"，真正实现精准扶贫，让贫困人口可以依靠辛勤劳动、自我发展走上脱贫致富之路。加强考核监督，表明中央扶贫的决心，不允许任何虚假事件发生，保证扶贫取得实效。

3. 污染防治攻坚战切实关系到人民群众的切身利益

打好污染防治攻坚战的目的，是使主要污染物排放总量大幅减少，生态环境质量总体改善。当前，重点是打好蓝天保卫战，雾霾已成为民生的最大痛点，是人民群众最关心的问题。当然，还要深入实施"水十条"，全面实施"土十条"。中央经济工作会议从加快推进生态文明建设的战略高度出发，对打好污染防治攻坚战提出了具体要求。要调整产业结构，淘汰落后产能；要调整能源结构，多用清洁能源；要加大节能考核和力度，不断提高能效；要调整运输结构，减少公路和货运比重。总之今后三年污染治理的力度不会减弱。如果说污染治理影响了经济增长，影响的是那些我们不想要的增长，是那些对人民美好生活带来负效果的增长。要实施好"十三五"规划确定的生态保护修复重大工程，启动大规模国土绿化行动，引导各方面资金投入到绿水青山的修复之中。只有恢复绿水青山，才能使绿水青山变成金山银山。

（四）加快建立多主体供应、多渠道保障、租购并举的住房制度

扭曲的房地产市场已经严重影响到宏观经济的稳定运行，同时拉大了居民财富分配差距。中央经济工作会议把住房制度作为2018年八大重点经济任务之一，凸显了中央对住房问题的高度重视。住房问题既关系到民生问题，也关系到金融风险防控，还关系到宏观经济的稳定运行。中央经济工作会议提出，要发展住房租赁市场特别是长期租赁，保护租赁利益相关方合法权益，支持专业化、机构化

住房租赁企业发展。租赁市场建设涉及住房人是否享有同产权人一样的公共服务问题，大力推进租购同权显得尤为重要。十九大报告提出，加快建立多主体供给、多渠道保障、租购并举的住房制度，是一个全新的提法，指明了我国未来住房制度的基本特征和改革方向。未来要形成的住房制度包括居住用地、商品房、租赁房、公租房等，住房供应应该是多主体供给、多渠道保障，让全体人民住有所居。要继续完善促进房地产市场平稳健康发展的长效机制，保持房地产市场调控政策的连续性和稳定性，在分清中央和地方事权基础上对不同地区实行差别化调控。

（五）着力提升我国经济发展质量

推动高质量发展是当前和今后一个时期确定发展思路、制定经济政策、实施宏观调控的根本要求，作出这一重大决策意义十分重大。把推动高质量发展作为当前和今后一个时期经济发展的根本要求，主要考虑如下。一是我国已经不具备高增长的客观条件，人口红利减弱，要素结构、产业结构、需求结构发生变化，金融风险上升，资源环境压力加大，乃至经济总量已经很大等，使我国经济潜在增长率发生变化。若不顾客观实际，盲目追求高增长，带来的风险可能比增加的GDP还要多。二是我国社会主要矛盾已经变化，落后的社会生产已经不是主要矛盾的主要方面，此时若再追求高速增长反而会加剧发展的不平衡。三是开启全面建设社会主义现代化国家新征程，相对于量的问题，质的问题更重要，要在解决质的问题过程中来实现量的增加。四是从经济发展规律来看，只有从高速增长成功转向高质量发展的国家，才能实现现代化，进入高收入经济体。

进入新时代，面对新矛盾，我国经济正处在转变发展方式、优化经济结构、转换增长动力的攻关期。贯彻新思想，追求新目标，必须坚持质量第一、效益优先，以供给侧结构性改革为主线，推动经济发展质量变革、效率变革、动力变革，提高全要素生产率。一方面，我国经济平稳增长的压力较小，经济总量持续扩大，新旧动能不断转换，经济运行的稳定程度增强，对就业的吸纳能力提升；另一方面，经济发展提质增效的压力较大，改革措施落实显效、创新驱动能力提升，尤其是防范化解重大风险、精准脱贫、污染防治三大攻坚战等任务十分繁重。

六 2018年经济发展主要政策建议

从2018年及更长周期来看，我国经济依然有保持6.5%左右平稳增速的基础和潜力,这得益于我国庞大的市场空间,更主要是我国经济的强大韧性。这个韧性的强弱和持久性,有赖于经济新动能的培育和发展。而经济新动能的形成和壮大,根本上取决于市场化改革的进展及成效。

面对2017年度经济的超预期表现,应冷静对待,正视潜在的风险和问题,继续坚持稳中求进的工作总基调,把提高经济发展质量放到更加重要的位置,保持政策的连续性和稳定性,加快推进重要领域和关键环节的改革,并采取切实措施确保落到实处,发挥市场在资源配置中的决定性作用,解决困扰中国多年的结构性问题,下决心处置一批风险点,防止系统性风险出现。

(一) 加快推进重要领域和关键环节改革

改革要以理顺政府与市场的关系为核心抓手,主要目的是使二者各就其位。下决心把简政放权推向更深层次,尽快把影响市场活力和创新的审批事项取消,还权利给市场,调动各方面积极性。同时,协同推进政府监管和服务体系建设。建议在党的十九大召开后,由中央亲自部署,对十八届三中全会提出的改革措施进行全面梳理和回顾,特别是国有企业、财税、金融、价格、投资、产权、市场准入等重要领域和关键环节,认真总结成绩、深入查找差距、全面分析原因,有针对性地加大力度,力争尽快取得突破,并保证落到实处。

(二) 保持积极的财政政策精准有效

一是建议适度缩小2018年全国赤字率,适度加大地方政府专项债券发行力度;进一步优化财政支出结构,重点支持民生、创新、绿色发展等薄弱环节和重点领域建设。二是积极财政政策的重点由增加赤字转向以减税为主,密切关注美欧等国家税改动向,研究出台普遍降低企业增值税和所得税税率的措施。三是积极推进财税体制改革。加快推进财政事权与支出责任划分改革,制定出台中央和地方财政收入划分总体方案;研究推进个人所得税改革,推进综合与分类相结合的税制改革,启动新一轮个人房产税试点。

(三) 坚持稳健的货币政策适度中性

坚持稳健的货币政策适度中性,积极稳妥去杠杆,做到不紧不松。"不紧"是保证实体经济增长的合理、正常资金需要,"不松"是防止金融加杠杆卷土重来、防止房地产泡沫进一步膨胀与金融风险过度上升。一是建议2018年社会融资规模存量增长目标设定为 12%。适应货币供应方式变化和金融创新发展，保持社会融资规模平稳扩张，社会流动性合理充裕。二是加强价格型调控，维持利率水平与人民币汇率基本稳定。三是协调金融调控与金融监管政策，引导信贷资金流向实体经济和"小微"、"三农"等社会薄弱环节，实现"强实抑虚"，强化经济增长的新动能。充分运用公开市场操作、窗口指导等具有预调微调、结构优化功能的政策手段，坚持对法定存款准备金率的差异化调整以及实行差异化MPA监管要求，引导信贷资金流向，优化信贷结构。

（四）努力推进经济发展质量的提升

全面贯彻落实十九大精神，提高中国经济发展质量，一是转变发展理念，以新时代的新发展理念为指导，从速度规模型进一步转变为质量效益型，不过分强调经济增长速度，主要从结构调整、创新发展、协调优化、制度建设等方面考虑进一步提高经济发展质量。二是深入研究中国经济发展的不平衡不充分问题，挖掘症结所在，通过改革创新的办法化解经济领域的主要矛盾。三是深入推进供给侧结构性改革，化解产能过剩，支持实体经济，降低杠杆率，提高供给体系质量，培育新的增长点，提高国家科技创新、技术创新、管理创新能力，实现国家增长动力转换。四是重视人民新时代对生态环保的新需求，摒弃粗放式增长，强调人与自然和谐共生，构建美丽中国。五是增强人民的获得感、幸福感和安全感，通过提升教育水平提高全民素质，通过完善制度提高社会保障能力，同时进一步改善就业状况与提高收入水平，重视国民健康、养老医疗、公平正义等问题。

（五）积极支持实体经济发展

一是运用市场机制、经济手段、法治办法，实行严格的环保、能耗、安全、技术、质量标准，继续化解过剩产能。分类推进企业兼并重组、债务化解乃至破产清算。二是努力降低企业成本，着力降低税费成本、制度性交易成本、融资成本、物流成本等。三是对工业企业采购先进设备按采购金额的一定比例予以财政补贴；鼓励企业积极进行工业化与信息化融合发展，提高企业生产经营效率。四是促进金融服务实体经济，加强政银合作信贷产品创新与合作，丰富政银合作信贷产品，通过金融产品创新扩大商业银行对实体企业金融支持的覆盖面。

（六）防范化解重大经济风险

一是防范金融风险。健全货币政策和宏观审慎政策双支柱调控框架，健全金融监管体系，守住不发生系统性金融风险的底线。针对前期商业银行自查暴露出的问题，进一步提高现场监管效率，重点深化对表外业务和同业业务实施"穿透式"监管；通盘考虑监管政策，减少政策漏洞；针对金融机构集团化、金融业务混业化的趋势，加强"一行三会"的信息共享，开展联合监管，消除监管真空。二是有效化解地方政府债务风险。强化地方限额管理和预算管理，加快存量政府债务置换步伐，坚决堵住违法违规举债的后门，遏制隐性债务增量；通过定向增发、资产置换、政府债务转为商业债务等渠道，实现低成本的政策性资金置换信托融资和商业银行贷款；通过财政贴息的方式，试点中小企业债务置换，实现贷款证券化；建立发改、财政、审计和银监部门数据共享机制，加强信息披露，共同做好风险的前瞻性防范。三是防范房地产市场风险。对一线城市及部分热点二线城市需实施更具差异化的政策，根据市场情况采取更审慎的价格监控及房地产信贷政策；金融机构应对流入房地产市场的资金加强监管，防控楼市风险和泡沫，同时引导更多的资金"脱虚向实"，进入实体经济；督促各地落实年度住房用地供应计划，加快市政配套、轨道交通和城市卫星城建设，尽快形成住房的有效供应。不断创新调控方式，切实加快建立房地产市场长效机制。

（七）提振民营资本信心

加大督查力度，切实保证国家关于促进民营经济发展的政策措施落到实处。加快拓宽民营资本准入领域，保护资产安全和合法权益，集中查处一批侵犯民营资本合法权益的案件。加大对民营企业的金融支持力度，确保民营企业在发行债券、首次公开发行上市、再融资和换汇用汇等方面与国有企业享有同等权利。引导舆论宣传，加强对民营企业和企业家的正面宣传，制止对民营企业的恶意炒作。

（八）大力改善营商环境

改进对外资的准入限制，除关系到国家安全的特殊领域和产业外，应赋予内外资企业同等的市场准入资格。制定路线图和时间表，放宽金融、汽车、医疗、信息技术和服务等领域的外资股权比例。完善税收、海关、工商、质检、外管等方面的监管标准，杜绝选择性执法。清理和取消内外资企业在政府采购、资质资格获取、招投标、权益保护和参与政府战略、计划等方面的过度差别化待遇，营造公平竞争的市场环境。尽快推出《外商投资负面清单》和加快"外资三法"的修订工作，出台一批外国人出入境、定居和工作的便利化措施等。

（九）应对国际政治经济不确定性要有完备预案

在全球经济复苏依然比较脆弱的情况下，贸易和投资保护主义有加强趋势，应在立足做好自身工作的基础上，制定相关预案，维护国家正当利益。尽管2018年以来人民币贬值和外流压力有所减轻，但仍应密切关注美元加息和美联储缩表，加强人民币预期管理，促进汇率稳定。冷静观察美国税改动向及全球主要国家的应对措施，科学合理地加以应对。高度关注中东局势、委内瑞拉政局等如何演变，对朝核和南海形势要估计充分一些，应对预案准备周到一些，必要时主动出击，维护国家主权和利益。

（撰稿人：中国国际经济交流中心经济研究部部长，杨绪珍；国家信息中心经济预测部副主任，牛犁；国家信息中心经济预测部，闫敏）

专题1 宏观经济

财税政策分析与展望

党的十九大作出中国特色社会主义进入新时代和社会主要矛盾发生变化的重大论断，提出了决胜全面建成小康社会、开启全面建设社会主义现代化国家新征程的一系列新思想、新论断、新部署。在新的历史时空中，财政作为国家治理体系和治理能力的重要基础和主要支柱，必须更加充分发挥作用，在思想、观念、体制、政策上进行深刻变革，跟上时代发展，更好发挥宏观调控作用。

一 财税政策回顾分析——实施了积极财政政策，确保经济在合理区间

过去五年，中国经济进入新常态，国家一直实行积极的财政宏观调控政策，妥善应对收入增长放缓、支出继续刚性增长的财政运行态势变化，提高财政政策的精准性、有效性。着力提高经济发展的质量和效益，促进经济保持中高速增长、迈向中高端水平。财政政策总体上与货币、产业等宏观政策协调配合，发挥了政策协同组合效应，创新调控方式，确保经济运行在合理区间。在十九大新闻中心举行的记者招待会上，国家发展改革委党组书记、主任何立峰表示，过去的4年里，我国经济年均增长7.2%，经济总量从2012年的54万亿元稳步增长到2016年的74万亿元，稳居世界第二位，对世界经济增长贡献率超过30%。预计到2017年年底，经济总量将超过80万亿元。从财政收支来看，2016年，全国一般公共预算收入增长4.5%，仍延续增幅逐年回落的走势，而全国一般公共预算支出175768亿元，比上年增长15.8%。财政收支的增速放缓，是我国进入低增

长率新常态的体现，也是我国实施积极财政政策、减税降费、实施供给侧改革、推动"三去一降一补"等政策的反映。

（一）积极创新财政政策调控方式

2013年7月，李克强总理提出了上限为防止通胀、下限为保障就业的区间调控方式，在明确经济运行合理区间的同时，充分发挥市场的作用。2014年7月，李克强总理提出，必须坚持在区间调控的基础上，注重实施定向调控，保持定力、有所作为、统筹施策、精准发力，抓住重点领域和关键环节，更多依靠改革的办法，更多运用市场的力量，有针对性地实施"喷灌"、"滴灌"。2015年7月，李克强总理又提出了"相机调控"，强调政府要根据市场情况和各项调节措施的特点，灵活机动地决定和选择当前究竟应采取哪一种或哪几种政策措施，针对不同的地区和产业，制定有针对性的政策。所以说相机调控很重要的就是要"预调、微调"。结构性失衡问题是我国经济运行面临的矛盾和问题的根源，根据供给管理与需求管理相结合的新思路，习近平同志提出了以去产能、去库存、去杠杆、降成本、补短板为重点的供给侧结构性改革，将宏观调控由需求侧转向强调供给侧，以解决结构性失衡问题。区间调控、定向调控、相机调控三种调控方式有机结合、灵活运用，立足供给侧改革的重点，体现了宏观调控方式在实践中的创新，促进了经济持续健康发展，为经济发展和结构性改革营造稳定环境。

（二）促进经济结构调整

针对当前我国面临的结构性问题这一突出矛盾，按照党中央关于推进供给侧结构性改革的决策部署，我国出台实施了一系列针对性强的财税政策措施，增加有效供给，去除无效供给，推动经济加快转型升级。积极落实"三去一降一补"五大重点任务。2016年全年，分别压减了钢铁、煤炭过剩产能6500万吨和2.9亿吨，设立并及时拨付专项奖补资金，支持化解钢铁、煤炭行业过剩产能过程中职工分流安置工作。将棚户区改造与去库存结合起来，2016年棚改货币化安置比例达到48.5%。深入推进农业供给侧结构性改革，实现了绿色、高效、创新发展。大力推广小麦机收与秸秆处理、玉米精密播种及分层施肥同步完成的绿色高效生产方式，安徽、山东、河北等省秸秆还田离田机械化率超过85%。落实以绿色生态为导向的农业补贴制度，统筹沼气工程、畜禽粪污资源化利用试点。加大农村创业创新力度，各类返乡下乡创业人员达700多万人。着力振兴实体经济。落实创新驱动发展战略，扩大高质量产品和服务供给。支持实施"中国制造2025"，发展壮大节能环保、新一代信息技术等战略性新兴产业。开展小微企业创业创新基地城市示范，促进大众创业、万众创新。重点支持公共科技活动，深化中央财政科技计划（专项、基金等）管理改革，推动落实中央财政科研项目资金管理等政策。完善鼓励科技创新、引导科技成果转化的财税政策，促进实体经济向产业链中高端跃升。

（三）大力实施减税降费政策

营业税改增值税是税制改革的重点，也是中央强力推的财税政策。2016年5月1日全面推开营改增。截至2017年6月，直接减税8500多亿元，实现所有行业税负只减不增。从2016年5月1日起两年内，阶段性降低企业社保缴费比例，规范和阶段性适当降低企业住房公积金缴存比例，初步测算，这些措施每年可减轻企业负担1000多亿元。提高机电、成品油等400余种产品的增值税出口退税率至17%。通过提高部分产品增值税出口退税率，从而起到促进出口、扩大外需、提高我国商品出口竞争力的作用。扩展小型微利企业所得税优惠政策范围，自2017年1月1日至2019年12月31日，年应纳税所得额上限从30万元提高到50万元，对年应纳税所得额低于50万元（含50万元）的小型微利企业，其所得按50%计入应纳税所得额，按20%的税率缴纳企业所得税。进一步扩大企业研发费用加计扣除范围，自2017年1月1日到2019年12月31日，将科技型中小企业研发费用税前加计扣除比例由50%提高至75%。财政部出台了股权激励和技术入股递延纳税政策，完善固定资产加速折旧优惠政策。清理规范政府性基金和行政事业性收费，共取消、免征、停征和减征1368项。自2016年5月1日起，将现行对小微企业免征的18项行政事业性收费的免征范围扩大到所有企业和个人。自2017年7月1日起，建筑领域工程质量保证金预留比例上限从5%降至3%，清理能源领域政府非税收入电价附加，降低电信网码号资源占用费等6项行政事业性收费标准，暂免征收银行业和保险业监管费。这四项降费措施每年可减轻企业负担约2830亿元。一系列的减税降费政策进一步减轻了企业的负担，促进了经济结构转型升级。

（四）大力推广政府和社会资本合作（PPP）模式

2014年以来，财税政策的一个显著亮点，是政府积极推进PPP模式，这是政府的一场思想和财政变革,影响深远。2014年10月2日,国务院发布《关于加强地方政府性债务管理的意见》(国发〔2014〕43号),提出推广使用PPP模式。11月26日国务院发布《关于创新重点领域投融资机制鼓励社会投资的指导意见》(国发〔2014〕60号),提出要建立健全PPP机制,推广PPP模式。5月22日,财政部、国家发改委、中国人民银行联合制定《关于在公共服务领域推广政府和社会资本合作模式的指导意见》(国办发〔2015〕42号),提出在能源、交通运输、水利等13个领域推广PPP模式。国家层面出台的系列文件奠定了我国PPP发展的制度性基础。2017年3月7日,财政部肖部长表示,截至2016年底,在中国已经签约落地了1351个PPP项目,项目总投资达到2.2万亿元,项目落地率已经超过30%。与年初相比,无论是项目落地的数量,还是投资规模,都增长了4倍多。3年多来,我国的PPP改革工作取得了积极的成效。一是PPP制度体系不断得到完善,地方各级财政部门也因地制宜,出台了一系列制度规范和实施细则。二是以示范项目引领和推动项目落地,连续三年推出了三批共745个、计划总投资规模1.95万亿元的PPP示范项目,在示范项目的带动下,各地有更多的PPP项目落地。三是切实加大了对PPP的扶持力度。财政部门积极探索财政资金撬动社会资本和金融资金参与PPP项目的有效方式,出台PPP项目"以奖代补"政策,安排资金80亿元对符合条件的新建示范项目和地方融资平台公司存量转型项目给予奖励;支持符合条件的PPP项目申请保障性安居工程贷款贴息等政策支持。四是PPP信息基础建设也进一步得到夯实。截至2017年10月底,全国PPP综合信息平台项目库已进入开发阶段的项目达6806个。

(五)保障和改善民生,着力"补短板"[①]

党的十九大报告指出,增进民生福祉是发展的根本目的。必须多谋民生之利、多解民生之忧,在发展中补齐民生短板、促进社会公平正义。近年来,为了促进人民生活不断改善,各级财政部门不断加大民生领域投入,积极完善民生支出的政策机制,在扶贫、教育、就业、医疗等民生领域都取得了一定的成效。在扶贫方面,通过加大扶贫投入,创新扶贫方式,农村贫困人口由2012年的9899万人下降到2016年的4335万人,同期贫困发生率由10.2%下降到4%以下,创

---

① 王列军、张亮:《抓住主要矛盾更好保障机制改善民生》,《中国经济时报》2017年12月8日。

造了我国扶贫史上最好的成绩,绝对贫困得到了较大缓解。教育方面,五年来,我国财政教育支出稳定增长,国家财政性教育经费占 GDP 比重始终保持在 4% 以上。学前教育和高等教育入学率快速提高,2016 年学前三年毛入园率达到 77.4%,高等教育毛入学率达到 42.7%。与此同时,教育公平逐步改善。进城务工人员随迁子女、农村留守儿童、残疾学生受教育权利得到进一步保障。就业方面,实施更加积极的就业政策,大力推动创新创业,就业仍然保持总体稳定。2013~2016 年,在我国经济增速放缓的情况下,城镇新增就业不降反增,连续四年保持在 1300 万人以上,登记失业率一直控制在 4.1% 以下,31 个大城市城镇调查失业率基本稳定在 5% 左右。居民收入保持持续增长,2012~2016 年,全国居民人均可支配收入年均实际增长 7.4%,快于同期 GDP 年均增速。医疗方面,制定了《"健康中国 2030"规划纲要》,要求把健康融入所有政策,全方位、全周期保障人民健康。医改进一步深化,公立医院改革全面推开,分级诊疗制度建设取得初步进展,药品审评审批制度改革取得重要突破。医保参保率稳定在 95% 以上,筹资和保障水平也稳步提升,城乡居民基本医保人均政府补助标准提高到 450 元。

(六) 全面推进财税改革

2013 年十八届三中全会通过《中共中央关于全面深化改革若干重大问题的决定》,对财税体制改革作出总体部署,要求充分发挥财税体制改革作为整体改革突破口和基础支撑作用,推进国家治理体系和治理能力现代化。2014 年 6 月 30 日中央政治局召开会议,审议通过《深化财税体制改革总体方案》。主要实施情况如下。一是改进预算管理制度。全国人大颁布《预算法》和国务院发布《关于深化预算管理改革的决定》,以此为标志,基本搭建起现代预算管理制度的主体框架。二是推进税制改革。自 2016 年 5 月 1 日起,在全国范围内全面推开营业税改征增值税试点;完善消费税制度,调整征收范围、优化税率结构和改进征税环节;资源税从 2016 年 7 月 1 日起从价计征,同时河北省将试点开征水资源税;2016 年 12 月 26 日,十二届全国人大第二十五次会议审议通过《环境保护税法》,并将于 2018 年 1 月 1 日起施行。三是完善财政体制。2016 年 8 月,国务院印发《关于推进中央与地方财政事权和支出责任划分改革的指导意见》,中央与地方事权划分问题迈出了决定性的第一步。

二 十九大对财税提出了新要求

党的十九大深刻洞察世情国情党情变化,作出"中国特色社会主义进入了新时代"的重大政治判断。十九大报告明确指出,我国社会主要矛盾已经转化为人民日益增长的美好生活需要和不平衡不充分发展之间的矛盾,在对中国特色社会主义建设提出了一系列要求的同时,也对我国的财税政策提出了新的要求。加快建立现代财政制度,让财政真正成为国家治理的基础和重要支柱,可以更好地促进不平衡不充分发展问题的解决。

(一)促进经济结构调整的要求

对于美好生活的需要本质上是消费升级的需要,不平衡不充分的发展本质上是对产业结构升级的需要。新一轮城镇化进入城市的"新市民"将提出更高的消费要求:家电、汽车、娱乐、医疗保健、教育等行业都将成为未来的需求增长点。国人已经不满足于传统的"衣食住行",对于更高层级消费的需求正在不断酝酿;随着人均收入的提高,我国服务型消费将迎来大发展。越来越多的劳动者将从传统经济离开,服务业的大发展将有助于吸纳这些劳动力;人口老龄化等因素也将带来新的机遇:医疗、养老、保险等服务领域会有需求增长;我国的科技已经在逐步领先,政府对创新的支持力度正在不断加强,随着产业结构升级,我国的创新能力不断提高,并得到世界的认可,传统制造业的价值链正在升级,制造业未来的转型更多地体现在价值链上的迁移,从注重低端制造业向中高端制造业转变。十九大报告指出,我国经济已由高速增长阶段转向高质量发展阶段,正处在转变发展方式、优化经济结构、转换增长动力的攻关期,建设现代化经济体系是跨越关口的迫切要求和我国发展的战略目标。因此,必须把财税政策的着力点放在经济结构问题上,把提高供给体系质量作为主攻方向,显著增强我国经济质量优势。坚持去产能、去库存、去杠杆、降成本、补短板,优化存量资源配置,扩大优质增量供给,实现供需动态平衡。加快建设制造强国,加快发展先进制造业,支持传统产业优化升级,加快发展现代服务业,促进我国产业迈向全球价值链中高端,培育若干世界级先进制造业集群,促使供给侧改革配合国有企业改革,培养一批具备更高效率、在国际上具备绝对竞争力的传统行业龙头企业。

（二）提高保障和改善民生水平的要求

"在发展中补齐民生短板"，"在幼有所育、学有所教、劳有所得、病有所医、老有所养、住有所居、弱有所扶上不断取得新进展"，"深入开展脱贫攻坚"，"建设平安中国"。目前，我国的民生领域还有不少短板，脱贫攻坚任务艰巨，城乡区域发展和收入分配差距依然较大，群众在就业、教育、医疗、居住、养老等方面面临不少难题。要提高保障和改善民生水平，财税政策方面应做到保障民生等重点支出：加大对教育、医疗卫生、计划生育、社会保障和就业支出的投入力度，特别是要高度重视农村义务教育，支持职业教育，促进教育公平；统筹城乡社会救助体系，完善最低生活保障制度，促进养老服务等事业发展；加大财政精准扶贫力度，根据地区的经济情况实行相对应的财政扶贫投入，拓宽居民劳动收入和财产性收入渠道。履行好政府再分配调节职能，加快推进基本公共服务均等化，缩小收入分配差距，从而形成更加公平可持续的社会保障制度。

（三）加快建设创新型国家的要求

创新是引领发展的第一动力，是建设现代化经济体系的战略支撑。加快建设创新型国家，要求财税一方面要保障科学技术和高等教育投入，大力支持研发活动，培养造就一大批具有国际水平的战略科技人才、科技领军人才、青年科技人才和高水平创新团队；另一方面要通过税收优惠、财政补贴政策等方式激发和保护企业家精神，鼓励更多社会主体投身创新创业，提高企业研发活动的积极性，促进科技成果转化，营造强化知识产权的社会风尚和倡导创新文化的风气。

（四）生态文明和绿色发展的要求

十九大报告指出，我们要建设的现代化是人与自然和谐共生的现代化，既要创造更多物质财富和精神财富以满足人民日益增长的美好生活需要，也要提供更多优质生态产品以满足人民日益增长的优美生态环境需要。十九大对财税提出了生态文明和绿色发展的要求，一是要从财政收入角度遏制污染物的过度排放、自然资源的低效利用和温室气体的无度排放，从而实现环境友好、资源节约和气候舒适的效应，通过征收环境税、资源税、碳税等具体的税收调节手段，解决环境危机、资源危机，减少碳排放量。二是要将生态文明建设作为公共财政支出重点，不断加大投入力度。通过生态补偿、循环补贴、低碳补助等调动生态保护者、资源循环利用者、低碳生产和消费者的积极性，努力形成绿色生产和绿色消费的社会氛围，建成环境友好型、资源节约型和气候舒适型的社会。三是要从政策方面下手，通过将绿色发展与绩效评价挂钩、积极引导社会资本投入、积极支持绿色金融发展等方式，引导政府和企业落实环境保护责任。

（五）对财税体制改革的要求

十九大指出，要"加快建立现代财政制度，建立权责清晰、财力协调、区域均衡的中央和地方财政关系。建立全面规范透明、标准科学、约束有力的预算制度，全面实施绩效管理。深化税收制度改革，健全地方税体系"。现代财政制度建立的重点领域仍然在中央和地方财政关系、预算和税制三大方面。要适应我国社会主要矛盾新变化，贯彻新时代中国特色社会主义发展的战略安排，支持打好防范化解重大风险、精准脱贫、污染防治的攻坚战，深化供给侧结构性改革，要求加快建立有利于转变经济发展方式、维护市场统一、促进社会公平正义的可持续的现代财政制度，充分发挥其在优化资源配置、提供公共服务、调节收入分配、保护生态环境、维护国家安全等方面的职能，促进更高质量、更有效率、更加公平、更可持续的发展，更好推动人的全面发展、社会全面进步。财税体制改革要将中央地方财政关系的改革放在更加突出位置，落实推动中央与地方财政事权和支出责任划分改革，充分发挥中央和地方两个积极性；要完善预算管理体系，建立内容完整、编制科学、执行规范、监督有力、讲求绩效和公开透明的现代预算管理制度，立足于已确立的预算制度主体框架，进一步提升预算的全面性、规范性和透明度，推进预算科学精准编制，增强预算执行刚性约束，提升财政资源配置效率；要推进税制改革，全面推开营改增试点，进一步完善增值税制度和消费税制度，全面推进资源税从价计征改革，调整征收范围、优化税率结构和改进征税环节，研究提出健全地方税体系的改革方案，为地方政府提供稳定、可持续的收入来源。

三 未来财税政策改革的基本遵循

未来的财税政策改革的基本遵循是以十九大精神为指引，应适应主要矛盾变化，坚持新发展理念，有利于建设现代化经济体系，加快建立现代财政制度，构建科学的财税政策体系。更好发挥财政在国家治理中的基础和重要支柱作用,推动国家治理体系和治理能力现代化的进程。

(一) 构建有利于创新的财税政策

创新是引领我国经济发展的第一动力,是建设现代化经济体系的战略支撑。要按照公共财政原则,加大财政科技资金投入。财政投入重点支持市场机制不能有效解决的公共科技活动。针对党中央国务院确定的具有国家目标的若干重大战略产品、关键共性技术和重大工程,通过国家科技支撑计划、"863"计划和公益性行业科研专项经费等,支持开展对经济社会发展具有重要作用的科技研发活动。通过国家自然科学基金、"973"计划和国家(重点)实验室专项经费等,支持开展自由探索、面向国家重大战略需求的基础研究,提高原始创新能力。加强对应用基础研究的财政支持,拓展实施国家重大科技项目,突出关键共性技术、前沿引领技术、现代工程技术、颠覆性技术创新,为建设科技强国、质量强国、航天强国、网络强国、交通强国、数字中国、智慧社会提供有力支撑。以财税促进国家创新体系建设。建立财税科技引导基金。加强对中小企业创新的支持,促进科技成果转化。建立以企业为主体、市场为导向、产学研深度融合的技术创新体系。加大对双创财税政策的支持力度,强化知识产权创造、保护、运用,培养造就一大批具有国际水平的战略科技人才、科技领军人才、青年科技人才和高水平创新团队。

(二) 构建有利于绿色发展的财税政策

《环境保护税法》将于2018年1月1日起施行,这在我国绿色财税政策发展方面具有里程碑意义。当前,各地正在抓紧出台实施细则,北京市已经明确将征收环境保护税适用税额法定最高上限征收。要根据财政部、国家税务总局的《关于全面推进资源税改革的通知》(财税〔2016〕53号),继续加快推进资源税改革。要进一步充实完善专项资金,坚决打好大气、水、土壤污染防治三大战役。整合资金实施山水林田湖草系统整治,加大对天然林保护、退耕还林还草、草原生态和湿地保护的支持力度。实施退耕还林还草、天然林保护全覆盖、草原生态保护补助奖励等政策。完善国家重点生态功能区转移支付制度,开展山水林田湖生态保护和修复工程试点,推动重要大河流域上下游省份建立横向生态保护补偿机制。

(三) 构建有利于共享经济的财税政策

不充分不平衡发展是当前我国社会面临的突出矛盾和问题。以满足人民对美好生活的需要为根本宗旨，发挥财政在保障民生、调节收入分配差距、促进社会公平正义方面的作用。要坚持公共性公平性，不断提高公共服务质量，使人民获得感、幸福感、安全感更加充实、更有保障、更可持续。坚持兜底线，大力支持打赢脱贫攻坚战，坚决托住基本民生需求的底，切实保障好群众基本生活。科学建机制，坚持人人尽责、人人享有，制度安排体现激励约束，合理均衡政府、单位和个人负担，鼓励社会力量参与，努力实现共建共享。提高精准性，抓住人民最关心、最直接、最现实的利益问题，区分类型，增强财政资金和政策的指向性，更加注重对特定人群特殊困难的帮扶。注重可持续，充分考虑经济发展水平和财力状况，既尽力而为，又量力而行，合理引导预期。

(四) 构建有利于实体经济发展的财税政策

当前，我国经济处于转变发展方式、优化经济结构、转换增长动力的攻关期。财政政策要把促进实体经济发展作为重点。进一步落实和完善减税降费政策，加强营改增全面试点效应的分析和评估，调整和完善相关政策措施，确保所有行业税负只减不增；全面落实资源税改革的各项措施，规范资源领域税费关系，促进资源节约利用；普遍降低和减并各类实体企业增值税税率，将人力资本等项目纳入进项税额抵扣范围；进一步加大对创新投资的支持力度，将有关优惠政策放宽到中小科技企业和所有企业纳税人；进一步取消和免征一批行政事业性收费，降低企业交易成本。同时，继续实施积极有效的财政政策，适当扩大财政赤字规模和债券发行规模，适当扩大政府债券发行规模，统筹考虑国债以及地方政府一般债券、专项债券、置换债券的发行规模和用途，在加大对国家重大工程和重大项目、地方土地储备、地下管廊、水利等基础设施的支持力度的同时，优化政府债务结构，减轻利息负担，防范财政金融风险的累积；进一步优化财政支出结构，重点支持薄弱领域和重点领域建设，加大对东北地区财政一般性转移支付力度；大力推广PPP模式，用好财政引导基金，激发民间投资的活力。要大力化解地方债务风险。完成地方政府存量债务置换，减轻地方政府利息负担，防范财政金融风险；加快建立健全地方政府债务风险评估、预警和应急机制，强化地方政府债务限额管理和预算管理；不断完善健全地方政府债券市场化发行和定价机制，建立地方政府债券收益曲线，鼓励符合条件的机构和个人投资地方债券，增强地方政府债券的流动性；进一步推动地方融资平台市场化转型。提高所得税、房地产税等直接税的比重有利于调节收入和财富的分配，通过扩大消费需求为实体经济发展奠定良好的基础。落实中央防范金融风险决策，坚决抑制房地产泡沫，在综合权衡房地产开发、建设、交易、租赁、保有各环节的租、税、费负担的基础上，以"房子是用来住的、不是用来炒的"为目标推进房地产税费制度改革。

四 未来财税政策改革的重点

财政政策体现政府与市场、政府与社会、中央与地方关系，涉及经济、政治、文化、社会和生态文明建设各个方面，是国家治理体系的重要组成部分。

（一）加快财税制度改革

十九大对新一轮财税改革的具体部署是：第一，加快建立现代财政制度，建立权责清晰、财力协调、区域均衡的中央和地方财政关系；第二，建立全面规范透明、标准科学、约束有力的预算制度，全面实施绩效管理；第三，深化税收制度改革，健全地方税体系。一是全面打好财税改革持久战和攻坚战。十八大以来确定的新一轮财税体制改革目标是建立现代财政制度，在此基础上，十九大在建立现代财政制度之前冠以"加快"两字，意味着按照2020年基本建立现代财政制度的改革时间表，必须聚焦、聚神、聚力抓好改革方案落实，全力推进，才能如期完成改革任务。因为新一轮财税体制改革涉及面广，利益关系复杂，必须在党中央及全面深化改革领导小组的统一领导下进行，加强统筹领导，攻坚克难。二是将改革中央地方财政关系放在更加突出位置。十八大以来确定的新一轮财税体制改革顺序是：预算管理制度改革是基础，要先行，收入划分改革需在相关税种税制改革基本完成后进行；而建立事权与支出责任相适应的制度需要量化指标并形成有共识的方案。十九大将中央与地方财政关系重构提上来，意味着相较于其他两方面的改革，这方面的改革进展相对慢一些。因此，必须将中央和地方财政关系重构作为重点工程提到改革优先位置，只有凝心聚力做好谋划、抓好落实，才能使新一轮财税体制改革有序有效全面推进。科学规范的中央和地方财政关系必须具有清晰的财政事权和支出责任划分、合理的财力配置和明确的目标导向，事关区域均衡发展和国家长治久安。三是完善预算管理体系，建立现代预算管理制度。内容完整、编制科学、执行规范、监督有力、讲求绩效和公开透明是现代预算制度的基本要素，要立足于已确立的预算制度主体框架，进一步提升预算的全面性、规范性和透明度，推进预算科学精准编制，增强预算执行刚性约束，提升财政资源配置效率。

（二）推进直接税改革，加快构建地方税收体系

要围绕优化税制结构，加强总体设计和配套实施，推进所得类和货物劳务类税收制度改革，逐步提高直接税比重，加快健全地方税体系，提升税收立法层次，完善税收法律制度框架。着力完善直接税体系。建立综合与分类相结合的个人所得税制度，优化税率结构，完善税前扣除，规范和强化税基，加强税收征管，充分发挥个人所得税调节功能。实行代扣代缴和自行申报相结合的征管制度，加快完善个人所得税征管配套措施，建立健全个人收入和财产信息系统。密切关注国际税改动态，审慎评估和研判国际税制发展趋势，进一步完善企业所得税制度。适应经济全球化发展和"一带一路"建设的需要，加强国际税收协调，提升我国税制的国际竞争力。按照"立法先行、充分授权、分步推进"的原则，加快推进房地产税立法。对工商业房地产和个人住房按照评估值征收房地产税，适当减轻建设、交易环节税费负担，逐步建立完善的现代房地产税制度。按照党中央审议通过的《贯彻落实税收法定原则的实施意见》，全面落实税收法定原则。

（三）深化供给侧结构性改革

要从我国经济高速增长阶段转向高质量发展阶段出发，着眼于建设现代化经济体系的战略目标，既要按照预定改革方案扎实推进，又应根据十九大报告关于新一轮财税体制改革的一些新要求、新提法和新内容，突出抓重点、补短板、强弱项，支持制造业优化升级，促进新动能持续快速成长，继续推进"三去一降一补"。充分发挥财税政策的作用，引导要素资源向优质企业倾斜，使中小企业能够扩大规模，同时整治僵尸企业，推动国有和混合所有制企业改革，提高资源使用效率，提升产出水平。

（四）落实创新驱动发展战略

支持提升科技创新能力，深化财政科技管理改革，促进创业创新和小微企业

发展。要减少行政、税收、融资对企业的约束，降低企业的制度性交易成本。深入推进税费改革，促进企业真正减轻创新创业负担，促进创新创业。以投融资形式发挥财政资金的有效供给主体作用，对高水平的创新创业人才提供财政支持，例如在房屋租金、办公设施等方面提供财政补贴。

（五）提高保障和改善民生水平

支持教育发展，加强就业和社会保障工作，支持实施健康中国战略，加强基本住房保障，推动文化繁荣兴盛。加大对教育的投入力度，不断强化对教育的资金支持，促进地区之间教育资源的公平，实现均等化的义务教育。在就业服务、社会保障和基本医疗等公共服务方面加大财政的支持力度，从而形成更加公平、可持续的社会保障制度。加大扶贫的财政政策支持力度，强化财政扶贫资金管理。根据实际做到精准扶贫，针对不同贫困区域环境、不同贫困农户状况，运用科学有效程序对扶贫对象实施精确识别、精确帮扶、精确管理，同时加强农户信息管理和扶贫资金使用的公开透明，确保扶贫资金的使用到位。

（撰稿人：中国国际经济交流中心经济研究部研究员，梁云凤）

货币政策分析与展望

2017年以来,我国宏观经济企稳势头更加明显,物价水平整体稳定,美元下行大幅缓解了人民币的贬值压力。货币政策保持稳健中性,货币增速稳中有降,金融去杠杆工作成效明显,但同时利率中枢出现整体上移,债券和股票市场景气度不高。未来,金融领域面临着更加艰巨的改革任务,货币政策仍需保持总量稳定,促进结构优化,为金融去杠杆、利率汇率的市场化改革创造良好的货币环境。

一 当前货币金融形势

(一)货币增速稳中有降

2017年以来,M2增速延续了2016年稳中有降的趋势。2017年末,M2余额为167.68万亿元,同比增长8.2%,年初以来共回落3.1个百分点,当前M2增速已经处于有统计历史以来的最低位。M2增速的稳中有降为金融去杠杆工作创造了合适的宏观环境。M1增速扭转了2016年的高位态势,下滑速度较快。2017年末,M1余额为54.38万亿元,同比增长11.8%,年初以来共回落9.6个百分点。2016年出现的M1与M2增速的大幅剪刀差逐渐收窄,2017年末仅为3.6个百分点,年初以来共下降了6.5个百分点。M1增速下滑是由企业活期存款高速增长态势的逆转所带动的。究其原因,主要是资管行业的萎缩、债券市场的低迷、股市再融资的收紧等所导致的企业持币等待炒作的空间收窄。同时,利率中枢的上移也对企业定期存款和个人存款起到了一定的支持作用。

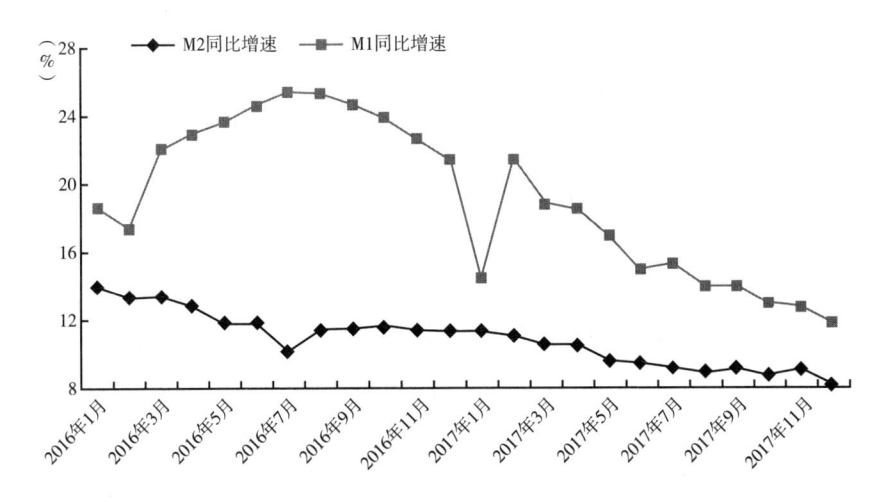

图 1 货币供应量同比增速的变化情况

资料来源：中国人民银行网站。

（二）贷款增速保持平稳

2017年以来，贷款增速保持平稳。年末各项贷款余额为125.61万亿元，同比增长12.1%，全年总体变化不大，高于M2增速4.9个百分点。突出特点有：一是面对企业信用风险高企，2016年底以来银行大力开拓市场潜力巨大的个人消费贷款。从数据来看，2017年末，个人短期消费贷款余额为6.81万亿元，同比增长37.9%，年初以来提高了17.6个百分点。与之相比，住房按揭贷款的增速则出现高位回落，但增速的绝对水平依然较高。2017年末，个人中长期消费贷款余额为24.72万亿元，同比增长22.9%，年初以来下降了12.5个百分点。二是作为衡量企业经营活跃程度的指标之一，企业短期贷款2017年下半年以来有所起色。年末余额为29.15万亿元，同比增长5.8%，2017年2月开始由低位攀升，累计增长3.9个百分点。三是票据融资规模急剧萎缩。2017年末的余额为3.89万亿元，同比减少29%。2016年多起大额票据风险事件促使监管部门加强了对票据业务的监管，利用票据承兑贴现业务虚增存贷款规模、通过票据转贴现减少资本占用、贷款与贴现腾挪掩盖信用风险等行为得到遏制。除监管因素外，同业存单、同业理财等业务的发展也压缩了银行对同业票据返售业务的需求。四是作为衡量基础设施建设力度的指标之一，企业中长期贷款增速稳步提高。年末余额为45.9万亿元，同比增长15.9%，年初以来提高了4.8个百分点。

（三）金融去杠杆成效明显

金融部门切实贯彻2016年底中央经济工作会议精神，去杠杆工作取得了明显成效，特别是金融机构之间交易得到压缩，资金在金融体系内流转的问题得到缓解。具体来看，一是银行的投资活动快速降温。从银行的债券投资来看，2017年末的余额为30.3万亿元，同比增长19.5%，年初以来下降了6.5个百分点。从银行的股权及其他投资来看，2017年末的余额为22.08万亿元，同比减少1.4%，2016年末增速高达63.7%。二是银行同业存单增速高位回落。2017年末，同业存单余额为8.01万亿元，同比增长27.5%，年初以来下降了79.8个百分点，尤其是9月以来，同业存单余额出现大幅减少，共计0.45万亿元。三是资产管理行业中面向机构的业务规模萎缩。其中，银行理财产品2017年6月末余额为28.38万亿元，比2016年末下降0.67万亿元；基金公司及其子公司专户业务、证券公司资产管理业务2017年9月末余额分别为14.38万亿元和17.37万亿元，分别比2016年末下降2.5万亿元和0.21万亿元。

（四）利率中枢整体上移

2016年底，各类利率开始逐步攀升，2017年下半年以来快速攀升的势头有所缓解，整体上看，目前利率中枢已经比2016年显著上移。2017年12月，银行间市场7天回购定盘（FR007）、上海银行间市场同业拆放（Shibor_3M）、1年期国债、10年期国债等基准利率的日均值分别为3.37%、4.84%、3.75%、3.9%，2016年11月以来分别攀升了0.73个、2.03个、1.58个、1.21个百分点。2017年三季度，中国人民银行统计的金融机构人民币贷款加权平均利率为5.76%，2017年以来攀升0.49个百分点，相比各类市场利率来看，攀升幅度不大。从期限结构来看，2017年二季度以来长短期利差明显收窄。2017年12月，银行间市场10年期与1年期国债日平均收盘利率之差为0.15%，比2016年3月的高位下降0.57个百分点。从信用风险结构来看，2016年底以来逐步攀升，2017年下半年以来保持平稳，绝对值达到了2016年上半年的水平。2017年12月，银行间市场10年期AA评级中期票据日平均收盘利率与同期限国债的利差为2.1%，比2016年11月的低位提高了0.92个百分点。

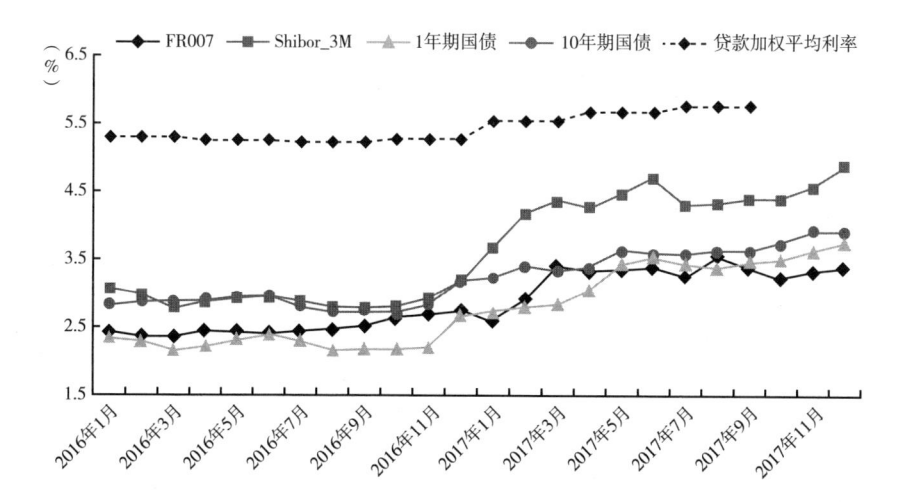

图2 若干基准利率月度日平均数值的变化情况

资料来源：FR007、Shibor_3M、1年期国债、10年期国债的原始数据来自全国银行间同业拆借中心网站，图中数据经过笔者整理。贷款加权平均利率来自中国人民银行《中国货币政策执行报告》。

（五）企业类债券、股票市场景气度不高

2017年以来，企业类债券市场景气度整体不高。年末的融资余额为18.37万亿元，同比增速跌至2.5%，年初以来累计下滑了20个百分点。究其原因，在2017年我国利率中枢整体上移的过程中，企业类债券市场所受影响最大。从债项评级AA的中期票据来看，2017年12月，5年期日均利率为5.82%，2016年11月以来累计攀升了2.33个百分点，远高于其他基准利率的上升幅度，同时2017年12月的利率水平甚至超过了2017年三季度金融机构贷款加权平均利率的水平。利率的快速上升使债券市场对企业融资的吸引力大幅下降，企业更倾向于选择银行贷款。

2017年以来，非金融企业股票融资规模增速的下滑虽然慢于企业类债券，但同样出现了持续下滑的态势。2017年12月末，非金融企业境内股票融资规模余额为6.65万亿元，同比增长15.1%，年初以来累计下降了12.5个百分点。虽然2016年6月以来，IPO规模大幅提高，由2016年1~5月平均每月的52.19亿元提高到2017年1~9月平均每月的187.27亿元，但是，在监管部门加强监管的背景下，2017年2月以来，以定向增发为代表的再融资规模急剧下滑，由

2016 年平均每月的 1414.86 亿元缩减到 2017 年 2~9 月平均每月的 686.97 亿元。

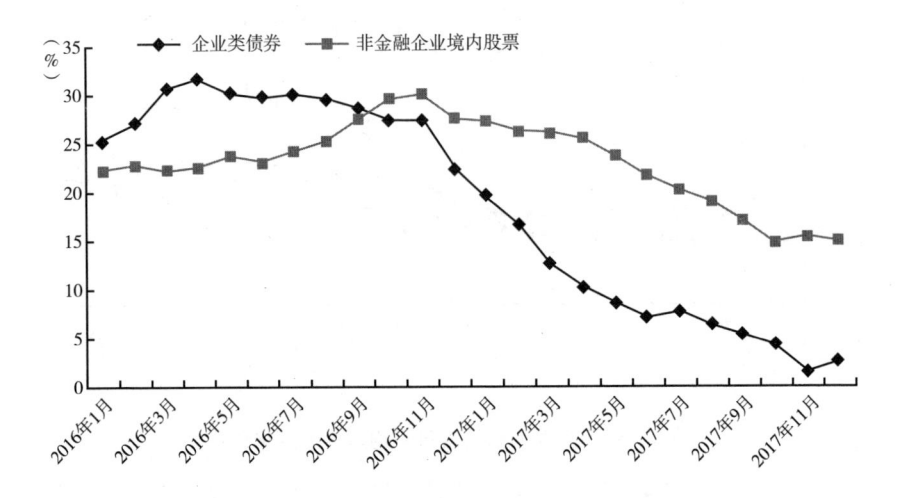

图 3　债券和股票融资余额同比增速的变化情况

资料来源：中国人民银行网站。

（六）人民币汇率出现反弹，外汇储备压力减小

2017 年，人民币对美元汇率结束了 2015 年 "8·11" 汇改以来持续贬值的趋势，6 月开始出现了加快升值的步伐，10 月之后趋稳、保持窄幅波动，12 月底又经历了一轮较快的升值过程。2017 年末，人民币对美元中间价为 6.5342，年初以来升值了 5.8%。从人民币指数来看，升值幅度远小于人民币对美元汇率的升值幅度。2017 年 12 月末，中国外汇交易中心 CFETS 人民币汇率指数为 94.85，与 2016 年底基本持平。究其原因，美元 2017 年以来经历了一轮较为明显的贬值过程，不仅回吐 2016 年四季度的快速升值，而且跌回到了 2014 年底的水平。2017 年底，美元指数为 92.26，年初以来贬值了 9.9%。

从国际收支方面来看，2017 年以来的表现如下：一是经常项目顺差同比下滑。2017 年前三季度，经常账户顺差 1097.5 亿美元，比上年同期减少 748.19 亿美元。二是不含储备资产的资本和金融账户 2017 年以来由逆差转为顺差。2017 年前三季度，不含储备资产的资本和金融账户顺差 1119.91 亿美元，扭转了 2014 年二季度以来持续逆差的态势，2016 年同期为逆差 3142.05 亿美元。三是交易因素引起的外汇储备二季度以来由减转增，其中2017年二季度和三季度分别增加319.34亿美元和304.38亿美元，同样扭转了2014年三季度以来持续下降的态势。

综合考虑交易因素和包括汇率变动在内的非交易因素后，2017年以来，我国外汇储备出现增长，结束了2014年下半年以来持续大幅下滑的态势。2017年末，我国的国家外汇储备3.14万亿美元，年初以来共增加了1294亿美元。

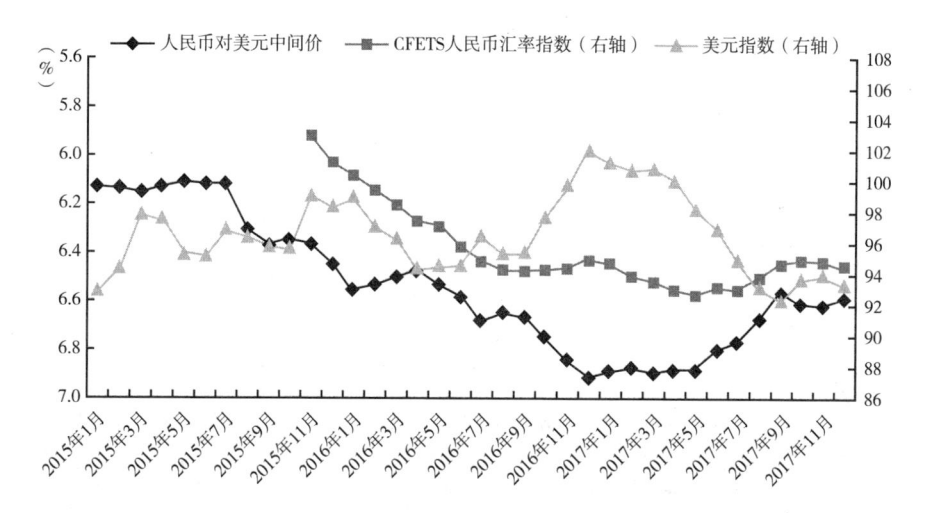

图4 人民币汇率相关指标的变化情况

注：人民币对美元中间价和美元指数为月度日均数据，CFETS人民币汇率指数为月度周均数据。

资料来源：人民币对美元中间价、CFETS人民币汇率指数的原始数据来自中国外汇交易中心网站，图中数据经过笔者整理。美元指数的原始数据来自Wind数据库，图中数据经过笔者整理。

二 货币政策操作情况

2016年底的中央经济工作会议提出要把防控金融风险放到更加重要的位置，为此，2017年以来中国人民银行、金融监管部门协调配合共同开展了金融去杠杆工作，货币政策由稳健向稳健中性过渡。

（一）公开市场操作力度有所下降

2017年以来，央行公开市场操作力度比2016年有所减小。全年累计开展公开市场逆回购操作投放流动性21.16万亿元，月均为1.76万亿元，比2016年的月均值减少14.7%。其主要原因是，人民币汇率趋稳后外汇储备下降的压力减小，央行为银行体系补充流动性的紧迫性减弱。同时，央行利用货币政策主动引导金融机构降杠杆也是操作力度下降的重要原因。从期限结构来看，2017年，公开市场7天期、14天期、28天期和63天期逆回购操作分别为10.77万亿元、6.09万亿元、3.68万亿元和0.63万亿元。受2016年底以来利率中枢整体上移的影响，公开市场逆回购中标利率分别于2017年2月3日、3月16日、12月14日先后3次上浮，前两次幅度为10个基点，第三次为0.5个基点，年末7天期、14天期、28天期利率水平分别为2.5%、2.65%、2.8%。63天期逆回购2017年10月27日首次出现，目前利率水平为2.9%。

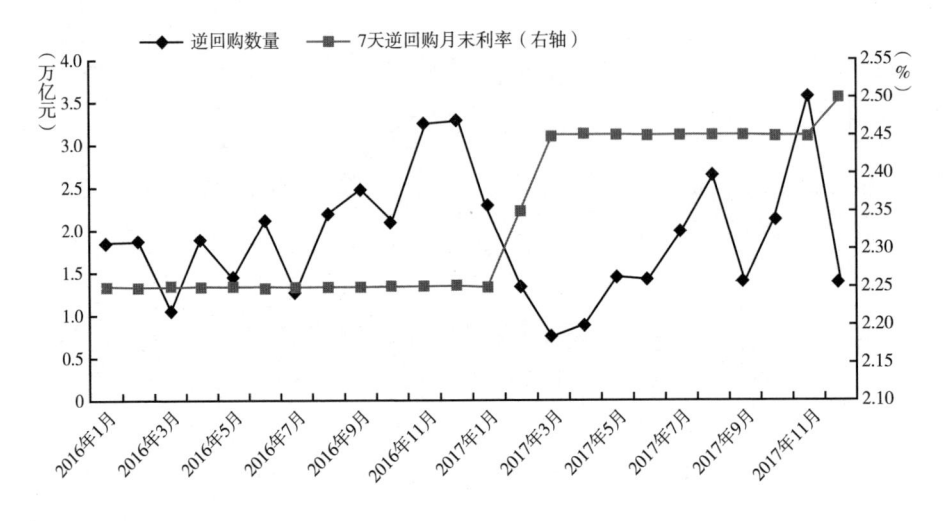

图5 逆回购操作数量和利率的变化情况

资料来源：原始数据来自中国人民银行网站，图中数据经过笔者整理。

（二）运用多种政策工具控利率、稳总量、调结构

一是常备借贷便利（SLF）在非年终、非春节时期的操作规模增加明显，2017年2~11月，累计开展常备借贷便利操作3852.03亿元，为上年同期的6.9倍。面对2017年以来利率中枢整体上移的形势，按需足额的常备借贷便利操作对稳定市场利率发挥了积极作用，常备借贷便利作为利率走廊上限的作用更加凸显。从全年情况来看，2017年，累计开展常备借贷便利操作6069.38亿元，比上

年减少14.8%，其中春节效应影响较大。截至2017年底，隔夜、7天期和14天期的利率水平分别为3.35%、3.5%和3.85%。

二是中期借贷便利（MLF）规模保持稳定。2017年，累计开展中期借贷便利操作5.33万亿元，同比减少3.5%，截至年底，6月期和1年期的利率水平分别为3.05%和3.25%。与前两年相比，2017年MLF每月投放数量比较平均，并且逐步从6月期向1年期过渡，显示MLF操作的针对性和成熟度在不断提升，继续积极发挥在调节银行体系中期流动性、引导市场中期利率、引导银行信贷资金投向等方面的作用。2017年末，中期借贷便利操作余额已经达到4.52万亿元，同比增长30.78%，虽然与2016年下半年200%以上的增速相比有所回落，但仍处于较高水平，中期借贷便利已经成为央行投放基础货币的重要渠道。

三是继续通过再贷款、再贴现、抵押补充贷款（PSL）等政策工具支持重点领域和薄弱环节的信贷投放。2017年9月末，开展支农再贷款、支小再贷款和扶贫再贷款的余额分别为2401亿元、823亿元和1465亿元，再贴现余额为1504亿元。抵押补充贷款，通过面向国家开发银行、中国进出口银行和中国农业发展银行发放，支持了棚改项目、重大水利工程项目、人民币"走出去"项目等的信贷需求。2017年末的操作余额为2.69万亿元，同比增长30.9%，虽然与2016年末89.8%的增速相比有所回落，但仍处于较高水平，抵押补充贷款也已经成为央行投放基础货币的重要渠道。

（三）央行储备货币增速企稳

央行储备货币增速经过2016年下半年以来的反弹，2017年已经企稳，年末余额为32.19万亿元，同比增速为4.2%，年初以来变化幅度不大。与2014年平均8.9%的增速相比，仍处于较低水平。从影响中央银行储备货币的主要因素来看，一是央行外汇占款增速虽然有所反弹，但同比增速仍然为负。2017年末，央行外汇占款余额21.48万亿元，同比减少2.1%，比2016年末提高9.6个百分点；央行外汇占款余额与储备货币余额之比为66.7%，年初以来保持稳定，但已经达到了10多年来的低位，外汇占款作为货币投放渠道的功能已经有所减弱。二是在多种货币政策工具操作的共同作用下，央行对其他存款性公司债权增速高位回落，但仍然保持较高水平。2017年末，央行对其他存款性公司债权余额为10.22万亿元，同比增长20.6%，与2016年末218.3%的增速相比回落明显；央行对其他存款性公司债权余额与储备货币余额之比为31.8%，年初以来提高了4.4个百分点，此项占比2016年以来快速增长，2017年以来较为平稳，但绝对值已经达到近15年来的新高，央行通过政策工具主动投放货币的方式已经成为货币投放的主渠道。

（四）继续完善宏观审慎政策

健全货币政策和宏观审慎政策双支柱调控框架，是党的十九大报告对金融工作提出的要求之一。2017年7月召开的中央金融工作会议也提出，设立国务院金融稳定发展委员会，强化中国人民银行宏观审慎管理和系统性风险防范职责。宏观审慎评估（MPA）是我国中央银行构建宏观审慎管理框架的核心、防范系统性风险的重要手段。宏观审慎评估执行一年多来，央行不断完善相关评估工作。2017年一季度开始，银行表外理财纳入广义信贷指标范围，未来还将进一步将同业存单纳入同业负债占比指标。2015年"8·11"汇改后，人民币汇率出现大幅贬值，随后央行出台了《关于加强远期售汇宏观审慎管理的通知》（银发〔2015〕273号），对开展代客远期售汇业务的金融机构收取外汇风险准备金，成为宏观审慎管理在外汇领域的应用。2017年以来，人民币贬值趋势得到控制，对美元汇率出现较大幅度升值。在此背景下，2017年9月8日，央行将外汇风险准备金征收比例由20%降为零，并取消了境外金融机构境内存放准备金的穿透式管理。

（五）推进汇率形成机制改革

2016年6月成立的外汇市场自律机制，在维护外汇市场运行秩序方面发挥了积极作用。2017年以来，外汇市场自律机制汇率工作组不断完善人民币汇率中间价报价机制。2017年2月，将中间价对一篮子货币的参考时段由报价前24小时调整为前一日收盘后到报价前的15小时，从而避免了交易时间内美元汇率的变化在下一个交易日中间价报价过程中被重复考虑。2017年5月，将中间价报价模型由原来的"收盘价+一篮子货币汇率变化"调整为"收盘价+一篮子货币汇率变化+逆周期因子"，其中的逆周期因子主要反映宏观经济等基本面对汇率的影响。逆周期因子的引入有助于缓解市场非理性预期对汇率的影响，避免汇率市场的顺周期性。逆周期因子的调整由各报价行根据经济基本面变化、外汇市场顺周期程度等自行设定。

三 存在的问题

(一) 金融机构资产端具有较强刚性

在金融机构去杠杆的背景下,货币政策推动 M2 保持了稳中有降的趋势。但是,未来货币政策推动 M2 增速进一步下行却存在较大压力,主要原因是当前金融机构资产端具有较强的刚性,金融机构需要更多的时间来调整资产结构以适应负债端的紧缩。金融机构资产端的刚性首先表现在 M2 增速的下行并没有带动银行信贷增速的下行。2017 年末,各项贷款余额同比增速为 12.1%,全年变化不大,高于 M2 增速 3.9 个百分点。究其原因,一是大量已经投放的信贷无法压缩,同时还存在继续转贷的刚性需求。二是银行表外业务的回归导致表内信贷业务的增长。三是证券公司、基金公司等资产管理业务规模的下滑也导致银行信贷业务需求上升。四是银行出于利润考虑仍然存在强烈的信贷冲动,目前主要发力点在个人信贷领域。金融机构资产端的刚性的另一个表现是 2016 年底以来利率中枢的整体上移。虽然银行贷款加权平均利率和银行间市场回购利率在央行窗口指导和公开市场操作的调节下上升幅度不大,但上海银行间同业拆放利率和中期票据收益率等已经出现了较为明显的涨幅。

金融机构资产端刚性带来的问题,首先是不利于去杠杆工作的顺利开展。我国目前高杠杆问题既存在于金融机构也存在于非金融企业。金融机构的高杠杆表现为,金融机构间的大量交易导致的资产管理行业资产规模的迅速膨胀。经过 2017 年以来的金融去杠杆工作的开展,资产管理行业资产规模出现显著下降,金融机构的高杠杆问题得到一定程度的缓解。相比来看,非金融企业的去杠杆工作成效并不明显。其中主要是高负债率的企业部门对流动性具有非常强烈的依赖。但同时也需要看到,对于占用大量信贷资源而产出效率不高的企业,受不良贷款和利润等多重压力影响,银行本身也缺少缩减其信贷的动力。正是在供需都存在刚性的情况下,即使货币政策推动 M2 增速走低,银行信贷增速仍很难下降。

金融机构资产端刚性带来的另一个问题是,加大了银行管理流动性风险的难度。M2 的稳中有降和信贷刚性导致了银行机构存贷比的大幅攀升。2015 年修改后的商业银行法,删除了存贷比不得超过 75% 的监管指标,随后银行存贷比一直小幅上升。2017年以来，银行存贷比指标的攀升速度开始加快，2017年三季度末为70%，年初以来共上升2.4个百分点，而2015~2016年两年间仅上升了2.5个百分点。同时，银行信贷刚性也是目前银行超额存款准备金率持续下滑的原因之一。2017年9月末，金融机构超额存款准备金率为1.3%，年初以来累计下滑了1.1个百分点，目前的超额存款准备金率已经达到历史低位。

（二）银行支持实体经济的效率仍然不高

从银行信贷资金投放的领域来看，以支持实体企业为主的企业短期贷款2017年以来虽然有所起色，但新增占比仍然不高，2017年共新增1.58万亿元，占各项贷款新增的11.7%。与之相比，虽然政府投融资平台的监管加强，获得信贷融资规模不断减小，但政府类项目仍具有强大的吸引力，大量信贷资金通过PPP模式等渠道流入政府类项目。2017年，以基础设施建设等政府类项目为主要对象的企业中长期贷款新增6.29万亿元，是2016年同期新增的1.6倍，占各项贷款新增的46.4%。虽然2017年我国房地产市场在政策调控下逐渐趋于缓和，但个人住房按揭贷款仍然是贷款新增主力。2017年，以个人住房按揭为主要对象的个人中长期消费贷款新增4.6万亿元，虽然比2016年同期少增0.67万亿元，但仍然占到各项贷款新增的33.9%。个人短期消费贷款成为新的增长点，2017年，个人短期消费贷款新增1.87万亿元，是2016年同期新增的2.2倍，占各项贷款新增的13.8%。

（三）企业类债券市场融资能力有所下降、风险仍较高

2017年以来，受企业类债券利率升高幅度较大影响，企业类债券发行规模萎缩问题比较突出，虽然8月以来情况有所好转，但整体形势仍不容乐观。从主要债券品种来看，2017年，公司债、中期票据、短期融资券、超短期融资券发行规模分别为1.12万亿元、1.03万亿元、0.39万亿元、1.94万亿元，同比分别减少23.5%、6.5%、35.1%、28.6%。目前，我国企业类债券存在大量滚动发行的需求。从企业类债券市场的整体融资规模来看，2017年，融资规模新增0.45万亿元，仅为2016年的13.7%，融资规模下滑的速度更是大于发行规模下滑的速度，说明大量企业没能通过债券滚动发行实现持续融资。目前我国大量企业对债券市场资金存在较强的依赖性，债券市场融资能力的下降将严重影响此类

企业的融资成本，并进一步对此类企业的资金链造成影响。

从金融机构的角度来看，企业类债券的信用风险仍然居高不下。2017年，全国企业类债券共发生违约事件48起，涉及债券金额392.9亿元，比2016年增长0.4%。从2014年3月超日债无法全额付息事件开始，债券市场风险高企，2017年并没有看到缓解的迹象。从利率风险角度来看，虽然2017年企业类债券的利率出现了一定幅度的上行，但企业类债券的利率风险并没能随之得到有效缓解。以中期票据市场为例，2017年12月的市场久期为2.24年，年初以来变化不大。

（四）金融领域仍面临去杠杆和防风险的压力

一是小型银行的同业业务。近年来，以同业理财和同业存单为代表的银行同业业务发展迅速，部分小型银行由于资金来源有限，为了做大业务规模和提高利润水平，大力拓展相关同业业务。2017年，在金融去杠杆的政策背景下，银行同业理财业务出现收缩，2017年6月末的余额为4.61万亿元，比2016年末下降1.38万亿元。但是，同业存单市场仍然保持增长，尤其是小型银行的同业存单业务增长势头较强劲，在同业存单市场的占有率快速上升。2017年10月末，小型银行（除全国性银行以外的银行机构）同业存单余额为4.77万亿元，比2016年末增加了1.48万亿元，余额占全部同业存单余额的59.9%，比2016年末提高了7.4个百分点。

二是资产管理业务。虽然在金融去杠杆的背景下，资产管理行业中面向机构的业务规模出现萎缩，但规模本身仍然非常巨大。2017年6月末，银行理财产品、基金公司及其子公司专户业务、证券公司资产管理业务三项之和为61.4万亿元，相当于银行业金融机构总资产的25%。面向机构的这类资产管理业务存在的主要问题是监管规则的不统一，形成了巨大的套利空间，催生机构之间大量的通道交易。这种模式下，虽然轧差之后的资金规模可能远远低于资产管理行业管理的资金规模，但资金并不是简单地在机构之间传递，而是要经历期限转换、流动性转换、信用转换等，加之交易环节中存在的操作风险，机构之间大量的关联交易将提高整个行业的系统性风险。

三是私募基金和互联网金融等类金融行业。近年来，私募基金和互联网金融行业发展迅猛，资金规模已经不容小视。2017年三季度末，私募基金管理资金规模达到10.32万亿元，同比增长55%，管理资金规模已经达到公募基金的

92.6%。排除公募基金中对证券市场影响较小的货币市场基金后，公募基金管理的资金规模仅为4.83万亿元，还不到私募基金管理资金规模的一半。从互联网金融的情况来看，2017年末，P2P网贷平台待还余额已经达到1.22万亿元，同比增长50%，2017年以来的平均每月净流入量为340.3亿元。私募基金和互联网金融等类金融行业涉及的机构众多，机构间的资产规模差别巨大，经营参差不齐，金融监管难度较大，目前所受到的金融监管非常有限。

（五）人民币未来面临一定贬值压力

2017年，人民币对美元汇率摆脱了持续1年多的贬值，尤其是2017年三季度和年底，人民币对美元出现了较大幅度的升值。人民币承受压力的减轻，缓解了我国外汇和货币政策领域的紧张局面。但是，未来人民币汇率领域仍然存在较大的不确定性，总体上看人民币贬值的压力并没有完全消除。

从内部来看，人民币汇率经历了近1年多的贬值，金融市场上的思维惯性短时间内很难得到彻底扭转，我国外汇市场上仍然存在相当程度的人民币贬值预期。具体来看，2017年以来美元经历了大幅贬值，世界范围内其他主要货币对美元汇率都经历了较大幅度的升值。从人民币汇率来看，2017年1~5月，人民币对美元汇率并没有出现升值，人民币的汇率指数出现了2.4%的贬值，与其他主要货币在美元贬值带动下升值不同，人民币对美元没有升值，对其他主要货币出现了贬值。2017年6月以来，人民币对美元汇率中间价报价模型作出了调整，人民币才开启了升值步伐。虽然人民币对美元出现了较大幅度的升值，但人民币汇率指数升值幅度并不大，截至2017年底，也仅接近2016年末的水平。

从外部来看，世界主要经济体货币政策转向将对人民币汇率形成压力。2017年以来，美联储已经实施3次加息，并决定对美联储资产负债表进行缩减，从而正式走向货币政策正常化进程。虽然美联储加息幅度不及预期，但从长期来看，美国的货币政策已经转向，2008~2014年的弱美元局势将可能发生彻底改变。受美联储货币政策影响，欧元区已经将货币政策正常化提上日程。从2017年10月26日欧央行管理委员会的货币政策决定来看，虽然欧央行仍然维持政策利率不变，并将量化宽松政策继续延期到2018年9月，但2018年开始量化宽松的规模将从每月600亿欧元大幅缩减至300亿欧元。从日本的情况来看，货币政策正常化也获得了越来越多的支持。

四 政策建议

(一) 保持总量稳定,促进结构优化

坚持稳健货币政策的总基调,保持货币政策定力,形成稳定市场预期,对金融体系资金面形成约束,为金融去杠杆工作创造合适的宏观金融环境。综合运用多种货币政策工具,积极开展流动性调解,在约束金融体系资金面的总基调下,保证整体流动性的可控和稳定。增强宏观审慎评估(MPA)考核对金融机构经营的引导作用,赋予 MPA 考核更加灵活的政策手段,增强 MPA 考核的奖惩力度,将 MPA 考核纳入一级市场交易商考评项目,实施非对称的差别准备金调整机制,增强达标机构存款准备金下浮空间。将宏观审慎监管和微观审慎监管相结合,加强政策沟通,形成政策合力,增强政策的实施效果。围绕金融服务实体经济的基本原则,进一步发挥信贷、债券融资、股票融资等领域金融政策的导向作用,逐步收缩现有低效率金融资源,引导更多金融资源投向经济社会发展的重点领域和薄弱环节,发挥金融在推进供给侧结构性改革中的作用。

(二) 进一步推进金融去杠杆工作

引导银行机构逐步削减同业业务,逐步压缩表内外同业资产规模,从资金源头上降低金融体系内部资金供给量。发挥银行体系的传导作用,形成对非银行金融机构资金面的约束,引导非银行金融机构对资产端进行压缩,真正实现金融去杠杆的目的,并进一步向企业部门传导,推动全社会去杠杆工作的顺利开展。具体来看,一是将同业理财等表外同业业务纳入现有同业业务管理体系,单家商业银行同业融入资金余额不得超过该银行负债总额的三分之一。二是继续支持同业存单业务发展,充分发挥其公开、透明、高流动性的特点,将其打造为银行同业业务的主要部分。同时,为避免同业存单业务发展过快,造成部分中小银行主动负债水平过高,提高市场风险和流动性风险,建议出台必要的限制性措施,如将同业存单纳入 MPA 考核中资产负债情况项目,纳入现有同业业务管理体系等。三是完善资产管理业务的定价机制,解决银行理财产品、资管计划等的刚性兑付问题,引导资管业务回归代客理财的本源,保证市场的优胜劣汰的竞争环境。

（三）深入推进利率市场化改革

稳步深入推进利率市场化改革，增强价格型货币政策的传导效果，密切关注金融机构资金面的情况，创新利用多种货币政策工具，增强货币政策工具之间的协调配合，保证利率体系的基本稳定。增强银银间回购定盘利率的影响力，引导以银银间回购定盘利率为参考利率的利率互换交易的活跃度，形成我国货币政策的市场基准利率，提高货币政策调控的针对性，增强货币政策的传导效果。提高中期借贷便利（MLF）和补充抵押贷款（PSL）等货币政策工具对Shibor、国债收益率曲线、LPR等基础利率的引导作用，增强基础利率在债券发行定价等领域的参考作用。

（四）完善适合国情的汇率政策

继续探索和实施符合我国当前国情的人民币中间价形成机制，保证人民币汇率的基本可控，在此基础上增强人民币汇率的双向浮动弹性。充分发挥现有外汇市场自律机制及其汇率工作组的作用，充分发挥金融机构在人民币汇率形成机制建设中的主动性，增强金融机构在人民币汇率形成过程中的自主性。更加重视汇率市场中预期的作用，加强对市场预期的引导，强化对真实交易因素和投机因素的区分，必要时可以将中间价和收盘价价差中的投机因素纳入到逆周期因子的考虑范围。未来一段时间的汇率政策制定和外汇管理制度安排，要充分认识到全球主要经济体货币政策转向对人民币所造成的压力，充分考虑到外部货币政策和国内货币政策之间的相互影响。正视我国正在推进外汇管理体制改革和人民币国际化的国情，建议继续将中央银行作为我国外汇储备的主要管理机构，充分发挥中央银行和国家外汇管理局在调节人民币汇率方面的特有优势，保证人民币汇率的基本可控，为经济社会稳定健康发展和改革的稳步推进提供适宜的汇率环境。

（五）推进金融监管体制改革

逐步提高功能监管在整个金融监管体系中的重要性，适应金融机构向混业经营发展的冲动，避免监管真空和监管过度，增强功能监管与机构监管之间的协调配合。明确集团内部各金融功能相互独立原则，对业务形态已经成型的金融功能进行拆分，提高功能监管的效率。从资产管理行业入手，要求银行机构、证券公司、期货公司分别对银行理财产品、证券公司资产管理业务、期货公司资产管理业务进行拆分，成立相应子公司，开展独立经营。建立各类资产管理子公司统一金融监管框架，进一步完善资管业务综合统计、操作规则、监督检查等方面工作。充分发挥国务院金融稳定发展委员会对金融监管部门的统一领导，有效解决金融监管部门间的协调问题。

（撰稿人：中国国际经济交流中心经济研究部助理研究员，孙晓涛）

固定资产投资分析与展望

2017年固定资产投资增速缓中趋稳，全年增长7.2%，较上年回落0.9个百分点。投资运行在放缓的大趋势下呈现出"稳"的新迹象，资金来源、民间投资、装备制造业投资等部分指标出现积极变化。当前，投资的经济效益明显下滑、财政整固抑制政府及基建类投资、金融去杠杆推高资金成本、房地产市场步入调整放慢阶段、部分行业投资持续下降等问题比较突出。展望2018年，出口稳定向好、工业利润增加、技改投资需求旺盛、新兴投资加快发展、政府和社会资本合作（PPP）模式加快推进等将支撑投资平稳增长。综合判断，固定资产投资回稳的脆弱性仍然较大，2018年固定资产投资将筑底企稳，预计增长6.5%左右。

一 2017年固定资产投资的基本特征

在2017年国民经济和社会发展计划中，投资的主基调定位为"精准扩大有效投资"，全社会固定资产投资预期增长9.0%左右。但从2017年固定资产投资（不含农户）增速看，投资增长预期目标无法完成，已经连续四年未能实现预期目标。

2017年以来，固定资产投资增长放缓、动能仍然偏弱，延续了金融危机以来的持续下行态势。全年固定资产投资额增长7.2%，较上年同期回落0.9个百分点。受钢材、水泥等建筑安装工程费用同比大幅上涨的带动，固定资产投资价格指数攀升至105.8，同比提高6.4个点。2016年一季度至2017年四季度，固

表1 全社会固定资产投资的预期目标与完成情况

年份	预期目标	主基调	完成增速	完成情况
2009	20%	保持投资较快增长	30.0%	√
2010	20%	保持合理的投资规模	23.8%	√
2011	18%	保持合理的投资规模	23.8%	√
2012	16%	进一步优化投资结构	20.3%	√
2013	18%	发挥好投资对经济增长的关键作用	19.3%	√
2014	17.5%	促进投资稳定增长和结构优化	15.3%	×
2015	15%	着力保持投资平稳增长	9.8%	×
2016	10.5%	着力补短板、调结构,提高投资的有效性	7.9%	×
2017	9.0%左右	精准扩大有效投资	7%左右	×

注:投资计划预期目标是政府对年度固定资产投资发展期望达到的目标。预期目标本质上是导向性的,在反映投资发展基本趋势的同时,主要是向社会传递宏观调控的意图,以引导市场主体行为,不等同于预测值。

定资产投资各季名义增速分别为10.7%、8.1%、7.1%、8.0%和9.2%、8.3%、5.8%、6.4%,呈现出放缓态势。在支出法GDP构成中,资本形成总额对GDP增长的贡献率仅为32.1%,较上年同期大幅减少10.1个百分点,贡献度减少0.6个百分点。

表2 固定资产投资增速及价格指数

单位:%

项目	2017Q4	2017Q3	2017Q2	2017Q1	2016Q4	2016Q3	2016Q2	2016Q1
投资名义增速	6.4	5.8	8.3	9.2	8.0	7.1	8.1	10.7
投资实际增速	-0.9	-0.6	3.2	4.5	6.5	7.2	9.0	13.7
投资价格指数	107.4	106.5	104.7	104.5	101.4	99.9	99.2	97.3
设备器具价格指数	101.4	100.7	100.3	100.0	99.1	99.0	98.8	98.6
建筑安装价格指数	110.1	109.0	106.5	106.4	102.2	100.0	99.1	96.4
其中:钢材		123.5	116.4	118.0	104.5	98.5	95.5	86.8
水泥		108.1	105.6	104.7		97.0	95.4	93.2
其他费用价格指数	101.0	101.1	101.0	100.9	100.5	100.5	100.4	100.6

但同时,固定资产投资运行也呈现出"稳"的新迹象,资金来源、民间投资、装备制造业投资等部分指标出现积极变化。总体判断,投资运行呈现出"缓中趋稳"的特征。

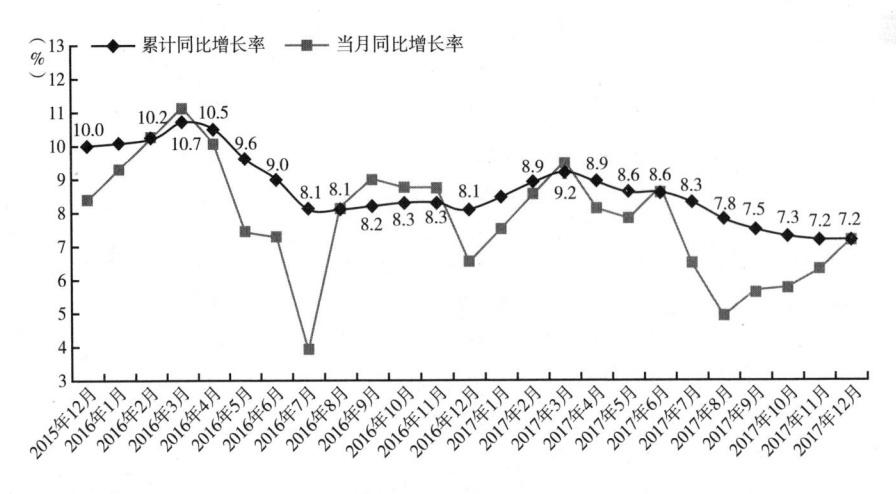

图 1 固定资产投资增速走势图

（一）资金保障程度仍然很低，但资金来源出现积极变化

2017年，固定资产投资到位资金同比增长4.8%，较上年同期回落1个百分点。投资的资金保障程度继续降低，整体投资、项目投资的资金充足率分别为1.00和0.91，较上年同期分别回落0.02个和0.03个点。但从月度走势看，资金来源呈现出积极变化趋势。在预算资金、国内贷款、自筹资金整体回升的带动下，投资到位资金累计增速连续10个月提升，扭转了年初持续下降的局面。

（二）"国有快民间慢"仍在延续，但民间投资增长企稳向好

2017年，国有控股投资增长10.1%，较上年同期回落8.6个百分点；民间投资增长6.0%，较上年同期提升2.8个百分点。"国有快、民间慢"格局仍在延续，但随着民间投资增长企稳向好，两者增速差距缩小至4.1个百分点。民间投资比重为60.4%，较上年回落0.8个百分点。随着促进民间投资发展的政策效应逐步显现，民营企业的投资环境和信心均有所增强，民间投资在第三产业中的道路运输业、公共设施管理业、卫生和社会工作业、文体娱乐业的增速分别提升9.0个、16.1个、5.5个和9.8个百分点。

（三）制造业投资低速增长，但装备制造业投资明显加快

2017年，制造业投资增长4.8%，较上年同期加快0.6个百分点。制造业投

资占总体投资的比重为30.7%，较上年同期回落0.7个百分点。分大类看，装备制造业投资增长7.5%，大幅提升3.7个百分点；消费品工业投资增长2.4%，回落5.1个百分点；高耗能制造业投资下降2.7%，降幅扩大1.3个百分点。2017年以来外贸出口形势向好，《中国制造2025》鼓励产业升级改造，带动制造业尤其是装备制造业投资动能增强。受产能过剩、环保要求加码的制约，高耗能制造业投资已经连续三年下降。受工业原材料成本上升、消费品供大于求等因素制约，消费品工业投资增长明显放慢。

表3 制造业投资增速回落情况

单位：个百分点

行　业	2017年增速同比变化	2016年增速同比变化	2015年增速同比变化
制造业	+0.6	-3.9	-5.4
消费品制造业（35%）	-5.1	-4.0	-4.0
高耗能制造业（23%）	-1.3	-0.5	-9.4
装备制造业（40%）	+3.7	-5.9	-3.3

注：括号内分别是2016年消费品制造业投资、高耗能制造业投资、装备制造业投资占制造业投资的比重。

（四）房地产开发投资有所加快，但调控政策已转向紧缩

2017年，房地产开发投资增长7.0%，同比加快0.1个百分点。房地产开发投资占总体投资的比重为17.4%，与上年同期持平。随着主要城市加大加快用地供应，以及"营改增"扩围减轻房企税负，激发了房企购地热情，土地购置面积同比大幅增长16.3%。在去库存政策的刺激下，全年商品房销售面积达到16.9亿平方米，刷新历史新高，高库存矛盾基本得到化解。11月末广义商品房库存（现房加期房）为19.8亿平方米，同比减少5亿平方米，降低了20.1%，广义商品房去库周期降低至14.9个月，已经处在合理去化周期区间内（12~18个月）；狭义商品房库存（待售面积）为6亿平方米，同比减少0.95亿平方米，降低了13.7%。

需要说明的是，去化周期是相对概念，目前14.9个月的去化周期是建立在2017年前11个月平均销售速度（1.33亿平方米/月，历史最快）上的。如果以2016年前三季度月平均销售速度（1.23亿平方米/月，历史第二快）计算，去化周期为16.1个月；如果以2013年前三季度月平均销售速度（1.01亿平方米/

月，历史第三快）计算，去化周期达 19.7 个月。

政策刺激下的房地产市场迅速回暖也带来了一系列问题，居民部门购房加杠杆速度偏快，部分信用低、偿付能力差的居民通过首付贷、抵押消费贷等途径过度加杠杆，承担着沉重的房贷负担，同时也加大了住房抵押贷款的风险。一线和热点二线城市房价涨幅过大，严重超出群众的收入承受能力，住房问题成为民生难以承受之痛，同时还拉大了有房者和无房者之间的财富差距，恶化财富分配，增加社会不稳定性因素。在这些副作用的倒逼下，房地产市场调控政策转向紧缩，限购、限贷、限售等一系列政策先后出台。总体来看，此轮房地产调控政策周期分为两个阶段：2014 年初到 2016 年 9 月属于放松阶段，2016 年 10 月至今属于紧缩阶段。

（五）基础设施投资高速增长，但地方政府违规融资受到严控

2017 年，基础设施建设投资增长 14.9%，同比回落 0.8 个百分点，占投资总盘子的 27.4%，较上年同期提升 1.8 个百分点。基础设施建设仍然是支撑投资增长的定海神针，贡献率高达 59.9%。分行业看，基建投资增长呈现"一加快、两放慢"的特征。受积极化解交通领域存量资金、车辆购置税大幅增长等因素的带动，交通运输、仓储和邮政业投资同比加快 5.3 个百分点；受专项建设基金暂停发放等影响，水利、环境和公共设施管理业投资同比回落 2.1 个百分点；受煤电行业去产能的影响，电力、热力、燃气及水的生产和供应业投资同比大幅回落 10.5 个百分点。

2013 年以来基建投资持续高速度增长，一定程度上加大了地方政府债务风险。针对部分地方政府违法违规举债担保时有发生、局部风险加速累积的情况，财政部等先后发布《关于进一步规范地方政府举债融资行为的通知》（财预〔2017〕50 号）、《关于坚决制止地方以政府购买服务名义违法违规融资的通知》（财预〔2017〕87 号），严控地方政府购买服务事项范围，进一步强化地方政府债务管理。现阶段，政府信用是撬动金融资源支持基建设施项目的重要因素，规范政府购买服务将大幅收紧地方建设融资渠道。

（六）区域投资增速普遍回落，尤其是个别省份投资大幅下跌

2017 年，四大区域的投资增长态势出现分化，呈现出"东中西增速放缓、东北增速转正"的局面。东、中、西部地区投资增速分别同比回落 0.8 个、5.1

个和3.7个百分点，放缓幅度均大于全国总体投资（0.9个百分点）。东北地区投资增速由正转负，大幅提升26.3个百分点。

令人担忧的是，辽宁、天津、内蒙古、吉林、甘肃5个省份的投资额出现下降，河北、宁夏2个省份的投资增速出现大幅的放缓。辽宁省固定资产投资在经过2014~2016年异常大幅下降（-1.5%、-27.8%、-63.5%）的情况下，2017年1~11月继续同比下降3.6%。天津市投资出现2000年以来的首次下降1.4%，较上年同期回落9.6个百分点。内蒙古投资下降6.7%，较上年同期回落17个百分点。吉林省投资下降2.5%，较上年同期回落12.7个百分点。甘肃省投资也出现自2000年以来的首次下降，1~11月同比下降39.3%，其中项目投资同比下降44.3%。河北、宁夏投资增速分别较上年同期回落3.8个和7.4个百分点。

可以看出，投资明显疲弱的省份主要集中在东北、华北、西北地区，除挤出投资数据水分外，还有以下原因：一是"亲""清"新型政商关系尚在稳步建立，民营企业投资意愿仍在恢复阶段；二是过分倚重传统动能，产业结构转型难度较大，新动能投资规模相对不足；三是过于依赖政府投资和基础设施投资，受地方政府债务管控趋严的影响，这两类投资增长受到负面影响；四是随着绿色发展理念深入人心、环保督察不断深入，部分高耗能、高污染投资项目停工。

二 当前投资领域需要关注的问题

当前，固定资产投资形势稳中有忧，存在一定的下行压力。需要密切关注以下问题：投资的经济效益明显下滑、财政整固抑制政府及基建类投资、金融去杠杆推高资金成本、房地产市场步入调整放慢阶段、部分行业投资持续下降。

（一）投资的经济效益明显下滑

近年来，我国投资的经济效益明显下滑。受国际金融危机后外贸出口长期低迷的影响，我国主要工业行业产能过剩矛盾凸显，产业投资回报率显著下滑。同时，为应对经济下行压力，我国先后在2008年底、2012年下半年实施促投资政策，加大基础设施、基本公共服务、生态环保等领域的"补短板"投资。这些公益性和准公益性投资的生态效益、社会效益显著，但其经济效益相对较低。此外，重复投资、重复建设的现象在某种程度上依然存在，造成社会资源浪费。以增量资本产出率（单位 GDP 增量需要增加的投资，数值越大，经济效益越低）来衡量投资效益，2015 年达到 7.2，是 2007 年的 2.2 倍。

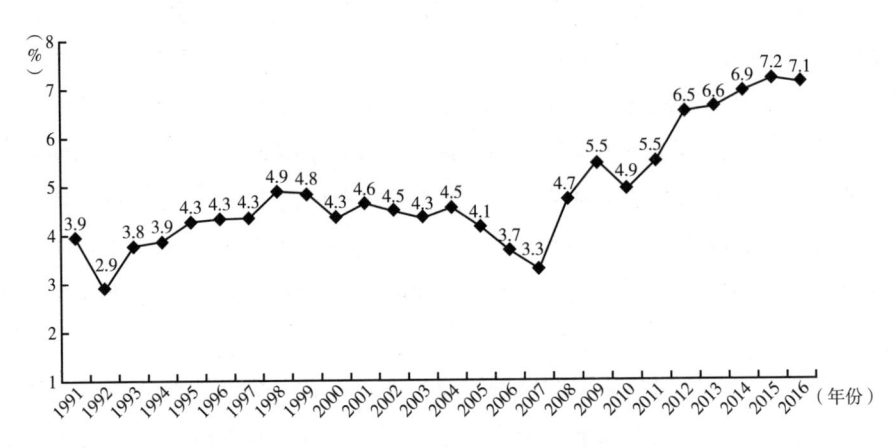

图 2 1991～2016 年我国增量资本产出率变动趋势

（二）财政整固抑制政府及基建类投资

当前，对我国财政风险尤其是地方政府债务风险隐患需要予以高度重视。全口径政府赤字规模快速攀升，公共财政赤字从 2012 年的 8000 亿元增加到 2016 年的 23800 亿元，地方专项债券从 2015 年的 1000 亿元增加到 2016 年的 8000 亿元。政府违规提供担保、政府信用介入的企业债务规模野蛮式生长，近 2.8 万亿元的专项建设基金、近 2 万亿元的地方政府产业引导基金都变相地扩大着地方政府隐性债务规模。我国财政政策取向已经转向更加强调地方政府债务管理，坚决遏制隐性债务增量。从主要经济体的财政政策取向看，德国强调进行危机后的财政整固工作，主动削减赤字规模，自 2014 年以来已经连续三年实现财政盈余，英国、法国的赤字规模自 2014 年以来也处在缩减阶段，美国自 2010 年以来赤字规模逐年缩减。从国内经济与财政的关系看，随着宏观经济的趋稳向好，经济增长的稳定性、协调性、可持续性不断提高，财政政策具备了适当减弱积极程度的有利条件。此外，财政刺激对经济增长的边际效应在递减，而导致的财政风险隐患却在明显加大。因此，在国内推进财政整固的政策背景下，政府直接投资和以政府信用撬动基建投资的能力将受到有效制约。

（三）金融去杠杆推高资金成本

针对相当一部分资金在金融体系内循环、快速加杠杆、进行监管套利、累积金融风险等问题，央行加强宏观审慎监管和推进积极稳妥去杠杆。在去杠杆的政策取向下，金融市场利率普遍上行，资金成本明显走高。

货币市场方面，11月银行间隔夜拆借和七天拆借加权利率分别比上年12月提升了46个、64个基点。资本市场方面，11月短期融资券、公司债、中期票据、企业债平均发行利率分别为5.10%、5.75%、5.75%、6.82%，分别较上年12月抬升了101个、91个、89个和128个基点，国债平均发行利率为3.84%，较上年12月提升了102个基点。虽然贷款基准利率并未做出调整，但随着短端利率传导至长端，金融机构人民币贷款加权平均利率已经实质性走高。2017年9月，贷款加权平均利率为5.76%，较上年12月提升了49个基点。金融去杠杆将继续推动资金利率上行，增加金融套利和过度加杠杆的成本，通过资金价格机制引导全社会合理有序利用杠杆，同时，社会资金利率的上行也将增加投资项目的融资难度和成本，降低投资预期收益率。

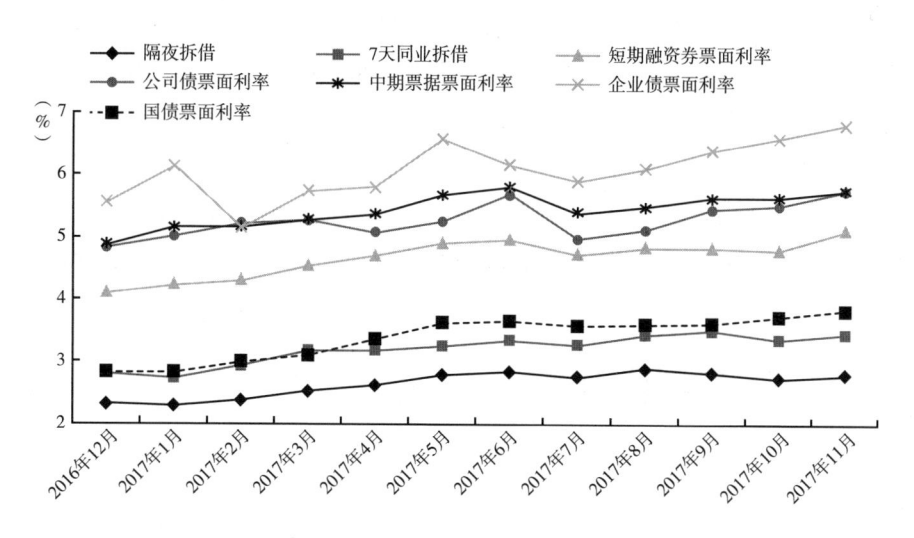

图3 市场利率持续走高

（四）房地产市场步入调整放慢阶段

随着房地产收紧政策的效应释放，我国房地产市场明显降温。2017年，全国商品房销售面积和销售额分别增长7.7%和13.7%，较上年同期大幅降低14.8个和21.1个百分点。8月、9月15个热点城市新建商品住宅价格环比全部为零或下降。10月12个热点城市环比为零或下降。11月11个热点城市环比为零或下降。12月仍有7个城市环比为零或下降。我国房地产市场一般存在着长达3~4年的"低谷—反弹—高峰"的周期性特征。2014年是房地产市场的低谷期，2015年是反弹期，2016~2017年是高峰期，这意味着2018年房地产市场将大概率步入低谷期，房地产业投资也将受到影响。

需要澄清概念、突出说明的是，房地产业投资与房地产开发投资是存在一定区别的。房地产业投资按照建设单位划分大致包括两个部分，即房地产开发投资和其他房地产业投资。其中，由房地产开发企业承建的计入房地产开发投资统计；由项目建设单位（如城市建设公司等）承建的房地产业投资项目计入其他房地产业投资，主要包括保障性住房建设项目、棚户区改造项目、房产中介投资项目等。2017年1~11月，房地产业投资额为12.8万亿元，增长4.2%，同比回落2.3个百分点。其中，房地产开发投资额为10万亿元，增长7.5%，同比提高1个百分点；其他房地产业投资额为2.8万亿元，下降6.7%，同比大幅回落13.3个百分点，主要是受全面实行棚改货币化安置的影响，将部分棚改投资转化为存量商品房的购买力，相应地减少了其他房地产业投资规模。因此，在明确了房地产业投资和房地产开发投资的区别后，可以预判，在调控政策收紧、商品房销售放慢的影响下，2018年房地产开发投资增速将大概率明显回落，但只要政策得当（如地方政府增加供地、因地制宜地部分取消棚改货币化安置），适当增加其他房地产业投资，整体上房地产业投资仍然具有平稳增长或者缓降的条件。

（五）部分行业投资持续下降

当前，除六大高耗能行业外，采矿业、建筑业、批发零售业、金融业这四个行业投资也出现了连续两年左右的持续下降。其中，采矿业投资下滑主要是受大宗矿产品价格低位的影响，建筑业投资下滑主要是受国内整体投资放缓、建筑业产能过剩的影响，金融业投资下滑主要是受信息技术发展导致物理网点需求减少、近两年金融业发展放缓等的影响。而批发零售业，具有投资规模大、中小企业偏多、民间资本集中的特点，行业投资持续下滑的主要原因：一是贷款难度加大。批发零售业中小企业居多，不良贷款率偏高，导致银行系统普遍收紧其贷款

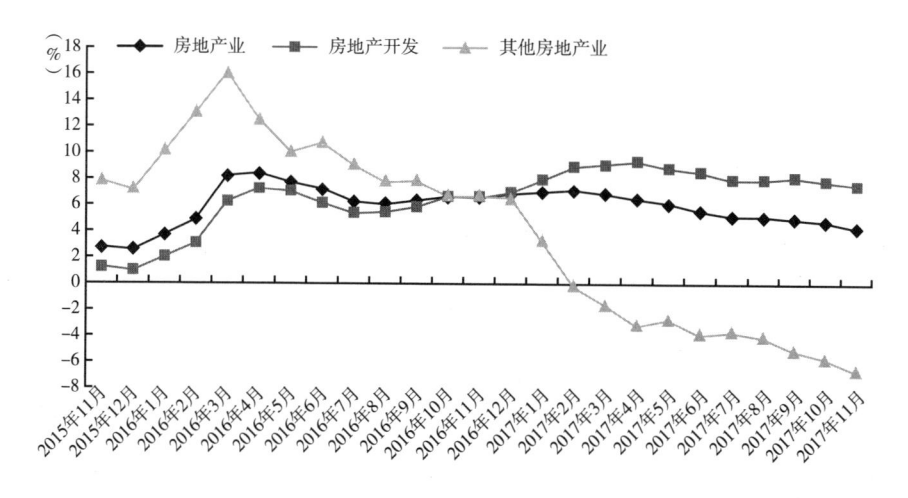

图4 房地产业和房地产开发投资增长情况

规模，批发零售行业融资困难。二是经营成本不断提高。批发零售业是典型的劳动密集型行业，劳动力成本连续攀升、商业房屋租赁费用不断上涨，侵蚀了批发零售企业的盈利水平。三是网络购物等新兴消费模式分流了部分线下传统消费，挤压了传统批发零售企业的利润空间。投资在当期是需求，项目建成后会形成有效供给。因此，当某个行业出现投资持续下降的局面，就需要关注其成因，实施相应政策，防止行业投资过度衰减而导致后续发展动能和有效供给不足。

表4 四个门类行业投资规模连续下降

单位：亿元，%

项目	2016年投资规模	2014年增速	2015年增速	2016年增速	2017年增速
采矿业	10320	0.7	-8.8	-20.4	-10.0
建筑业	4577	27.2	10.2	-6.5	-19.0
批发零售业	17939	25.7	20.1	-4.0	-7.3（前11月）
金融业	1310	10.5	0.3	-4.2	-10.8（前11月）

三 2018年投资形势分析及全年预测

当前，固定资产投资回稳的脆弱性仍然较大，但最困难的时候已经过去。在出口稳定向好、工业利润大幅增加、技改投资需求旺盛、新兴投资加快发展、

PPP 模式加快推进等有利因素的带动下,固定资产投资增速有望在 2018 年筑底企稳。综合判断,2018 年固定资产投资预计增长 6.5% 左右。

(一) 投资增长存在向合理速度趋近的动力

投资率等于资本形成总额与 GDP 的比值。在投资率基本稳定的情况下,资本形成总额的名义增速应该等于 GDP 名义增速。由于统计口径不同,固定资产投资与资本形成总额不完全一致,其增速也有些差异。但总体上看,固定资产投资名义增速应该与 GDP 名义增速存在一定的合理关系,即固定资产投资名义增速围绕着 GDP 名义增速上下波动,在经济过热期,投资名义增速大于 GDP 名义增速;在经济下行期,投资名义增速低于 GDP 名义增速。当前我国宏观经济稳中向好,经济增长的韧性、稳定性和可持续性不断增强,相应的,固定资产投资名义增速偏离 GDP 名义增速的幅度也将明显减小。2017 年,GDP 名义增速为 11.2%,固定资产投资名义增速仅为 7.2%,处在一个相对过低的水平。考虑到 2018 年 GDP 名义增速将达到 9% 以上,固定资产投资名义增速稳定在 7% 左右的平台上是比较合理的。加之当前资金来源、民间投资、装备制造业投资等部分投资指标出现积极变化,进一步预判,此轮固定资产投资增长最困难的时候已经过去。

(二) 出口稳定向好将进一步促进制造业投资

2017 年以来,世界经济增速加快,呈现稳步复苏态势。2018 年 1 月,国际货币基金组织(IMF)《世界经济展望》修订报告,将 2017 年和 2018 年全球经济增长预期分别上调至 3.7% 和 3.9%。受世界经济向好的带动,全球贸易继续增长,WTO 预测,2018 年全球贸易增长将达到 3.2%,增长区间为 1.4% ~ 4.4%。国际市场是我国制造业产成品的重要销售市场,整体份额占 10% 左右。外贸出口向好将进一步缓解我国制造业产能过剩矛盾,改善企业生产经营状况,促进企业增加投资。

(三) 工业利润改善将增强企业投资能力

在外贸出口向好、供给侧改革缓解供求矛盾、工业产成品价格较快上涨、减税降费等因素的促进下,规模以上工业企业利润大幅增长。1 ~ 11 月,规上工业利润增长 21.9%,较上年同期提升 12.5 个百分点,同比增加 8416 亿元。非金融类国有企业利润总额增长23.5%，较上年同期提升20.7个百分点，同比增加4907亿元。企业经营利润增加有助于改善企业现金流，增强投融资能力。

（四）技术改造升级引领工业投资增长

围绕贯彻落实《中国制造2025》，国家深入实施制造业升级改造重大工程包，重点支持企业智能化改造、基础能力提升、绿色制造推广、高端装备发展等重大工程，转型升级投资加快推进。2017年，制造业技改投资增长16%，增速比全部制造业投资高11.2个百分点，占全部制造业投资的比重达48.5%。2018年是制造业升级改造重大工程包实施周期的收官之年，技术改造升级将继续引领工业投资增长。

（五）特色小镇、幸福产业等新兴投资快速发展

特色小镇建设是振兴乡村战略的重要内容，是促进城市和小城镇协调发展的重要抓手。按照住建部公布的全国3675个重点镇、镇年均投资10亿元测算，预计每年将带来3.6万亿元左右的镇域投资规模。在居民消费升级的促进下，旅游、文化、体育、健康、养老、教育培训等消费需求快速增加，上述幸福产业相应迎来快速发展、提升供给质量的重要机遇，成为新的投资热点。2017年，文体娱乐业投资增长12.9%，卫生和社会工作投资增长18.1%，教育投资增长20.2%，均明显高于同期整体投资增速。《2016中国旅游投资报告》显示，在强劲的旅游需求驱动下，2016年旅游业投资额达到12997亿元，同比增长29%，成为社会投资热点和最具有潜力的投资领域。

（六）政府和社会资本合作模式快速推进

2014年以来，我国积极推进政府和社会资本合作（PPP）模式，经过四年多的探索、创新、规范和发展，PPP模式的推广和落地速度不断加快，社会资本参与热情得到实质性提高。根据财政部PPP中心发布的第8期全国PPP综合信息平台项目库季报，截至2017年9月末，全国入库项目有14220个，总投资额达17.8万亿元。落地率为35.2%，较6月末环比提高1.1个百分点。其中，国家示范PPP项目落地572个、总投资额1.47万亿元，落地率高达82.1%。PPP落地项目主要集中在市政工程、交通运输及生态建设和环境保护等行业。同时，基本公共服务领域（文化、体育、医疗、养老、教育、旅游）也更多地采用PPP

模式,截至9月末,基本公共服务领域项目数为1321个、投资额1.1万亿元,较6月末净增入库项目172个、净增投资额1648亿元。PPP模式的加快推进,将有效增加基础设施和公共服务领域的投资资金来源,增强政府资金的引导带动能力,助力"补短板"建设。

四 政策建议

2018年投资工作要围绕"发挥投资对优化供给结构的关键性作用"的基本思路,坚持问题导向,着力扩大有效投资、激活民间投资新空间,进一步推广PPP模式,支持企业技术改造,健全房地产市场长效机制,优化批发零售业投资环境,促进固定资产投资提质增效。

(一)着力扩大三类有效投资

一是加强补短板投资。结合实施"十三五"规划确定的重大项目,围绕脱贫攻坚、提升人力资本水平、增强公共服务能力、突破关键共性技术、支持企业技术改造、加强基础设施薄弱环节、加强生态环境保护等重点领域,加大补短板投资力度,增加有效供给和培育发展新动能。二是进一步激发民间投资。推动贯彻落实促进民间投资的系列政策措施,切实减轻实体经济税费负担,营造良好营商环境,探索开辟民间投资新空间,促进民间投资继续回稳向好。三是加大引进外资力度。要在开放的范围和层次上进一步拓展,更要在开放的思想观念、结构布局、体制机制上进一步拓展。有序放宽市场准入,全面实行准入前国民待遇加负面清单管理模式,继续精简负面清单,抓紧完善外资相关法律,加强知识产权保护。

(二)激活民间投资新空间

一是试点放开服务业领域的市场准入。选择若干试点城市,在信息技术服务、金融、医疗卫生、文化、体育、教育、养老等服务业,全方位放开市场准入,引导支持民间资本进入,以多元化的市场竞争主体来激发市场活力。二是加快推进事业单位分类改革。限时完成生产经营类、公益二类事业单位的整建制或部分转制改企工作。完善政府购买服务体系,促进各类企业主体在提供公共产品和服务上的平等竞争。三是加强政府监管能力建设。简化事前准入,强化事中事后监管，在事中事后监管实践中丰富提升政府监管能力。建立完善信用联合奖惩制度，加强对各类市场主体和各类社会成员的信用管理。

（三）进一步推广 PPP 模式

一是加强对 PPP 的规范管理。强化财政承受能力论证 10%"红线"的硬性约束，建立 PPP 项目财政支出责任统计监测体系。明确地方政府的主体责任，严禁各类借 PPP 变相举债的行为。二是建立健全中长期财政预算制度。将对 PPP 项目的支付责任列入中长期预算，确保各级财政的中长期可持续性。三是推进公共服务价格改革。加快建立科学的公共产品和服务定价机制，确保投资项目的合理回报率，提高社会资本参与的积极性和项目可融资性。四是支持民间资本参与 PPP。将民营资本参与率纳入 PPP 工作考核体系，严禁对民营资本设置任何差别条款和歧视性条款。

（四）鼓励支持企业技术改造

一是重点实施六大专项工程。继续推进工业强基、高端制造、智能制造、绿色制造、精品制造、服务型制造等工程，着力培育高端制造业，改造提升传统优势产业，增强制造业发展后劲。二是加大政府奖励补助资金投入力度。通过设备购置补助、中长期贷款贴息等政策，引导制造业企业加大技术改造投资力度，促进新旧动能转换。三是加大财税优惠政策支持力度。进一步落实研发费用加计扣除，固定资产加速折旧，重大技术装备进口，高新技术企业、集成电路和软件企业税收优惠等政策。

（五）健全房地产市场长效机制

一是完善地方政府住宅土地供应制度。强化对住宅用地供应计划年度执行情况的考核监督，指导地方编制发布住宅用地供应三年滚动计划和中期规划。二是加快推进户籍制度改革。建立居住证制度，完善与居住年限等条件相挂钩的基本公共服务提供机制。提升中小城市公共产品和服务的质量，推进小城镇和乡村一体化建设，促进基本公共服务在大小城市间、镇村间的均等化。三是大力发展住房租赁市场。鼓励房地产开发企业转型经营住房租赁业务，培育发展住房租赁企业。支持长租公寓等租赁业务发展，满足城市"夹心层"人群的住房需求。四是完善房地产相关财税制度改革。加快房地产税立法工作进度，建立健全覆盖住房交易、保有等环节的房地产税制。五是推进棚户区改造工作。发挥好棚改实现方式（补砖头、货币化）对稳定房地产市场、促进房地产投资平稳增长的积极作用。对房地产投资增速下降幅度较大的地区，要适当减少棚改货币化安置比例。

（六）优化批发零售业投资环境

一是切实减轻批零企业税费负担。减免征收小微批发和零售企业的增值税和企业所得税。进一步加强收费管理，坚决取消各种违法违规收费项目，重点督查涉及批发和零售企业的乱收费行为。二是设立批发零售企业转型升级引导基金。重点用于促进电商与实体零售商加快融合，支持现代物流、绿色农产品基地、大型购物中心等新业态投资，培育批发零售龙头企业，积极引入连锁经营等现代经营方式。三是加大金融对批发零售业的支持力度。引导政策性金融、商业金融等加大对批发零售业的支持力度，创新金融服务方式，更好的服务实体经济发展。设立国家融资担保基金，推进省级再担保机构基本实现全覆盖，着力缓解小微企业"融资难"、"融资贵"问题。四是大力发展多种新型消费业态。鼓励批零企业发展电子商务，推进大型企业电子商务交易平台建设，实现网络经济与实体经济的有机结合。支持多领域经营的连锁企业发展，积极发展多种新型业态，丰富市场企业类型。

参考文献

许宪春：《经济分析与统计解读》，北京大学出版社，2015。
何立峰：《勇于担当，积极作为，力促经济社会平稳健康发展，以优异成绩迎接党的十九大胜利召开》，《宏观经济管理》2017年第4期。
王成勇、柯蓉：《城镇固定资产投资周期与经济增长的关系研究》，《统计与决策》2015年第8期。
许昆林：《积极扩大合理有效投资》，《中国投资》2016年第2期。
江克宁：《地区生产总值与固定资产投资关系的实证分析》，《统计与决策》2015年第17期。
詹和平：《宁波"十三五"固定资产投资发展环境分析》，《宁波经济丛刊》2015年第1期。
陈会玲、危丽：《重庆市固定资产投资的时间序列分析》，《知识经济》2015年第6期。

罗国三：《十五年来投资体制改革的主要进展和基本评价》，《经济研究参考》1994年第38期。

赵迪、余良昊、高迪：《GDP与出口总额以及全社会固定资产投资的VAR模型分析》，《企业改革与管理》2015年第6期。

李扬：《投资是制定"十三五"规划的关键》，《全球化》2015年第7期。

（撰稿人：国家信息中心经济预测部，胡祖铨；中国国际经济交流中心经济研究部，林江）

消费形势分析与展望

近些年来,消费对我国经济增长贡献率稳步提升,充分发挥了"稳定器"和"压舱石"的作用。十九大报告多次提及消费,包括"在中高端消费、创新引领、绿色低碳、共享经济、现代供应链、人力资本服务等领域培育新增长点、形成新动能","完善促进消费的体制机制,增强消费对经济发展的基础性作用","加快建立绿色生产和消费的法律制度和政策导向","反对奢侈浪费和不合理消费"等。未来消费增长的空间会更大,新的消费亮点也将不断形成。

一 居民消费特点分析

(一)居民消费支出情况

2017年,全国居民人均消费支出18322元,比上年名义增长7.1%,扣除价格因素,实际增长5.4%。其中,城镇居民人均消费支出24445元,增长5.9%,扣除价格因素,实际增长4.1%;农村居民人均消费支出10955元,增长8.1%,扣除价格因素,实际增长6.8%。

全年全国居民人均食品烟酒消费支出5374元,增长4.3%,占人均消费支出的比重为29.3%;人均衣着消费支出1238元,增长2.9%,占人均消费支出的比重为6.8%;人均居住消费支出4107元,增长9.6%,占人均消费支出的比重为22.4%;人均生活用品及服务消费支出1121元,增长7.4%,占人均消费支出的比重为6.1%；人均交通通信消费支出2499元，增长6.9%，占人均消费支出的比重为13.6%；人均教育文化娱乐消费支出2086元，增长8.9%，占人均消费支出的比重为11.4%；人均医疗保健消费支出1451元，增长11.0%，占人均消费支出的比重为7.9%；人均其他用品及服务消费支出447元，增长10.0%，占人均消费支出的比重为2.4%。

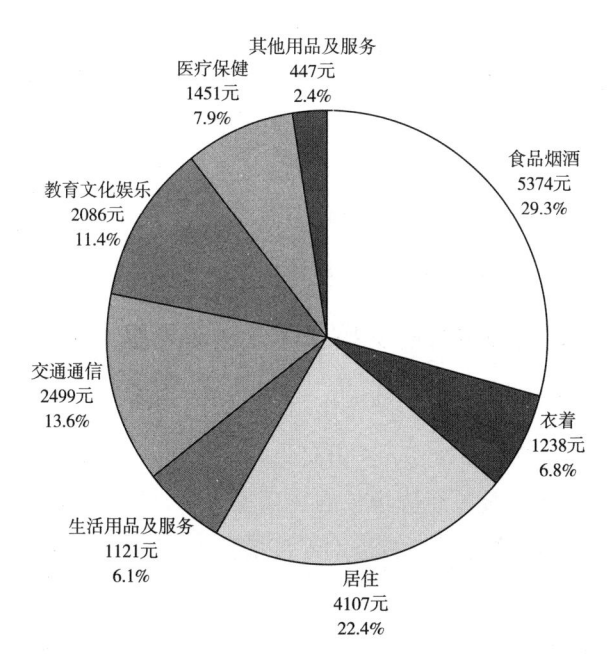

图1 2017年居民人均消费支出及构成

（二）消费结构不断升级

中国经济增长的动力结构正在逐步发生重大转变——消费已经取代投资成为中国经济增长的第一驱动力。消费升级所涉及的产业包括旅游、住宿业、日化、家电、家居、食品等。中国正在进入消费升级的阶段，目前我国居民消费处于商品消费向服务消费转变的上升期，居民用于服务性消费的支出大幅增加，而商品消费增长相对缓慢。除必备的吃、穿、住、行外，娱乐、教育、医疗、旅游、生活服务等服务和体验式消费逐年增长。随着居民收入的持续增长，服务性消费不断上升的趋势还将持续。随着服务性消费需求的不断增加，消费者的需求已经由生存型消费转向享受型和发展型消费。

消费结构升级明显，新兴热点不断释放消费潜力。"新消费"惠及每一位消费者，也在推动消费升级。家庭居住、个人穿戴、医疗健康等新型智能硬件层出不穷。消费领域出现的一系列新业态，例如无人零售、移动支付，给消费者带来了全新的消费体验。线上线下融合业务创新活跃，在线医疗、在线教育等持续扩大，交通出行、旅游住宿、购物、娱乐、餐饮外卖等领域的新型消费迅速兴起。通过手机扫码骑共享单车、实现自助买单，手机订酒店、民宿等"新消费"已成为人们生活的常态。阿里数据显示，2017年天猫"双11"全天成交额达到1682亿元，11月11日13点9分便打破2016年"双11"全天成交纪录。据测算①，2017年餐饮外卖市场交易额超过1600亿元，比上年增长超过60%；2018年交易额可望超过2400亿元，增速保持在50%左右。国内民宿市场每年的增长率都在60%以上，2017年的交易规模预计超过120亿元。

（三）消费对经济增长的支撑作用进一步增强

消费对经济增长持续发挥基础性作用。2017年全年社会消费品零售总额达到36.6万亿元，比2016年净增3.4万亿元，同比增长10.2%，连续第14年实现两位数增长。最终消费对经济增长的贡献率为58.8%，连续第四年成为拉动经济增长的第一驱动力，继续发挥着对经济增长的基础性作用。在消费总量稳步增长的同时，消费结构也出现了积极变化，新的消费热点不断释放出新的消费潜力。新的消费模式和消费形态正日臻成熟。当前，中国居民消费的突出特点：一是居民消费需求由满足日常需求向追求品质转变。高品质、多功能、智能型的产品日益受到追捧。二是消费方式由单纯的线下向线上和线下融合发展的转变。三是消费品类从以商品为主向商品和服务并重转变。

（四）网络消费成为重要消费方式

随着网络技术的进步，网络经济发展迅速，其主流是网络购物平台的发展，相应的与之相配套的支付方式、物流等经济服务业快速崛起。消费者行为变化趋势表现为线上线下相融合的全渠道购物成为主流消费方式，消费者期待随时随地随性进行"场景触发式购物"。从电子商务总额、网络零售、移动消费、跨境电商交易额、第三方支付、快递、农村电子商务、电商园区数量等多个维度来看，

---

① 商闻：《消费升级处重要关口　生活服务业呈现新特点》，《中国商报》2017年11月24日。

网络消费已经成为实实在在的现实主流。

　　网络消费使消费者的消费需求能够被最大化满足。随着网络经济的持续快速发展，居民消费行为也进入了一个新的阶段。与传统消费渠道相比，网络消费渠道通过改善消费实现条件、减少消费实现成本等途径，提升了居民的消费意愿，促进了居民消费。人们消费过程中消耗的时间和成本是影响居民消费的主要因素。网络经济的发展，有效降低了居民消费的交易成本。在网络经济环境下，生产者作为销售方直接与消费者进行交易，从而节约了大量流通环节的成本，网络零售商更能够通过节约实体场所的租金、人工成本、水电费等费用来降低经营成本，这些因素能够使网上销售商品的价格在一般情况下低于市场价格。物流产业的快速发展，使得物流运输费用大大降低，居民足不出户就可以买到自己需要的东西，居民购物的出行费用被节省下来。在网络经济环境下，消费者只需通过网页浏览就可从中收集大量资料，再从大量信息中寻找到符合自身需求的商品，从而极大地节省了获取商品信息的时间。网络购物不受时间、地点的限制，能够节省人力、物力以及时间，大大降低了交易成本。消费者更加注重社交网络对商品的反馈，用电子方式互相交流。他们不仅关注市场信息的透明度和商品的安全性，而且更加追求个性化商品。因为交易成本减低及消费的便捷性，所以越来越多的居民开始采用网络购物的方式进行消费，借助网络平台，消费者能够实现消费需求满足的最大化，从而促进了居民消费能力的释放。2017年全年，全国网上零售额71751亿元，比上年增长32.2%。其中，实物商品网上零售额54806亿元，增长28.0%，占社会消费品零售总额的比重为15.0%；在实物商品网上零售额中，吃、穿和用类商品分别增长28.6%、20.3%和30.8%。在商品销售方面，"双11"最能展示中国经济的活力。"双11"的销售额从2009年的5200万元增加到2017年的1682亿元，"双11"的意义已经远远超过购物本身。

　　网络经济的发展催生了第三方支付方式。网络经济带来的不仅仅是商品消费模式的转变，还有互联网支付手段的更新。网络购物的迅猛发展，带来了海量的远程支付需求，这种需求催生了支付宝、微信支付等第三方支付的快速发展。第三方支付方式的发展，提高了消费的便捷性。网上支付覆盖领域广泛。通过网络金融，居民可以快速、便捷地进行各种资金结算，这使得网络支付成为居民消费的重要支付手段，提高了消费的便捷性，同时也提高了消费者的消费体验和满意度。

（五）中国数字化消费领先世界

科技的改革不仅改变了中国消费者的消费模式，也逐渐影响着整个世界的电商环境。短短几年间，中国内地消费者从（近乎）无科技跨越到了高科技，直接进入了在线购物和拥有智能手机成为常态的世界。为了实现更加高效便捷的生活，智能化设备与服务开始渗透到日常生活的各个方面，例如家居、出行、健康、美妆、养宠等消费活动和生活方式，都在逐步强化智能化设计和功能。越来越多的智能产品走进了千家万户。

2000年，中国内地仅有1.7%的人上网。如今，中国有超过7亿互联网用户，网络普及率超过50%。中国已经成为全球最大的数字化消费者的人口国。整个智能终端和互联网的发展，让中国快速成为全球最大的数字化消费者人口国。目前在中国电子商务的发展，正处于上升阶段，中国电商销售额从2003年几乎为零的水平飙升至2016年的9750亿美元，排名世界第一。据中商产业研究院发布的《2017~2022年中国跨境电商市场前景及投资机会研究报告》预计，到2017年底，中国跨境电子商务总销售额将达到1001.7亿美元，平均每个消费者支出约882美元。目前中国有9.27亿的活跃移动互联网用户、7.07亿的活跃微信用户、2.72亿的活跃支付宝支付用户、2.31亿的活跃酷狗音乐用户，以及5900万的活跃滴滴打车用户。随着中国经济的增长，全球消费电子的重心逐渐倾向于中国，中国消费电子规模在全球的占比逐年攀升，与此同时，拥有较强的消费能力、追求高端产品的中国中产阶级正在快速崛起。

二 影响消费的因素分析

（一）居民收入提高推动消费需求扩大

2017年，全国居民人均可支配收入25974元，比上年名义增长9.0%，扣除价格因素，实际增长7.3%。其中，城镇居民人均可支配收入36396元，增长8.3%，扣除价格因素，实际增长6.5%；农村居民人均可支配收入13432元，增长8.6%，扣除价格因素，实际增长7.3%。

随着居民收入增长，消费水平不断提高，消费结构日益丰富，多元化、多领域、多层次消费趋势明显。居民消费从注重量的满足向追求质的提升，从有形物质商品向更多服务消费转变。2017年,居民文化娱乐活动更加丰富多样,全国居民人均团体旅游、景点门票、体育健身活动和电影话剧演出票支出分别增长14.0%、10.6%、15.5%和9.5%。居民享受更多社会化服务,全国居民人均家政服务支出增长11.0%,旅馆住宿支出增长18.1%,美容美发洗浴支出增长8.8%。与之形成对比,居民的食品烟酒、衣着等基本需求消费支出增长较慢,增速分别为4.3%和2.9%。通信器材、汽车等商品销售旺盛,餐饮、文化娱乐、休闲旅游、教育培训、医疗卫生、健康养生等服务性消费成为消费主流的趋势明显。

(二)群体之间收入不平衡导致消费能力不足

十九大报告提出的要解决好"我国社会的主要矛盾已经转化为人民日益增长的美好生活需要和不平衡不充分的发展之间的矛盾"。随着经济的发展,我国人民生活水平有了极大提高,但是民生领域还有很多短板,例如脱贫攻坚任务艰巨,收入分配差距依然较大。居民收入不平衡,主要体现在城乡收入差距依然较大,农村和欠发达地区的收入水平赶不上发展水平;地区之间居民收入不平衡,东部发达地区、特大城市的收入较高,而中西部欠发达地区和农村地区收入较低。2017年底召开的中央经济工作会议提出,社会政策要注重解决突出的民生问题,积极主动回应群众关切,加强基本公共服务,加强基本民生保障,及时化解社会矛盾。收入水平决定消费能力,收入差距大势必影响到整体消费水平的提高。2018年1月,中国社科院社会政法学部、中国社科院国家治理研究智库发布的《中等收入群体的分布与扩大中等收入群体的战略选择》报告显示,中国目前低收入群体占为35%,中低收入群体占22.7%,中间收入群体19.6%,中高收入群体占14%,高收入群体占8.7%。中低收入和低收入群体占比接近58%。由于中低收入者人数众多,尽管他们是潜在的消费力量,但是由于收入水平低,制约了其潜在消费的实现,对拉动经济增长产生的作用还比较有限。把低收入群体和中低收入群体带动起来,让他们也能更好地共享经济社会发展的成果,减少城乡之间、地区之间以及群体之间收入不平衡问题将是未来一段时期要解决的重要问题。

(三)中等收入群体消费潜力巨大

2017年底召开的中央经济工作会议,在总结十八大以来我国经济发展取得的历史性成就和发生的历史性变革时,给出了一个令世界瞩目的判断,"形成了世界上人口最多的中等收入群体"。这是中央首次明确我国形成了世界上最大规模的中等收入群体。按照世界银行的标准,中等收入标准为成年人每天收入在 10~100 美元,即年收入 3650~36500 美元。按照美元与人民币 1∶7 的保守汇率计算,世界银行中等收入标准为 2.5 万~25 万元人民币。按此标准,目前我国中等收入群体已超过 3 亿人。《中等收入群体的分布与扩大中等收入群体的战略选择》报告显示,如果将中间收入群体、中上收入群体和高收入群体相加在一起,则大约有 6 亿人口属于中等收入以上收入家庭。无论是从消费者数量还是其收入水平来看,中等收入群体是最有动力和潜力扩大消费的。这部分消费者的消费层次正在从注重量的满足向追求质的提升转变,消费内容从以商品为主向以服务为主转变,其服务性消费更侧重于休闲、旅游、文化、娱乐、健康、养老等方面,这种更高层次的消费需求潜力仍需经过时间积蓄。随着实物商品和服务质量的进一步提升,这一消费群体的消费潜力将进一步得到释放。

(四) 有效供给不足制约消费增长

收入的增长引发了居民消费需求及其偏好趋势的变化,消费类型从传统的生存型、物质型向发展型、服务型转变。但消费品市场供需结构矛盾突出,主要表现在:低端产品供应过剩,中高端产品供应不足;海淘海购消费日趋增多,海外消费快速增长,不断挤占国内消费空间。

消费品供给与消费者收入错位。对于中高收入消费者来说,他们更多的是看中商品质量、特点而非价格低廉。相对于这部分购买力和需求来说,低价位的商品和服务较多,对现有的商品需求已经趋于饱和,而国内消费市场不能够提供满足其需求的商品,这部分消费者持币待购或者直接到国外市场消费。而对于低收入消费者而言,由于其收入水平低、购买力弱,市场上商品和服务的价格仍相对较高,不能够充分满足低收入人群的生活需求,其购买潜力受到抑制。

供给端低质化现象仍然存在。在消费品市场上,一方面,有些商品供不应求,但是也有很多商品供过于求,这类商品主要是技术含量不高、附加值低、难以满足居民消费结构升级的要求。随着居民生活水平的提高、消费观念的改变和消费模式的变化,消费者对个性化、高品质消费品的需求越来越大,但是对那些适应城乡居民需求变化的新产品,市场供给不足,从而使一部分需求不能得到有效满足。另外，在食品领域，食品安全问题还没有得到完全解决，消费者的消费信心和消费意愿的提高还需要一定的过程。

三 继续发挥消费对经济增长支撑作用的举措

2016年年底召开的2017年中央经济工作会议十分明确地指出，"中国经济运行仍存在不少突出矛盾和问题，产能过剩和需求结构升级矛盾突出"；这些突出矛盾和问题"虽然有周期性、总量性因素，但根源是重大结构性失衡"；为此，解决的途径之一是"推动供需结构有效匹配、消费升级和有效投资良性互动、城乡区域协调发展，进一步释放国内需求潜力"。正如十九大报告所述，"新时代我国社会的主要矛盾是人民日益增长的美好生活需要和不平衡不充分的发展之间的矛盾"。结合我国经济发展的良好态势和居民消费升级的特点，在新的一年及未来的一段时期，在采取多种措施促进居民消费的同时，尤其要重点抓好以下几方面的工作。

（一）有效增加居民收入

十九大报告明确提出扩大中等收入群体，坚持在经济增长的同时实现居民收入同步增长、在劳动生产率提高的同时实现劳动报酬同步提高。此外，需以民富优先破题收入分配改革，加大国民收入分配结构调整力度，显著提高劳动报酬在国民收入分配中的比重。建立健全居民财产权保护制度，使中等收入群体对政策具有稳定的预期和现实的保障。

应积极改革收入分配机制，财政政策要向普通居民尤其是中低收入群体倾斜。财政支出要加大对扶贫、农业、教育、社会保障、医疗卫生等领域的保障力度。

着力促进创业就业。优化创新创业环境，拓展经营性收入增长空间。坚持就业优先，以创业带动就业。发挥市场配置资源的决定性作用，建立更加有力的激励机制，提升创新创业参与率。利用互联网技术改造提升传统产业，大力发展新经济、新业态、新模式。转变政府职能，激发民间企业活力。对增收潜力大、带动能力强的技能人才、新型职业农民、科研人员、小微企业创业者、企业经营管理人、基层干部队伍、有劳动能力困难群体，将实施激励计划，推出差别化收入分配激励政策，带动城乡居民实现总体增收。

（二）扩大和完善服务消费

加快发展服务消费。城市化进程加快和城乡居民收入水平不断提高，直接带动了居民消费结构升级和服务需求的增加。居民在家政服务、教育培训、医疗保健等领域的服务需求不断释放，在金融、技术、旅游等领域的服务需求也在快速增长。开展新一轮服务业综合改革试点，支持社会力量提供教育、养老、医疗等服务。推动服务业模式创新和跨界融合，发展医养结合、文化创意等新兴消费。完善旅游设施和服务，大力发展乡村、休闲、全域旅游。扩大数字家庭、在线教育等信息消费。促进电商、快递进社区进农村，推动实体店销售和网购融合发展。

加快提升服务水平，增加高品质产品消费。引导企业增品种、提品质、创品牌，扩大内外销产品"同线同标同质"实施范围，更好地满足消费升级需求。提高支付、物流、产品售后等方面的综合服务水平。随着收入的增长，居民消费由满足基本生活需求向服务性消费升级，要进一步拓展服务领域，在养老服务、医疗健康、休闲旅游等居民消费热点领域创新个性化服务产品。坚持绿色发展，转变消费方式。加强生态文明建设，促进服务过程和消费方式绿色化，推动生活性服务业高水平发展，加快生活方式转变和消费结构升级。

扩大市场化服务供给，推动新型消费。推动服务重心转向企业、行业和市场，提升专业化服务水平。创建全国服务业创新成果交易中心，加快创新成果转化和产业化进程。抢抓产业跨界融合发展新机遇，运用互联网、大数据、云计算等推动业态创新、管理创新和服务创新，开发适合高中低不同收入群体的多样化、个性化潜在服务需求。稳步推进电子商务进农村综合示范。开展拉动城乡居民文化消费试点工作，推动文化消费数字化、网络化发展。

（三）改善消费环境

随着互联网的便捷性和通达性加强，个性、互动、体验等新型消费方式蓬勃兴起。电子支付、网络约车、共享单车、O2O（线上到线下）服务等新型消费快速增加，越来越多的消费者体验到新消费时代的便捷。适应消费需求变化，完善政策措施，改善消费环境。营造全社会齐抓共管改善消费环境的有利氛围，形成企业规范、行业自律、政府监管、社会监督的多元共治格局。推动生活性服务业企业信用信息共享，将有关信用信息纳入国家企业信用信息公示系统，建立完善全国统一的信用信息共享交换平台，实施失信联合惩戒，逐步形成以诚信为核心的生活性服务业监管制度。严厉打击居民消费领域乱涨价、乱收费、价格欺诈、制售假冒伪劣商品、计量作弊等违法犯罪行为，依法查处垄断和不正当竞争行为，规范服务市场秩序。完善网络商品和服务的质量担保、损害赔偿、风险监控、网上抽查、源头追溯、属地查处、信用管理等制度，引入第三方检测认证等机制，有效保护消费者合法权益。进一步加大消费维权工作力度，围绕百姓消费升级趋势和消费热点，进一步加强消费维权制度建设，加大流通领域监管执法力度，全面推进12315体系建设，充分发挥消协等社会组织的作用，不断改善消费环境，为释放消费潜力、促进经济发展作出积极贡献，使市场消费环境更加安全放心。整顿和规范市场秩序。严肃查处假冒伪劣、虚假广告、价格欺诈等行为，加强消费者权益保护。

（四）提高信息消费供给水平

2017年8月，国务院印发《关于进一步扩大和升级信息消费持续释放内需潜力的指导意见》，部署进一步扩大和升级信息消费，充分释放内需潜力，壮大经济发展内生动力。信息消费已成为当前创新最活跃、增长最迅猛、辐射最广泛的经济领域之一，对拉动内需、促进就业和引领产业升级发挥着重要作用。加强信息消费重点领域发展，包括生活类信息消费、公共服务类信息消费、行业类信息消费和新型信息产品消费。通过采取多种措施，提高信息消费供给水平。

推广数字家庭产品。鼓励企业发展面向定制化应用场景的智能家居"产品+服务"模式，推广智能电视、智能音响、智能安防等新型数字家庭产品。加强"互联网+"人工智能核心技术及平台开发，推动虚拟现实、增强现实产品研发及产业化，支持可穿戴设备、消费级无人机、智能服务机器人等产品创新和产业化升级。

拓展电子产品应用。支持利用物联网、大数据、云计算、人工智能等技术推动各类应用电子产品智能化升级，在交通、能源、市政、环保等领域开展新型应用示范。推动智能网联汽车与智能交通示范区建设，发展辅助驾驶系统等车联网相关设备。

丰富数字创意内容和服务。扶持一批重点文艺网站，拓展数字影音、动漫游戏、网络文学等数字文化内容，丰富高清、互动等视频节目，培育形成一批拥有较强实力的数字创新企业。发展交互式网络电视（IPTV）、手机电视、有线电视网宽带服务等融合性业务。

壮大健康医疗。加强家庭诊疗、健康监护、分析诊断等智能设备研发，进一步推广网上预约、网络支付、结果查询等在线就医服务，推动在线健康咨询、居家健康服务、个性化健康管理等应用。

扩大电子商务服务领域。鼓励电商、物流、商贸、邮政等社会资源合作构建农村购物网络平台。培育基于社交电子商务、移动电子商务及新技术驱动的新一代电子商务平台，建立完善新型平台生态体系。积极稳妥地推进跨境电子商务发展。

（五）通过减贫脱贫提高居民消费能力

中国目前仍有7000多万农村贫困人口。贫困人口的消费能力大大制约了居民消费总体增长，因此扶贫与减贫也成为居民消费增长格局形成的一个非常重要的因素。2016年底召开的中央经济工作会议提出，"更加注重对特定人群特殊困难的精准帮扶"，有利于扶贫与减贫工作的推进。因此，消费增长格局形成最主要的支撑在于提高居民尤其是中低收入户和贫困家庭的可支配收入和深化收入分配制度改革，最终解决居民主体的"能消费"问题。进一步整合资源，加大脱贫攻坚投入的力度。按照"六个精准"要求，即扶持对象精准、项目安排精准、资金使用精准、措施到户精准、因村派人精准、脱贫成效精准，确保各项政策好处落到扶贫对象身上。坚持分类施策，因人因地施策，因贫困原因施策，通过复制生产和就业发展一批，通过异地搬迁安置一批，通过生态保护脱贫一批，通过教育扶贫脱贫一批，通过低保政策兜底一批。注重扶贫同扶志、扶智相结合，把贫困群众积极性和主动性充分调动起来，以精准扶贫、精准脱贫战略思想引领和推动实现"十三五"脱贫目标。

参考文献

《国务院办公厅关于加快发展生活性服务业促进消费结构升级的指导意见》，http：//www.gov.cn/zhengce/content/2015-11/22/content_10336.htm，2015年11月22日。

《上半年我国网络零售交易额突破3万亿元》，http：//www.cnii.com.cn/wlkb/rmydb/content/2017-09/18/content_1889432.htm，2017年9月18日。

乐琰：《大数据揭秘：这一年的消费升级，我们到底经历了什么》，《第一财经日报》

2017年11月17日。

商闻：《消费升级处重要关口　生活服务业呈现新特点》，《中国商报》2017年11月24日。

杨召奎：《消费升级，催生中国经济增长新动能》，《工人日报》2017年12月29日。

张磊、刘长庚：《供给侧改革背景下服务业新业态与消费升级》，《经济学家》2017年第11期。

王有捐：《2017年全国居民收入较快增长　居民生活质量不断改善》，2017。

《国家统计局9位司局长撰文解读2017》，《中国经济年报》2018年1月19日。

（撰稿人：中国国际经济交流中心经济研究部副研究员，徐伟）

对外贸易发展分析及展望

2017年以来，世界经济温和复苏，全球制造业生产回暖，国际贸易投资日趋活跃；我国经济正在由高速增长阶段向高质量发展阶段转变，供给侧结构性改革深入推进，创新能力不断提升，调控政策效果显现。在国内外形势向好与外贸扶持政策发力的共同作用下，我国对外贸易呈现增速较快、结构优化、质量提升、效益提高的发展态势。展望2018年，我国经济发展进入决胜全面建成小康社会、开启全面建设社会主义现代化国家新征程阶段，十九大精神加速贯彻落实，全面开放新格局逐步形成，外贸领域"一带一路"国际合作、创新能力拓展提升、货物贸易提质增效、服务贸易加快发展等方面的优势将进一步强化。但是美国对华"301调查"、全球货币政策转向、地缘政治摩擦、人民币汇率波动等不确定性因素将对外贸平稳运行带来负面影响。

一 2017年我国对外贸易呈现良好增势

（一）进出口增长速度由负转正

我国对外开放进入新阶段，"一带一路"建设加快推进，外贸企业积极转型，国内市场需求稳定向好，外贸发展整体扭转了近两年连续下跌的局面，呈现企稳回升走势。全年出口增长10.8%，同比提高12.8个百分点，进口增长18.7%，同比提高18.1个百分点，外需对经济的拉动作用提升，净出口对GDP的贡献率达到9.1%。但受同期基数变化、汇率显著波动等因素影响，2017年以来贸易增速逐季放缓,一季度增长21.3%,二季度增长17.2%,三季度增速回落至11.9%,四季度降至8.6%,较一季度下滑12.7个百分点。我国继续保持全球货物贸易第一大出口国和第二大进口国的地位,出口国际市场份额保持在13%左右。与此同时,据世界贸易组织统计,1~8月中国货物进口额占世界的比重为10.9%,比上年同期提高0.7个百分点,我国为其他国家和地区提供了更广阔的市场,有力地支持了世界经济复苏。

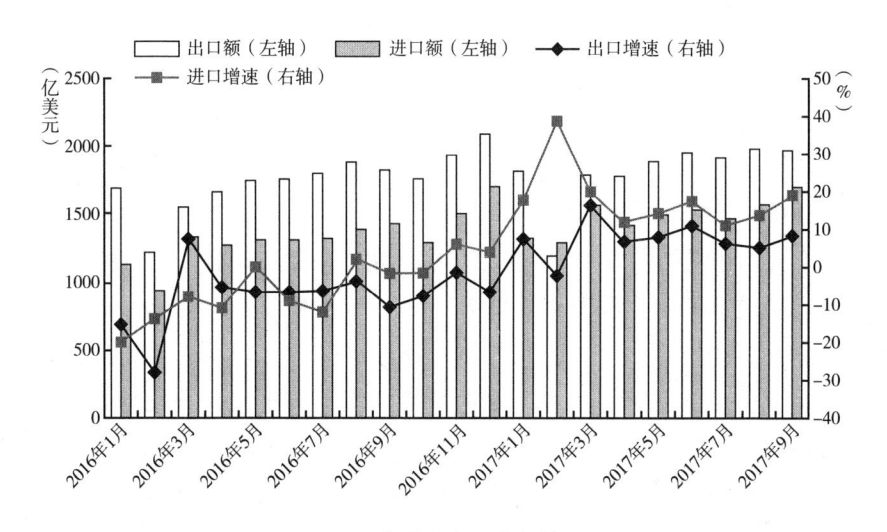

图1 我国进出口增长情况

(二)贸易发展质量不断提升

一是我国外贸"优进优出"取得积极进展,出口主导产业从轻工、纺织等传统产业向装备制造业、高新技术业等资本、技术密集型产业转型升级的步伐进一步加快,高附加值产品和装备制造产品出口增长较快,部分先进技术、关键零部件和消费品增速提高。二是贸易便利化水平提高,国际市场布局、国内区域布局、商品结构、经营主体和贸易方式"五个优化"加速推进,外贸转型升级基地、贸易平台、国际营销网络"三项建设"深入推广,我国营商环境不断优化。世界银行2017年全球营商环境效率和营商环境便利化的报告显示,中国位次提高至第78位,较2015年提升6个位次。三是2017年以来,外贸企业成本不断下降、效益上升,生产经营环境改善,例如金融机构和地方政府通过差别准备金、利率、再贷款、再贴现等政策,加大对小微企业的支持力度,2017年上半年企业获得保单融资约196亿美元，同比增长40.5%，部分省市出台了出口企业融资优惠办法。四是外贸领域创新能力增强，竞争新优势加快培育，国际竞争力不断提升，例如国内部分大型通信设备企业重视企业研发投入和技术创新，研发投入资金甚至高于国际巨头，部分手机制造企业重视针对特定海外市场开发自有品牌，产品在非洲等地市场占有率达到25%左右。

（三）贸易结构持续优化升级

产品结构方面，2017年附加值较高的机电产品出口8.95万亿元，增长12.1%，占我国出口总值的58.4%，其中，汽车出口增长27.2%，计算机出口增长16.6%，手机出口增长11.3%。贸易方式结构方面，反映我国对外贸易自主发展能力的一般贸易增长16.8%，占我国进出口总值的56.4%，比上年提升1.3个百分点。市场结构方面，国际市场多元化格局更加显著，我国对欧盟、美国等传统市场进出口有所恢复，分别增长15.5%和15.2%，我国对东盟进出口增长16.6%，我国与"一带一路"沿线国家进出口增长17.8%，高于进出口增速3.6个百分点，对俄罗斯、波兰和哈萨克斯坦等国进出口分别增长23.9%、23.4%和40.7%，比重持续提高。区域结构方面，布局更加均衡，中西部和东北三省进出口增速高于全国整体，后发优势和追赶态势逐步显现，西部12省外贸增速达到23.4%，超过全国增速9.2个百分点；中部6省外贸增速达到18.4%，超过全国增速4.2个百分点；东北三省外贸增速达到15.6%，超过全国增速1.4个百分点；东部10省外贸增速为13%。

（四）贸易新模式、新业态发展较快

跨境电子商务、一站式仓储运输、市场采购贸易等对外贸易新业态、新模式蓬勃发展。目前我国已经培育一批电商龙头企业，搭建了覆盖范围广、系统稳定性强的大型电子商务平台，在东部沿海等地区通过连接金融、物流、电商平台、外贸综合服务企业等，为外贸企业和个人提供物流、金融等供应链配套服务，大幅缩短了外贸流通时间，提高了外贸企业的效率。市场采购贸易方式作为新的外贸模式，有关机构可以在经认定的市场集聚区采购商品，由符合条件的经营者在采购地办理出口通关手续，简化了市场采购出口商品增值税征、退管理方式，提高了市场采购出口商品的通关便利性，推进了商品国际贸易汇兑制度的创新。

（五）贸易新旧动能转换加速推进

一是我国民营企业逐渐成为支撑和推动外贸增长的重要力量，民营企业占我国出口总值比重超过外商投资企业，由2013年的41.4%提升到2017年的46.5%。这意味着我国外贸发展的自主创新能力、品牌建设、营销能力不断增强。二是我国出口产品已经从以加工产品为主向以具有自主品牌、自主知识产权、自主营销渠道的本土产品为主转变，高技术、高附加值、高效益的产品出口增速高于传统商品。三是"一带一路"国际合作深入推进，我国和沿线国家的贸易和投资合作稳步推进，在"一带一路"沿线国家新签对外承包工程快速增加，促进了贸易进出口互动交流，成为外贸发展的新增长极。

二 当前我国对外贸易发展的内外部环境呈现新变化

世界经济增长动能增强，我国处于由高速增长阶段向高质量发展阶段转变时期，对外贸易发展面临的环境总体向好。

（一）世界贸易发展处于由衰退向复苏转折的关键时期

2017年以来世界经济复苏态势好于预期，经济增长动力不断累积。美国经济保持稳健增长，劳动力市场改善，私人消费扩张，制造业企稳回升；欧元区经济增长稳固，经济景气指数上升，通缩势头得以遏制，消费者信心增强；日本经济温和增长，外需增长强劲，就业形势良好。IMF最新《世界经济展望》上调2017年全球经济增速至3.6%，较上年提高0.4个百分点。在经济复苏的带动下，全球市场需求回暖，贸易增长动力增强，1~8月，全球贸易额增速加快，世界出口贸易额同比增长6.3%；进口贸易额同比增长6.1%，明显高于同期世界经济总产出增速。世界贸易与投资信心提振，世贸组织数据显示，截至第三季度，全球贸易景气指数达到102.6，创2011年4月以来新高。世贸组织9月报告上调2017年贸易增速1.2个百分点至3.6%。

展望2018年，世界经济处于由收缩向复苏转变的关键期。世界范围内，以页岩油气革命为代表的新能源技术取得较大突破，以人工智能为引领的智能制造方兴未艾，全球技术创新长周期增长初现端倪；美、欧、日及我国等主要经济体制造业呈现筑底回升态势，能源和资源需求趋于稳定，世界经济以制造业复苏为支撑逐渐步入上行周期。以全球价值链分工为特征的世界贸易在技术进步因素和制造业复苏因素带动下，有望通过新技术扩散、新业态扩散、新产业扩散以及新产品扩散等途径，在世界范围内（包括发达国家与发展中国家）形成新一轮扩张。但是由于世界经济深层次结构性矛盾尚未解决，全球金融政策与财政政策出现调整，贸易保护主义愈演愈烈，地缘政治风险依然存在，世界贸易复苏进程将呈现曲折反复的特点。在这一过程中，我国有望凭借"一带一路"国际合作以及制造业发展优势，逐步确立亚洲贸易与投资中心地位，人民币国际化进程将进一步深化，中国全球影响力不断增强。

（二）我国经济发展处于决胜全面建成小康社会的阶段

十九大报告指出，我国当前处于决胜全面建成小康社会、开启全面建设社会主义现代化国家新征程时期。得益于改革开放以来的经济持续发展，我国当前已由低收入国家进入中上等收入国家行列，正在向高收入国家迈进。我国经济总量位居世界第二，成为世界第一制造大国、第一货物贸易大国、重要对外投资国。我国国内生产总值占世界的份额达到15%左右，对世界经济增长的贡献率持续多年保持在30%以上。我国经济综合实力显著提升，发展格局发生重大变化。

首先，我国面临的主要矛盾发生转变对外贸发展提出了新使命。十九大报告指出，我国社会的主要矛盾已经转化为人民日益增长的美好生活需要和不平衡不充分的发展之间的矛盾。一方面人民不仅对物质文化生活提出了更高的要求，而且在民主、法治、公平、正义、安全、环境等方面的需求日益增长；另一方面，"社会生产能力在很多方面进入世界前列，更加突出的问题是发展不平衡不充分"。矛盾的转变意味着未来主要任务的转变，对外贸易领域未来需要在继续推动发展的基础上，转变发展方式，着力解决好不平衡不充分的发展问题，大力提升发展质量和效益，推进全方位对外开放格局建设。

其次，我国经济社会进入新的发展阶段对外贸建设提出了新要求。2018年，我国处于决胜全面建成小康社会阶段，十九大明确提出建党一百周年时建成经济更加发展、民主更加健全、科教更加进步、文化更加繁荣、社会更加和谐、人民生活更加殷实的小康社会；到新中国成立一百周年时，基本实现现代化，把我国建成社会主义现代化国家。我国经济发展阶段要求对外贸易发展必须统筹国内国际两个大局，大力推进供给侧结构性改革，重视世界经济、科技、创新发展动向，引进先进技术、经营理念、市场机会等，加快货物贸易转型升级，促进服务贸易创新发展，积极培育外贸新业态、新模式。

最后，我国经济由高速增长阶段转向高质量发展阶段对外贸升级提出了新任务。中国正处在转变发展方式、优化经济结构、转换增长动力的攻关期。高质量发展阶段主要强调更高质量、更有效率、更加公平和更可持续的发展，坚持质量第一、效益优先，以供给侧结构性改革为主线，推动经济发展质量变革、效率变革、动力变革，提高全要素生产率。我国对外贸易发展在"贯彻新发展理念，建设现代化经济体系"的过程中，必须形成全面开放新格局，以"一带一路"建设为重点，坚持"引进来"和"走出去"并重，加强创新能力开放合作；推进贸易强国建设，培育贸易新业态、新模式；实行高水平的贸易和投资自由化、便利化政策；探索生产、贸易、投资、金融等融合发展的新体制。

（三）对外贸易发展处于全面开放新阶段

改革开放以来，我国对外贸易发展取得了历史性跨越，中国贸易大国地位进一步巩固，2016年出口国际市场份额已经达到13.2%，2017年预计我国将连续九年保持全球货物贸易第一大出口国的地位；我国对外贸易的繁荣为全球经济和贸易复苏做出重要贡献，"中国制造"增加了全球消费者福利，"中国市场"为相关国家的经济发展提供了空间，"中国经济"对世界经济增长的贡献率自金融危机后年均超过30%；我国外贸动力转换和结构调整步伐加快，国际市场结构更加多元，当前发展中经济体和新兴市场、"一带一路"沿线国家占外贸出口的比重分别达到45%和28%左右；我国外贸自主发展能力提升，本土的外贸民营企业逐步发展成为核心力量，创新能力、品牌建设、营销能力不断增强；我国外贸发展在税收、就业、资金、投资等方面为促进国民经济和社会发展做出了积极贡献，2016年，进口环节税收达1.54万亿元，占全国税收收入的11.8%。但同时，我国对外贸易增长的要素优势与环境优势发生了深刻变化，劳动力、土地、资金、环保等制造品生产成本普遍上升；制造业产品面临发达国家与发展中国家的双重竞争；各国针对我国的贸易保护措施日渐繁多。外贸领域面临的转方式、调结构任务更加迫切。

总体而言，我国对外贸易发展正在由贸易大国向贸易强国转变，由单纯对外贸易主导向全面形成对外开放新格局转变。"开放带来进步，封闭必然落后"。十九大报告明确了新时代的开放理念、开放战略、开放目标、开放布局、开放动力、开放方式,并提出了一系列新任务、新举措。货物贸易和服务贸易融合发展、"一带一路"国际合作深入推进、引进来与走出去并重、区域开放布局加速优化、促进贸易和投资便利化等将成为未来外贸发展的重点。我国对外贸易将逐步向结构更优、效益更高、方式更好、动力更强的方向迈进。

三 2018年我国对外贸易呈现高质量发展特征

2018年,世界经济保持温和增长,发达经济体再工业化取得成效,新兴经济体需求改善,大宗商品价格基本稳定,全球资产负债情况有所改善;我国经济高质量发展特征更趋明显,"三去一降一补"取得成效,经济结构更趋优化,工业生产保持稳定,服务业发展动力较强,消费需求的基础性作用突出。国内外经济环境总体有利于我国对外贸易继续保持回稳向好。但是国际贸易保护主义加剧、人民币汇率走势不确定、全球产业竞争更加激烈、进出口价格波动较大等因素,将在一定程度上影响对外贸易增长。

(一) 实物贸易保持平稳增长

我国正在由贸易大国向贸易强国转变,货物贸易已经开始由中高速增长向高质量发展阶段转变,展望2018年,一是世界经济温和增长。全球经济逐步摆脱低速运行态势,工业生产、贸易和投资等领域缓慢复苏,国际货币基金组织、世界银行等主要机构纷纷上调2018年经济增长预期。二是主要国家经济形势好转。美国、欧元区和日本等发达经济体结构调整取得进展,经济先后步入上行通道,全球市场需求增加带动新兴经济体增长恢复。受益于世界总需求改善,我国出口有望保持平稳增长。三是我国外贸发展的新动能不断聚集。民营企业对外贸易竞争力逐步提升,高附加值产品出口比重提高,外贸出口商品结构优化,外贸领域新业态、新模式不断涌现,人民币国际地位提高。四是制度环境不断优化,有关部门近年来出台了一系列促进外贸稳增长、调结构政策,有利于提振贸易发展信心,降低企业成本。但是,美国对我国发起"301调查",制约我国重点领域出口发展;美联储加息及启动缩减资产负债表,对国际金融市场和各国货币政策带来冲击;全球经济政治形势复杂,恐怖袭击、地缘冲突等突发事件增多;国际大宗商品价格震荡波动,我国出口面临的不确定性仍然较大。初步预计,2018年美元计价我国出口和进口将分别增长6%和8.5%左右。

（二）服务贸易发展提质增效

伴随第三产业成为经济增长的主导产业，我国服务贸易近年来实现较快增长。展望 2018 年，一是服务贸易发展基础不断增强，国内第三产业发展水平不断提升，生产性服务业规模扩大、结构优化。二是制造业数字化、网络化、智能化进程深入推进，新产品、新技术层出不穷，为货物贸易和服务贸易融合发展提供新的重要动力。三是"一带一路"国际合作积极推进，国际产能合作和装备产品出口为相关配套服务贸易发展创造更多机会。四是跨境电子商务、外贸综合服务企业、市场采购贸易方式等外贸服务新业态方兴未艾，形成未来发展的新增长点。五是服务贸易制度环境改善，服务贸易创新发展试点、服务外包示范城市的成功经验不断扩散，相关财税支持政策保持力度，有利于激发服务贸易发展潜力。但是，我国服务贸易发展面临的国际形势并不乐观，世界服务贸易发展速度放缓，2012~2015 年服务出口年均增速仅 2.2%。此外，不同国家的劳工雇佣、技术标准存在壁垒；服务贸易的本土化程度不高等因素将制约我国服务贸易进一步扩围。初步预计 2018 年美元计价我国服务贸易进出口将增长 8% 左右。

四 政策建议

（一）推动新贸易形态蓬勃发展

推动对外贸易供给侧结构性改革，加快新旧动能转换，鼓励扶持跨境电子商务、市场采购贸易等新业态发展，不断提升中国产品、产业、品牌国际竞争力。一是大力支持跨境电子商务发展。拓展完善跨境电子商务公共信息平台功能，为跨境电子商务企业提供关、检、税、汇等一站式服务，实现电子口岸平台的互联互通；鼓励企业建设运营海外仓、智能口岸仓、出口集货仓和海外联合仓，建立集分拨、推广、产品展示等功能于一体的跨境电子商务海外运营中心；推动跨境电子商务外汇支付业务试点机构开展收结汇业务，积极争取扩大试点范围。二是发展市场采购贸易。创新实践，突出重点，积极推进小商品国际贸易汇兑制度创新，引导外贸主体由"旅游购物"、"即兴采购"向"市场采购"贸易转变，简化市场采购出口商品增值税征、退管理方式，提高市场采购出口商品通关便利，实现内贸向内外贸结合转变。三是开展外贸综合服务。进一步开展国家外贸综合服务企业试点工作,通过制度创新、管理创新、服务创新,为我国外贸组织、机构和相关企业提供报关报检、物流、退税、结算、融资、信用保险等综合服务,提高我国对外贸易竞争软实力。

(二) 促进实物贸易与服务贸易融合发展

充分发挥传统货物贸易优势,加快培育服务贸易创新能力,促进货物贸易和服务贸易融合发展,激发外贸新动能,推动我国产业向全球价值链高端跃升。一是结合我国产业结构升级,落实"中国制造2025"相关政策,引导和支持高端装备制造出口企业延伸服务链条,加强信息、金融、物流保险、劳务、咨询等方面服务配套贸易。二是借助"一带一路"建设和国际产能合作机遇,以重大工程为抓手,整合工程规划、设计、承包、建设、制造、金融、运营等领域的企业参与,形成产业联盟,通过合作共赢方式增强我国对外贸易的竞争力。三是塑造龙头企业和平台,引导跨国企业聚焦核心业务,发展服务外包;鼓励有条件的企业实施全球供应链战略;推动企业与供应商合作由以加工制造环节为主向合作研发、联合设计、市场营销、品牌培育等转变。

(三) 进一步优化贸易结构

加快货物贸易优化升级,挖掘服务贸易发展潜力。一是结合国际制造业升级方向,提升我国出口产品竞争力,实现出口主导产业优化升级。建议将智能家电、智能手机、高铁机车、核电机组等高端产品作为未来我国货物贸易出口的重点产品,通过政策引导、财税支持、创新补贴等措施进行大力扶持,提高我国出口发展的质量和效益,落实"优进优出"战略。二是在提升传统服务出口的同时,积极扩大新兴服务出口,培育以信息服务、金融服务、软件服务等为代表的新产业贸易竞争优势;加快完善服务贸易管理协调机制,加强产业政策、贸易政策、投资政策的协调性,展开服务贸易创新发展试点工作。

(四) 减轻外贸企业成本负担

结合国家降低实体经济成本政策措施,建议针对外贸企业劳动力成本上升、融资成本加大、汇率成本增加等问题,在提质增效、财税支持、金融汇改等方面寻求减轻企业成本负担的办法。一是引导并推动外贸企业增强创新发展意识,通过技术、管理、流程、模式、商业等方面的创新,提高企业生产经营效率,增加产品与服务附加值，提高企业利润。二是筛查涉及外贸企业进出口环节收费情况，对政府提供的基本公共服务减免收费，大幅降低公共属性较强的科目收费标准，结构性调降经营服务性收费。三是提高贸易便利化程度，最大限度地简化通关手续，推进区域通关一体化，加强海关国际合作，提高通关效率。四是完善支持外贸发展的财税金融政策，提高部分产品出口退税效率，缩短退税时间，加大出口信用保险支持力度，完善人民币汇率市场化形成机制，保持汇率在合理均衡水平上的基本稳定。

（五）加强"一带一路"国际合作

加强同沿线国家的战略对接，增进战略互信，努力实现政策沟通、设施联通、贸易畅通、资金融通、民心相通；推进周边国家产业合作，输出高端优质产能，输入战略资源与产品，推进金融一体化发展，扩大人民币互换范围；重视创新能力开发合作，支持外贸企业利用内部和外部创新资源实现创新发展，一方面充分挖掘自身研发能力，另一方面注重利用外部创新力量，整合各种资源提高创新能力。

（撰稿人：国家信息中心经济预测部，闫敏）

价格形势分析及展望

2017年，我国居民消费价格温和上涨，涨幅低位运行；工业生产者价格波动上升，涨幅高位震荡，CPI上涨1.6%，PPI上涨6.3%。展望2018年，价格改革稳步推进、劳动力成本刚性上扬、环保和去产能等政策冲击供给、大宗商品价格震荡上升等因素支撑价格；国内需求总体偏弱、货币供给增速稳中有降、粮食产量和库存双高、通胀预期弱化等因素抑制价格涨幅。综合考虑各种因素和翘尾因素的影响，初步预计2018年CPI上涨2.0%，PPI上涨4.0%。建议实施稳健中性的货币政策，稳步推进资源能源和服务领域价格改革，保障主要农产品供给平稳，做好房地产调控工作稳定市场预期，加大去产能力度优化供给结构。

一 2017年物价运行形势总体稳定

（一）居民消费价格涨幅温和可控，在国际范围内处于较低水平

2017年以来，我国居民消费价格涨幅先降后升，呈"V"形走势，总体保持平稳温和上涨，核心消费价格涨幅扩大。2017年，居民消费价格（CPI）比上年上涨1.6%，涨幅比上年回落0.4个百分点，低于3%的调控目标1.4个百分点。其中，城市和农村CPI分别上涨1.7%和1.3%，表现为城市CPI涨幅高于农村的特征。食品价格下降1.4%，非食品价格上涨2.3%。翘尾因素和新涨价因素分别拉动CPI上涨0.6个和1.0个百分点。分季度看，1~4季度，CPI分别上涨1.4%、1.4%、1.6%和1.8%。从月度同比涨幅看，1月受春节因素影响CPI同

比涨幅达到2.6%，其余月份CPI同比涨幅均低于2%，月度涨幅呈先降后稳的运行态势。扣除食品和能源后的核心消费价格比上年上涨2.2%，涨幅比上年提高0.6个百分点，核心消费价格涨幅呈平稳运行态势。2017年我国GDP平减指数比上年上涨4.1%，比上年提高3.0个百分点，1~4季度同比分别上涨4.6%、3.9%、4.1%、4.0%。从国际上看，我国物价涨幅低于美国、欧盟等发达经济体和主要金砖国家，略高于日本，在全球范围内处于较低水平。2017年，美国和欧盟CPI分别上涨2.1%和2.0%，印度、俄罗斯、南非和巴西面临一定通胀压力，CPI分别上涨2.4%、3.7%、5.2%和3.0%。日本CPI上涨0.4%，低于我国CPI涨幅1.2个百分点。

表1 2017年1~12月CPI月度涨幅

单位：%

项目	1月	2月	3月	4月	5月	6月	7月	8月	9月	10月	11月	12月
CPI累计同比	2.6	1.7	1.4	1.4	1.4	1.4	1.4	1.5	1.5	1.5	1.5	1.6
CPI当月同比	2.6	0.8	0.9	1.2	1.5	1.5	1.4	1.8	1.6	1.9	1.7	1.8
CPI当月环比	1.0	-0.2	-0.3	0.1	-0.1	-0.2	0.1	0.4	0.5	0.1	0.0	0.3

（二）食品价格稳步下降，非食品价格涨幅扩大

2017年以来，物价走势比较稳定，涨幅在近几年中属于比较低的一年。从居民消费价格内部结构看，物价运行体现为两大突出特征：一是蔬菜、猪肉等食品价格明显下降，二是服务等非食品价格涨幅扩大。由于农产品价格下降，2017年食品价格比上年下降1.4%，涨幅比上年低6.0个百分点，约影响CPI下降0.29个百分点。其中，鲜菜价格下降8.1%，涨幅比上年低19.8个百分点，蔬菜价格"小年"特征明显，猪肉价格下降8.8%，涨幅比上年低25.7个百分点。据调查，2017年前三季度全国农产品生产者价格总水平比上年同期下跌4.5%，其中，一季度下跌2.2%，二季度下跌6.4%，三季度下跌3.2%。分类别看，呈现出"两升两降"的运行特点，农业产品和畜牧业产品生产者价格下跌，下跌幅度分别为1.2%和10.6%。2017年以来，服务消费活跃，医疗等公共服务领域公用事业领域的价格改革加快推进，服务价格加快上涨，导致非食品价格涨幅有所扩大。非食品价格上涨2.3%，涨幅比上年扩大0.9个百分点，约拉动

CPI 上涨 1.8 个百分点。因此，从 CPI 内部结构看，食品价格下降，服务等非食品价格涨幅高于往年，即 2017 年 CPI 涨幅低于上年主要是受食品价格下降较多的影响。

（三）工业生产者价格波动上升，上下游价格涨幅差较大

2017 年以来，政府积极推进去产能，国际大宗商品价格上涨，带动煤炭、钢铁等工业品价格明显上涨。2017 年，工业生产者价格在波动中维持高位运行态势，PPI 比上年上涨 6.3%，涨幅比上年扩大 7.7 个百分点。其中，生产资料价格上涨 8.3%，约拉动 PPI 上涨 6.1 个百分点，生活资料价格上涨 0.7%，约拉动 PPI 上涨 0.2 个百分点。翘尾因素和新涨价因素分别为 4.2% 和 2.1%。分区域看，山西、陕西、新疆、甘肃、内蒙古、黑龙江等原材料和资源能源富集省份的 PPI 涨幅相对较大。分行业看，煤炭开采业、石油和天然气开采业、黑色金属矿采选业、有色金属矿采选业同比涨幅分别为 28.2%、29.0%、15.6%、14.0%，涨幅均超过 10%，是拉动 PPI 上涨的主要动力，四个行业合计拉动 PPI 上涨 1.8 个百分点，贡献率约为 28.6%。分季看，1~4 季度 PPI 各季上涨 7.4%、5.8%、6.2% 和 5.9%。分月看，除 12 月外，各月 PPI 同比涨幅均高于 5.5%，月度最高涨幅达到 7.8%，接近 2000 年以来的高点。2017 年 1~12 月 PPI 与 CPI 涨幅差分别为 4.3 个、7.0 个、6.7 个、5.2 个、4.0 个、4.0 个、4.1 个、4.5 个、5.3 个、5.0 个、4.1 个和 3.1 个百分点，上下游价格涨幅差依然较大，对后期 CPI 上涨存在一定的传导压力，在一定程度上影响了价格预期管理、去产能政策实施和相关货币政策操作。

2017 年，工业生产者购进价格（PPIRM）比上年上涨 8.1%，涨幅比上年扩大 10.1 个百分点。工业生产者购进价格中，有色金属材料及电线类价格同比上涨 15.3%，黑色金属材料类价格同比上涨 15.9%，燃料动力类价格同比上涨 13.0%，建筑材料及非金属类价格同比上涨 8.6%，化工原料类同比上涨 8.4%。分季看，一季度 PPIRM 同比上涨 9.4%，二季度同比上涨 8.1%，三季度同比上涨 7.7%，四季度同比上涨 7.1%，涨幅呈逐季回落态势。分月看，除 12 月外，PPIRM 月度同比涨幅均在 7% 以上，月度同比最高涨幅达到 10.0%，为 2012 年以来月度最高同比涨幅。工业生产者购进价格高于工业生产者出厂价格，对企业利润形成一定的影响。2017 年 1~12 月，PPIRM 分别高于 PPI 涨幅 1.5 个、2.1 个、2.4 个、2.6 个、2.5 个、1.8 个、1.5 个、1.4 个、1.6 个、1.5 个、1.3 个和 1.0 个百分点。

表2　2017年1~12月PPI月度涨幅

单位：%

项目	1月	2月	3月	4月	5月	6月	7月	8月	9月	10月	11月	12月
PPI累计同比	6.9	7.3	7.4	7.2	6.8	6.6	6.4	6.4	6.5	6.5	6.4	6.3
PPI当月同比	6.9	7.8	7.6	6.4	5.5	5.5	5.5	6.3	6.9	6.9	5.8	4.9
PPI当月环比	0.8	0.6	0.3	-0.4	-0.3	-0.2	0.2	0.9	1.0	0.7	0.5	0.8
PPIRM累计同比	8.4	9.1	9.4	9.3	9.0	8.7	8.5	8.4	8.4	8.4	8.3	8.1
PPIRM当月同比	8.4	9.9	10.0	9.0	8.0	7.3	7.0	7.7	8.5	8.4	7.1	5.9
PPIRM当月环比	1.2	0.8	0.5	-0.3	-0.3	-0.4	0.0	0.8	1.2	0.9	0.6	0.8

（四）发达地区价格涨幅略高，区域走势有所分化

从31个省、自治区和直辖市的居民消费价格指数看，2017年，价格涨幅高于全国平均水平的省区市有10个，与全国平均水平持平的有5个，低于全国平均水平的有16个。上海、浙江、天津、江苏、海南、北京等东部发达省份和新疆、内蒙古等资源富集省份CPI涨幅高于全国平均水平，其中海南CPI涨幅达到2.8%，领涨全国。重庆、云南、陕西、青海、宁夏、山西、贵州、河南、广西、甘肃等中西部省市和辽宁、黑龙江等东北地区CPI低于全国平均水平。其中，重庆市CPI上涨1.0%，云南和贵州两省CPI涨幅均不足1%，为0.9%，两省为全国最低涨幅。从31个省、自治区和直辖市工业品出厂价格指数看，12个省区市PPI同比涨幅低于全国平均水平，19个省区市的涨幅超过全国平均水平。其中，9个省区市的同比涨幅超过10%。2017年，东部地区的北京、广东、江苏、上海、浙江、福建等地PPI同比涨幅明显低于全国6.3%的涨幅，北京涨幅全国最低，同比仅上涨0.7%。而中西部地区的山西、河北、新疆、甘肃、内蒙古、宁夏、青海和陕西等地PPI同比涨幅超过10%，明显高于全国6.3%的平均水平，山西PPI领涨全国，同比上涨达到19.8%。这表明资源能源省份和重工业聚集的省区市经济调整压力较大，工业生产者价格涨幅较大。

（五）房地产价格涨幅收窄，调控成效初步显现

2017年以来，为抑制房地产价格快速上涨，各地坚持"房子是用来住的，不是用来炒的"的总基调，积极实行分城施策的调控措施，提高首套房和二套房贷款利率，二套房"认房又认贷"，提高首套房和二套房首付比例，行政手

段方面诸多城市出台限购和限售政策，房价过快上涨的局面基本得到控制，房地产价格涨幅有所收窄。据测算，一线城市新建商品住宅和二手住宅价格同比涨幅均连续15个月回落，12月比11月分别回落0.1个和0.4个百分点。二线城市新建商品住宅价格同比涨幅比上月扩大0.4个百分点，二手住宅价格同比涨幅与上月相同。三线城市新建商品住宅价格同比涨幅与上月相同，二手住宅价格同比涨幅连续5个月回落，比上月回落0.1个百分点。2017年12月，一线城市新建商品住宅价格环比持平，二手住宅价格环比下降0.1%。二、三线城市新建商品住宅价格环比分别上涨0.6%和0.5%，涨幅比上月均略微扩大0.1个百分点；二手住宅价格环比均上涨0.3%，涨幅均与上月相同。12月，全国70个大中城市新建商品住宅价格同比平均上涨5.8%，涨幅比11月扩大0.3个百分点。新建商品住宅价格环比平均上涨0.5%，涨幅比11月扩大0.1个百分点。70个大中城市二手住宅价格同比上涨5.0%，涨幅比11月扩大0.1个百分点，环比上涨0.3%，涨幅与11月持平。根据国家统计局数据测算，2017年商品房销售单价为7892元每平方米，与1~11月基本持平，比2016年上涨5.6%，涨幅有所收窄。

（六）国际大宗商品价格震荡回升，主要进口商品价格大幅上涨

2017年以来国际环境总体向好，国内经济稳中向好。欧盟、美国经济延续复苏态势，日本经济也有所好转。新兴市场中，俄罗斯、印度经济走势也以扩张为主。根据国际货币基金组织最新预测，2017年全球经济将增长3.6%，比2016年提升0.4个百分点，带动需求回暖，推升国际大宗商品价格。2017年，大宗商品价格维持震荡上行的运行态势。RJ/CRB期货价格指数为184，比上年上涨1.9%。从具体品种看，WTI原油期货价格为50.9美元/桶，比上年上涨17.0%；LME铜和铝期货价格分别为6203.8美元/吨和1980.9美元/吨，分别比上年上涨27.3%和23.0%。2017年，我国进口价格总体上涨9.4%，2016年为下跌2.1%。2017年我国铁矿砂、原油和大豆等大宗商品进口量价齐升。我国进口铁矿砂10.75亿吨，增加5%；原油4.2亿吨，增加10.1%；大豆9554万吨，增加13.9%；天然气6857万吨，增加26.9%；成品油2964万吨，增加6.4%。铁矿砂进口均价上涨28.6%，原油上涨29.6%，大豆上涨5%，天然气上涨13.9%，成品油上涨25.3%，铜上涨28%。

图 1　RJ/CRB 商品价格指数走势

二　2018 年物价涨幅以 2% 为中枢上下波动

（一）支撑价格上涨主要因素分析

1. 价格改革稳步推进，市场化程度提高

近年来，价格改革稳步推进，市场化程度进一步提高，部分价格改革推升了物价水平。截至目前，97%以上的商品和服务价格实现市场调节，市场决定价格机制基本建立。少数仍由政府定价的自然垄断行业和公共服务领域，已经初步建立了以"准许成本＋合理收益"为核心的科学定价制度。交通运输价格市场化程度显著提高，更多由企业依法自主定价，国家将高铁动车组票价、普通旅客列车软座软卧票价交由铁路运输企业依法自主制定，东南沿海高铁部分线路价格有所提高。天然气定价加快"放开两头、管住中间"，占消费总量 80% 的非居民用气门站价格已由市场主导形成，建立天然气管道运输定价新机制，储气设施相关价格由市场竞争形成，在福建开展天然气门站价格市场化改革试点。运用价格手段促进钢铁行业供给侧结构性改革，对钢铁行业限制类、淘汰类装置所属企业每千瓦时分别加价 0.3 元和 0.1 元。推开公立医院医疗服务价格改革，全部取消药品加成。建立健全非居民用水超定额累进加价制度，各地根据用水定额确定分档水量和加价标准。全面推进农业水价综合改革，加快建立合理水价形成机制和节水激励机制。

2. 劳动年龄人口及占比双减少，人工成本刚性上扬

劳动年龄人口及占比已过历史峰值，从2010年开始，我国劳动年龄人口比重达到历史峰值74.5%，从2011年开始该比重逐年下降，2016年该比重降至72.6%，2017年进一步下降至70.8%，比历史峰值下降3.7个百分点。劳动年龄人口绝对数量2013年达到峰值10.05亿人，2016年减少至9.88亿人，2017年进一步减少至9.84亿人。我国劳动年龄人口占比下降预示人口红利趋于结束，居民工资水平和服务价格涨幅相对较高。2017年全国居民人均可支配收入25974元，比上年名义增长9.0%，扣除价格因素实际增长7.3%，实际增速比GDP实际增速快0.4个百分点，比2016年加快1.0个百分点。其中，城镇居民人均可支配收入36396元，扣除价格因素实际增长6.5%，农村居民人均可支配收入13432元，扣除价格因素实际增长7.3%。全国共有18个地区调整了最低工资标准，平均调增幅度10%以上，全国月最低工资标准最高的是上海的2300元，小时最低工资标准最高的是北京的21元。2017年，CPI中的服务价格上涨3.0%，比2016年提高0.8个百分点，高于历史同期水平。2017年前三季度劳动力市场求人倍率约为1.2，同比提高0.06个百分点左右，市场人才需求量大于供给，人力成本将长期趋升。

3. 环保督查和去产能持续推进，部分工业品供给受冲击

近年来，对环保问题的关注度不断提升，相关环保政策陆续出台，中央也已经连续组织开展数次环保大督查。特别是2017年以来，环保部、工信部、国家发改委等密切发布环保政策，对环保压力较大的部分地区和部分行业予以重点关注。特别是针对京津冀周边城市大气污染问题，环保部多次提出指导方案，提出治理"京津冀大气污染传输通道城市"，将北京市、天津市、河北省8市、山西省4市、山东省7市、河南省7市列为重点限产城市，简称"2+26"城市。6个受限产影响省份的相关工业品产量占全国比重较大。其中，钢铁占43.7%、电解铝占38.7%、焦炭占35.7%、煤炭占33.4%、玻璃占28.2%左右。环保限产在推动过剩产能行业出清同时，对钢铁、焦炭、煤炭等工业品产量有一定影响，冲击供给，影响工业品价格。2017年12月，焦炭产量同比下降7.1%，水泥产量同比下降2.2%，生铁产量同比下降4.4%，平板玻璃产量同比下降5.3%，十种有色金属和粗钢产量小幅增长，增速有所回落。

表3 焦炭和有色金属等工业品产量增速

单位：%

项目	焦炭	十种有色金属	水泥	生铁	粗钢	平板玻璃
2016年7月	-0.8	0.7	0.9	1.7	2.6	6.7
2016年8月	5.0	1.2	1.0	3.6	3.0	7.0
2016年9月	7.3	2.7	2.9	4.1	3.9	2.7
2016年10月	7.3	3.2	3.0	3.6	4.0	8.8
2016年11月	5.7	2.3	3.7	5.3	5.0	7.1
2016年12月	8.0	9.2	-1.2	4.1	3.2	15.4
2017年3月	4.8	4.0	0.3	1.3	1.8	5.0
2017年4月	5.9	5.0	2.4	5.4	4.9	5.9
2017年5月	-1.5	2.4	0.5	-0.1	1.8	8.9
2017年6月	-1.4	6.1	-0.9	2.2	5.7	5.4
2017年7月	0.1	0.0	-0.9	5.1	10.3	3.2
2017年8月	-5.3	-2.2	-3.7	3.8	8.7	4.0
2017年9月	-7.1	-3.1	-2.0	0.0	5.3	0.5
2017年10月	-12.6	-3.3	-3.1	2.3	6.1	-0.3
2017年11月	-10.9	-6.9	4.8	-3.5	2.2	-3.5
2017年12月	-7.1	2.8	-2.2	-4.4	1.8	-5.3

4. 国际经济环境向好，大宗商品价格震荡上升

2017年以来世界投资回升，贸易增长自危机后低点反弹，经济增长基础巩固，信心增强。全球财政失衡总体舒缓。IMF预测2018年全球财政赤字总额为2.55万亿美元，降低0.13万亿美元，全球赤字率为3.03%，较上年回落0.36个百分点，虽然仍高于危机初期2007年的0.65%和2008年的2.16%，但是已经接近3%的国际警戒线。债务风险呈现短期边际改善。IMF预测2017年和2018年的全球负债率分别为82.8%和82.4%，较2016年峰值分别下降0.47个和0.86个百分点。在此背景下，2018年全球经济将呈现温和复苏态势。国际货币基金组织IMF预测2017年全球GDP预计将增长3.6%（较上次预测上调0.1个百分点），2018年将增长3.7%（上调0.1个百分点）。其中，美国2017年将增长2.2%（上调0.1个百分点），2018年预计增长2.3%（上调0.2个百分点），中国经济2017年增长6.8%（上调0.1个百分点），2018年增长6.5%（上调0.1个百分点）。经合组织OECD预计2017年全球经济增长3.5%（持平于6月预期），2018年增长3.7%（上调0.1个百分点）。其中，2017年中国经

济增长6.8%（上调0.2个百分点），2018年增长6.6%（上调0.2个百分点）。由于全球经济环境向好，需求走强，石油输出国组织OPEC和其他产油国限产，预计能源等主要大宗商品价格在2017年的基础上仍将维持稳中有升态势。世界银行最新预计大宗商品市场2018年不会有大的调整，原油和农作物可能小幅上涨。随着需求走强，原油预计将延续当前的涨势，2018年均价预计将达到56美元。2018年能源产品将上涨4%，农产品将上涨1.2%，多数大宗商品市场都供应充足，不会有大幅度的价格上扬。

（二）抑制价格上涨主要因素分析

1. 国内需求总体偏弱，稳物价具备需求基础

2017年，消费和资本形成（内需）对GDP的拉动和贡献均有所下降，内需总体稳中偏弱。2017年，消费对经济增长的贡献率为58.8%，资本形成贡献率为32.1%，内需贡献率为90.9%，比2016年低15.9个百分点，内需拉动GDP增长6.3个百分点，比2016年低0.8个百分点。2017年外贸对GDP的拉动达到0.6个百分点，比2016年提高1.0个百分点，即2017年我国经济增长取得6.9%的中高速增长主要受益于良好的国际环境。从固定资产投资和消费品零售总额的增速也可佐证内需偏弱的观点。2017年，全国固定资产投资名义增长7.2%，增速比2016年下降0.9个百分点，实际增长1.3%，实际增速比2016年下降8.2个百分点。我国社会消费品零售总额名义增长10.2%，增速比2016年低0.2个百分点，实际增长9.0%，实际增速比2016年低0.6个百分点。

2. 货币供给增速稳中有降，稳物价具备货币基础

2017年以来，受金融体系内部去杠杆、上年基数较高等因素的影响，货币供应增速有所回落，且出现了货币供应增速低于GDP名义增速的现象。2017年12月末，广义货币M2余额167.68万亿元，同比增长8.2%，增速分别比11月末和2016年同期低0.9个和3.1个百分点，狭义货币M1余额54.38万亿元，同比增长11.8%，增速分别比11月末和2016年同期低0.9个和9.6个百分点，流通中货币M0余额7.06万亿元，同比增长3.4%。根据K-L信息定量测算显示，CPI和PPI分别延迟M2增速约11个月和12个月，CPI和PPI分别延迟M1增速约9个月和7个月。从时滞上看，2017年以来货币供应增速逐步降低，后期物价上涨的压力将逐步减弱。

3. 粮食产量和库存双高，稳物价具备物质基础

当前我国粮食市场呈供需格局宽松、库存高企、国内外粮价倒挂的运行特征，但我国为保持农民种粮生产积极性，实行粮食最低收购价格制度。粮食市场的运行特征和我国的政策决定了未来粮食价格将保持稳定运行。从粮食生产看，2017年全国粮食总产量61791万吨，比上年增加166万吨，增长0.3%。其中，夏粮产量14031万吨，增长0.8%；早稻产量3174万吨，下降3.2%；秋粮产量44585万吨，增长0.4%。2017年仍是我国粮食丰收年，供需宽松。从库存看，全国各类粮食企业库存约为1.23万亿斤，与上年相比略有提高，与年度粮食产量规模相当，面临较大的去库存压力。从价格看，近年来在惠农政策带动下，国内小麦、玉米、大米和大豆等主要粮食品种价格明显高于国际水平，价差分别达到800元/吨、200元/吨、700元/吨和500元/吨左右。2018年生产的三等小麦最低收购价为每50公斤115元，比2017年下调3元。因此，在粮食丰产、库存高企和内外价格倒挂的基础上，2018年粮食价格将维持平稳运行态势，为稳物价奠定基础。

4. 前期物价水平偏低，稳物价具备预期基础

近五年来我国CPI涨幅均低于3%，2014年以来更是在2%左右附近徘徊，多年来均低于政府调控目标，2017年仅上涨1.6%，连续11个月低于2%。居民对将来的通胀预期一般跟前期物价水平相关，因此，当前较低的物价涨幅降低了居民的通胀预期。央行调查数据显示，2017年四季度未来预期物价指数为64.3%，比2016年同期降低3.3个百分点。通胀预期将通过居民的投资、消费等决策途径影响物价水平，通胀预期减弱将降低物价涨幅。

（三）对2018年物价走势的判断和预测

经初步测算，2018年CPI翘尾因素为0.9%左右，比2017年提高0.3个百分点；PPI翘尾因素为2.8%左右，比2017年降低1.4个百分点左右，综合翘尾和以上各因素的影响，预期2018年我国居民消费价格仍将呈温和平稳上涨态势，涨幅略高于2017年。工业生产者价格保持上涨态势，但涨幅比2017年明显收窄。初步预计2018年CPI上涨2.0%，PPI上涨4.0%，物价调控压力较小。应充分吸取近几年去产能工作的经验和教训，在实现去产能目标的同时确保主要工业品供需平衡，防止价格大起大落。

表4 价格翘尾因素、新涨价因素和调控目标

单位：%

时间	调控目标CPI	CPI涨幅	CPI翘尾	CPI新涨价	PPI涨幅	PPI翘尾	PPI新涨价
2003年	1.0	1.2	0.2	1.1	2.3	0.7	1.6
2004年	3.0	3.9	2.2	1.7	6.1	1.4	4.7
2005年	4.0	1.8	0.7	1.1	4.9	2.4	2.5
2006年	3.0	1.5	0.5	1.0	3.0	0.7	2.3
2007年	3.0	4.8	1.7	3.1	3.1	1.0	2.1
2008年	4.8	5.9	3.4	2.5	6.9	3.2	3.7
2009年	4.0	-0.7	-1.2	0.5	-5.4	-4.5	-0.9
2010年	3.0	3.3	1.2	2.1	5.5	3.0	2.5
2011年	3.3	5.4	2.4	3.0	6.0	3.3	2.7
2012年	4.0	2.6	1.2	1.4	-1.7	-0.9	-0.8
2013年	3.5	2.6	1.0	1.6	-1.9	-1.1	-0.8
2014年	3.5	2.0	0.9	1.1	-1.7	-0.5	-1.2
2015年	3.0	1.4	0.4	1.0	-5.2	-1.9	-3.3
2016年	3.0	2.0	0.6	1.4	-1.7	-2.6	0.9
2017年	3.0	1.5	0.6	0.9	6.2	4.2	2.0
五年平均	3.2	1.9	0.7	1.2	-0.9	-0.4	-0.5
十年平均	3.5	2.6	1.1	1.5	0.7	0.2	0.5
十五年平均	3.3	2.6	1.0	1.6	1.8	0.6	1.2

三 保持物价稳定运行的政策建议

（一）实施稳健中性的货币政策，保持流动性合理稳定

第一，健全货币政策和宏观审慎政策双支柱调控政策框架。坚持稳健中性的货币政策基调，根据形势变化适度微调，保持货币供应适度增长，可逐步淡化M2的作用，建议2018年M2增速与2017年基本相当。第二，综合利用多种政策工具，减少流动性短期波动的影响，维持流动性基本稳定，保持货币信贷和社会融资规模合理增长，建议社会融资规模增速比名义GDP增速略高。发挥价格型调控工具的作用，根据经济增长水平和物价变化情况，运用价格型工具预调微调。根据市场利率变化情况，及时调整公开市场操作利率，及时监测美国利率变

化情况，确保中美利差处于合理水平，防范资本外流。保持人民币汇率基本稳定，减轻贬值压力。第三，货币政策由关注物价总水平适度转向关注资产价格，防范重点城市由房地产引发的金融风险。宏观经济管理调控部门和金融监管部门及时发布国内外金融经济最新形势和市场信息，加强财政、金融、产业贸易等政策与金融监管政策的协调，加强舆论引导。第四，加强预期管理。确定中长期和年度通货膨胀目标，央行的政策以实现通货膨胀目标为操作对象，将预期管理纳入中央银行货币政策；增强货币政策的可信度，维护央行信誉，保持低且稳定的通货膨胀率；在调控政策实施前后，管理层应采取多种方式与公众进行信息沟通，提高政策的实施效果。

（二）推进重点领域价格改革，提高价格市场化程度

第一，预计2018年翘尾因素比2017年提高0.3个百分点，在无重大自然灾害的情况下，预计新涨价因素保持基本稳定，初步预测2018年CPI上涨2.0%左右，建议2017年价格调控目标仍定为3%，为价格改革留足空间。第二，放开竞争性领域和环节价格，建立政府定价管理的收费目录清单制度，提高各地污染排放和污水处理价格收费标准，推进碳排放、排污权等生态产品交易市场建设，出台环境服务价格改革方案。第三，研究制定高速公路分时分区差异化收费政策和高铁等运输领域价格改革政策，适度提高东部地区和运力繁忙地区的高铁客运价格。全面推进医疗服务价格改革，通过规范诊疗行为、降低药品和耗材等费用腾出空间，合理调整医疗服务价格，逐步建立以成本和收入结构变化为基础的价格动态调整机制。第四，落实已出台的输配电、医疗服务项目、新能源标杆电价等价格改革方案，在全国范围内实施居民阶梯电价、气价和水价政策。加快推进跨省跨区输配电价和省内电网、新增配电网价格改革，科学合理制定电价标准。持续扩大电力市场交易规模。进一步完善新能源发电价格形成机制。加快推进非居民用气价格市场化，完善居民用气价格机制，加强地方省内短途管道运输和城镇配气价格监管，积极推动上海、重庆石油天然气交易中心建设，逐步形成中国的天然气定价机制。

（三）深化农业领域供给侧改革，稳定农产品供给

第一，深化农业领域供给侧改革。加大高标准农田建设资金投入，完善水利体系，适度增加和扩大农业减灾防灾资金补助力度和规模，扩大社会资本农业投

资领域，发挥财政资金的引导作用，增加农业领域 PPP 和财政补助金额，引导社会资本参与农业生产和相关项目，在粮食主产区开展水稻、小麦等主粮灾害保险试点，切实调动农民生产积极性。第二，保障农产品流动顺畅。调整农业运输车辆高速公路收费标准，建立绿色通道，保障主要农产品运输顺畅，降低农产品流动环节费用，适度增加对玉米等主要农产品加工龙头企业技术改造的资金支持力度，提高农产品加工环节的技术含量。第三，加快粮食去库存进度。坚持并完善稻谷、小麦最低收购价政策，增强政策灵活性和弹性。深化棉花目标价格改革，完善大豆、玉米等农产品补贴政策。合理确定去库存粮食价格，加快政策性粮食上网竞价交易，适度下调储存时间较长的粮食销售价格，推进粮食收储制度改革，力争收储价格基本接近市场价格，总结玉米收储制度改革经验，完善粮食价格形成机制和收储制度。第四，保障猪肉价格平稳。支持生猪养殖由水网密集地区向环境容量大的地区转移，加大对生猪养殖主产区的环保资金投入，由政府出资建立相应的环保设施，支持专业化、规模化和工厂化生猪养殖，确保猪肉供给和价格基本稳定。

（四）坚持房地产调控政策不动摇，确保市场预期平稳

第一，贯彻"房子是用来住的，不是用来炒的"政策总基调，坚持分类调控、因地制宜、因城施策的政策思路，释放房地产调控不松动的政策信号，保证调控政策的连续性和稳定性，增强政策公信力，稳定市场预期。第二，加大住房用地供应规模，确保房地产市场供给充裕。及时总结12个大中城市房地产租赁试点工作，在条件成熟的情况下增加租赁试点城市数量。继续加大住房保障支持力度，完善住房保障供应体系，在北京、上海共有产权住房试点取得一定经验的基础上及时向重点一线和二线城市推广。第三，加大金融监管力度，制定阻止消费贷流入房地产市场的政策监管措施，保持首套房贷款利率基本稳定，适度提高二套房贷款利率，控制房地产领域贷款规模，缓解居民加杠杆速度。第四，尽快完善房地产信息系统建设，将一线和热点二线城市纳入房地产税收试点征收范围，逐步增加房价过快上涨城市的住房持有成本。

（五）继续实施去产能政策，优化供给结构

第一，总结2016年和2017年去产能工作经验，把握好去产能的节奏和力度，保障市场供应充足，防止相关产品价格大幅波动，做好对已退出的钢铁和煤

炭产能的督查验收工作，实现去产能信息公开。第二，尽早研究提出2018年去产能行业目录和目标任务，抓紧制定地方和中央企业关于钢铁、煤炭、煤电、有色、建材和炼化等行业的去产能实施方案和细则，推动去产能方式向兼并重组转变，制定产能国际合作发展规划、目录、税收和相关优惠政策。第三，对高污染、产能过剩、高耗能行业实行阶梯电价和水价，适当提高产能过剩行业的土地、能源利用价格和税费，运用价格杠杆淘汰落后产能。第四，做好对产能过剩行业的监测预测分析工作，相关部门定期公布产能总体利用率和主要行业产能利用率等指标，及时跟踪发布主要行业去产能实施进度。

（六）采取措施提高生产率，应对劳动力成本上升

第一，为了避免劳动力成本上升引发物价螺旋式上涨，必须通过科技创新来调高全要素生产率，即技术进步率。加大对教育的财政投资力度，尽快实现教育投资占GDP比重4%的目标，努力缩小我国教育投资与国际水平的差距。第二，教育投资要重点关注农村的基础教育和国家的基础科研工作，为突破约束经济发展的瓶颈和关键技术提供资金支持。企业，尤其是中央企业和国有大型企业要加大对产品研发的投入力度，设立相应的研究院所，以便加快企业技术创新步伐。第三，鼓励用工紧张地区的制造业企业使用智能机器人取代部分人工，对使用智能机器人经验成熟的企业给予一定的政策优惠和资金支持，研究智能机器人发展应用规划，稳步扩大智能机器人的应用范围。第四，国家要调整当前高等教育发展过快、中等教育发展偏慢的现状，适当压缩高等教育规模，加大中等教育的投入，对中等职业学校的学生减免学费，扩大中等教育的招生规模，更多地培育符合我国国情的高级技工，缓解企业对高级技工需求快速增长的状况。

（撰稿人：国家信息中心经济预测部，张前荣）

我国就业形势分析与展望

就业是最大的民生，是人民群众最关心、最直接、最现实的利益问题。2017年以来，我国就业状况持续改善，城镇新增就业年均超过1300万人，求人倍率持续走高，失业率维持在低位，重点人群就业保持稳定，创业带动就业成效显著，就业服务质量得到提升，一批促进就业的惠民政策落地实施，人民获得感显著增强。虽然就业形势总体良好，但要实现更高质量和更充分就业的目标，仍需要下大力气解决日益突出的结构性就业矛盾，进一步支持创业带动就业。在各项促进就业政策作用下，预计2018年全国新增就业保持在1200万人以上，城镇登记失业率维持在4%左右，就业质量有效提升，创业带动就业能力增强，重点人群就业保障到位。实现维持更充分和更高质量就业的总体目标，在做好就业形势监测工作的基础上，坚持就业优先战略和积极就业政策，积极开展职业技能培训和扶贫帮扶，鼓励创新创业来实现更充分的就业，完善失业救济和低保托底安置制度，深化收入分配制度改革和促进居民增收，努力实现以人民为中心的高质量就业。

一 2017年就业形势分析

2017年以来，全国就业形势基本稳定，新增就业人数稳步增长，就业结构持续优化，总体保持良好态势。

（一）总体新增就业形势良好

从新增就业总量上看，2017年新增就业形势保持良好势头。国家统计局发布

我国就业形势分析与展望

的11月经济数据显示，2017年前11个月全国城镇新增就业1280万人（见图1），提前两个月完成2017年《政府工作报告》提出的全年新增就业1100万人以上的预期目标。令人鼓舞的是，这一目标是在较前三年的预期目标增加了100万人的情况下提前实现的。从就业总量看，全国更充分就业得到一定的体现。因为这是在经济结构调整和增长放缓的背景下实现的。究其原因，经济增长放缓并未对就业造成较大冲击，主要在于经济增量保持增长和经济结构调整成效显著。在现有的经济总量基础上，经济增速维持中高速增长就可以创造较大的财富总量，也就能保证足够量的新增就业岗位，这主要表现在GDP每增长1个百分点所对应的新增就业人数有所增加，经济增长与新增就业之间的关联度不再强烈。2016年GDP每增长1个百分点所对应的新增就业人数达到196万人，而2009年GDP增长1个百分点对应的新增就业人数为117万人。从经济结构上看，第三产业吸纳就业的能力较强，第三产业较快的增长创造了更多的就业岗位，具体表现为求人倍率的走高和失业率的走低。

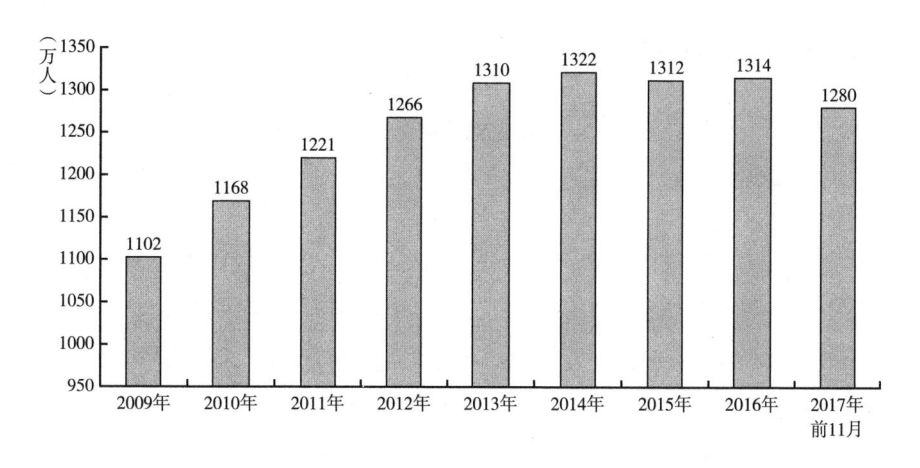

图1　2009～2017年我国新增就业人数走势

资料来源：人力资源和社会保障部。

从失业率看，全国城镇失业率有所下降。国家统计局数据显示，2017年三季度末全国城镇登记失业率①为3.95%，年底达到了3.9%的水平，是自2002年

---

① 城镇失业率全称是"城镇登记失业率"，即只登记有城镇户籍的失业人口，没有城镇户籍在城镇失业的人口不登记。

以来的最低点（见图2）。2017年以来，城镇调查失业率①维持在较低水平，31个大城市的城镇调查失业率曾连续五个月低于5%，其中2017年9月31个大城市城镇调查失业率是4.83%，也是2012年以来的最低点，2017年12月为4.98%。这两项指标同时走低，基本能反映出城镇居民失业状况，意味着国家出台的系列促就业政策效果显著，也反映出经济形势和结构调整出现积极变化。

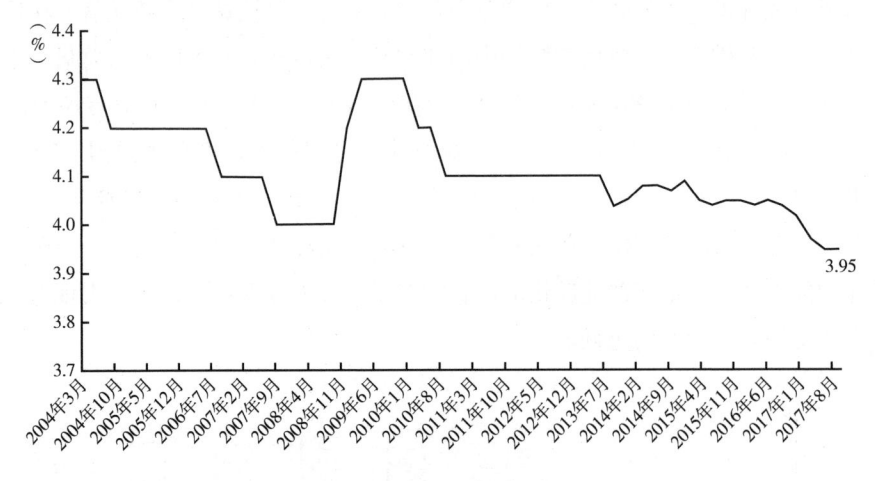

图2　我国城镇登记失业率走势

资料来源：国家统计局。

从全国劳动力供需市场看，更充分就业得以显著体现。中国人力资源市场信息监测中心监测数据显示，2017年前三季度市场求人倍率达到1.16（见图3），即平均每位求职者能对应1.16个工作岗位，创2004年以来的历史新高，2017年底达到1.22。自2016年三季度以来，全国求人倍率连续六个季度呈现同比增长态势。这意味着就业机会很多，供不应求的情况仍然存在。

2017年以来，全国从业人员景气度并未出现明显的好转。中国制造业采购经理指数（PMI）从业人员指数除3月攀升至荣枯线上之外，其余月份制造业从业人员指数均处于荣枯线的下方，2017年11月至2018年2月近4个月呈现

---

① 城镇调查失业率是国际劳工组织通用的一个指标，是反映城镇常住经济活动人口中，符合失业条件的人数占全部城镇常住经济活动人口的比例。城镇调查失业率是通过城镇劳动力情况抽样调查所取得的城镇就业与失业汇总数据进行计算的，具体是指城镇调查失业人数占城镇调查从业人数与城镇调查失业人数之和的比。国家统计局自从2005年就开始探索城镇调查失业率，目前每半年进行一次统计，2011年开始正式发布城镇调查失业率。

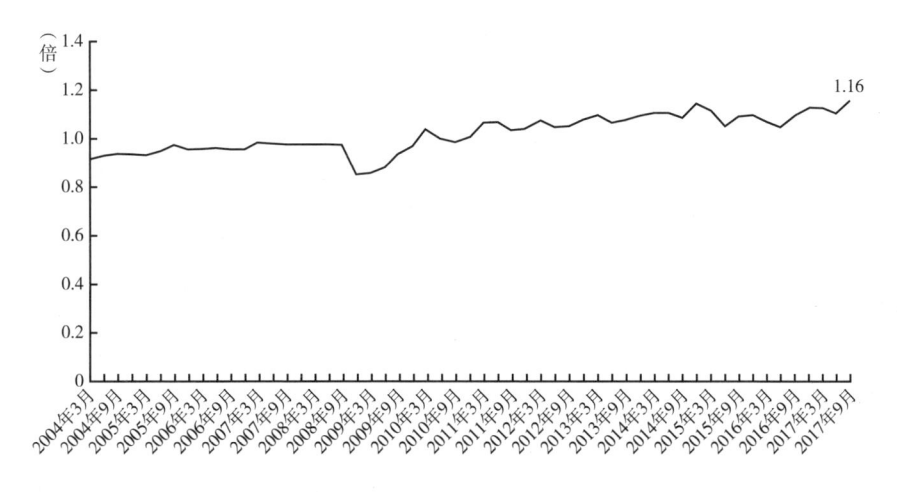

图3　全国求人倍率走势

资料来源：中国人力资源市场信息监测中心。

持续下降态势，表明制造企业用工量持续减少，这与经济增速平稳放缓有关（见图4）。非制造业领域同样就业表现疲软。2017年非制造业PMI从业人员月度指数始终处于荣枯线之下，且2017年四季度呈现下降态势，这意味着非制造业企业用工量也在减少。从这一指标来看，经济形势向好并不一定意味着就业形势就会向好。

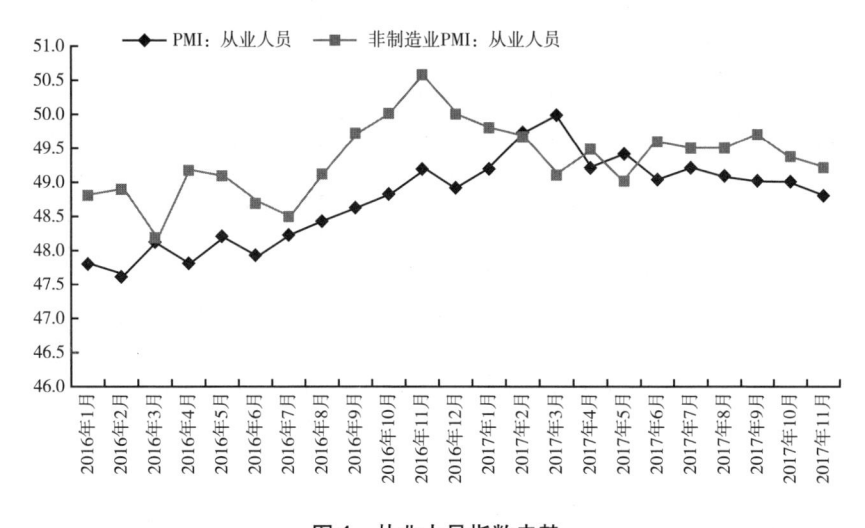

图4　从业人员指数走势

资料来源：国家统计局。

(二) 重点人群就业保持稳定

从城镇就业困难群体看，城镇失业人员再就业和就业困难人员就业人数保持稳定，其中就业困难人员就业人数稳步增长。2017年，城镇失业人员再就业人数达到558万人，同比增长0.72%；就业困难人员就业人数达到177万人，较上年同期增长4.73%（见图5）。2013～2017年，农民工总量年均增长1.8%。2017年，全国农民工外出务工劳动力人数总计达到28652万人，较上年同期增加481万人，同比增长1.7%（见图6），自2015年四季度以来已经连续9个季度呈现同比正增长。2017年高校毕业生达到创历史新高的795万人，比上年增加30万人。大学生就业创业总体进展良好。据人社部统计，我国高校毕业生上半年签约率同比稳中有升。全国各地各部门全面落实就业扶贫各项政策，积极开展就业扶贫工作，大力推进就业精准扶贫，取得积极进展。比如，人社部2017年组织开发了农村贫困劳动力就业信息平台，遴选了1465家就业扶贫基地，支持农村贫困劳动力求职就业和有组织劳务输出。

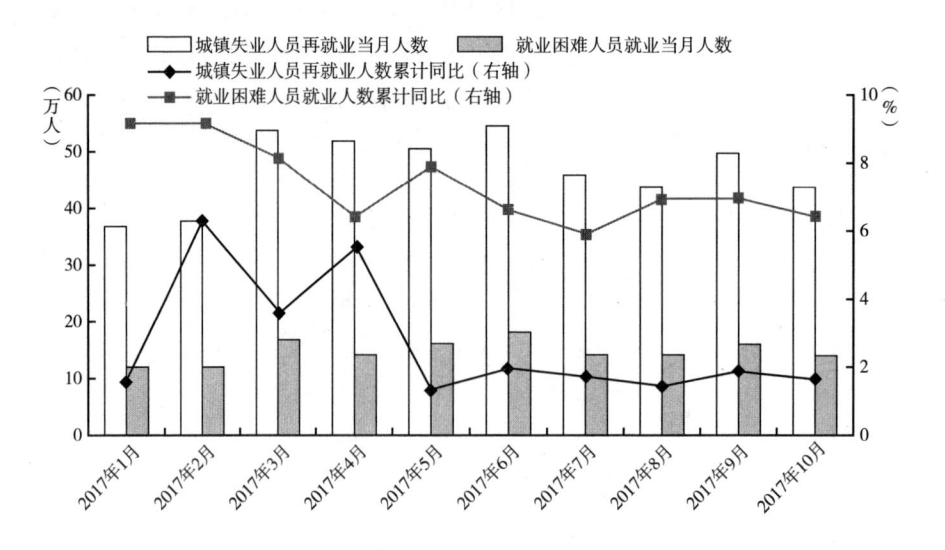

图5 2017年前10个月城镇失业人员再就业和就业困难人员就业人数

资料来源：人力资源和社会保障部。

近年来，在经济下行压力大、去产能任务繁重的背景下，我国就业不减反增，这主要是中央出台的各项促进就业政策发挥了重要作用。如在化解钢铁、煤

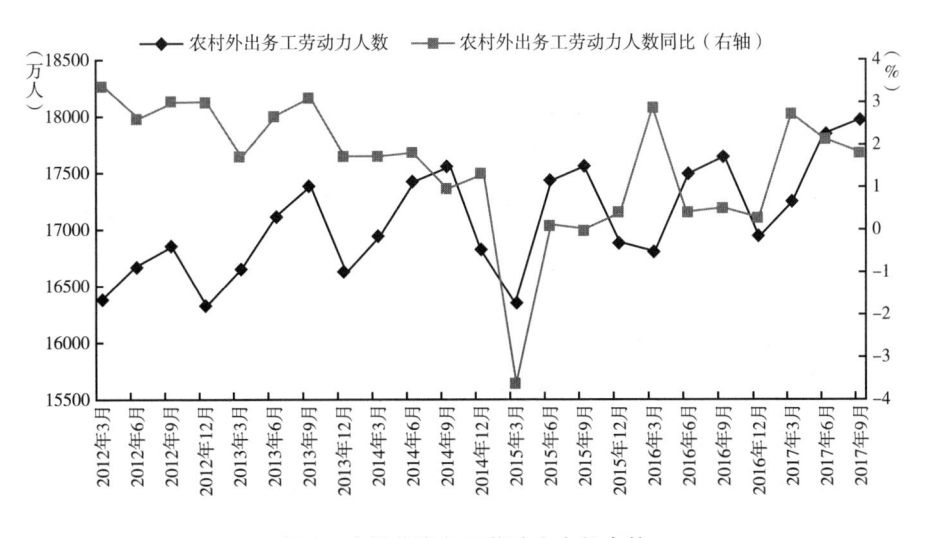

图6 农村外出务工劳动力人数走势

资料来源：人力资源和社会保障部。

炭等过剩产能方面，中央政府非常重视下岗职工的分流安置问题。据人社部估算，两个行业在化解产能过程中将涉及180万名职工的分流安置，其中煤炭、钢铁系统分别为130万名和50万名职工。2016年2月人社部出台《做好化解过剩产能过程中职工安置的意见》，加强企业内部安置、促进转岗就业创业、内部退养以及公益岗位托底等。2016年6月，人社部提出要启动实施化解过剩产能企业职工特别职业培训计划，从2016年至2020年，力争使有培训愿望和需求的企业失业人员、转岗职工都能接受一次相应的政府补贴性职业培训。在多种促进就业的措施下，去产能带来的下岗职工分流问题得到妥善处理。

（三）创业带动就业成效显著

随着大众创业、万众创新蓬勃发展，市场主体大量涌现，创新创业成为带动就业增长的重要源泉。解决就业的主渠道在企业，特别是创新型中小企业。国家工商总局统计数据显示，2017年全国新登记市场主体1924.9万户，同比增长16.6%，平均每天新设5.27万户。同期，全国新登记企业607.4万户，同比增长9.9%，平均每天新设1.66万户；个体工商户1289.8万户，同比增长20.7%；农民专业合作社27.8万户，同比下降6.2%。创新型企业大量发展，成为大众创业、万众创新的重要风向标。在改革热点地区，如浙江省杭州市2017年第一季度新登记的信息技术服务企业、科学研究和技术服务企业共5635户，增长40.1%。新增企业对第三季度的就业贡献率超过25%，新成长企业容纳的新增就业达到95%以上，在孵化科技型小微企业达到13万家，带动就业超过210万人。

全国各地区各部门积极落实和完善各项创新创业优惠政策，加强创业服务和创业培训，推进创业孵化示范基地建设，大力支持大学生、农民工、科研人员等群体创业。在各项政策的激励下，"大众创业、万众创新"的社会氛围日益浓厚，创业带动就业的倍增效应不断显现。据国家工商总局对新设小微企业开业一周年的活跃度调查，2016年二季度新设企业到2017年二季度，开业率为69.3%，户均从业人员由开业时的6.07人增加到7.14人，增长17.6%。大量涌现的新设市场主体促进了就业形式的多样化发展，新设企业对扩大就业的支撑作用持续显现。

就业质量也发生明显积极变化。现代服务业、高新技术产业新增就业人口较多。2017年前三季度第三产业增加值占国内生产总值的比重为52.9%，服务业对经济增长的贡献率达到58.8%，而由此带动的就业人数增长较快。2017年前三季度，文化体育和娱乐业、租赁和商务服务业、信息传输软件和信息技术服务业等行业规模以上企业就业人员数同比增长率分别为12.4%、10.8%、10.5%。经济新动能的启动成长对扩大就业提供有效支撑。比如在2016年全部新增城镇就业中，新动能贡献率达到70%左右。初创企业活跃度进一步提升，社会创业创新热情持续提升，从2016年12月到2017年3月，网民创业热情指数从200左右提升至近350。国家旅游局发布的《2016年中国旅游业统计公报》显示，2016年全国旅游业对GDP的综合贡献已经达到8.19万亿元，占GDP总量的11.01%；旅游直接和间接就业7962万人，占全国就业总人口的10.26%。

（四）就业服务质量得到提升

近年来，全国各地区各部门积极推进公共就业服务体系建设，实施"互联网+公共服务"，整合人力资源市场，加快发展人力资源服务业，提升公共就业服务能力。在就业服务促进下，劳动力市场供需匹配效率进一步提高。据中国人力资源市场信息监测中心对全国95个城市的公共就业服务机构市场供求信息的统计结果，2017年上半年，用人单位通过公共就业服务机构招聘人数和进入市场的求职人数分别为523.1万人和472.9万人，分别较上年同期增加了25.6万人和1.0万人，增速分别为5.5%和0.2%。

全国各地区各部门积极组织实施职业培训行动计划，开展企业新型学徒制培训试点。2012年以来，全国累计约1亿人次接受政府补贴职业培训，劳动者素质进一步提高，高技能人才队伍建设蓬勃发展，就业稳定性逐步增强。

二 结构性就业矛盾仍然突出

全国就业形势总体保持稳定，但在经济增速换挡、结构调整和动能转换的大背景下，我国长期以来的就业难和招工难并存的矛盾还没有得到有效解决。主要原因是劳动者的素质与市场需求不匹配，经济结构在转型，就业结构在转变，但劳动者能力没得到相应提升。

（一）劳动力供求仍不平衡

目前来看，我国劳动年龄人口总量基数依然非常巨大，加之每年新成长劳动力仍然居于高位，预计未来一段时期，我国劳动年龄人口仍将保持着庞大数量。据国家统计局统计数据，2016年我国15~64岁劳动年龄人口达到10.03亿人（见图7）。随着我国经济进入新常态，经济增长速度有所放缓，将使得企业对劳动力的需求量略有降低，这会直接导致有效的就业岗位减少，明显会增加国内劳动者的就业压力。随着城镇化率持续提高，农民工市民化的需求越来越强烈。从农民工年龄构成看，30岁以下农民工的比重持续走低，已由2008年的46%下降至2016年的31.9%，而新一代农民工正在加速融入城市，不愿意重新返回农村从事生产。在这种背景下，城乡均面临着劳动力供求不平衡的问题，农村从事农业生产的劳动力在大幅减少，而向城镇转移的农村劳动力数量有所增加。而在城乡二元结构下，这种新增劳动力供需不平衡的情况还将持续较长一段时期。

（二）技术替代性失业凸显

经济结构的调整和经济发展方式的转换也使得企业对技术人才的要求越来越高。我国对产业迈向中高端的追求已经引发提高生产效率与保障就业之间的冲突。为应对劳动力成本上升的压力，很多制造企业在推进产业转型升级过程中开始考虑用机器人实现对人的替代，技术替代性裁员开始出现，结构性就业压力正在凸显出来。从我国劳动力技能的结构来看，拥有初级技能的劳动力数量增长速

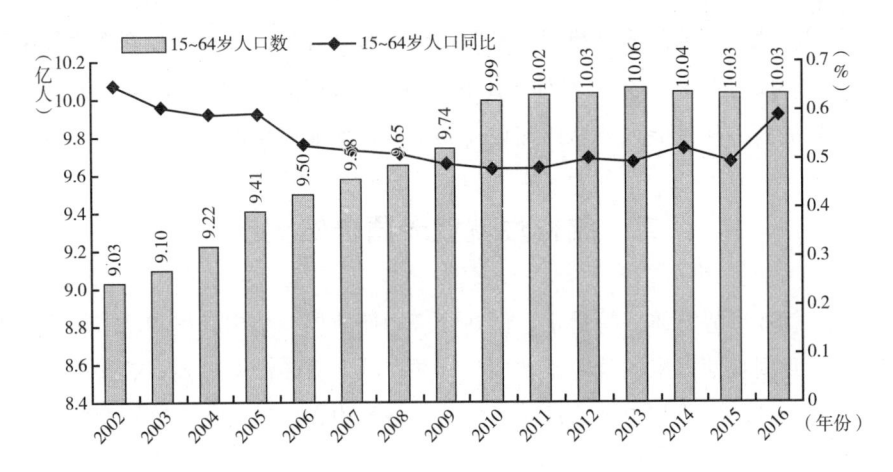

图 7 全国 15～64 岁劳动年龄人口数

资料来源：人力资源和社会保障部。

度较快，但是拥有高级技能的劳动力数量和比重依然非常小，导致我国总体高技能人才供给短缺，与市场需求存在较大差距。比如，在数字经济领域，技能人才供给缺口大、缺乏多样化的就业管理服务、高技能用工制度存在缺陷等问题突出。再如，人工智能会加速胜任日常的工作，并在未来取代一些人类工作岗位。咨询公司高德纳（Gartner）发布的报告显示，人工智能技术将取代 180 万个工作岗位，但同时也将创造出 230 万个新就业岗位，尽管创造的岗位增加，但是带来的结构性失业不容忽视。另据咨询公司麦肯锡报告预测，到 2030 年，全球将有多达 8 亿人的工作岗位可能被自动化的机器人取代，相当于当今全球劳动力的 1/5；即使机器人的崛起速度不那么快，未来 13 年里仍有 4 亿人可能会因自动化而失去原有的工作。

（三）大学生就业形势严峻

2017 年全国高校毕业生接近 820 万人，带来了较大的就业压力。为提高大学毕业生就业率，很多高校敦促毕业生先就业后择业。为了就业而就业的仓促选择，虽然能实现提高初次就业率的主要目标，但在一定程度上忽略或者漠视了就业的质量问题，减少了学生对就业的主动性选择，出现"被就业"现象。

（四）农村转移就业任务重

2017 年有 300 多万农村新转移劳动力。在近 800 万名大学生和 500 万名左右的中职毕业生就业竞争激烈的背景下，农村新转移劳动力面临更严峻的就业形势。他们尽管可以在城市从事技能水平要求较低和工资收入较低的工作，但面临城市高成本的生活压力。在当地就业机会有限的情况下，农民工返乡创业的条件并不具备，这部分新增农村转移人口找到理想工作的难度较大。

三 2018年就业形势展望

近年来，我国始终把稳定和扩大就业作为宏观调控的主要目标，千方百计增加就业岗位，促进人民生活不断改善。在全党全国人民的共同努力下，就业形势总体保持稳定。十九大报告指出，"要坚持就业优先战略和积极就业政策，实现更高质量和更充分就业"。十九大之后，党中央将坚持以人民为中心的发展思想，在稳定和扩大就业的同时，积极采取多种措施，大力推动实现更高质量和更充分就业，致力于保持就业形势总体稳定，不断提高就业质量。2018年是十九大开局之年，也是改革开放40周年，全国将着力增进发展的公平性、普惠性，让人民群众有更多的获得感、满足感。在此形势下，2018年就业形势有望持续维持良好态势，而且就业质量有可能进一步提高。

（一）总体就业形势稳中向好

近些年来，全国每年城镇新增就业数量保持在1000万人以上。考虑到今后一段时期我国劳动年龄人口将保持在9亿人以上，那么每年需要在城镇安排就业的新成长劳动力保持在1500万人以上。根据现在的登记失业率计算，登记失业人员数量可能保持在1000万人左右。由此预计2018年及以后每年仍需要新增就业的总量保持在1400万人左右。据估算，"十三五"时期，GDP每增长1个百分点，对就业的拉动能力为180万~200万人。按照2017年前三季度GDP增长6.9%，解决了近1200万人新增就业来计算，由于四季度仍保持6.9%的增速，新增就业人数达到1351万人。2018年如果要保持这样的新增就业规模，可能要求经济增长率维持在6.7%以上。

（二）就业质量将进一步提高

近年来，中国经济企稳向好对就业形成重要支撑。随着新旧动能转换加快，新动能的成长创造更多新的就业岗位，特别是以"互联网+先进制造"为代表的新兴产业将创造许多高质量的就业岗位，适应年轻一代劳动者对就业质量的追求。灵活就业、自主创业、弹性就业的情况也会有所增加。与此同时，各级政府将进一步优化就业环境，严格实施劳动政策相关法规，促进企业用工规范化，减少超时用工现象，进一步保护好劳动者权益。

（三）重点人群就业有所保障

中央政府高度重视重点人群就业，并为此提供各种就业帮扶和托底保障。比如，党中央坚持把促进高校毕业生就业摆在就业工作的重要位置，组织实施高校毕业生就业创业促进计划。未来高校毕业生就业选择将日趋多元化和个性化，自主创业成为很多毕业生的就业选择方向之一。针对就业困难人员，各级政府将会坚持做好就业帮扶和就业援助工作，提供一揽子的就业和再就业促进政策，推动农村富余劳动力就地就近转移就业、返乡创业和有序外出就业，同时加快提供全国统筹的养老、医疗等基本社会保障。比如，2018年将会启动全国统筹养老保险工作，先实行基本养老保险基金中央调剂制度，进一步在全国范围发挥养老保险互助共济作用，为更充分就业提供制度保障。

（四）创业带动就业维持强动力

大众创业、万众创新蓬勃发展为上述解决就业问题提供了良好的发展条件。展望2018年，在积极就业政策以及创业创新政策的作用下，就业形势还会不断改善。尤其是以互联网驱动的新兴服务业吸纳就业能力强。2016年我国参与分享经济活动的人数超过6亿人，如在网约车等共享经济平台上吸纳上千万个就业者。虽然这些通过共享经济解决的就业人员并未进入就业或失业统计范畴内，却真实地发挥了促进就业和提高就业质量的作用。2018年将会是共享经济进一步发展的关键一年，尤其是以移动互联网为切入点的新业态将会带动更多创新创业活动，创造更多的就业岗位。

四 促进更高质量和更充分就业的若干建议

稳住当前来之不易的就业形势，仍需要进一步做好就业工作，发挥就业优先政策的效力，尊重市场自主性，同时在结构调整中优化就业结构，做好重点群体的就业保障工作，推动实现更高质量和更充分就业。

（一）坚持就业优先战略和积极就业政策

一是打好政策组合拳，积极创造就业空间。发挥好政策的导向和调控作用，积极运用财政、货币、税收、产业等方面的政策，围绕就业促进、创业引领、基层成长等继续稳定和扩大就业，包括促进企事业单位规范招聘流程、鼓励企业开展跨界投资、扩大就业空间、激发市场活力。此外，制定财税、金融、产业等重大经济政策时，要综合评价其对就业的影响，切实贯彻落实就业优先战略和积极就业政策。

二是消除就业歧视，营造公平竞争的就业环境。针对当前就业市场存在的地域歧视、性别歧视、身份歧视、学历歧视等问题，出台更加公平的就业政策，并保证落到实处。特别是要消除城乡歧视和户籍歧视，禁止各城市以拆除违章建筑或清理无证经营为理由，关停沿街商铺杜绝大多数就业门路，禁止大城市以建设文明城市和消防安全为由，驱逐包括农民工在内的各类中低收入群体。

三是健全就业优先和积极就业政策的公共服务体系。建设人力资源信息库、企业用工信息库，并加快推进两个就业信息服务平台的对接。要根据劳动力市场的供求实际，及时调整人力资源的教育培训计划，解决结构性失业问题。支持各类组织完善劳动力市场信息发布系统。通过及时发布各类就业信息，为各类劳动者就业牵线搭桥。建设就业公共咨询机构，积极提供就业登记、职业指导和就业咨询等服务。简化劳动者求职手续，推动建立入职定点体检和结果互认机制。

（二）积极开展职业技能培训和扶贫帮扶

一是开展职业技能培训，提高劳动者的素质。适应新常态下经济发展的新需求，强化职业技能培训教育，提高劳动者的综合素质。制订和实施专门的经济转型升级职业技能培训计划，开展大规模职业技能培训。通过实施专门的培训计划，动员社会资源，强化长周期技能培训，提高劳动者的技能水平、创业能力和从事新职业的能力，使其适应新经济、新业态、新动能发展的需要。

二是积极推进扶贫帮扶，促进贫困人口充分高质量就业。推进职业培训对新生代农民工全覆盖。对离校未就业高校毕业生实施精准帮扶，对特殊困难毕业生加大就业援助力度。加大对残疾人、贫困人口的就业帮扶力度，确保零就业家庭实现就业。

三是健全失业人员再就业的培训机制。各地可根据自身条件需求，免费为失业劳动者再就业培训，鼓励和支持各类人力资源服务机构、职业培训机构针对去产能下岗失业人员提供职业介绍、职业培训等再就业服务，提高就业困难群体的就业和创业能力，给予培训机构或就业困难群体适当补贴，提高下岗分流职工再就业的成功率。

四是加大政策支持力度，鼓励去产能企业转产转业，带动下岗分流职工从事新产业。鼓励企业和行业协会开办职业技术教育，增强职业教育的实用性，提高人才供需结构的匹配度。对于积极吸纳因贯彻国家去产能政策而受影响的职工的企业，中央财政在现有奖补资金的基础上，适当增加奖补资金额度，并扩大奖补资金的行业企业适用范围，加大给予吸纳就业补贴的支持力度。

（三）鼓励创新创业来实现更充分的就业

一是发挥地方和高校的能动性，引导社会资本投入，设立高校毕业生就业创业基金。鼓励地方创新人才引进制度，包括对符合条件的高校毕业生、就业困难人员创业给予安家补贴。

二是鼓励高校毕业生到艰苦边远地区、老工业基地、国家级贫困县开展创新创业。对到基层开展创业、吸纳贫困家庭劳动力并稳定就业1年以上的可给予奖补。

三是支持吸引留学回国人员创业创新。支持各地政府设立创新创业引导资金，鼓励留学归国人员以知识产权等入股创办企业。

四是支持包括农民工在内的全民返乡创业。支持和引导地方加强创业担保贷款扶持，给予符合条件的小微企业或创业人员个人创业全额贴息担保贷款；对城市居民返乡创业的投资资金免征企业所得税和个人所得税，促进社会资金、项目、技术、人才等要素向县城、集镇和乡村转移，集聚县域经济发展新动能。

（四）完善失业救济和低保托底安置制度

一是健全失业援助的政策体系。加大失业保险政策执行力度，扩大失业保险的覆盖面。建立和完善失业预警、失业监测机制。

二是健全失业人员的社会保障制度。各地应根据自身条件，适当提高失业人员的基本生活保障、失业保险和生活补助标准，完善养老保险、医疗保险等制度，解决失业人员的生活困难，积极维护社会公平。

三是解决因历史原因造成的职工退休年龄差异问题。对企业内部职工退休年龄的界定，应积极配合延迟退休的政策，出台更合理的不同年龄退休职工的待遇差异问题，特别是如何在同工同酬的情况下，解决因历史原因造成的女干部与女工人退休年龄差异问题。

（五）完善收入分配制度并促进居民增收

一是探索制定促进社会公平的收入分配制度。发挥初次分配、二次分配机制的调节作用，避免贫富差距进一步拉大。加快推进创新创业，让更多的人通过聪明才智和辛勤劳动致富，畅通社会纵向流动渠道，摒除社会"官本位"的寻租思想，努力让勤劳致富成为社会风尚。积极落实"同工同酬"待遇制度，严格抑制投机行为，坚决打击通过寻租、诈骗、合谋等方式获取非法收入。畅通居民个人的多元化投资渠道，严厉遏制炒房，推进租售同权，加强对私人财产（包括房屋及其他不动产、知识产权、股权等）的保护，真正扩大中等收入群体。

二是加快推进各项促进居民（特别是农民）增收政策落地。加大财政、金融等各项政策支持力度促进居民增收，加大对规模化、有效益的农业经营主体的支持力度，重点发挥政策集中倾斜的优势，为农业经营主体带来经济效益和劳动生产率的提高。加快农村基础设施建设，实现城乡道路和信息的通畅，构建城乡物流配送体系，以"授之以渔"的方式增加农民收入。引导农村租赁关系的发展，形成农户承包权、住房等的租赁市场，支持农民通过出租产权获得收益。

（六）继续做好就业、失业等情况调查统计工作

一是扩大调查失业率的调查对象范围。建议失业率的调查不仅要覆盖城镇常住人口，还要包括居住6个月以上的农民工，即把目前在城镇生活的失业农民工纳入调查失业率的统计范畴之内，以便更准确地反映城镇失业状况。

二是持续完善调查失业率抽样调查方法。在研判或发布就业形势时，侧重对各阶层调查失业率的统计调查，比如可以把失业农民工作为重点调查样本，提高调查失业率的精准度和"含金量"。

三是加快公开发布全国城镇调查失业率。加快推进就业统计制度改革与完善，在31个大城市城镇调查失业率统计制度的基础上，及时发布全国城镇月度调查失业率，以便更好地反映劳动力市场供求变化以及就业状况。

参考文献

都阳:《扩大就业与劳动力流动对收入分配形势变化的影响》,《公共管理与政策评论》2013年第2期。

傅红春:《我们更应该关心就业指标》,《人民日报》2010年8月6日。

国家发展改革委就业和收入分配司:《当前我国就业形势及政策建议》,《宏观经济管理》2007年第3期。

国家发展改革委就业和收入分配司:《上半年就业、收入分配和社会保障形势分析》,《中国经贸导刊》2011年第15期。

韩君:《新常态下我国就业形势及政策取向》,《改革与战略》2017年第4期。

潘向东:《用就业指标实现宏观调控》,《经济日报》2013年3月21日。

邱玥:《就业指标中的"冷"与"暖"》,《光明日报》2017年5月2日。

人力资源和社会保障部:《2017年第二季度新闻发布会》,http://www.china.com.cn/zhibo/2017-07/28/content_41282699.htm,2017年7月28日。

人力资源和社会保障部:《2017年第三季度新闻发布会》,http://www.mohrss.gov.cn/SYrlzyhshbzb/dongtaixinwen/fbh/lxxwfbh/201711/t20171101_280424.html,2017年11月1日。

周景彤:《为何要更加重视就业导向》,《中国经济报告》2017年第7期。

(撰稿人:中国国际经济交流中心经济研究部副部长、副研究员,刘向东)

专题2　改革开放

财税体制改革进展与建议

党的十八届三中全会《中共中央关于全面深化改革若干重大问题的决定》（以下简称《决定》）中，首次提出全面深化改革的总目标——完善和发展中国特色社会主义制度，推进国家治理体系和治理能力现代化，并且将财政定位于国家治理的基础与重要支柱，提出建设现代财政制度的改革目标。

总体来讲，现代财政制度在体系上要构建统一规范，即全面规范、公开透明的预算管理制度，公平统一、调节有力的税收制度，中央和地方事权与支出责任相适应的制度；在功能上要适应科学发展需要，更好地发挥财政稳定经济、提供公共服务、调节分配、保护环境、维护国家安全等方面的职能；在机制上要符合国家治理体系与治理能力现代化的新要求，包括权责对等、有效制衡、运行高效、可问责、可持续等一系列制度安排。

一 十八大以来财税体制改革路线图与时间表

按照《深化财税体制改革总体方案》，中国新一轮财税体制改革，着眼全面深化改革全局，坚持问题导向，围绕党的十八届三中全会《决定》部署的"改进预算管理制度、完善税收制度、建立事权和支出责任相适应的制度"三大任务，有序有力有效推进。从逻辑看，预算管理制度改革是基础、要先行；收入划分改革需在相关税种税制改革基本完成后进行；而建立事权与支出责任相适应的制度需要量化指标并形成有共识的方案。按照中央的部署和要求，2014~2015年预算管理制度改革要取得决定性进展，税制改革在立法、推进方面取得明显进展，事权和支出责任划分改革要基本达成共识；2016年基本完成深化财税体制改革的重点工作和任务；2020年各项改革基本到位，现代财政制度基本建立。十八大以来财税体制改革成效显著。

（一）现代预算管理制度的主体框架初步搭建

2014年8月31日，全国人大常委会审议通过了《关于修改〈中华人民共和国预算法〉的决定》，并重新颁布修订后的《预算法》，自2015年1月1日起施行。《预算法》的颁布实施成为新一轮财税体制改革的突破口。

1. 完善政府预算体系

加大政府性基金预算转入一般公共预算的力度，推动国有资本经营预算与一般公共预算的统筹协调，加大国有资本经营预算调入一般公共预算的力度，2016年调入比例达到19%，2017年进一步提高至22%，并逐年提高调入比例。

2. 实施中期财政规划管理

在中央层面上，国务院印发了2016~2018年全国中期财政规划，并研究编制2017~2019年全国中期财政规划。按照《财政部关于推进中央部门中期财政规划管理的意见》（财预〔2015〕43号），指导中央部门编制三年滚动支出规划。在地方层面，按照《财政部关于贯彻落实国务院决策部署推动地方实行中期财政规划管理的通知》（财预〔2015〕38号），指导地方省级政府做好中期财政规划，提高财政政策的前瞻性和可持续性，充分发挥中期规划对年度预算编制的指导和约束作用。

3. 完善转移支付制度

提高一般性转移支付的规模和比例，一般性转移支付占转移支付比例已由2013年的56.7%逐步提高至目前的62%，增强了地方财政统筹能力和自主性。加大专项转移支付清理整合力度和转移支付制度建设，落实"一个专项只有一个管理办法"的规定，积极修改完善相关管理制度，逐步实现分配主体统一、分配办法一致、申报审批程序唯一等目标。加强转移支付预算公开和绩效管理，预算草案中转移支付分项目、分地区编制，并在全国人大批准后向社会公开。

4. 深入推进预算公开

健全和完善预算公开制度，切实改进公开手段，增强公开实效，逐步推进开展中央预算公开工作。2016年中央财政公开中央预算报告及19张报表，包括中央一般公共预算、政府性基金预算、国有资本经营预算。其中中央税收返还、一一般性转移支付、专项转移支付分地区公开、按项目公开，公开中央财政国债余额情况、地方政府一般债务和专项债务限额表。2017年进一步细化公开内容，首次向社会公开了中央本级基建支出的具体项目和对地方转移支付的支出方向。并且积极推动中央部门公开部门预算和地方预算公开。

5. 严格加强地方政府债务监管

构建地方政府债务管理法律和制度体系。通过修订预算法，赋予地方政府规范举债的权力，地方政府举债采取发行政府债券方式，严禁地方政府为任何单位和个人的债务以任何方式提供担保；国务院印发《关于加强地方政府性债务管理的意见》（国发〔2014〕43号），建立了"借、用、还"相统一的地方政府债务管理机制。实行地方政府债务限额管理和预算管理。从2015年起每年提请全国人大批准地方政府债务限额，依法设置地方政府举债规模的"天花板"；将政府债务全部纳入预算管理，改变以往地方政府债务游离于预算之外的局面。锁定并置换存量政府债务，建立风险预警和应急处置机制，以国办名义印发《地方政府性债务风险应急处置预案》，由财政部印发《地方政府性债务风分类处置指南》，扎实做好风险事件应急政策储备。建立债务日常监督机制。

6. 全面推进预算绩效管理

实现绩效目标管理全覆盖，促进"花钱"和"办事"相结合。开展绩效监控试点，及时纠正执行偏差。推动绩效自评全覆盖，落实部门主体责任。建立重点绩效评价常态机制，加强结果应用。建立绩效信息公开机制，主动接受社会监督。

（二）税收制度改革取得明显进展

完善税收制度是本轮深化财税体制改革的重点内容，主要涉及增值税、资源税、消费税、环境保护费改税、个人所得税、房地产税等。

1. 推进流转税改革

2016年5月1日，营改增试点全面推开，主要政策内容是：将建筑业、房地产业、金融业和生活服务业四大行业纳入营改增范围，建筑业、房地产业适用11%税率，金融业和生活服务业适用6%税率；将企业新增不动产所含的增值税纳入抵扣范围；为确保营改增试点顺利推进，原则上延续新增试点行业的原营业税优惠政策。持续推进消费税制度改革。按照党的十八届三中全会关于"调整消费税征收范围、环节、税率，把高耗能、高污染产品及部分高档消费品纳入征收范围"的要求持续推动消费税改革。

2. 研究推进所得财产税改革

推进综合和分类相结合的个人所得税改革。按照党的十八届三中、五中全会关于"建立综合和分类相结合的个人所得税制"的要求,积极研究推进个人所得税征管模式改革。房地产税立法。根据党的十八届三中全会决定提出的"加快房地产税立法并适时推进改革"和"落实税收法定原则"的要求,房地产税将按照立法先行的原则,由全国人大制定房地产税法,通过立法引领改革。研究建立个人收入和财产信息系统。按照党的十八届三中全会决定,财政部研究起草了《个人收入和财产信息系统建设总体方案》,个人收入和财产信息系统建设方案已经中央全面深化改革领导小组会议审议通过。

3. 全面推进资源税从价计征改革

2016年7月1日起全面实施资源税从价计征改革。改革的主要内容:全面实施矿产资源税改革。全面推开资源税从价计征方式,将资源税与资源价格直接挂钩,建立税收自动调节机制,并按照清费立税原则,全面清理规范涉及矿产资源的收费基金。逐步扩大资源税征收范围。开展征收水资源税改革试点,在总结试点经验基础上,逐步扩大试点范围,条件成熟后在全国推开。

4. 积极推进环境保护税立法

按照党的十八届三中、四中全会关于"推动环境保护费改税","用严格的法律制度保护生态环境"的要求,财政部会同有关部门积极推动环境保护费改税。2013年3月,财政部会同有关部门向国务院上报了《环境保护法(送审稿)》,经修改完善后形成了《环境保护税法(草案)》,并由国务院提请全国人大常委会审议。2016年12月25日十二届全国人大常委会第二十五次会议通过了《中华人民共和国环境保护税法》,成为我国第四部单行税收法律。

(三) 事权与支出责任相适应的制度改革稳步推进

建立事权与支出责任相适应的制度是关系国家治理体系建设的大问题,涉及中央与地方财政事权和支出责任划分、中央和地方收入划分、中央对地方转移支付同农业人口市民化挂钩机制等,涉及面广、影响深远。

中央与地方财政事权和支出责任划分工作取得实质性进展。发布《关于推进中央与地方财政事权和支出责任划分改革的指导意见》,于2016年8月16日由国务院正式印发。着力理顺中央和地方收入划分。结合营改增试点情况,起草了《全面推开营改增试点后调整中央与地方增值税收入划分过渡方案》,报请国务院常务会议、中央政治局常委会会议审议通过后,于2016年4月29日由国务院印发。建立完善中央对地方转移支付同农业人口市民化挂钩机制。2016年7月27日发布《关于实施支持农业转移人口市民化若干财政政策的通知》,明确中央财政在均衡性转移支付资金中安排农业转移人口市民化奖励资金,在奖补资金分配上向吸纳跨省(区、市)流动农业转移人口较多地区和中西部中小城镇倾斜。

(四)政府和社会资本合作(PPP)模式改革积极推进

1. 建立健全PPP制度体系

按照"法律规范+配套政策+操作指引"三位一体的工作思路,初步形成覆盖PPP项目"全生命周期"的制度体系。全力推动示范项目落地实施。

2. 探索金融机构参与PPP的机制建设

积极探索财政资金撬动社会资本和金融资金参与PPP项目的有效方式。引导金融机构加大对PPP项目的融资支持力度,建立PPP项目审贷绿色通道。创新专项资金扶持政策。出台《关于实施政府和社会资本合作项目以奖代补政策的通知》《普惠金融发展专项资金管理办法》,安排资金80亿元对符合条件的新建示范项目和地方融资平台公司存量转型项目给予奖励。

(五)政府购买服务改革取得重要进展

1. 改革工作全面推进

财政部报请国务院办公厅印发了《关于政府向社会力量购买服务的指导意见》,向中央全面深化改革领导小组办公室报送了《2014~2020年政府购买服务改革工作规划》,会同有关部门先后制定了《政府购买服务管理办法(暂行)》《关于政府购买服务有关预算管理问题的通知》等,细化了相关政策措施,并积极推动落实。

2. 制度法规体系框架初步建立

2014年,财政部会同有关部门制定印发《政府购买服务管理办法(暂行)》,为推广政府购买服务提供了基本规范;单独或会同相关部门印发通知,明确了政府购买服务有关预算管理、政府采购、扶持培育社会组织、非营利性组织免税资格认定等具体政策问题。2015年,推动出台《政府采购法实施条例》,为政府购买服务提供了法律依据。2016年,印发《关于做好政府购买服务指导性目录编制管理工作的通知》，部署分级、分部门编制政府购买服务指导性目录；按照中央深改组部署，经国务院同意，会同有关部门出台了《关于做好事业单位政府购买服务改革工作的意见》和《关于通过政府购买服务支持社会组织培育发展的指导意见》。2017年财政部对《政府采购货物和服务招标投标管理办法》（财政部令第18号）进行了修订，并以财政部令第87号公布印发，于2017年10月1日起施行。

3. 改革工作机制初步形成

在财政部积极推动下，2016年6月21日国务院批准成立由财政部等9个部门组成的政府购买服务改革工作领导小组，张高丽副总理担任组长，领导小组办公室设在财政部。大多数中央部门内部建立了计划财务司局牵头、相关司局参与的工作机制。财政部部内明确改革工作由主要领导直接抓，建立了13个司局组成的部内改革工作协调机制。

4. 重点领域改革试点积极推进

财政部会同有关部门分别出台了残疾人服务、养老、文化、交通运输等领域政府购买服务的指导意见。选择3个中央部门开展典型项目政府购买服务改革试点。同时，部署在11个省（区、市）开展政府购买服务综合性改革试点。

（六）以管资本为抓手提速国企、国资改革

改革和完善国有资产管理体制。根据党的十八届三中全会精神，以及中央关于国企国资改革的统一部署，国企改革确立了"1+N"文件体系。

加强国有资本经营预算管理。2016年1月，财政部研究制定《中央国有资本经营预算管理暂行办法》，对预算收支范围、预算编制和批复、预算执行、决算、绩效管理与监督检查等内容做出明确规定，中央企业国有资本收益上交比例从最初的10%、5%、免收三档，逐步调整提高到25%、20%、15%、10%、免收五档。推动地方国有资本经营预算工作，从2015年开始，全国31个省份全部纳入地方国有资本经营预算汇总编制范围。2017年，进一步扩大中央国有资本经营预算实施范围，3月出台《中央国有资本经营预算支出管理暂行办法》。进一步健全国有资本经营预算制度，优化支出结构。中央企业国有资本收益收取比例暂保持不变，将中央国有资本经营预算调入一般公共预算统筹使用的比例由19%提高至22%。中央国有资本经营预算支出主要用于推进供给侧结构性改革、解决国有企业历史遗留问题、加快深化国企改革等方面。

二 进一步深化财税体制改革面临的经济形势

（一）中国特色社会主义进入新时代

十九大报告指出，我国仍处于并将长期处于社会主义初级阶段的基本国情没有变，我国是世界最大发展中国家的国际地位没有变。我国社会主要矛盾已经转化，由"人民日益增长的物质文化需要同落后的社会生产之间的矛盾"转化为"人民日益增长的美好生活需要和不平衡不充分的发展之间的矛盾"。

财政是各种利益关系的交汇点，是国家治理的基础和重要支柱。党的十九大报告从全局和战略高度，强调加快建立现代财政制度，建立权责清晰、财力协调、区域均衡的中央和地方财政关系；建立全面规范透明、标准科学、约束有力的预算制度，全面实施绩效管理；深化税收制度改革，健全地方税体系。这就更加明确了深化财税体制改革的目标要求和主要任务。

（二）财政经济持续回升的基础还不稳固，财政可持续发展面临诸多挑战

养老保险基金收支缺口不断增加。财政对养老保险基金巨额补贴的风险在加速累积。养老保险基金收入增长持续低于支出增长。基金对财政的依赖性大。医疗保险筹资分担机制不尽合理。医保基金支出增速过快，有效的控费机制尚未建立。农业可持续发展形势严峻。宏观经济环境变化影响农民增收。伴随经济增速下行，农产品需求增长和城镇化带动就业受到明显影响，农业农村发展特别是农民增收进入"减速带"，2016年全国农村居民人均可支配收入增长6.2%，增幅比2015年下降1.3个百分点。与此同时，财政收支矛盾存在加剧的可能性，过去更多依靠加大支农投入推动政策实施的做法难以持续。

农业供给侧结构性矛盾凸显。习近平总书记指出，新形势下我国农业主要矛盾已由总量不足转变为结构性矛盾，主要表现为阶段性的供过于求和供给不足并存。脱贫攻坚任务艰巨。《中共中央国务院关于打赢脱贫攻坚战的决定》明确了"十三五"脱贫攻坚的总体目标，概括起来就是"两不愁、三保障、一高于、一接近"，确保我国现行标准下农村贫困人口实现脱贫，贫困县全部摘帽，解决区域性整体贫困。当前贫困地区集革命老区、民族地区、边疆地区于一体，大都是

自然条件差、经济基础弱、贫困程度深的地区和群众,是越来越难啃的硬骨头,越往后脱贫成本越高、难度越大。

三 新时代推进财税体制改革的建议

(一) 完善预算管理制度

内容完整、编制科学、执行规范、监督有力、讲求绩效和公开透明是现代预算制度的基本要素。要立足于已确立的预算制度主体框架,进一步提升预算的全面性、规范性和透明度,推进预算科学精准编制,增强预算执行刚性约束,提升财政资源配置效率。

1. 推进预算全面规范透明

推进全口径政府预算管理,全面反映政府收支总量、结构和管理活动。强化政府性基金预算、国有资本经营预算、社会保险基金预算与一般公共预算的统筹衔接,严控政府性基金项目设立,加大国有资本经营预算调入一般公共预算力度,加快推进统一预算分配权。深入实施中期财政规划管理,提高中期财政规划的科学性,增强对年度预算编制的指导作用。进一步完善跨年度预算平衡机制,严格规范超收收入的使用管理。完善预算公开的方式方法,加强预决算公开情况检查,全面提高预算透明度,强化社会监督。

2. 完善预算支出标准定额体系

遵循财政预算编制的基本规律,根据经济社会发展目标、国家宏观调控要求和行业发展需要等因素,明确重点支出预算安排的基本规范。扩大基本支出定员定额管理范围,建立健全定额标准动态调整机制。深入推进项目支出标准体系建设,发挥标准对预算编制的基础性作用。加强预算评审结果运用,及时总结不同项目的支出规律,探索建立同类项目的标准化管理模式。

3. 强化预算约束

坚持先预算后支出,年度预算执行中,严格执行人民代表大会批准的预算,严控预算调整和调剂事项,强化预算单位的主体责任。严格依法依规征收财政收入。构建管理规范、风险可控的政府举债融资机制,明确各级政府对本级债务负责,增强财政可持续性。地方政府一律采取发行政府债券方式规范举债,强化地方政府债务预算管理和限额管理。层层落实各级地方政府主体责任,加大问责追责和查处力度，完善政绩考核体系，做到终身问责，倒查责任。

4. 全面实施绩效管理

紧紧围绕提升财政资金使用效益，将绩效理念和方法深度融入预算编制、执行和监督的全过程，注重成本效益分析，关注支出结果和政策目标实现程度。绩效管理覆盖所有财政资金，体现权责对等，放权和问责相结合。强化绩效目标管理，建立预算安排与绩效目标、资金使用效果挂钩的激励约束机制。加强绩效目标执行动态监控。推动绩效评价提质扩围，提升公共服务质量和水平，提高人民满意度。

（二）进一步深入推进财政体制改革

1. 加快推动中央与地方财政事权和支出责任划分改革

按照《国务院关于推进中央与地方财政事权和支出责任划分改革的指导意见》有关精神，结合实际、循序渐进，争取在部分基本公共服务领域取得突破性进展，加快出台外交、教育、医疗卫生等领域改革方案，积极推进交通运输、环境保护等分领域改革。总的考虑是：一是推进中央与地方财政事权划分。适度加强中央的财政事权，保障地方履行财政事权，减少并规范中央与地方共同财政事权，建立财政事权划分动态调整机制。二是完善中央与地方支出责任划分。中央的财政事权由中央承担支出责任，地方的财政事权由地方承担支出责任，中央与地方共同财政事权区分情况划分支出责任。三是加快省以下财政事权和支出责任划分。按照财政事权划分原则合理确定省以下政府间财政事权。省级政府要根据省以下财政事权划分、财政体制及基层政府财力状况，合理确定省以下各级政府的支出责任，避免将过多支出责任交给基层政府承担。

2. 加快制定中央和地方收入划分总体方案

按照十八届三中全会总体要求和2016年中央经济工作会议有关精神，结合税制改革，考虑税种属性，在保持中央和地方财力格局总体稳定的前提下，着力理顺中央和地方收入划分，研究制定中央和地方收入划分总体方案，健全地方税体系。将收入波动较大、具有较强再分配作用、税基分布不均衡、税基流动性较大的税种划为中央税，或中央分成比例多一些；将地方掌握信息比较充分、对本地资源配置影响较大、税基相对稳定的税种，如房地产税划为地方税。

财政是国家治理的基础和重要支柱，在当前推进供给侧结构性改革的形势下，深化财税体制改革，要按照完善和发展中国特色社会主义制度、推进国家治理体系和治理能力现代化的全面深化改革总目标要求，坚持稳中求进、改革创新，充分发挥中央和地方两个积极性。为优化资源配置、维护市场统一、促进社会公平、实现国家长治久安提供制度保障。

（三）深化税收制度改革

按照十九大的要求，进一步深化税收制度改革，形成税法统一、税负公平、调节有度的税收制度体系。提高直接税比重，健全地方税体系，完善税收法律制度。

1. 进一步完善增值税制度

全面推开营改增试点，实现增值税对所有货物、服务和不动产的全覆盖，并将服务和不动产纳入抵扣范围。下一步需继续完善制造业、金融业、建筑业等行业增值税政策，健全抵扣链条，妥善处理小规模纳税人和简易计税等政策安排，逐步扩大一般计税方法适用范围。深入推进增值税改革，进一步优化税率结构，合理设置税率水平。根据营业税实际不再征收的情况，加快推动相关法律法规立改废进程，把营改增试点成果用法律规范确定下来，使改革红利惠及更多企业和群众。

2. 推进综合和分类相结合的个人所得税改革

从中国实际出发，实行综合和分类相结合税制，逐步建立起适合我国国情的个人所得税制度。可考虑实行按年汇总计算征税，更好地体现税负公平、量能负担原则；完善税前扣除，在合理确定基本减除费用标准的基础上，针对居民家庭的不同负担情况，适当增加有关家庭生计支出的专项附加扣除项目，进一步减轻纳税人负担；调整优化税率结构；清理规范税收优惠；构建新的税收征管制度，建立健全相关配套管理措施，更好地发挥个人所得税调节收入分配的作用。

3. 加快推进地方税体系建设

通过推进相关税制改革和税收立法，调整税制结构，培育地方税源，加强地方税权，理顺税费关系，逐步建立规范、稳定、可持续的地方税体系，引导地方政府推进供给侧结构性改革、经济转型升级和培育发展新动能，提升地方政府公共服务能力。

4. 深化资源税改革，扩大水资源税试点范围

逐步扩大资源税征税范围，建立反映市场供求和资源稀缺程度、体现生态价值和代际补偿的资源有偿使用制度和生态补偿机制，构建有利于资源节约、环境保护、经济结构调整和发展方式转变的资源税收制度。

（撰稿人：中国国际经济交流中心经济研究部研究员，梁云凤）

深化金融改革进展及建议

党的十八大以来，面对错综复杂的国内外经济形势，在以习近平同志为核心的党中央坚强领导下，我国金融改革有序推进，金融体系不断完善，人民币国际化和金融双向开放取得新进展，金融监管得到改进，守住不发生系统性金融风险底线的能力增强。党的十九大报告进一步明确要在加快完善社会主义市场经济体制的进程中，深化金融体制改革。

一 我国金融改革的进展回顾与现状

（一）金融市场改革及制度建设

1. 多层次资本市场改革取得突破

李克强总理在2017年政府工作报告中提到，要深化多层次资本市场改革，完善主板市场基础性制度，积极发展创业板、新三板，规范发展区域性股权市场。

第一，主板市场改革方面，主要完善了主板市场基础性制度，在加强投资者保护的同时，在新股发行注册制、退市制度、规范并购重组等方面的一系列改革也在持续推进中。

第二，新三板市场方面，截至2017年12月末，新三板上市公司达到了11630家[①]。新三板是服务创新创业型中小微企业的重要融资平台，改善市场流

---

① 全国中小企业股份转让系统，http://www.neeq.com.cn/static/statisticdata.html。

动性是当前新三板市场发展的关键环节。2017年12月22日，全国中小企业股份转让系统有限责任公司发布了新三板资本市场的交易制度、分层制度、差异化信息披露制度等三方面的基础制度改革方案。其中，在交易制度改革方面，引入竞价交易、取消盘中协议转让等措施意味着新三板将进入集合竞价时代。

第三，区域性股权市场方面，主要就其发展进行了制度规范。2017年1月26日国务院办公厅印发《关于规范发展区域性股权市场的通知》，在总结实践经验基础上，对区域性股权市场的市场定位、监管体制、运营机构、监管底线、信息系统、区域管理和支持措施等八个方面作出专门的制度安排。中国证监会2017年5月5日发布了《区域性股权市场监督管理试行办法》，就区域性股权市场的发展具体措施和制度落地进行了规定。

2. 资本市场双向开放稳步推进

第一，股票市场方面，内地股市与香港股市进一步互联互通。2014年和2016年分别启动"沪港通"和"深港通"的交易试点。完善"沪港通"交易试点工作在2017年逐步开展，取消"沪港通"总额度限制。在中国开放资本市场的大趋势下，"沪港通"和"深港通"是中国对外开放的一个窗口，未来投资限制也将越来越少。

第二，人民币对外债券市场方面，正积极推进债券市场对外开放。2016年和2017年进一步扩大了熊猫债发行主体范围和规模，并推动了SDR债券成功发行，扩大了境外机构投资者主体范围。2017年7月2日香港与内地债券市场互联互通合作机制（债券通）正式获批上线，7月3日"北向通"首先上线试运行，"债券通"的开启扩大了中国债券市场的对外开放，对我国资本项目开放及人民币国际化也有着重要意义。

除了香港市场外，中国也积极开拓欧洲等资本市场，进行海外融资。2015年在德国法兰克福成立了中欧国际交易所，中国企业可以以此面向整个欧盟资本市场发行股权进行融资。中国和英国开展两国债券通的工作正在进行可行性研究。

3. 外汇市场改革持续推进

2015年8月11日我国汇率形成机制进行了重大改革，人民币汇率中间价实行"美元+一篮子货币的双锚机制"。在2017年5月26日中国外汇交易中心在中间价报价模型中新加入"逆周期因子"之后，我国汇率形成机制调整为"人民币对美元汇率中间价＝上日收盘汇率＋一篮子货币汇率变化＋逆周期因子",旨在更好地反映经济基本面变化,对冲外汇市场的顺周期波动,缓解可能存在的"羊群效应"。

(二)我国金融市场基础设施建设

1. 支付、清算和结算体系建设不断完善

从 2013 年起,我国金融市场基础设施主要基于 CPMI – IOSCO 的 PFMI① 标准进行建设。

第一,支付基础设施不断完善。2015 年 10 月 8 日人民币跨境支付系统(CIPS)投产上线,建立了以 CIPS 为基础,包括海外清算行、代理行在内比较完整的人民币跨境和离岸支付清算体系,标志着我国跨境支付安排取得重大进展。截至 2016 年末,人民币跨境支付系统(CIPS)一期共有 28 家境内外直接参与者、512 家境内外间接参与者,覆盖 78 个国家和地区,基本涵盖了全球开展人民币业务的国家和地区。中国银联、城市商业银行资金清算中心和农信银资金清算中心等清算机构业务规模不断扩大,人民币跨境支付系统运行平稳。

第二,金融市场结算基础设施建设稳步推进。2016 年 12 月,中国金融期货交易所新一代结算系统正式上线运行,在业务上全面支持多产品、多账户、多币种以及灵活的保证金和费用模型;技术上通过清算核心独立、分会员清算、可视化结算等创新设计提升了系统的扩展性、安全性和可用性。证券结算系统运行平稳,中央国债登记结算有限责任公司、银行间市场清算所股份有限公司和中国证券登记结算公司的债券登记、托管和结算业务继续保持增长。

2. 征信市场发展和社会信用体系建设有序进行

2014 年 6 月,国务院发布的《社会信用体系建设规划纲要(2014~2020年)》提出,到 2020 年,基本建立社会信用基础性法律法规和标准体系,基本建成以信用信息资源共享为基础覆盖全社会的征信系统。中国人民银行的《中国金融稳定报告(2017)》提出,要"制定征信市场发展规划,推动尽快建立覆盖全社会的征信系统"。该报告指出,当前正科学规划征信市场的发展方向,已经开始着手起草《建立健全覆盖全社会的征信系统——中国征信市场发展总体

---

① 在 2012 年支付与基础设施委员会—国际证监会组织(CPMI – IOSCO)联合发布的《金融市场基础设施原则》(PFMI)中,金融市场基础设施(FMI)是指用来清算、结算或记载支付、证券、衍生品或其他金融交易的参与机构(包括系统运营机构)间的多边系统,包括重要的支付系统、中央证券存管系统、证券结算系统、中央对手方及交易数据库。

规划》。同时，该报告认为，当前在我国征信市场不断发展的背景下，征信系统覆盖面不断扩大。在推动中小微企业和农村信用体系、征信制度建设等方面取得了一定成绩，例如，在征信制度建设方面，对外资征信机构实行国民待遇，统一内外资征信机构准入条件和管理标准；出台了《企业征信机构备案管理办法》，统一了企业征信机构的备案受理要求、审核标准，建立起有进有出的备案动态管理机制。

（三）坚持以宏观审慎政策框架为核心进行金融监管改革

1. 宏观审慎政策框架继续完善

我国金融监管的改革主要围绕着宏观审慎政策框架进行。按照中国人民银行的要求，我国不断完善宏观审慎政策框架，从多部门合作制度的完善、风险监测识别框架的健全、政策工具的运用与校准等多个方面，全流程、多维度维护金融稳定，牢牢守住不发生系统性风险的底线。2015年12月29日，中国人民银行完善宏观审慎政策框架，将差别准备金动态调整机制"升级"为宏观审慎评估（MPA），对金融机构的行为进行多维度引导，督促金融机构不断强化自律管理，保持审慎经营。2017年第一季度将表外理财纳入宏观审慎评估的广义信贷指标，引导金融机构加强对表外业务风险的管理，更好地发挥宏观审慎框架的逆周期调节和结构引导作用。

2. 加强监管协调，设立金融稳定发展委员会

金融稳定发展委员会是国务院统筹协调金融稳定和改革发展重大问题的议事协调机构，加强中国人民银行宏观审慎管理和系统性风险防范职责，落实金融监管部门监管职责，并强化监管问责。坚持问题导向，针对突出问题加强协调，强化综合监管，突出功能监管和行为监管。金融稳定发展委员会主要职责为：落实党中央、国务院关于金融工作的决策部署；审议金融业改革发展重大规划；统筹金融改革发展与监管，协调货币政策与金融监管相关事项，统筹协调金融监管重大事项，协调金融政策与相关财政政策、产业政策等；分析研判国际国内金融形势，做好国际金融风险应对，研究系统性金融风险防范处置和维护金融稳定重大政策；指导地方金融改革发展与监管，对金融管理部门和地方政府进行业务监督和履职问责等。

3. 针对外汇流动和跨境资金流动，宏观审慎政策框架不断完善

党的十八届三中全会要求建立健全宏观审慎管理框架下的外债和资本流动管理体系，中国人民银行初步建立了外汇和跨境资本流动的宏观审慎政策框架。根据中国人民银行的《中国金融稳定报告2017》，我国外汇和跨境资本流动的宏观审慎政策框架的内容将会在全口径跨境融资宏观审慎管理政策框架、银行远期售汇的宏观审慎措施和境外金融机构执行正常存款准备金率等三个方面展开建设工作。其目的是在促进跨境投融资便利化的同时，加强事中事后监测分析，防范外债风险，维护国家经济金融安全。

（四）金融业服务实体经济的能力有所提高

1. 进一步规范创新性金融业态的发展，基本搭建网贷行业"1+3"制度框架

2012年以来，以互联网金融为代表的创新性金融业态发展迅速，在缓解中小微企业融资难和个人消费信用贷款的问题上发挥了一定的作用，但同时也爆发了类似e租宝、中晋系等恶性非法集资案件。2016年10月13日中国人民银行等十七个部门联合发布《非银行支付机构风险专项整治工作实施方案》，开展互联网金融风险专项整治。2016年10月13日中国保监会发布《互联网保险风险专项整治工作实施方案》。2017年8月25日中国银监会发布《网络借贷信息中介机构业务活动信息披露指引》和《信息披露内容说明》，标志着网贷行业"1+3"制度框架基本搭建完成，初步形成了较为完善的制度政策体系。下一步工作会集中在"建立互联网金融的行为监管体系、审慎监管体系和市场准入体系，引导其回归服务实体经济本源"[①]等方面。

2. 加强金融科技的研究规划和统筹协调，确保金融科技服务于实体经济的升级发展

2017年5月15日中国人民银行成立金融科技（FinTech）委员会，针对金融科技具有的金融创新特点，开展金融科技对货币政策、金融市场、金融稳定、支付清算等领域影响的研究，开始制定我国金融科技发展战略规划与政策指引。区块链是金融科技的一项核心内容，正在成为新型的电子支付载体。2017年工信部先后发布《区块链技术和发展白皮书（2016）》和《区块链参考架构》，政策层面有助于推动中国技术迭代，加快区块链产业化进程。中国人民银行推动的基于区块链的数字票据交易平台在2017年1月25日测试成功，由央行发行的法定数字货币已在该平台试运行，数字货币研究所也正式挂牌，标志着中国人民银行将成为首个发行法定数字货币并率先探索区块链技术应用的中央银行。

---

① 《中国互联网金融年报2017》，2017年10月由中国互联网金融协会主导发布。

2017年9月4日，中国人民银行等七部委联合发布《关于防范代币发行融资风险的公告》，指出发行"虚拟货币"本质上是一种未经批准非法公开融资的行为，涉嫌非法发售代币票券、非法发行证券以及非法集资、金融诈骗、传销等违法犯罪活动。要求各类代币发行融资活动应当立即停止，将依法严肃查处拒不停止的代币发行融资活动以及已完成的代币发行融资项目中的违法违规行为。

3. 加强薄弱领域的金融服务

第一，增强对中小微企业的融资服务能力，创新贫困地区金融供给方式。为推动大中型商业银行加大服务中小微企业的力度，2017年5月26日，中国银监会印发了《大中型商业银行设立普惠金融事业部实施方案》，要求大中型商业银行设立普惠金融事业部，该事业部服务小微企业、"三农"、创业创新群体和脱贫攻坚等领域。2017年8月2日国务院公布《融资担保公司监督管理条例》，国家推动建立政府性融资担保体系，发展政府支持的融资担保公司，建立政府、银行业金融机构、融资担保公司合作机制，扩大针对小微企业和"三农"提供融资担保业务的规模并保持较低的费率水平。2017年8月16日 银监会与财政部等部委联合印发了《关于促进扶贫小额信贷健康发展的通知》，明确了扶贫小额信贷有关政策要点，要求各地在发展扶贫小额信贷过程中要坚持精准扶贫，坚持依法合规，坚持发展生产，切实提高贫困户脱贫内生发展动力。

第二，推动金融机构和企业发行绿色债券，服务绿色经济发展和生态文明建设。2015年国家发展改革委办公厅发布《绿色债券发行指引》，建立了我国的绿色债券制度框架。2016年以来，国内绿色债券市场发展势头迅猛，绿色债券发行规模节节攀升，绿色债券种类、期限、发行主体多元化趋势明显，二级市场交易活跃度不断提升。目前我国已经成为全球最大的绿色债券发行国。中央财经大学绿色金融国际研究院（IIGF）和联合国环境署的报告显示，中国已经成为全球绿色债券市场的新增长推动力，按数量和价值计算，2017年上半年我国发行了36只绿色债券，总价值776.7亿元。

二 当前我国金融改革的难点与障碍

（一）防控金融风险任重而道远

防控金融风险成为2017年全国金融工作会议确定的三项任务之一，商业银行的不良资产、企业（包含国有企业和民营企业）的高杠杆以及政府债务是目前防控金融风险的三大主题。

1. 商业银行不良率开始降低，但不良资产处置问题依然任重道远

近几年我国商业银行不良贷款的攀升是银行机构面临的突出问题。商业银行不良贷款总额和不良率自2010年以来持续上升，不良率自2012年一季度开始连续20个季度上升。在2016年三季度不良贷款率达到2010年以来的最高点1.76%，之后开始回落，连续五个季度不良率均稳定在1.74%。但总额依然保持上升，2017年四季度不良资产总额为17057亿元，比2016年四季度的15122亿元上升了1935亿元，提高了近13%，说明我国商业银行的不良资产处置问题依然任重道远。

从结构上分析，以2016年三季度的不良资产率为界限，最高的是农村商业银行，自2016年三季度的2.74%上升到2017年四季度的3.16%，说明农村商业银行的不良资产问题最为严峻。相对而言，股份制商业银行和城市商业银行的不良资产率小幅上升。国有商业银行的不良资产率下降幅度较大，从2016年三季度的1.72%下降至2017年四季度的1.53%。表现最好的是外资银行和民营银行，2017年三季度的不良资产率分别为0.7%和0.53%（见图1）。

2. 国有企业与民营企业债务问题不同

企业债务问题应当从国有企业和民营企业两个维度进行考察。习近平总书记在全国金融工作会议上谈到防范化解系统性金融风险时特别强调："要把国有企业降杠杆作为重中之重，抓好处置'僵尸企业'工作。"财政部数据显示[①]，截至2017年12月末，我国国有企业资产总额1517115.4亿元，同比增长10%；负债总额997157.4亿元，同比增长9.5%。负债率高达65.73%，较2017年上半年的65.61%的水平上升了0.12个百分点。2017年8月4日中国人民银行发布的《中国区域金融运行报告（2017）》强调，"停止对落后产能的金融支持"。国资委2016年11月对中央企业的摸底数据显示，需要专项处置和治理的僵尸企业和特困企业有2041户，涉及资产3万亿元，如果加上未公布或尚未统计的地方国有企业需要处置的落后产能和僵尸企业，所涉及的数量和资产规模应该分别远高于2041户和3万亿元。

---

① 财政部：《2017年1~12月全国国有及国有控股企业经济运行情况》，http://zcgls.mof.gov.cn/zhengwuxinxi/qiyeyunxingdongtai/201801/t20180122_2798986.html，2018年1月22日。

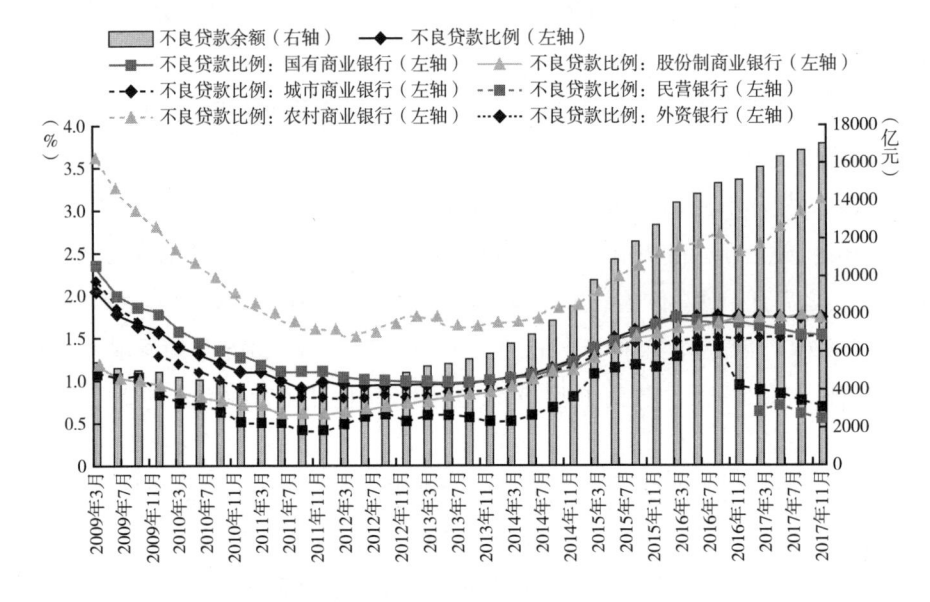

图 1　我国商业银行不良贷款

资料来源：银监会。

民营企业负债率高主要表现在民间借贷方面，在经济下行时期常常爆发偿付危机。地方性担保圈风险频发，破产、清算甚至企业家跑路的问题近几年层出不穷。2017年接二连三的高债务企业迎来了风险敞口，巨额债务瞬间崩盘，许多金融机构深陷其中。辉山乳业、齐星集团、天信集团、乐视等多家高债务企业债务风险爆发，银行、民间借贷等数量较多的金融机构卷入。

3. 地方政府债务问题有所缓解，但任务依然艰巨

相关的数据显示，当前我国政府债务（中央政府与地方政府加总）总额大约有30万亿元，资产负债率大约为37%，其中，地方政府债务大约为17万亿元，占政府债务总额的比例达到57%左右，GDP占比达到21%左右。

财政部2018年1月17日首次公布的地方政府债务数据显示①，截至2017年12月末，全国地方政府债务余额16.47万亿元。其中，一般债务10.33万亿元，专项债务6.14万亿元；政府债券14.74万亿元，非政府债券形式存量政府债务1.73万亿元。与十二届全国人大五次会议审议批准的限额水平还保留有一定的

---

① 财政部：《2017年12月地方政府债券发行和债务余额情况》，http://yss.mof.gov.cn/zhuantilanmu/dfzgl/sjtj/201801/t20180117_2797514.html，2018年1月17日。

空间。另外,从新增的债券发行来看,2017年1~12月,地方政府累计发行债券43581亿元。其中,一般债券23619亿元,专项债券19962亿元;按用途划分,新增债券15898亿元,置换债券27683亿元,与2016年的发行节奏和规模相比都在减弱。主要原因有:一方面,与货币政策收紧所导致的利率成本较高有关;另一方面,地方政府受利率成本较高因素的影响,其发行意愿也受到一定抑制。

另外,中国人民银行的债券市场托管余额数据表明,如图2所示,截至2017年11月末,地方政府的债券市场托管余额达到14.6万亿元,而国债则维持在12.8万亿元的水平。同时,从2017年债券发行来看,2017年11月地方债券发行数额为4541亿元,也高于国债的3158亿元的水平。同时,从发展趋势来看,自2017年5月之后,地方政府的债券市场托管余额就超过了国债余额,而且这种趋势越来越明显。

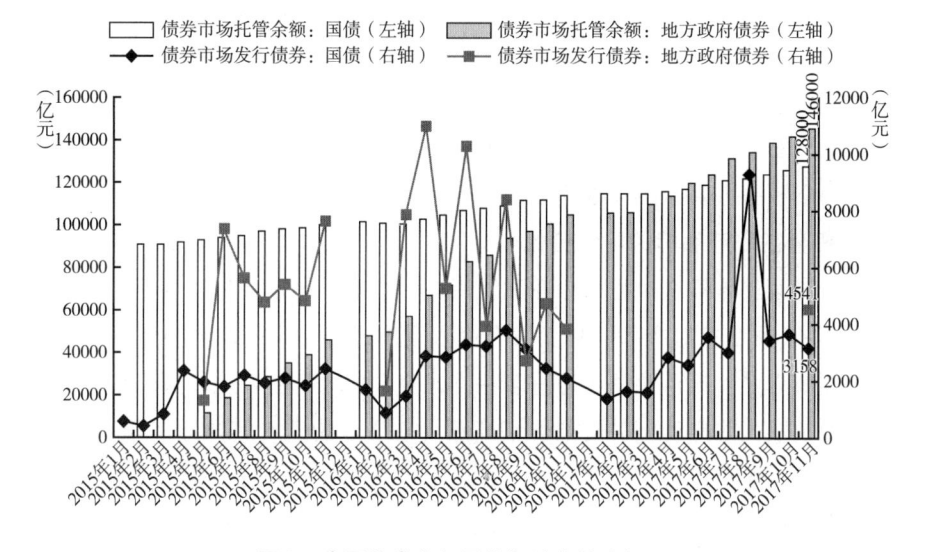

图2 我国债券市场国债与地方债券概况

注:2017年数据截至11月,部分月份的数据缺失,例如地方政府发行债券的数据在2016年12月至2017年10月没有统计。

资料来源:中国人民银行。

4. 风险处理机制有待完善

解决债务问题目前最受关注的两种方式是不良资产证券化和债转股,但二者在本质上是对杠杆和风险的转移。采用资产证券化方式处理银行不良资产是将银行内部转移至证券市场;而债转股则是把债务风险转为与股权相关的风险,并将信贷资金使用中的监管方和被监管方变成利益共同体,银行与企业间的防火墙被打破,企业的经营风险会直接变成银行风险。

所以,以证券化方式处理债务问题的关键在于,能否避免因行政不恰当干预或市场甄别力不足而导致资金继续流向僵尸企业等无效资产,避免道德风险泛滥所制造的更大的债务风险。而以债转股的方式处理企业债务问题,根据IMF报告的建议,债转股方法只有当满足两个条件时才有效:一是银行需要能够主张债权人权利并区分需要重组或关闭的没有生存能力的企业;二是银行具备能力管理其股权并维护股东权利。目前来看,我国银行在这两方面的能力有所欠缺。

(二) 金融服务实体的难题亟待破解

1. 资金在金融体系内空转

在当前息差逐步收缩趋势下,不断扩大资产和负债端规模是银行最大化利润的重要方式。银行一方面要扩大资产端对债券、贷款等债权的配置,另一方面要增加存款、发债、拆借、回购等负债规模来支援资产端的扩张。这成为资金在金融体系内空转的主要原因和推动力。

2. 资金在资产部门的配置错位

资金流入实体经济过程中存在配置错位,主要表现是资金过度流向资产部门(目前主要表现在房地产部门)而没有流入实体经济。第一,金融体系内的资金向资产领域集聚。银行业资金通过多种方式流入房地产业以及债券市场、资本市场等金融领域,并推动相关资产价格高涨,最终未能进入实体经济领域。第二,实体企业开始涉足房地产和金融业。涉足房地产和金融业的企业,无论是民营还是国有企业都有获取短期高收益资本回报的利益诉求,其主业在经济下行期受到一定程度的忽视。第三,进入实体经济但流转链条拉长增加了融资成本。银行业资金虽然最终流向实体经济,但经过信托等通道业务融资链条被拉长,导致实体经济融资成本上升。

(三) 金融基础设施建设需要进一步夯实

1. 金融市场法律基础较为薄弱

金融市场的法律基础存在两个层次的问题。一是针对金融基础设施缺乏顶层设计与整体安排,立法规范尚不健全。欧美国家针对各类金融基础设施均已建立相当完善的法律框架，而我国缺乏统一的监管安排和监管规则，尚没有建立对金融市场设施统一的管理规则和指引，在相关规则的实施和变更上存在问题。二是金融基础设施日常运行所依赖的法律环境还存在不确定性，亟须修改完善。我国金融基础设施目前在具体活动实施层面，诸如终止净额清算有效性①、结算最终性②和保证金可执行性等方面还存在法律基础不确定的问题。

2. 金融市场基础设施分属于不同的监管部门管理

为了解决我国当前存在的监管协同性问题，国务院在 2013 年建立了部际联席会议、在 2017 年建立了金融业稳定发展委员会。但目前我国分业监管的金融监管体制依然是客观存在的。不同的金融市场基础设施分属于不同的监管部门，各个部门在监管理念、管理方式和执行标准上存在分歧，容易导致职责不清、管理效率低下、协调成本较高等问题，监管套利的可能性依然存在。这些方面的问题不利于金融基础设施的跨部门和全局性发展。

（四）金融监管协同性和能力建设需要进一步强化

1. 对金融基础设施的宏观审慎监管架构还有待进一步完善

由于金融基础设施需要跨部门的协同和信息共享，进行跨部门协调机制建设和防范跨市场风险统筹安排是必然要求。中国人民银行作为负责我国金融稳定的宏观审慎部门，应确保金融市场基础设施保持安全高效运营。但是当前中国人民银行在全面掌握相关金融基础设施的风险头寸和状况方面还存在障碍，获得相关信息的及时性还尚显不足。

2. 金融机构对流动性依赖强烈对金融监管造成更大压力

当前我国金融机构间的交易和金融机构资产规模的膨胀造成了金融机构对流动性的强烈依赖。究其原因，一是金融部门之间的交易是建立在非金融部门回报率基础之上的，在目前非金融部门回报率普遍不高的情况下发展起来的大量金融交易面临着现金流不足的问题。为了维持金融交易，需要有新的持续的流动性补充，以维持交易环节现金流的稳定。二是复杂的金融交易使得金融体系脆弱性提

---

① 银监会回复"关于立法确认终止净额结算的建议"时表示，中国的破产法原则上和终止净额结算并不冲突；银监会在职责范围内，将积极推动净额结算安排的机制建设。http://finance.caixin.com/2017-08-11/101129031.html。

② 结算最终性问题：金融交易中的一个核心风险是结算未如期发生，导致结算未发生的原因包括对手方违约、操作问题或无法确定的结算最终性。

高，资产对应大量金融交易，小额的违约事件可能导致大量相关交易的潜在违约，需要弥补流动性来消除影响。

目前金融机构对流动性的强烈依赖为货币政策的执行和金融监管政策的实施带来了较大的挑战。一是为了保证金融体系资金面和金融市场利率水平的稳定，货币政策不得不维持适度的流动性供给速度。但为了缓解资金在金融体系内部空转，遏制金融体系资金规模的过度膨胀，货币政策需要对金融体系资金面进行必要的约束。由此对未来货币政策的执行提出了更高的挑战。二是金融监管部门需要采取必要的措施对过度复杂的金融产品和过度创新的金融业务进行约束，防止金融脆弱性的不断加强和潜在金融风险的累积。但面对金融机构业务上的交叉和金融产品资金上的联系，如何保证在风险可控的情况下对业务进行限制，对金融监管政策的制定和实施提出了更大的挑战。

三　对我国当前金融改革展望与建议

党的十九大报告指出，在加快完善社会主义市场经济体制的进程中，要深化金融体制改革，增强金融服务实体经济能力，提高直接融资比重，促进多层次资本市场健康发展。健全货币政策和宏观审慎政策双支柱调控框架，深化利率和汇率市场化改革。健全金融监管体系，守住不发生系统性金融风险的底线。这些论述构成了我国金融改革的大方向，指出了未来我国金融工作和金融改革的思路。

（一）健全货币政策和宏观审慎政策双支柱调控框架

1. 要加快推进货币政策转型

我国《金融业发展与改革"十二五"规划》和"十三五"发展纲要均提出了要推动我国的货币政策由以数量型为主向以价格型为主转变，央行分别在2013年7月20日和2015年10月23日全面放开了金融机构贷款利率管制和存款利率上限，标志着我国利率市场化在形式上已基本完成，货币政策由以数量型为主向以价格型为主的转型要承接这一成果。然而，中国利率市场化距离形成市场化的资金配置方式还有很长的路要走。当前，我国的货币政策正处于利率市场化形式上完成之后的"数量型"和"价格型"两种框架双规并行的过渡期。在这个过渡期内包括货币政策框架的完善、目标设置的合理化、政策工具的运用科学化、传导机制的进一步顺畅等一系列问题是货币政策转型必须要考虑的。如果这些问能得到顺利解决，可以为解决我国经济"脱实向虚"问题营造良好的货币政策环境，并从源头上解决流动性过剩问题。

2. 完善宏观审慎评估体系（MPA），引导和约束金融机构行为

银行之间、银行与非银金融机构之间借贷、加杠杆创造的货币没有被计入M2，不仅导致金融市场风险积聚，也影响货币政策的传导。因为央行打造"利率走廊"的一大环节是其能够对银行间的短期利率产生影响，这样会间接影响银行对实体经济的贷款利率。为解决这一问题，一方面，要继续完善和升级金融业宏观审慎评估体系MPA，除了将表外理财纳入广义信贷考核口径之外，继续考虑将同业存单纳入同业负债考核，持续压缩"监管盲区"地带和"资金空转"空间；另一方面，继续培育和发展直接融资市场，这样既可以改善我国当前间接融资为主体的社会融资结构，改变金融业膨胀不合理局面，也能够逐步畅通我国价格型货币政策在货币、债券和信贷三个市场间的利率传导。

3. 加大银行机构 MPA 考核和同业业务监管力度

加强对银行机构资金的监管和约束，需要从资金源头抓起，有效化解资金在金融体系空转问题。第一，将宏观审慎监管和微观审慎监管相结合，加强政策沟通，形成政策合理，增强政策的实施效果。第二，增强 MPA 考核对金融机构经营的引导作用，赋予 MPA 考核更加灵活的政策手段，加大 MPA 考核的奖惩力度，将 MPA 考核纳入一级市场交易商考评项目，实施非对称的差别准备金调整机制，增大达标机构存款准备金下浮空间。第三，将同业理财等表外同业业务纳入现有同业业务管理体系，建议单家商业银行的同业融入资金余额不得超过该银行负债总额的三分之一。第四，支持同业存单业务发展，充分发挥其公开、透明、高流动性特点，同时，为避免同业存单业务发展过快所造成的部分银行机构主动负债水平过高问题，建议出台必要的限制性措施。如将同业存单纳入 MPA 考核中资产负债情况项目等。

（二）建设我国特色的现代化金融服务体系，打造新时代金融机构

1. 将现代金融体系与实体经济融为一体，成为我国现代化产业的有机组成部分

十九大报告提出，着力加快建设实体经济、科技创新、现代金融、人力资源协同发展的产业体系。这不仅进一步要求金融服务实体经济，同时也明确金融和

实体经济要加强协同配合，将现代金融也视为产业体系的一部分，说明了金融与实体经济是紧密联系、互相支撑的，而不是孤立的、分割的。因此，金融机构的金融行为必须服务于发展实体经济的大主题，服务于未来全面建成小康社会最后决战阶段的目标，服务于建成现代化社会主义强国的目标，成为金融业"脱虚向实"的一个长远立足点。

2. 健全金融机构体系，构建金融发展新体制

要从金融功能与金融业务两个维度上统筹安排我国的金融机构体系。金融功能维度包括商业金融、开发性金融、政策性金融和合作性金融，金融业务维度包括存贷款金融机构、证券机构和保险机构，通过这两个维度的融合形成金融分工合理、相互补充的金融机构体系。以存贷款金融机构的建设为例，在构建多层次、广覆盖、有差异的银行机构体系方面，要进一步深化国家开发银行、进出口银行和农业发展银行的机构改革，加强资本约束，完善治理机制，更好地发挥开发性金融和政策性金融在促增长、调结构方面的作用，加大对国民经济重点领域、薄弱环节的支持力度。

3. 继续发展民营金融机构，扩大民间资本进入银行业的途径

民营资本和国有资本在金融机构的产权关系上，要构建产权协调、混合所有、有效竞争的金融服务体系。进一步发挥民间资本的积极作用，拓宽民间资本投资渠道。在坚持金融监管改革的前提下降低准入门槛，鼓励民间资本等各类市场主体依法平等进入银行业。形成促进各种所有制经济金融主体依法平等使用生产要素、公开公平公正参与市场竞争、同等受到法律保护的良好的制度环境。

4. 进一步规范新型金融业态，鼓励金融平台健康有序的发展

新型金融业态不仅包括第三方支付、众筹和P2P借贷平台等互联网金融，也包括融资（金融）租赁、商业保理等与实体企业紧密相关的金融业态。前者要在前期井喷式发展的情况下对其进行规范，进一步落实网贷行业的"1+3"制度框架，同时要推进各类金融机构大数据平台建设，建立大数据标准体系和管理规范。后者要在商务和银监的归口管理部门上就监管机制做好协调工作，统一监管标准，解决中小微企业"融资难"、"融资贵"的问题，对实体经济进行精准化融资服务工作。例如，解决商业保理业务中核心企业为上游供应商进行确权问题，是发展商业保理业务的一大痛点和关键环节。

（三）改善间接融资结构，大力发展直接融资

第一，改善间接融资结构，推动国有大银行战略转型，发展中小银行和民营

金融机构。第二，大力发展直接融资，是十九大之后我国发展多层次资本市场的工作重心，包括：改善债券市场环境，通过发展公司债市场来降低债务成本；大力发展股票市场，通过完善股票市场来降低股东权益融资成本。具体而言，在国内的股票市场结构化改革上，要在股票市场加速推动新三板市场制度创新，并规范发展区域性股权交易市场，促进区域经济协调发展。同时加快发展国际板市场，提高上海证券市场的国际化水平，深入研究并规范引领资产证券化等金融衍生业务的发展。在国内资本市场与国际资产的双向开放上，要继续推动与香港、英国伦敦和德国法兰克福等国际及区域金融中心的资本市场的合作与双向开放，利用这些区域的国际资本的自由流动促进我国企业的海外债权发行，更加便利地利用成本更具优势的国际资本。

（四）有效化解我国债务问题，提高防范化解金融风险能力

1. 从基础性制度入手解决我国企业债务问题

第一，改善企业治理，建立强有力的法律框架基础与有效的破产和执行制度，形成刚性支付规则。第二，建立稳健的核算、贷款分类、贷款损失准备金计提，以及披露规则。第三，建设能避免道德风险的系统，包含内部审计、外部审计和内部控制流程与系统。第四，对于国有企业而言，执行严厉的预算约束，在重组的推进过程中，必须区分经营有方和经营不善的企业，发挥债务对运作良好企业的帮助作用。

2. 通过合理的财税体制改革，为解决我国政府债务问题创造良好环境

第一，继续深化财税体制改革，稳步推进央地财权事权适当划分。进一步深化财税体制改革，完善财政转移支付制度体系和地方税体系，改善中央与地方的财政收支格局，为地方政府提供公共服务建立一个长期稳定的财政收入保障机制。第二，保持合理经济增速，着力推动经济结构转型。一方面要将GDP的增长速度保持在合理区间，促进区域协调发展；另一方面要适当扩大内需，为供给侧结构性改革营造良好的环境，加大"三降一去一补"工作力度。第三，坚持财政收支和债务管理的审慎原则，避免出现政府过度负债。进一步建立健全政府债务管理制度，合理确定地方政府债务规模，充分发挥财政预算管理作用，通过编制地方债务发展战略和财政预算加强对各地债务规模的指标量化管理，将债务风险控制在一个适度的范围内。

（五）打造全社会信用服务体系

1. 在信用体系建设过程中要更好地发挥政府服务实体经济的职能

第一，建立政府层面的基础信息整合机制，将分散在不同政府机构的中小企业基础信息进行整合与公开。第二，打造一个开放、共享的中小企业信用平台，便于融资银行自动获取小微企业的所有财务信息。第三，完善以政府信用为支撑的中小企业征信机制，设立政府层面的信贷风险补偿专项基金。

2. 正确发挥政府在信用体系建设过程中的监管与服务功能

政府应当为征信市场化发展做好外部监管工作，积极整合地方信用平台与市场化模块，制定信息服务标准，提升政务信息的公开透明度。同时，在服务功能方面，要建立政府各个部门之间的信息共享机制，为公众提供免费的公共服务信息，构建不同收费标准的商业服务信息体系。

3. 健全社会信用法律法规

加强信用立法是未来建立我国全社会信用服务体系的必要条件。首先，制定信用信息保护与利用的相关法律。明确信用信息的开放使用程度，确保信用信息的真实性和可靠性；明确信用信息采集、披露、使用的范围以及征信机构的权利与义务，对于涉及个人隐私的征信行为必须明确规制。其次，制定信用交易主体行为规范的相关法律。针对信用预警及奖惩需要配置相应的法律制度，对于不同领域的征信交易都需要进行法律规定，通过完善相关法律，尽快建立一套完善的强化信用交易行为的法律体系。最后，制定征信服务行业规范的相关法律。对于进入信用服务市场的征信机构资质以及信用评价行为、信息咨询服务以及征信产品使用都要进行明确规范。

（六）积极稳妥地推动金融对外开放

逐步扩大金融业对外开放有利于我国金融和经济发展，能有效促进我国金融机构微观效率的提高；但同时对我国货币政策、宏观调控等方面产生影响，对我国金融业的安全与稳定提出了新的要求。

1. 稳步推进金融业的外资市场准入

为落实中央金融工作会议关于"积极稳妥地推动金融对外开放"的政策要求，2017年12月28日银监会就《修改〈中国银监会外资银行行政许可事项实施办法〉的决定（征求意见稿）》公开征求意见，围绕着简政放权工作、提高外资银行在华营商便利度、增强外资银行风险抵御能力等内容进行修改。尤其是放开外资持股比例，有利于推进我国落实开放外资持股路线图。预计2018年我国会将单个或多个外国投资者直接或间接投资银行、证券、保险公司、基金管理、期货公司等金融机构的投资比例限制放宽至51%。在适当的时候51%的投资限制也会逐步取消。

但同时，要重视外资进入对我国金融安全的影响，尤其是金融机构竞争加剧对我国金融制度与环境的冲击和对政策干扰等方面。在这方面，需要加强对外资金融机构母国和母公司风险的监管，在金融业全面开放后更多外资金融机构进入中国的情况下，可以参考美国对外国银行总行支持度进行评价的SOSA（Strength of Support Assessmen）评级体系，形成对外资金融机构市场准入与审慎监管的重要参考依据。

2. 深度融合"一带一路"建设，稳步推进人民币国际化

伴随"一带一路"建设的有效推进，我国已经开始步入主动输出资本的阶段，应鼓励金融机构开展人民币海外基金业务。已建立的亚行行、丝路基金国际性金融机构运行良好，预计会有更多、更好的项目将取得实质性进展。

但应该看到，人民币国际化必然伴随着我国资本项目可兑换的前提条件，人民币国际化需要稳定的宏观经济环境、适度规模的外汇储备、成熟的现代化金融机构和较强的金融监管能力，但目前来看，在后两项条件上我国与发达国家的差距依然较大，为了稳步推进人民币国际化并能助推"一带一路"建设，需要我国在这两方面"补短板"。

3. 进一步扩容人民币对外债券市场，完善债券通制度设计

2017年我国债券通正式运行，国内债券市场开始对外开放，"北向通"开始试运行。从香港有关方面的数据来看，当前很多投资者已经通过债券通投资中国内地银行间债券市场。2018年预计债券通制度安排能进一步完善，债券通过程中的资金汇兑实操性进一步增强，并在税务方面将更加清晰化。同时，沪伦通在2018年也会有所突破，沪伦通的论证工作将得以稳步推进。

4. 建立金融业双边开放的对等格局

随着我国金融业开放进程的加快，要逐步形成金融业开放的双边及多边对等是金融业服务效率得以提升的必要条件的观念。开放国内金融服务市场，引入海外竞争机构以提升中国的金融服务水平，中国的金融机构也需要在海外市场获得对等的地位，这样才能实现服务双向性，真正提高金融效能。否则单一的开放可能造成通道不对等，对我国金融市场化发展产生不利影响。在这个过程中，形成我国具有高度国际化的跨国金融集团尤为重要，这样不仅可以提升自身服务国内国际两个市场的能力，也可以对中小金融机构在两个市场产生示范和业务辐射作用。

（撰稿人：中国国际经济交流中心经济研究部助理研究员、经济学博士，郭迎锋）

我国所有制结构变化与发展建议

生产资料所有制关系是整个社会经济制度的基础和核心。所有制改革是经济体制改革中处于基础层面和核心地位的改革。目前，我国所有制形式有三种：公有制、非公有制和混合所有制。公有制和非公有制是两种基本所有制形式，混合所有制正在发展为我国所有制的重要形式。

一 我国所有制结构现状与发展趋势

随着中国特色社会主义市场经济体制改革的不断深入，我国所有制结构已由单一的公有制经济转变为公有制、非公有制和混合所有制多种所有制经济共同发展的局面。党的十八大以来，我国公有制经济对关系国民经济命脉和国家安全的行业和领域继续保持着控制力和影响力，非公有制经济继续较快发展并发挥重要作用，混合所有制经济在充分竞争行业中的占比快速提升。

（一）我国所有制结构现状

1. 国有经济在向重要行业和关键领域集中并占主导地位

按照做强做优做大的要求，国有资本在战略布局上逐渐向资源性、公共服务性和涉及国家安全的重要行业和关键领域集中，并发挥着主导作用。2003~2014年，国有经济在公益性、竞争性和垄断性行业中的占比分别从11.04%、39.51%、49.44%转变为13.63%、56.29%、30.08%，公益性行业投资逐步加大，竞争性行业占比提高，垄断性行业的比重逐渐降低。在关系国民经济命脉和国计民生的石油、天然气开采业，烟草制品业，电力和热力生产供应业，水生产和供应业等领域，2016年国有经济仍然占有60%以上的比重。在作为国民经济基础的农业领域，公有制经济在农村经营性资产中具有绝对优势。2012年，公有制资产占比86.56%，非公有制资产占比13.44%。

在竞争性行业，如批发业、零售业、餐饮业、住宿业等竞争性较强的行业中，公有制经济退出速度较快，非公有制经济发展迅速并逐渐占据优势地位。2016年在上述领域，非公有制经济占比已达到40%以上，餐饮业已达到70%以上。2000~2016年，公有制经济在建筑业、批发业、零售业、餐饮业中的占比分别从69.90%、78.40%、49.48%、36.14%下降到14.59%、13.95%、4.58%、2.92%。2000~2016年，非公有制经济在批发业、零售业、餐饮业中的占比分别从3.10%、14.95%、49.60%上升到41.45%、43.99%、71.73%，住宿业从2011年占比42.76%上升到2016年的44.05%。

2. 公有制经济在部分经济指标中占比低于非公有制经济

目前，公有制经济在经营性总资产中占比超过50%，在国民经济中仍然占据主体地位，但公有制经济在产值、就业、税收等结构中的占比低于非公有制经济。

从已有数据来看，经营性企业注册资本方面，截至2017年9月，全国实有内资注册资本250.94万亿元，外国（地区）投资企业注册资本23.38万亿元，合计274.32万亿元。全国实有内资（非私营）企业注册资本为85.55万亿元，占到企业注册资本总额的31.19%。实有私营企业注册资本165.38万亿元，占到企业注册资本总额的60.29%。外国（地区）投资企业注册资本23.38万亿元，占到企业注册资本总额的8.52%。

2012~2016年，工业企业市场价值（资产）方面，公有制企业占比从21%下降到15.1%，非公有制企业占比从43.4%下降到41.7%；城镇企业就业人数方面，公有制企业占比从21.9%下降到13.9%，非公有制企业占比从63.6%上升到69.2%。缴纳税收方面，2012~2016年公有制企业占比从13.52%下降为10.64%，非公有制企业占比从34.39%下降到34.16%。

3. 区域分布上，呈现公有制经济占比西部、东北地区高于中部和东部地区，非公有制经济占比东部地区高于中部、西部和东北地区

2015年，公有制经济中的国有及国有控股工业企业在资产占比方面，西部、东北、中部、东部地区分别为57.28%、51.59%、40.39%、29.59%。在产值方面占比也呈现出同样的特点，西部、东北、中部和东部地区分别为35.68%、32.57%、19.64%和16.06%。在非公有制经济构成中，工业企业中私营经济和外资经济占比东部发达地区均高于中部、西部和东北地区。私营经济在东部、中部、西部和东北地区资产占比分别为35.68%、31.04%、18.98%和23%；产值占比分别为46.66%、46.42%、34.45%和37.21%。外资经济在东部、中部、西部和东北地区资产占比分别为16.08%、5.64%、5.08%和11.72%，产值占比分别为18.29%、5.34%、6.77%和11.64%。

4. 混合所有制经济快速发展并发挥重要作用

2013年，党的十八届三中全会通过的《中共中央关于全面深化改革若干重大问题的决定》提出"积极发展混合所有制经济"，国企国资改革发展取得了突破性进展，经过股份制改造和国有资产优化配置后的混合所有制经济实现快速发展。

从2012年至2016年的统计数据看，工业企业中混合所有制企业数量已经从74669家（占比21.7%）上升到104842家（占比27.7%）；市场价值（资产）从27.39万亿元（占比35.6%）上升到46.87万亿元（占比43.2%）；就业人数从5030万人（占比14.5%）上升到8205万人（占比16.9%）。2000～2016年，混合所有制经济在竞争性行业中占比上升较快，在批发业、零售业、餐饮业中的占比分别从18.47%、35.52%、14.24%上升到44.38%、51.12%、24.45%，住宿业从2011年的31.38%上升到2016年的39.88%。

（二）当前存在的主要问题

1. 国有资本战略布局调整和强化公有制经济主体地位的改革仍未到位

目前，国有经济布局分散和结构不合理的局面还没有得到根本改变，国有资本还广泛分布在国民经济的各个领域，特别是在一般性竞争性行业中，降低了国有经济的总体控制力。国有资本在对公益性行业的投入和提供公共服务方面还有待加强。目前公有制经济在产值、就业、税收等结构中的占比已较低，主要依靠国有资产控制力、影响力发挥作用。以管资本为主的国有资产管理体制改革还有待深化和完善。

2. 影响非公有制经济平等市场主体地位的体制性障碍尚未根本改变

在社会主义市场经济运行过程中，各种所有制企业的地位是平等的，市场规则和竞争原则适用于各种所有制企业。目前非公有制企业在市场准入和投资领域仍面临着比公有制企业严得多的政府审批限制，融资难、贷款难、用地难等问题没有得到根本解决。非公有制经济进入国有经济占主导的垄断性行业，还存在"玻璃门"、"弹簧门"等各种隐性壁垒。各种所有制经济依法平等使用生产要素、公开公平公正参与市场竞争、同等受到法律保护等政策还需要得到有效落实。

3. 混合所有制经济公司治理结构和经营机制还有待在实践中完善

大力发展混合所有制经济对于加快国有企业体制改革、扩大民营资本投资具有重大意义。在既往的混合所有制改革试点中，曾出现过公司组织形式不规范、经营管理体制不健全、有关法律法规制定滞后、国家政策引导监管薄弱等问题，影响了混合所有制经济健康发展和作用的正常发挥。发展混合所有制需要建立现代企业制度，规范产权主体尤其是大股东的行为，减少企业负责人面临的道德风险和避免国有资产流失。

4. 保护各种所有制经济组织和公民财产权的现代产权制度还有待健全

产权是所有制的核心。健全归属清晰、权责明确、保护严格、流转顺畅的现代产权制度，依法保护各种所有制经济组织和公民财产权的合法利益，公有制经济和非公有制经济的财产权都不可侵犯，只有这样，才能有效增强各类经济主体创业创新动力。2016年，中共中央、国务院颁布了《关于完善产权保护制度依法保护产权的意见》。全社会产权保护意识不断增强，保护力度不断加大。但产权保护仍然存在一些薄弱环节和问题，存在侵犯非公有制经济、农村集体经济和农民权益的现象，个别地方政府以调整规划为借口，采取行政强制性措施，不给予企业和农民合理的搬迁补偿费用。

5. 农村土地制度问题依然突出，产权界定仍不明晰

我国农村土地制度问题依然突出，农村产权界定还不明晰，产权交易市场仍不健全，兼顾国家、集体、个人的土地收益分配机制尚不完善，由征地拆迁、产权归属等产生的社会矛盾较为突出。

（三）未来我国所有制结构变化趋势

总体上看，我国所有制结构变化将趋于稳定，公有制占比下降速度将趋于平稳，未来较长时期内不会再呈现显著下降趋势。现阶段，以管资本为主深化国有资产管理制度改革和以股份制改造方式为主的国有企业改革，以及积极发展混合所有制经济，有利于放大国有资本功能、提高国有资本竞争力，保持国有经济发

挥对国民经济的主导作用。

非公有制经济将继续成为我国国民经济增长的重要推动力，在对经济增长贡献、扩大就业渠道、缴纳税收、产业结构调整和优化升级、创新业态等方面将继续发挥积极作用。

1997年党的十五大首次提出混合所有制概念以来，混合所有制已成为我国所有制结构中发展最快的形式，是现阶段能有效促进生产力发展的一种重要所有制形式。

二 积极探索公有制多种有效实现形式

公有制为主体、多种所有制经济共同发展，是我国社会主义初级阶段必须始终坚持的基本经济制度，同时也是完善我国社会主义市场经济体制的关键。我国现阶段的生产力水平决定了必须发展多种所有制经济，"两个毫不动摇"是我国基本经济制度的集中体现。

探索与社会主义市场经济体制相适应的公有制多种有效实现形式是一个长期的理论与实践相结合的问题。所有制、所有制结构和所有制实现形式是不同层次的问题，它们既密切联系又相互区别。在一定社会阶段和经济体制条件下，我国以公有制为主体、多种所有制经济共同发展的基本经济制度具体采取什么样的有效实现形式，关键是看它是否有利于促进生产力发展、是否有利于巩固公有制经济的主体地位、是否有利于满足人民日益增长的对美好生活的需要。

（一）发展混合所有制经济，放大国有资本功能

研究表明，引入非公有制经济成分的国有混合所有制企业比国有独资企业和民营企业的效率都高。这是因为国有企业引入非公有制成分后，减少了政府对企业的干预，缓解了所有者缺位的负面影响；民营企业进入国有混合所有制企业后，提高了市场信誉度，减少了融资约束，规范了企业运营管理，并进入到传统国有垄断行业。

发展混合所有制经济可以促进从战略上调整国有经济布局与优化配置，将国有资本向关系国家安全、国民经济命脉和国计民生的重要行业和关键领域、重点基础设施集中，向前瞻性战略性产业集中，向具有核心竞争力的优势企业集中，

增强国有经济的活力、控制力、影响力。促进国有资产保值增值，推动国有资本做强做优做大，培育具有全球竞争力的世界一流企业。

（二）探索完善国有企业股权结构有效途径

1. 调整产权结构，建立股权制衡机制，增强国有企业活力

党的十九大报告将完善产权制度确定为深化经济体制改革的重点。完善国有企业产权制度改革，首先要解放思想，破除制约企业发展活力和动力的体制机制障碍。通过在产权结构调整和产权有效激励上实现突破，增强国有企业的活力。通过建立股权制衡机制，健全公司治理结构，激发国有企业在市场竞争中的活力和创造力。在推进主业处于充分竞争行业和领域的商业类国有企业混合所有制改革，以及推动国有企业改制上市过程中，要根据不同企业功能定位，逐步调整国有股权比例，使小股股权之和大于大股权，在股权上形成国有企业治理制衡机制。

2. 在股权多元化基础上推进国有企业产权制度改革

进一步解放思想，通过引入社会资本和员工持股，在股权多元化基础上建立国有企业独立法人治理结构，使国有企业成为真正独立的市场主体，参与市场竞争。推动社会保险基金成为国有企业重要投资人。2017年底，我国五项社会保险基金累计结余7.6万亿元[①]，需要进行长期投资以获得回报和实现对运营的有效监管。2017年，全国共有9个省份的4300亿元基本养老金委托全国社保基金理事会进行投资运营。2018年还将有西藏、甘肃、浙江和江苏四个省份的1500亿元养老金委托投资运营。未来可以通过建立若干个社会化专业社保基金投资公司，采取社会资本入股方式参与国有企业的股权结构改革，使改革红利惠及更多社会大众。

3. 积极探索国有企业员工持股的有效途径

实行员工持股和薪酬股权激励制度并不会导致国有资产的流失，因为国有企业创造的物质财富是由国有资本和企业职工共同创造的，员工持股在国有控股企业和国有独资企业中也可以试行。员工持股可以采取不同模式。对于企业高层管理人员、重要技术开发骨干和其他做出重大贡献的人员，可以采取产权激励模式。混合所有制企业、国有控股企业要逐步扩大员工持股的比例，在新股发行中规定一定比例为员工股，由员工自愿量力购买。国有企业或国有控股公司设立子公司时，可以建立员工集资持股模式。员工持股也可以通过购买股权或认股权方

[①] 2018年2月26日，国务院新闻办举行就业和社会保障有关情况新闻发布会对外公布的数据。

式实现，企业不能无偿将国有企业股权赠与员工。企业对有突出贡献的优秀员工，每年给予一定比例的认股权，采取逐年分红方式逐渐做实股权。

4. 建立产权激励机制，增强国有经济竞争力

在创新日益成为引领发展第一动力的今天，要加快实行以增加知识价值为导向的收入分配政策，探索对科研人员开发的新技术实施股权、期权和产权分红激励，充分发挥知识产权对科技创新和成果转化的长期激励作用。在分配制度上，探索按股权和按劳分配的适当比例，使职工的收入与企业的创新发展密切相关。要通过产权激励机制和员工持股，调整国有企业股权结构，激发国有企业的活力和创造力，增强国有经济竞争力。

（三）在城乡融合发展中完善农村产权制度

农村土地实行的是公有制的另一种形式集体所有制。通过土地所有权、承包权、经营权三权分置，鼓励农村土地经营者和吸引城市工商资本下乡开展土地规模化、集约化、专业化经营，发展现代农业，激活农村集体经济资产的活力，通过农村产权制度改革和城乡融合发展，探索新时代公有制经济新的有效实现形式。

1. 进一步完善农村产权制度改革

一是深化农村土地制度改革。完成农村土地承包经营权确权登记颁证，探索"三权分置"多种实现形式，在土地集体所有权属性不变的条件下，通过土地承包权30年不变的承诺，实现土地流转，使土地经营权活起来。二是深化农村集体产权制度改革，在资产清产核资基础上，稳步扩大农村集体资产股份制权能改革试点范围，盘活农村集体资产，提高农村各类资源要素的配置和利用效率。

2. 加快城乡融合，建立统一市场

依托国家振兴乡村战略和城乡一体化等重大战略的实施，运用市场机制，吸引城市工商资本下乡。建立健全城乡融合发展的体制机制，使劳动力、土地、资本等生产要素在城乡统一市场中自由流动。结合美丽乡村和特色小镇建设，统一改造整理农民的宅基地，允许农民获得财产性收入，允许农民工自主选择成为城市居民。通过城乡一体化发展，加快农业劳动力向第三产业和城市转移，提高城市化率。通过农村产权制度改革，特别是土地制度改革，实现城乡融合发展，释放集体经济新的增长动能。

三 新时代完善我国所有制结构的建议

社会主义市场经济以公有制为主体，国有经济起主导作用，主要指国有经济掌握国民经济的命脉，对国民经济的发展起导向作用。对国有经济应着重看它的质量，而不着重看其在国民经济中占的比重。国有经济或国家控股的企业控制力和影响力要体现在：一是对自然垄断或资源垄断产业的控制；二是对提供重要公共产品和关系国计民生产业的控制；三是对支柱产业或先导产业骨干企业的控制；四是对其他特殊企业如高精尖技术企业、重要的军工企业、造币厂等的控制。

所有制结构的调整要与社会主要矛盾的变化相适应，着力解决好发展不平衡不充分问题，大力提升经济发展质量和效益，更好满足人民在经济、政治、文化、社会、生态等方面日益增长的需要。

（一）在探索中完善混合所有制经济的发展环境

1. 加快混合所有制改革，增强国有企业竞争力和控制力

目前来看，竞争性行业的国有企业混合所有制改革比较有效，其效率高于国有企业。下一步重点是推进垄断性行业的国有企业引入民营资本进行混合所有制改革。要将国有企业分类改革思路与完善市场竞争环境结合起来，通过营造竞争性市场环境为国有企业改革提供动力。对那些关系国家安全和国民经济命脉的重要行业和关键领域进行科学细分，通过市场竞争的外部环境改进效率，以市场化手段进行混合所有制改革。

2. 建立规范的制度体系，完善混合所有制发展环境

一是要加快法制建设，着重加强产权保护。针对混合所有制经济发展出台专项法律法规，加快实施相关行政法制制度，规范市场交易，加强国有资产与民营资产在混合过程中的产权保护。二是构建国家产权交易平台，推动资本间重组兼并。通过设立国家投资基金，将国有资产的管理上升到资本运营层面，政府通过国家投资基金控股、持股相关混合所有制企业。建立公平、公正、公开的产权交易平台，政府通过交易平台引入战略投资者，支持混合所有制企业发展。三是健全国有资产审计体系，完善代理人绩效考评办法，引入专业的第三方审计机构，增强国有资产评估监管能力。

3. 建立现代企业制度，完善公司治理结构

一是在混合所有制企业中建立完善的董事会和监事会机制，由董事会负责招聘经理人团队，采用期权计划等管理工具激励企业管理者。二是实现混合所有制企业所有权和经营权分离，完善用人机制，通过市场化手段聘请职业经理人团队。三是完善激励机制，探索员工持股，给予技术骨干和优秀员工适当股份或期权，优化职工薪酬结构，适当减少固定工资比例，使薪酬成为激励员工积极性的基础手段。

（二）完善不同所有制经济公平竞争和共同发展的制度环境

1. 构建有效保护各类产权的公平法治环境

要强化政府有效保护各类产权的职责，完善产权保护制度，构建公平而有效地保护各种所有制财产的法治环境。一是营造有利于各种所有制共同发展的社会舆论环境。要调动一切积极因素，最大限度地激发各类资本、技术和智力潜力。二是营造有利于各种所有制经济发展的法律政策环境。进一步完善法律政策条文和解释。三是营造有利于各种所有制发展的司法保障环境。进一步强化司法机构和政策执行部门，依据法律政策条文公平公正裁决不同所有制经济单位之间发生的经济纠纷，使各类所有制经济享有平等的司法保护权利。

2. 全面实施各类所有制经济市场准入负面清单机制

生产要素自由流动、企业投资自由是价值规律和市场机制发挥资源配置决定性作用的基本前提。除了国家有明确限制规定的领域外，各种所有制经济在特定的投资领域中应能够自由进入和退出。一是要依据市场发展情况不断完善市场准入负面清单。二是落实市场准入负面清单相关的配套制度。三是加强对市场主体投资经营行为的事中事后监管。四是做好实行市场准入负面清单制度与法律、法规的衔接工作。同时，加快与市场准入负面清单制度相适应的立法工作，确保市场准入管理措施职权法定、事中事后监管有法可依。

3. 优化资源配置，推进生产要素市场化改革

土地、资本和劳动力是三种基本生产要素，各种市场主体平等获取和使用生产要素的权利，是不同所有制经济公平竞争、共同发展的基本条件，也是市场机制配置资源的基本前提。要进一步完善社会主义市场经济体制，加大要素市场化改革力度，使生产要素在市场作用下得到有效配置，保障不同的所有制主体"权利公平、机会公平、规则公平"。一是打破所有制界限，实现多种所有制广

泛平等参与，推进公有制企业与非公有制企业在投资审批、土地使用、财税扶持方面待遇公平化。二是建立规范开放平等的市场，加大垄断性行业对非公有制企业的开放力度，鼓励公平合法竞争，改革现行的项目审批制度，向更加市场化的投资体制转变。三是健全金融政策支持体系，大力发展资本市场，放宽对利率的管理幅度，加快民间资本兴办中小金融机构的步伐。

（三）营造公平竞争的市场环境，支持民营经济发展

1. 民营经济成为经济社会发展的重要驱动力

截至2017年底，我国私营企业共有2726.3万户，个体工商户6579.4万户，从业人数3.41亿人。2016年，私营企业和个体工商户缴纳税收22320.89亿元，占全国税收收入的15.89%；固定资产投资19.93万亿元，占全国城镇固定资产投资的比例为32.86%。

2. 打破垄断经营，形成公平竞争市场环境

要为民营企业创造公平公正透明的竞争环境，在要素资源供给和制度政策上，使民营企业享有与国有企业、外资企业平等的市场主体地位。清理废除歧视性政策和做法，依法保护民营企业法人财产权和经营自主权，激发和保护企业家精神，引导提升民营企业经营管理水平。

3. 鼓励民间资本参与国有企业的混合所有制改革

鼓励民营企业建立现代企业制度，将有条件的大型民营企业纳入国家大公司大企业集团发展战略。推动民间资本发展，提升民间资本实力和整体竞争力，鼓励民间资本积极参与国有企业改革，加强正面舆论宣传，为民间资本广泛参与国有企业混合所有制改革创造良好的舆论氛围。

4. 大力清除民间资本市场准入限制

清除民营企业并购国有企业的市场准入障碍，实现民营企业在自然垄断领域的准入。政策上遵循"非禁即许"原则，打破对民营企业的市场垄断限制。建立市场准入的外部监督机制，让民间资本和民营企业有畅通的表达诉求的渠道，对不合理的市场准入制度有方便的法律诉讼方式。

5. 充分发挥资本市场优化资源配置的作用

推进国有企业并购重组的市场化改革，完善市场定价机制，支持民营企业利用资本市场参与国有企业并购重组和参与混合所有制改革。依托产权交易市场和证券市场，使民间资本参与国有企业改制重组，实现国有资本与民间资本的融

合。国有控股上市公司通过证券市场的换股、资产收购、股份转让等方式,实现民间资本参与国有企业重组改制。

(四) 优化营商环境,引导外资经济健康发展

2000~2016年,外商直接投资一直保持增长,外商投资企业数量和实际使用外资金额,分别由2000年的22347家和407.15亿美元上升到2016年的27908家和1337.11亿美元;外商投资企业税收在全国税收中的占比基本保持稳定,2000年为18.74%,2016年是18.26%。但外商投资在全社会固定资产投资中的占比在持续下降,由2000年的10.24%减少到2016年的1.46%。外商投资企业工业增加值增幅也出现下降趋势,由2000年的14.6%降为2016年的4.5%。2016年外商直接投资行业主要集中分布在制造业、房地产业、金融业、租赁和商务服务业、批发和零售业,分别为26.54%、14.70%、13.46%、12.06%和11.87%。截至2016年,外商投资合同金额累计位居前五的行业是制造业、房地产、租赁和商务服务业、批发和零售业、金融业,占比分别为49.10%、13.81%、7.51%、6.42%、5.86%。从投资产业结构看,截至2016年,外商直接投资在第一、第二、第三产业实际使用外资累计金额占比分别为1.42%、30.07%、68.51%。从区域分布来看,外商直接投资主要还是集中在东部地区,截至2016年,在东部、中部和西部地区外商直接投资占比分别为81.73%、5.31%和7.19%。[①]

1. 外商投资高端化趋势渐显

外国企业的对华投资已转向知识、技术及创新等方面。2016年,大众、宝马、奥迪、戴姆勒、西门子、宜家、苹果等公司都大幅增加了对华投资。富士康未来将以珠三角为根据地,转型为工业互联网、车联网龙头,并打造包括工作、教育、娱乐、医疗等领域在内的智能生态系统。大众计划把其三个全球未来中心之一落户于北京。苹果将分别在北京、深圳设立研发中心,进行创新硬件研发。西门子已在中国建立数字化创新中心。

2. 优化外资经济健康发展的营商环境

进入新时代的中国经济正在由高速增长阶段转向高质量发展阶段,需要创造良好法治、公平竞争的营商环境,以进一步扩大对外开放、吸引外资,提升利用

---

① 根据商务部《中国外资统计》。

外资质量，引导外资经济走质量型增长、内涵式发展之路。一是外资企业应平等享受国家产业扶持政策。促进内外资企业公平地参与政府采购招投标。二是降低外资准入门槛。在制造业、服务业方面鼓励外商投资。三是对外商投资企业全面实行负面清单管理模式。行业主管部门在审核外商投资企业具体业务牌照和资质申请过程中，严格贯彻执行国家政策法规，统一标准、统一时限。四是支持外籍人才来华创新创业。试点建立境外专业人才资格准入负面清单制度，对负面清单外的职业资格，取消执业资格许可和认定。对持有外国人永久居留证的外籍高层次人才创办科技型企业给予国民同等待遇。

（五）以产权为核心，完善农村土地集体所有权制度

1. 明晰农村产权归属

强化对农民土地产权的保护。产权确权登记是农村土地制度改革的重要基础，是保障农民土地权益的前提。针对农村产权界定不明晰等问题，建议强化农村地籍调查，加快推进农村土地确权登记颁证工作，规范农村土地确权工作流程，完善动员宣传、公告公示、审核颁证等关键环节工作。加快集体经济组织成员认定，适应农村人口流动新形势，建立健全集体经济组织成员进入和退出机制，依法保障集体经济组织成员享有土地承包经营权、宅基地使用权和集体收益分配权。

2. 完善农村产权流转交易市场

一是修订相关法律法规，扩展农村土地产权权能。加快修订《土地管理法》、《担保法》、《城市房地产管理法》相关条款，破除在符合规划和用途管制前提下农村经营性集体建设用地入市、农村土地流转、农民宅基地和房产转让的法律障碍，推进完善农村土地要素市场，促进形成现代市场体系。二是扶持农村产权交易中介机构发展。大力培育和发展农村产权交易代理、市场咨询、农村产权抵押融资评估、会计服务等中介服务机构，完善农村土地价格形成机制。三是强化农村产权交易风险防范。探索建立农村产权二级交易市场，鼓励发展农村产权流转融资担保公司，以及法律咨询、纠纷仲裁等产权交易服务机构，防范农村产权流转后无力经营等交易风险。

3. 健全土地增值收益分配机制

制定出台《农村集体土地征收补偿安置条例》，合理提高农民土地流转收益，在总结地方试点和实践基础上探索建立农民分享土地增值收益的长效机制，

解除农民征地后对长久生计的后顾之忧。通过建立兼顾国家、集体、个人的土地增值收益分配机制，农户个人从土地用益物权中实现财产增值、获取增值收益、增加收入，村集体从土地所有权获取更多收益用以更好地帮助农村困难群众并提供更丰富的公共服务，让人民群众在改革和发展中有更多的幸福感和获得感。

（撰稿人：中国国际经济交流中心信息部部长，姜春力；中国国际经济交流中心信息部，赵天然）

自由贸易试验区建设进展及建议

设立自由贸易试验区（以下简称"自贸试验区"）是党中央、国务院在新形势下推进改革开放的重大举措。党的十八大明确提出加快实施自由贸易区战略，目的是为在全国范围内深化改革和扩大开放探索新途径。党的十九大报告对推动形成全面开放新格局提出了要求和作出了部署，其中包括"赋予自由贸易试验区更大改革自主权，探索建设自由贸易港"，这将推动我国形成新一轮高水平对外开放的新格局。

一 我国自贸试验区"1+3+7"新格局初步形成

2013年9月18日国务院发布了《中国（上海）自由贸易试验区总体方案》，中国首个自贸试验区成立。第二批自贸试验区于2014年12月在广东、天津、福建成立。2015年12月国务院发布《关于加快实施自由贸易区战略的若干意见》，提出"加快实施自由贸易区战略是我国适应经济全球化新趋势的客观要求，是全面深化改革、构建开放型经济新体制的必然选择"。第三批自由贸易试验区于2016年9月在辽宁、浙江、河南、湖北、重庆、四川、陕西相继成立。虽然各个自贸试验区有不同的区位优势，但就总体定位而言，均担负着在国内外新形势下如何全面深化改革和扩大开放的"先行先试"的重任，围绕着政府职能转变、管理模式创新、贸易和投资便利化等几个方面展开。

（一）上海自贸试验区"先行先试"改革逐渐升级并深化

上海自贸试验区自2013年成立以来，在投资、贸易、金融、创业创新等方面逐步深化改革，"先行先试"的改革内容不断升级，即2013年《中国（上海）自由贸易试验区总体方案》（以下简称"上海自贸试验区总体方案"）、2015年《进一步深化中国（上海）自由贸易试验区改革开放方案》（以下简称"上海自贸试验区进一步深化改革方案"）和2017年《全面深化中国（上海）自由贸易试验区改革开放方案》（以下简称"上海自贸试验区全面深化改革方案"）。在2017年的版本中，要求上海自贸试验区"对照国际最高标准、最好水平的自由贸易区，全面深化自贸试验区改革开放，加快构建开放型经济新体制，在新一轮改革开放中进一步发挥引领示范作用"。

1. "三区一堡"战略定位与建设目标

在上海自贸试验区全面深化改革方案中，新的功能定位可以系统概括为"三区一堡"。其中"三区"分别为建设开放和创新融为一体的综合改革试验区、建设开放型经济体系的风险压力测试区以及打造提升政府治理能力的先行区；"一堡"则是要将自贸试验区构建为服务国家"一带一路"建设、推动市场主体"走出去"的桥头堡。该方案服务国家战略，提出了面向2020年的新一轮自贸试验区改革开放的目标体系，核心是进一步加快构建开放型经济新体制。

在建设目标上，该方案明确提出，到2020年上海自贸试验区要率先建立同国际投资和贸易通行规则相衔接的制度体系，建设成为投资贸易自由、规则开放透明、监管公平高效、营商环境便利的国际高标准自由贸易园区。可以预计在落实十九大提出的"探索建设自由贸易港"目标建设上，上海自贸试验区依然会发挥引领作用。

2. 区位布局与功能划分新变化

上海自贸试验区在区域布局和功能划分上，经历了两个变化。

第一，从上海自贸试验区总体方案到进一步深化方案的扩区。上海自贸试验区总体方案范围涵盖原上海综合保税区28.78平方公里，由四个海关特殊监管区组成。上海自贸试验区进一步深化方案对原有空间范围进行扩区，扩展到120.72平方公里，扩展区域包括了陆家嘴金融片区、金桥开发片区和张江高科技片区。

第二，全面深化方案实施后，出现了两个方面的变化：（1）在洋山保税港区和浦东机场综合保税区等海关特殊监管区域内设立自由贸易港，这主要是为了发挥上海国际航运中心综合枢纽的优势，以及自贸试验区在前一阶段贸易便利化改革的重要成果；（2）具备条件的各项改革试点任务在浦东新区范围内全面实施，或在全市试验推广。

（二）广东、天津和福建自贸试验区

广东、天津和福建三个自贸试验区在战略定位上各有侧重。广东自贸试验区以制度创新为核心，促进内地与港澳经济深度融合；天津自贸试验区承担着贯彻落实京津冀协同发展国家战略的重任；福建自贸试验区以"对台湾开放"和"全面合作"为方向，进一步深化两岸经济合作。

1. 广东自贸试验区新变化

2015 年《广东自贸试验区总体方案》明确了三大战略定位："依托港澳、服务内地、面向世界，将自贸试验区建设成为粤港澳深度合作示范区、21 世纪海上丝绸之路重要枢纽和全国新一轮改革开放先行地"。其总体目标为："经过三至五年改革试验，营造国际化、市场化、法治化营商环境，构建开放型经济新体制，实现粤港澳深度合作，形成国际经济合作竞争新优势，力争建成符合国际高标准的法制环境规范、投资贸易便利、辐射带动功能突出、监管安全高效的自由贸易园区"。

广东自贸试验区管委会的数据显示，截至 2017 年 5 月，广东自贸试验区累计新增企业 13.02 万家，外商投资企业 5879 家；入驻金融机构和创新型金融企业超过 5 万家，居全国各自贸试验区首位；合同利用外资金额达到 752.24 亿美元。

2. 天津自贸试验区发展概况

2015 年《天津自贸试验区总体方案》明确了战略定位："以制度创新为核心任务，以可复制、可推广为基本要求，努力成为京津冀协同发展高水平对外开放平台、全国改革开放先行区和制度创新试验田、面向世界的高水平自由贸易园区"。其总体目标为："经过三至五年改革探索，将自贸试验区建设成为贸易自由、投资便利、高端产业集聚、金融服务完善、法制环境规范、监管高效便捷、辐射带动效应明显的国际一流自由贸易园区，在京津冀协同发展和我国经济转型发展中发挥示范引领作用"。

天津自贸试验区管委会的数据显示，截至 2017 年 3 月，天津自贸试验区新增市场主体 31374 户，是自贸试验区设立前历年登记市场主体户数的 1.4 倍，注册资本（金）11226.98 亿元人民币。其中新增内资企业 27059 户，注册资本（金）8031.65 亿元；新增外商投资企业 1645 户，注册资本（金）3192.84 亿元。

3. 福建自贸试验区发展概况

2015 年《福建自贸试验区总体方案》明确了三大战略定位："改革创新试

田、深化两岸经济合作的示范区、21世纪海上丝绸之路沿线国家和地区开放合作新高地"。依据这三大定位进一步明确了要实现的目标:"建立与国际投资贸易规则相适应的新体制、增强闽台经济关联度和拓展与21世纪海上丝绸之路沿线国家和地区交流合作的深度和广度"。

福建自贸试验区推进创新两岸产业合作机制,扩大对台开放,在金融、增值电信、医疗、旅游、人力资源、电子商务等50多个领域率先发力。福建商务厅统计显示,截至2017年4月,福建自贸试验区新增企业59175户和注册资本11381.66亿元,分别约占全省同期的20%和50%,分别是挂牌前的3.83倍和5.13倍。新增台资企业1601家,占全省的64.7%。

(三)重庆等第三批自贸试验区成立

2017年3月15日国务院分别印发了辽宁、浙江、河南、湖北、四川、重庆和陕西设立自由贸易试验区的总体方案。参照上海等现有自贸试验区,新的自贸试验区主要依托发展基础较好的国家级新区、园区设立,每个都包含3个片区,面积不超过120平方公里。

1. 重庆自贸试验区:积极推动西部地区门户城市开放并带动西部大开发

重庆自贸试验区涵盖两江、西永、果园港等3个片区。重庆作为我国西部地区的门户城市,设立自贸试验区有利于推动西部地区开放并带动西部大开发。习近平总书记2016年在重庆视察时,要求重庆发挥西部大开发的重要战略支点、"一带一路"和长江经济带的联结点的作用,把重庆建设成为内陆国际物流枢纽、口岸高地和内陆开放高地。重庆自贸试验区的总体方案深刻贯彻这一要求,通过平台建设和通道建设,发挥丝绸之路经济带和长江经济带连接点的区位优势,全面融入国家"一带一路"和长江经济带发展战略。

重庆自贸试验区的主要任务围绕着三大功能平台和三大开放通道开展工作:第一,进一步完善航空、铁路、内河港三个集枢纽功能、保税功能和口岸功能于一体的开放平台,提升重庆的承载能力。第二,充分发挥开放通道的作用,即向西的中欧"渝新欧"班列通道、向东的长江黄金水道和向南的渝昆泛亚铁路大通道与公路物流通道。

2. 四川自贸试验区:充分发挥在"一带一路"和长江经济带建设中的地位和作用

四川自贸试验区涵盖成都天府新区、青白江铁路港和川南临港三个片区,其中成都天府新区的面积最大。四川自贸试验区的设立是新形势下全面深化改革、扩大开放，以及深入推进西部大开发、长江经济带发展的重大举措。其战略定位是以制度创新为核心，以可复制、可推广为基本要求，立足内陆、承东启西，服务全国、面向世界，将自贸试验区建设成为西部门户城市开发开放引领区、内陆开放战略支撑带先导区、国际开放通道枢纽区、内陆开放型经济新高地、内陆与沿海沿边沿江协同开放示范区。主要任务是落实中央关于加大西部地区门户城市开放力度以及建设内陆开放战略支撑带的要求，打造内陆开放型经济高地，实现内陆与沿海沿边沿江协同开放。

3. 浙江自贸试验区：建设国际海事服务基地和国际油品储运基地

浙江自贸试验区地处舟山群岛，由陆域和相关海洋锚地组成，涵盖舟山离岛、岛北部和岛南部三个片区。该自贸试验区的建设主要围绕探索建设舟山自由贸易港区的战略定位要求，力争成为东部地区重要海上开放门户示范区、国际大宗商品贸易自由化先导区和具有国际影响力的资源配置基地。在保税燃料油供应、油品储运、油品加工、油品贸易交易等方面进行先行先试，承担国家赋予的创新试点任务。

4. 河南自贸试验区：打造国际交通物流通道，更好地服务于"一带一路"建设大局

河南自贸试验区以郑州为依托涵盖郑州、开封和洛阳三个片区。主要围绕贯通南北、连接东西的现代立体交通体系和现代物流体系，将其建设成为服务于"一带一路"的现代综合交通枢纽。主要任务涵盖四个方面的工作：一是增强枢纽功能，二是大力发展多式联运，三是加快大通关建设，四是发展枢纽经济。

5. 辽宁自贸试验区：振兴东北老工业基地发展

辽宁自贸试验区涵盖大连、沈阳和营口三个片区，其中大连片区的区域面积最大。辽宁自贸试验区具有振兴东北老工业基地发展和提升整体竞争力的使命。主要围绕着深化国资国企改革、推进市场取向的体制机制改革、推动结构调整和打造对外开放新引擎四项任务开展工作。其中，进一步深化国企改革是其中的核心工作，主要包括开展混合所有制改革试点，探索多种所有制资本优势互补、相互促进发展的体制机制，完善国有企业治理模式和经营机制等工作内容。

6. 陕西自贸试验区：推进西部地区门户城市开放和带动西部大开发

陕西自贸试验区涵盖西安中心片区、国际港务区片区和杨凌示范区三个片区，其中西安中心片区的面积最大。陕西自贸试验区的建设主要围绕着丝绸之路经济带，加强与"一带一路"沿线国家的合作，并带动我国西部大开发。其主要任务围绕着五个中心的建设开展工作：一是构建交通商贸物流中心；二是构建国际产能合作中心；三是构建科技创新中心；四是构建国际旅游中心；五是构建区域的金融中心。

7. 湖北自贸试验区：引领中部崛起战略和推进长江经济带发展

湖北自贸试验区以武汉片区为依托，涵盖了武汉、襄阳、宜昌三个片区。湖北自贸试验区的建设具有承接产业转移、建设战略性新兴产业和高新技术产业基地、在实施中部崛起战略和推进长江经济带发展中发挥引领和示范作用的使命。主要依托武汉的区位和产业优势，重点打造现代服务业和新兴产业。在现代服务业方面，国际商贸、金融服务、现代物流、研发设计为其主要方向，在新兴产业方面，光电子信息、先进制造、生物医药为其重点发展行业。

二 我国自贸试验区创新发展的新举措、新特征

（一）上海自贸试验区建设进入全面深化改革阶段

上海自贸试验区全面深化改革方案标志着上海自贸试验区的建设进入新阶段，体现在以下四个方面。

1. 首次提出设立自由贸易港区

上海自贸试验区在洋山保税港区和浦东机场综合保税区设立自由贸易港区，目的是比照国际最高标准的自由贸易园区，实现中国对外开放和对内改革的新突破。自由贸易园区的精髓在于自由，体现在通过放松管制，实现货物、人员、资金及信息的高效流动。国际上最具代表性的自由贸易港区是中国香港自由港和新加坡自由贸易园区。香港是全球最自由、最开放的自由贸易园区，最突出的特征是自由化的金融政策：资本进出完全自由、外国资本可以在各行各业自由投资等。

2. 服务国家"一带一路"建设

全面深化改革方案提出，要将自贸试验区构建为服务国家"一带一路"建设、推动市场主体走出去的桥头堡。发挥自贸试验区在"一带一路"建设中的辐射带动作用，重点在增强金融服务功能，为未来"一带一路"的优质境外企业在上海上市、投资境内人民币资产带来想象空间，同时也表明了中国向世界全

方位开放的坚定决心。

3. 对政府职能转变提出更高要求

全面深化改革方案提出了打造提升政府治理能力先行区的新概念，包含三部分内容：一是深化大部门制改革，建立精简高效的跨部门协同机制；二是深化创新事中事后监管体制机制；三是在"互联网＋政务服务"体系下的政府职能转变。

4. 探索离岸税制安排

全面深化改革方案提出，为适应企业参与国际竞争和服务"一带一路"建设的需求，在不导致税基侵蚀和利润转移的前提下，基于真实贸易和服务背景，结合服务贸易创新试点工作，研究探索服务贸易创新试点扩围的税收政策安排。探索离岸税制安排的目的是鼓励全球总部经济在上海自贸试验区落地生根，对上海自贸试验区成为推动市场主体走出去的桥头堡，具有非常重要的作用。

（二）在中西部和东北地区设立第三批自贸试验区

我国建设自贸试验区，目的就是要形成能够在全国范围内推广复制的改革经验，同时为全国范围内实施更高水平的开放进行风险测试。新增的 7 个自贸试验区主要集中在中西部地区和东北地区，主要基于以下三方面的考虑。

1. 形成自贸试验区的全国复制推广新格局，带动中西部和东北地区发展

从东部沿海地区向较为落后的中西部地区和面临经济结构转型重任的东北地区进行经验推广，有助于在全国范围内更高层次和更广泛领域上进行风险测试和推广，是最终形成向全国复制推广格局的重要一步。

2. 更好地服务国家区域协调发展战略

十九大报告指出，实施区域协调发展战略，建立更加有效的区域协调发展新机制。加大力度支持革命老区、民族地区、边疆地区、贫困地区加快发展，强化举措推进西部大开发形成新格局，深化改革，加快东北等老工业基地振兴，发挥优势，推动中部地区崛起，创新引领，率先实现东部地区优化发展，建立更加有效的区域协调发展新机制。当前在中西部和东北地区设立自贸试验区在我国区域协调发展中将会发挥引领作用。重庆、四川和陕西三个自贸试验区在我国西部大开发，辽宁自贸试验区在我国东北振兴，河南自贸试验区在我国中原经济区发展，湖北自贸试验区在我国中部崛起等区域发展中将会起到引领与示范作用。

3. 赋予各个自贸试验区不同的"先行先试"内容

在整体方案设计方面，考虑区域之间的差异化，着重在试点内容上进行立体化探索。比如，辽宁重点深化国资国企改革；浙江一项重要的内容就是要通过建设国际海事服务基地、国际油品储运基地来推动对外贸易发展；河南要打造国际交通物流通道，降低运输费用；湖北重点推动创新驱动发展，促进中部地区与长江经济带战略对接和有关产业升级；重庆将重点推进"一带一路"和长江经济带联动发展；四川要推动内陆与沿海沿边沿江协同开发战略，整合创新要素；陕西要创新现代农业交流合作机制，加强与"一带一路"沿线国家的合作。这些不同的要求各具特色，能够从整体上更加有效地在全国形成可复制、可推广的经验。

（三）可复制、可推广经验在全国逐步展开

2017年国务院及商务部、国家工商总局等部委要求复制推广的上海等四个自贸试验区改革试点经验及最佳实践案例共123项。山东、云南、江西等省分别制定了相应的落地实施方案。

1. 进一步推广以负面清单管理为核心的外商投资管理体制，提升投资便利化程度

国务院2017年6月发布了《自由贸易试验区外商投资准入特别管理措施（负面清单）（2017年版）》。该负面清单正在全国各地推广实施，该版本共计15个门类、40个条目、95项特别管理措施。与上一版本相比，减少了10个条目、27项措施[1]。同时，该负面清单进一步放宽了外资并购的准入限制。除关联并购以外，凡是不涉及准入特别管理措施的外资并购，全部由审批改为备案管理。另外，该负面清单还增强了投资领域开放度，并且增加了外资准入透明度。如在银行服务、保险业等领域列明了全部现行有效的，包括投资者资质、业绩要求、股比要求、业务范围等内容的限制性措施，透明度显著增加。上述改进将方便投资者认定其投资范围是否属于负面清单，大幅提升投资便利化程度。

2. 商务部积极部署、稳步推进上海等四个自贸试验区的新一批改革创新成果

为自贸试验区的改革试点经验能在全国落地生根、取得实效，持续释放改革红利，并营造法治化、国际化、便利化的营商环境，2017年7月商务部发布了《自由贸易试验区新一批"最佳实践案例"》[2]，内容包括了上海自贸试验区的

---

[1] http：//wzs. mofcom. gov. cn/article/zt_ zymysyq/column02/zhl/201707/20170702608253. shtml.

[2] http：//www. fiet. gov. cn/xxgk/swdt/swyw/gnyw/201707/t20170731_ 800071. htm.

"证照分离"改革试点、广东自贸试验区的"企业专属网页"政务服务新模式、天津自贸试验区的集成化行政执法监督体系和福建自贸试验区的关检"一站式"查验平台+监管互认等四项"最佳实践案例"。2017年分别发布了自贸试验区的第三批改革试点经验和新一批"最佳实践案例"等政策文件。2017年8月商务部会同交通运输部等五部委等发布了《商务部等部委推广自贸试验区第三批改革试点经验》①,复制推广了"会展检验检疫监管新模式"、"进口研发样品便利化监管制度"、"海事集约登轮检查制度"、"融资租赁公司收取外币租金"和"市场主体名称登记便利化改革"等5项内容。

3. 各地积极推进并制定相应的落地实施方案

云南、山东和江西等省分别制定了详细的自贸试验区改革创新事项的推广实施方案并予以发布。山东青岛推广实施了123项自贸区改革试点经验中的117项,其中,国务院要求集中推广改革事项58项,青岛已复制推广57项;各部门自行推广的53项改革事项,已复制推广48项;商务部推出的12个"最佳实践案例"已在青岛相关领域推广。云南已经完成其中的102项改革试点经验的推广,包括:外资投资广告企业项目备案制、税务登记号码网上自动赋码等67项;海关特殊监管区域内,国际海关经认证的经营者(AEO)互认制度、海关企业进出口信用信息公示制度等16项;银行办理大宗商品衍生品柜台交易涉及的结售汇业务、期货保税交割海关监管制度、融资租赁海关监管制度、境内外维修海关监管制度等19项。

三 当前自贸试验区建设的问题与难点

(一)政策对接有困难

我国自贸试验区的建立与发展是在党中央、国务院的统一部署下开展的,是一种自上而下的改革举措,但同时也需要自下而上的改革实践进行配合。但在实践过程中,在某些领域出现了政策对接有一定困难的问题。突出表现在:(1)针对需要改革试水的制度创新,地方政府缺乏自主性;(2)一些创新实践,有的需要上报给国务院相关部委进行审批决策,但有关部门批复时间较长,有的不需要上

---

① http://wzs.mofcom.gov.cn/article/zt_zymysyq/column04/201707/20170702618029.shtml.

报国务院各部委的创新实践，只能在本市或本省范围内实施，体现不出服务国家战略的要求。因此，如何将相关中央部委作为试验任务的实施主体统一纳入中国自贸试验区的实践领域，应该被视为一项下一步需主要开展的工作。同时，当前自贸试验区的改革创新及标准，需要顶层设计和中央改革方案的进一步出台。

（二）部门协调难推进

第一，在中央部委层面之间，存在对自贸试验区的支持政策缺乏统筹考虑的问题。具体表现在中央层级的组织机制保障有缺失、中央各部委之间利益诉求不同、部门政策不协同、主观认识有差异等问题上。在国务院颁布的各自贸试验区总体方案所列入的重大推进清单中，在相关中央部委具体落实和配套措施的跟进上，由于上述问题的存在导致效果欠佳。

第二，在地方政府层面上，存在政策落实的协调性和整体性欠佳的问题。具体表现在地方政府部门与自贸试验区行政机构的协调难统一、自贸试验区区内与区外的发展难协同、各自贸试验区之间缺少统筹安排、自贸试验区各片区的"碎片化"现象等四个方面。以自贸试验区各片区的"碎片化"现象为例，由于对自贸试验区的授权不足，系统集成和配套政策措施不到位，使得在关键领域进行实质性制度创新的难度加大。主要表现为：一是不同部门的改革措施的协同性、系统性较差；二是部分制度创新试点范围偏窄，难以形成全面的复制推广；三是信息孤岛现象造成的信息阻塞，政府管理部门之间的信息互换和监管互认尚未完全实现。

（三）自由贸易区的统一立法工作迫在眉睫

我国的保税区和自贸试验区的法治体系滞后于实际需要，主要体现在两个方面：第一，我国第一个保税区运行十四年后，至今还尚无统一的保税区国家立法。我国《立法法》分别于2000年7月和2015年3月进行了颁布和修订，明确海关、财政、税收、外经贸、外汇等政策只能由国家立法进行设定。虽然现有的自由贸易试验区由中央政府批准，但其法律地位是由地方政府立法确立和地方政府规章支撑，这意味着自由贸易试验区在实际运作中，有关政策的权威性和法律保障力度明显偏弱。第二，外商投资管理的法规和制度体系需要完善，当前我国的"外资三法"滞后于自贸试验区的外商投资负面清单管理模式和一系列创新改革举措，在目前"外资三法"的基础性法律框架范围内，一些体制机制的难点问题难以得到系统性推进和解决，无法覆盖外商投资全生命周期管理的制度体系。在我国未来五年要设立真正意义上的自由贸易园区的背景下，统一立法工作迫在眉睫。

欧盟的海关法典，其内容体系详细而具体，在法律层面上明确了贸易便利化的相关法律地位和实施条件。这一点为我国进行自由贸易区的统一立法提供了有效借鉴。

（四）与高标准国际规则存在较大差距

第一，协同监管方面与国际标准差距明显。国际贸易的监管要涉及海关、质检、工商、税务、外汇等多个部门，贸易便利化水平的提升需要各部门协同合作，这种协同需要统一而兼容的数据标准及相应的基础设施、国际数据的无缝对接。目前自贸试验区无法做到这一点，一些创新举措主要体现为各自部门内部的效率提升，难以体现出全局性的机制与制度创新特点。

第二，标准流程和工作机制也达不到国际标准。以单一窗口为例，与主要发达国家与地区相比，仍然存在较大的差距，主要表现在：覆盖部门少、开展的功能少、相关法规欠缺、数据源没有接轨世界海关组织的数据模式等。国际上单一窗口功能应包括进出口和转口贸易，我国的自贸试验区的单一窗口当前仅包括一般贸易进口货物的申报与结果反馈、船舶出口岸联网核放两个。同样以负面清单为例，自贸试验区的负面清单目录按照我国产业指导目录编制，而国民经济行业分类与联合国产品分类标准不同。

四 对我国自贸试验区建设的展望与建议

（一）对我国自贸试验区建设的展望

1. 构建面向全球的高标准自由贸易区网络

在当前全球经贸规则面临重构压力和经济全球化格局重塑过程中，我国作为世界第二大经济体，为了提升在全球产业价值链中的分工，迫切需要进一步提高开放水平，全面深化改革，在积极构建开放型经济新体制的过程中需要积极发挥自贸试验区的重要和独特作用，将自贸区作为积极参与国际经贸规则制定、争取全球经济治理制度性权利的重要平台，将加快高水平、高标准自贸区建设作为新一轮对外开放的重点予以实施。

2. 形成与"一带一路"沿线国家的自由贸易区网络

在推进自由贸易区建设的进程中，随着我国"一带一路"建设的深入推进，预计我国与沿线国家在自由贸易区的联结上会逐步加强，深化与沿线国家的经贸合作，实现互利共赢，共同发展，逐步构筑立足周边、辐射"一带一路"、面向全球的高标准自由贸易区网络。

3. 自贸试验区将享有更大改革自主权

我国自贸试验区建设取得多方面重大进展，形成了一批改革创新重要成果。下一步应按照党的十九大报告部署，赋予自由贸易试验区更大改革自主权。要着眼于提高自贸试验区建设质量，对标国际先进规则，强化改革举措系统集成，形成更多制度创新成果，进一步彰显全面深化改革和扩大开放的试验田作用，提高我国自由贸易区建设水平。

4. 自由贸易港将成为未来几年各个自贸试验区建设的目标

自由贸易港是目前全球开放水平最高的特殊经济功能区。上海自贸试验区已经明确提出将洋山保税港区和浦东机场综合保税区设为自由贸易港区，浙江自贸试验区确定了围绕大宗商品交易建设舟山自由贸易港区的战略目标。除此之外，其他自贸试验区，例如广东、天津、重庆等纷纷提出要建设发挥自身产业与地域优势的自由贸易港目标。因此，自由贸易港将成为未来几年内各个自贸试验区进一步提高开放水平的"高频词"，相关推进工作也会有序展开。

（二）加快推进我国的《自由贸易园区法》的立法工作

为贯彻十八届三中全会"在推进现有试点基础上，选择若干具备条件的地方发展自由贸易园（港）区"和十九大报告"赋予自由贸易试验区更大改革自主权，探索建设自由贸易港"的文件精神和要求，要高度重视《自由贸易园区法》的立法工作。具体而言，首先，进一步修订并整合当前的《中华人民共和国外资企业法》、《中华人民共和国中外合资经营企业法》、《中华人民共和国中外合作经营企业法》。其次，在总结《中国（上海）自由贸易试验区条例》和其他自贸试验区地方立法实践的基础上，结合最新形势发展，将其核心内容加以扩充。

另外，考虑到《自由贸易园区法》的立法工作所需时间较长，而我国自由贸易试验区部分改革难以在短时间内突破现行法律法规的现实困境，建议全国人大常委会出台框架性的授权规定。作为过渡性措施，允许自贸试验区在法无禁止的情况下，进行改革创新方面的先行先试，将国务院允许的自贸试验区先行先试的权限予以法定化。

（三）在国家战略层面进行系统性总结与谋划

第一，从深化改革和扩大开放两个维度，对可以推广、复制的具体实践进行全面系统的总结，明确哪些创新举措可以在第三批自贸试验区范围内进行复制，哪些可以在全国其他区域和行业内复制。

第二，围绕体制机制创新的欠缺进一步谋划，加强顶层设计。针对我国自贸试验区建设中面临的政策对接困难、部门协调难推进等问题，加快完善有关方面的体制机制，包括法制建设、正确处理中央与地方的关系和同级政府部门之间的关系、对接国际高标准的经贸规则和数据标准等工作。

（四）加强自贸试验区之间的协同发展

当前我国自贸试验区已经形成了"1+3+7"的整体格局，构建了从东部沿海到中西部和东北地区的全区域辐射态势。为进一步服务国家区域协调发展战略，应进一步建立11个自贸试验区的联通机制，实现各个自贸试验区的贸易、投资和金融等方面的互联互通，更好发挥自贸试验区的以点带面、协同推进的作用，尤其是要建立11个自贸试验区的信息平台，实现信息共享的目标，真正形成全国11个自贸试验区一盘棋，逐步形成改革创新的整体性、系统性和有效性局面。

（五）加强基础数据建设，进一步集成政府部门数据

我国自贸试验区在建设过程中的信息孤岛现象的主要根结在于政府管理部门之间的信息互换和监管互认尚未完全实现。因此，需要从构建良好的营商环境的角度，进一步集成各自贸试验区和所在地政府部门数据，推进各方信息的联通，有效发挥信息和信用监管效力。

（六）打造适合自贸试验区发展的国际人才高地

第一，制定我国自贸试验区高层次人才认定办法和人才政策。在国际金融、贸易等领域建立人才扶持计划，鼓励并支持各自贸试验区以"人才+项目"模式，依托国家重大人才计划、国家发展战略、政策试点等项目，集聚和培养自贸

试验区高端人才。

第二，建设并实施自贸试验区人才数据库。依托知名研究机构，研究设计具有国际特征、体现自贸试验区要求的人才统计指标体系，建立并完善人才资源统计制度，建设覆盖各个自贸试验区重点产业的金融人才数据信息库，并实现动态管理。定期编制发布"中国自贸试验区人才发展报告"。

第三，在一定范围内简化人员往来入境政策。结合上海和浙江自贸试验区建设自由贸易港的目标，探索更灵活的外来劳工政策的授权机制，进一步简化人员往来的入境手续。在监管可控的情况下，允许实施较为自由灵活的移民政策。

（撰稿人：中国国际经济交流中心经济研究部助理研究员、经济学博士，郭迎锋）

外商直接投资现状与展望

外商投资规模逐年增大,对我国经济发展产生了积极的作用,实现了各方的互利共赢。2017年以来,我国外商直接投资总体平稳向好,外商直接投资也呈现较多新的变化,在华经营外资企业依然表现出较强的竞争优势,但随着全球营商环境竞争加剧,外商对华投资正从注重政策优惠、要素成本转向更为注重中国的营商环境。2018年中央经济工作会议指出,扩大对外开放,大幅放宽市场准入,加快形成全面开放新格局,大力降低实体经济成本,降低制度性交易成本,继续清理涉企收费,加大对乱收费的查处和整治力度,深化电力、石油天然气、铁路等行业改革,降低用能、物流成本,这将有利于我国利用外商直接投资逐步实现从注重数量型向更好的服务现代经济体系建设转变。

一 我国外商直接投资现状

随着全球营商环境竞争加剧,我国一直在着力改善投资和市场环境,加快对外开放步伐,建设开放型经济新体制,不断取得新成效和新进展。

(一)我国外商直接投资总体平稳向好

根据商务部统计,2017年1~12月,全国新设立外商投资企业35652家,同比增长27.8%;实际使用外资金额8775.6亿元人民币,同比增长7.9%(折1310.4亿美元,同比增长4%)。联合国贸易和发展组织发布的2017年度《全球投资趋势监测报告》显示,在全球吸收外资排名中,中国首次取得了第二的成绩。外商在"信息传输、计算机服务和软件业"、"交通运输及仓储"、"科研和技术服务"、"商业服务"等行业投资依然保持了两位数以上增长，投资结构正趋优化。在世界银行2017年全球营商环境效率和营商环境便利化排名中，中国处于第78位，较2016年上升了2个位次。

（二）外商直接投资结构出现新的变化

商务部数据显示，2017年1~12月，对中国内地直接投资前十位国家（地区）实际投入外资总额1246.1亿美元（见表1），占全国实际使用外资金额的95.09%，其中，中国香港、新加坡、韩国、美国和日本等国家（地区）对中国内地投资占外商投资总额比重分别为75.49%、3.69%、2.82%、2.39%和2.50%。

表1　2017年1~9月对中国内地投资前十位国家（地区）实际投入外资额

单位：亿美元,%

国家/地区	金额	占外商投资总额比重
中国香港	989.2	75.49
新加坡	48.3	3.69
中国台湾	47.3	3.61
韩国	36.9	2.82
日本	32.7	2.50
美国	31.3	2.39
荷兰	21.7	1.66
德国	15.4	1.18
英国	15	1.14
丹麦	8.2	0.63
合计	1246.1	95.09
全国	1310.4	

资料来源：中国商务部数据中心。

从外商直接投资行业结构来看，据商务部统计，2017年1~10月，制造业实际使用外资1959.1亿元人民币，占外资总量的28.9%，其中，高技术制造业实际使用外资566.5亿元人民币，同比增长22.9%。服务业实际使用外资4705.2亿元人民币，占外资总量的69.3%。高技术服务业实际使用外资950.1亿元人民币，同比增长20%，其中，信息服务、研发与设计服务、科技成果转化服务实际使用外资同比分别增长20.7%、8.5%、36.8%。制造业吸收外资减少既有国内的因素,又有国际的因素。从国内来看,我国劳动力、土地与环境保护成本上升,对制造业实际利用外资造成不利影响(见表2)。另外,全球外资对发达经济体及服务业偏好上升,在挤出中国实际利用外资总量的同时,对制造业造成一定的挤压效应。

表2 2010年、2016年我国各行业外商直接投资额变化

单位:万美元,%

项目	2016年		2010年	
	实际使用金额	占全部外商投资额比重	实际使用金额	占全部外商投资额比重
	12600142.00		9003272	
农、林、牧、渔业	189770.00	1.5	142873	1.6
采矿业	9634.00	0.1	50059	0.6
制造业	3549230.00	28.2	4677146	51.9
电力、燃气及水的生产和供应业	214677.00	1.7	211206	2.3
建筑业	247744.00	2.0	69171	0.8
交通运输、仓储和邮政业	508944.00	4.0	252728	2.8
信息传输、计算机服务和软件业	844249.00	6.7	224694	2.5
批发和零售业	1587016.00	12.6	538980	6.0
住宿和餐饮业	36512.00	0.3	84412	0.9
金融业	1028901.00	8.2	45617	0.5
房地产业	1965528.00	15.6	1679619	18.7
租赁和商务服务业	1613171.00	12.8	607806	6.8
科学研究、技术服务和地质勘查业	651989.00	5.2	167363	1.9
水利、环境和公共设施管理业	42159.00	0.3		
居民服务和其他服务业	49038.00	0.4	55613	0.6
教育	9437.00	0.1		
卫生、社会保障和社会福利业	25411.00	0.2	158596	1.8
文化、体育和娱乐业	26732.00	0.2	1349	0.0

资料来源:历年《中国统计年鉴》。

从区域来看,随着"一带一路"建设的推进,我国对外开放格局正从主要向东开放转为向东向西开放并举,11个自贸试验区的改革开放试验田作用凸显。2017年1~12月,11个自贸试验区实际使用外资1039亿元人民币,同比增长18.1%,高于全国增幅10个百分点。中西部地区通过陆上丝绸之路,从开放末梢变为开放前沿,吸引外资迎来重要机遇,西部地区新设立外商投资企业同比增

长43.2%，市场主体活力进一步激发；中部地区吸收外资继续大幅增长，实际使用外资561.3亿元，同比增长22.5%，领跑全国。

（三）外商在华经营具有较强的竞争优势

据国家统计局统计，2016年2月，外商及港澳台投资工业企业利润总额累计增长曾一度滑落至-1.5%（见图1），但2016年3月触底反弹，自2016年9月开始，利润累计增长基本达10%以上，2017年全年利润总额累计增长已稳定在15%以上，企业盈利能力大幅度提高。与外商及港澳台投资工业企业相比，2016年2~8月，国有工业企业利润总额呈现负增长态势，2016年9月开始，利润总额有所恢复，但不稳定，到2017年2月，受国内经济总体趋稳向好影响，国有工业企业利润总额才触底反弹，累计增长达35.8%，除了5月以外，2017年全年基本稳定在30%以上，其中，3月达到40.8%，12月接近40%，呈现明显的扭亏为盈趋势。但国有工业企业扭亏为盈的步伐明显慢于外商及港澳台投资工业企业，利润反弹强度大于外商及港澳台投资工业企业。总体来说，2016年以来，由于中国产业结构升级、动能转换、原有优势减弱等原因，中外企业都遭遇了困难。在此大背景下，我国实际利用外资总额呈现下降趋势，但由于国有企业与外资企业在产业链上的分工不一样，外商及港澳台投资工业企业利润保持了相对稳定的增长，国有工业企业则亏损明显。2017年上半年以来，外商及港澳

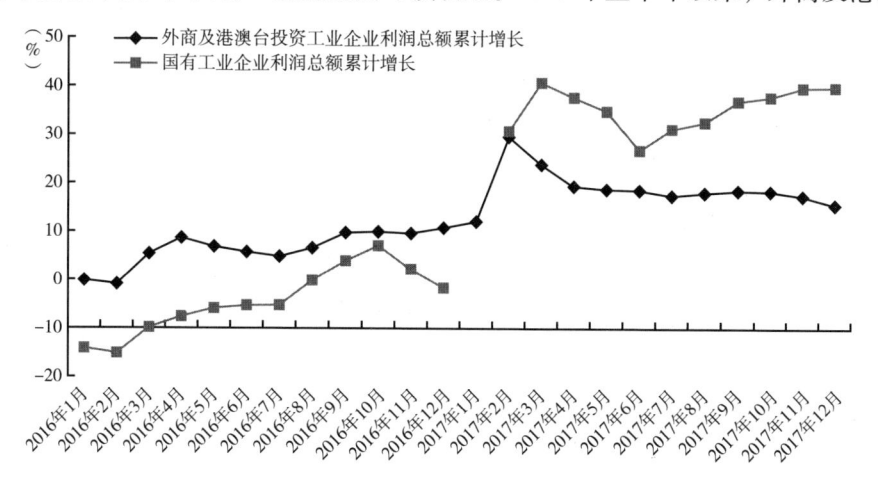

图1 外商及港澳台投资工业企业和国有工业企业利润总额累计增长情况

资料来源：国家统计局网站。

台投资工业企业、国有工业企业利润增长强劲,为下半年工业企业利润增长打下了良好的基础,这对稳定内外资企业投资产生了正向引导作用。

(四) 利用外商直接投资面临更为激烈的营商环境竞争

据商务部统计,在当前全球跨国直接投资减少、国际引资竞争加剧的大背景下,我国利用外商直接投资面临更为激烈的国际竞争。从最近24个月来看,我国外商直接投资额(以美元计价)总体呈现缓慢下降趋势,自2016年11月以来,我国外商直接投资额(以美元计价)呈现负增长,在国内一系列举措的实施推动下,到2017年8月,才开始触底反弹(见图2),降幅收窄,到12月,全年增幅回升到4%。

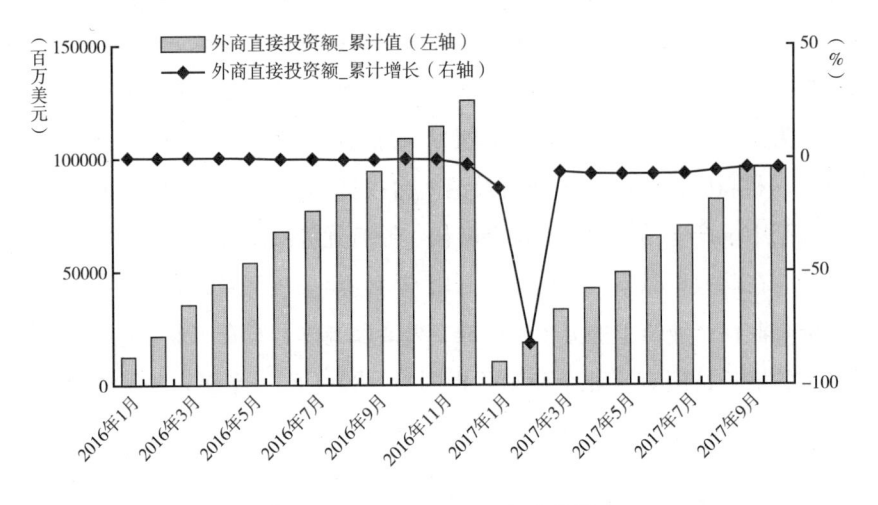

图2 我国外商直接投资额变化情况

资料来源:国家统计局网站。

随着中国经济发展水平的提高,我国实际利用外资额占全社会固定资产投资总额的比重从1994年的历史最高点17.08%逐年下降(见图3)。2017年,该比重仅为1.38%。仅从增量角度看,外资对全社会固定资产投资的拉动作用变得越来越微弱,在推动产业升级改造等方面积极性不高。2002~2014年,我国涉外税收收入占全国税收收入的比重保持在20%以上,但2016年下滑至18.26%(见图4),并且,随着我国实际利用外资额占全社会固定资产投资总额的比重逐年降低,长期来看会对涉外税收收入占全国税收收入的比重产生影响,主要原因是:一是国内产业快速发展,来自国内的税收收入大幅增加。二是全球FDI流量在不同国家之间的变化对我国利用外资形成了结构性冲击。美国特朗普上台后，极力倡导"美国优先"、"制造业重返美国"，并推出了一系列重大举措，吸引全球投资；欧盟、韩国、新加坡不断改善营商环境，提高对外资的吸引力；东南亚、印度等国家以相对更为廉价的劳动力成本，吸引劳动密集型企业投资。三是在利用外商投资中，我国土地、劳动力等成本优势削弱，国内产业加速升级、环境成本增加，对2018年我国利用外资流量仍将造成影响。总体而言，我国正面临更为激烈的国际营商环境竞争。

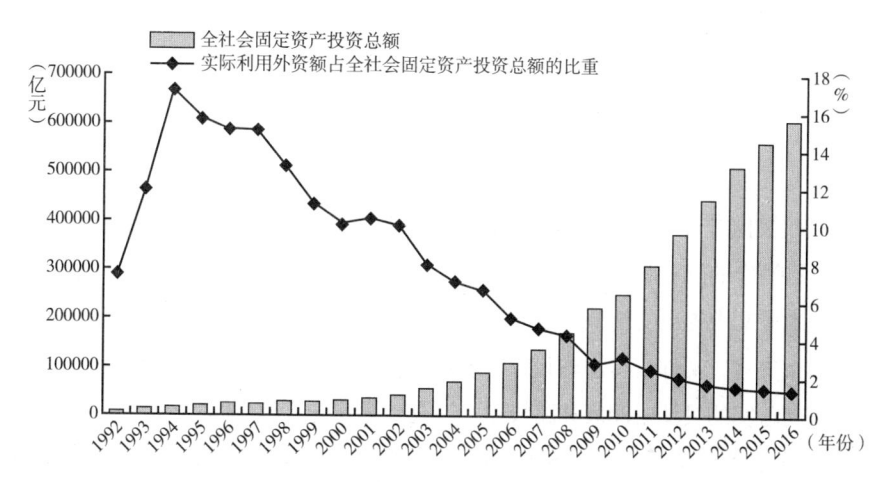

图3 我国实际利用外资额占全社会固定资产投资总额的比重

资料来源：2017年中国统计年鉴、2017年中国外资统计。

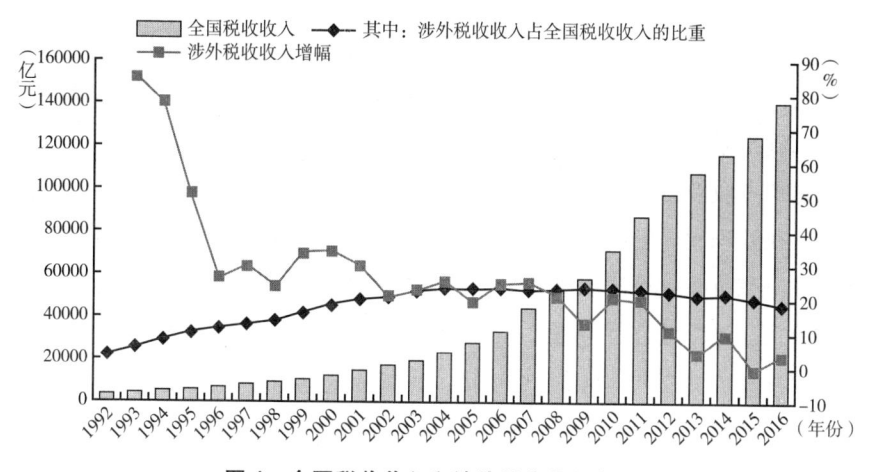

图4 全国税收收入和涉外税收收入变化

资料来源：2017年中国投资统计。

二 我国吸收外商直接投资存在的主要问题

十八大以来，我国持续推进"放管服"、营改增等一系列重大改革举措，推进供给侧结构性改革，不断改善国内营商环境，提升了我国营商环境的国际竞争力。同时，经调查研究，我国营商环境也存在以下主要问题。

（一）推进依法行政进程中的新问题、新情况对营商环境的影响

从外国驻华商会的调研来看，外商认为，中国重视外商投资并出台了保护外商投资的法律，着力于改善国内营商环境，推进依法行政，对改善国内营商环境产生了一定的促进作用，但也存在一些问题。

一是政策措施过于原则，落实难。外企反映，我国现行法律和政策规定过于原则，缺乏可操作的配套政策和实施细则，致使法律和政策存在模棱两可、难以落实情况。比如5号文中提出支持外资参与国家创新、"中国制造2025"和区域发展战略，但具体怎么参与，文件没有清晰设计。政策落实上安排了各部门按照职能分工负责，但缺乏贯彻落实的具体时间表和路线图，以及要达到的具体目标。

二是预期管理落后。政府机构注重单向管理，政策法规制定过程中企业参与度不够，某些政策制定考虑不周全，导致实施过程中出现大的纰漏。十八届三中全会以来，我国法律法规出台前遵循征求意见的程序，法律法规及时在网上公布，但公开征求意见时，对行政相对人、企业等主要影响群体的征求意见渠道非常有限，这类群体参与度低，导致政策法规的可执行性和可操作性减弱。一些部门与市场沟通意识不强，出台相关政策时无征兆、缺乏透明度，既损害政府公信力也影响到市场预期。

三是地方政府行政自由裁量权大。政策法规出台后，往往留下较大的自由裁量空间，在处理同样问题时，自由裁量随意性大，政策法规执行结果存在极大的不确定性。在有些政策法规执行中，各部委、地方政府之间理解不一致，也致使同样的政策在这个地方行得通，到另一个地方就行不通了。执行主体职责定位不清晰，容易在各部委间形成互不协调解决问题、相互推诿的现象。

四是关于审批权限下放与外商投资实行备案制管理的问题。审批权限下放到省级、市级部门，存在省级、市级部门对有些新知识、新技术审批项目，因知识及审批能力有限等问题，在实际审批事项中无法对这类事项做出科学的审批，也

就是"接不住"的问题，最终为规避风险只能使审批不通过。在外商投资实行备案制管理中，还存在各部门衔接不够的问题。

（二）一些投资壁垒有待进一步破除

投资开放度不够。中国对外资企业实现国民待遇、负面清单管理，很多行业已对外资企业放开，但服务业、农业还没有完全放开。近两年，欧美地区FDI流量的占比重新超过50%，其中，很大一部分是跨国并购，这些地区对外资控股权限制较少，是吸引外商并购的重要原因。

隐性壁垒多。比如，外资企业反映，中国在十八届五中全会上提出了"创新、协调、绿色、开放、共享"的发展理念，其中，推进绿色发展对企业而言影响显得尤为明显，一些新的环保监管手段也可能成为新的投资壁垒。再如，2017年6月1日起施行的《中华人民共和国网络安全法》，外资企业认为，出于维护国家安全与国家利益的考虑，出台此法是很及时的且能理解，但关于企业在中国产生的信息和数据跨境传输的一些规程，规定过细、限制过死，迫使一些服务外包和离岸生产的跨国公司放弃中国业务，更不愿将研发中心、供应链中心等放在中国境内。

（三）税费负担较重依然是影响营商环境竞争力的重要方面

2016年底，特朗普上台后提出的新的税收政策，以及曹德旺关于中美制造业成本的对比，引发我国关于中美营商环境的一次大讨论。我国政府开始高度关注制造业企业的真实成本，根据有关方面测算，我国企业所得税税率为25%，增值税的标准税率为17%，还存在较高的漏征率，从税率上进行国际比较，这一税率属于中等水平。然而，我国除税收以外，还有各类庞杂、不透明的收费，是无法进行国际比较的，却实实在在地从企业收取，由于多数费用通过税务代征，企业则笼统地把这类费用全部归结为税负。大多数商会反映，2015年以来，随着我国经济下行压力增大，地方财政收入减少，地方税务征管力度加大，企业压力明显加大。有些地方执行选择性收税，社会流传"国企惹不起、民企有关系，只能盯外企"，致使不少外资企业出现"我不跑，但我不来了"，出现了外商只保持现有投资存量、不再有增量的现象，这也是外商投资下滑的原因之一。

但也要看到我国推进供给侧结构性改革，尤其是清理规范涉企收费的改革在逐渐见效，从财政部公布的数据来看，2017年上半年税收收入占一般公共预算收入比重约为85%，税收收入增收额占财政增收总额的92.9%。且一系列降费措施形成政策性减收以及上年同期基数较高等导致非税收入出现低增长。

（四）投资贸易便利化还有待进一步提升

我国大力实施自贸区战略，截至2017年底，我国共签署了16个自贸协定，涉及24个国家和地区，极大地创造和改善了企业的贸易环境，贸易自由化程度不断提升。2018年，在世界银行组织的全球营商便利度评比指标中，我国办理施工许可证、纳税、开办企业等排名分别是第172、第130、第93位，分别比2017年上升了5个、1个、34个位次，有了一定进步，但从全国来看，还普遍存在重大项目"落地难"的问题。在推进"电子政务"、"一个窗口办理"等方面还不成熟，有些地方审批手续不够简化，此外，各部门审批不协同、地方前期规划不科学等问题，也拖长了项目审批落地时间。同时，推行国际贸易"单一窗口"，实现多部门信息共享和协同管理，形成一口受理、同步审批的"一站式"高效服务模式还多停留在自贸区试点阶段。另外，针对外国人出入境、定居和工作便利化等方面也需要尽快加强立法。

三 2017年我国外商营商环境建设的主要进展

2017年以来，针对主要问题，国务院出台了多个重要文件，并要求各部门、各地区尽快贯彻落实，着力改善营商环境。

2017年，我国相继出台了《国务院关于促进外资增长若干措施的通知》（国发〔2017〕39号）、《国务院关于深化改革推进北京市服务业扩大开放综合试点工作方案的批复》（国函〔2017〕86号）、《国务院办公厅关于印发自由贸易试验区外商投资准入特别管理措施（负面清单）（2017年版）的通知》等一系列政策和措施。具体在以下领域积极推进改革，并取得了较大成效。

扩大外资市场准入，加大改革力度。一是加快自贸试验区建设，截至目前，全国自贸试验区总数已达11个，形成了东、中、西全方位制度创新的开放格局。二是修订《外商投资产业指导目录》，经过2015年、2017年对《外商投资产业指导目录》的修订，2017年版目录将限制性措施由2011年版的180条减少到63条，比2011年版总计缩减65%。三是2017年版目录首次提出在全国范围内实施外商投资准入负面清单，负面清单之外的领域原则上实行备案管理，不得限制外资准入。四是放宽服务业、制造业的市场准入门槛；金融业，交通运输、仓储和邮政业，信息传输、计算机服务和软件业等服务业已大幅度开放，其中一般制造业已基本放开。

在知识产权保护方面，推进联合执法。2017年9月，十二部门联合印发《外商投资企业知识产权保护行动方案》，决定于2017年9~12月，在全国范围内集中打击侵犯外商投资企业知识产权的违法犯罪行为。

在规范行政审批事项方面，在已有基础上进一步推进依法行政。2017年9月，《国务院关于取消一批行政许可事项的决定》（国发〔2017〕46号）规定，取消40项国务院部门实施的行政许可事项和12项中央指定地方实施的行政许可事项。

2017年，中国迎来十九大的胜利召开，十九大报告向全球展望了中国未来"两步走"战略，中国经济社会发展前景一片光明。十九大报告指出，中国将推动形成全面开放新格局，实行高水平的贸易和投资自由化、便利化政策，全面实行准入前国民待遇加负面清单管理制度，大幅度放开市场准入，扩大服务业对外开放，保护外商投资合法权益；在我国境内注册企业，都一视同仁、平等对待。

四 2018年我国利用外商直接投资趋势展望

2018年中央经济工作会议指出，扩大对外开放，大幅放宽市场准入，加快形成全面开放新格局。大力降低实体经济成本。全面实施并不断完善市场准入负面清单制度，破除歧视性限制和各种隐性障碍，加快构建亲清新型政商关系。有序放宽市场准入，全面实行准入前国民待遇加负面清单管理模式，继续精简负面清单，抓紧完善外资相关法律，加强知识产权保护。大力发展服务贸易。继续推进自由贸易试验区改革试点。

在中国经济稳中向好的大背景和一系列政策的影响下，可以大胆展望今后一段时期，中国营商环境将有极大的改善，未来外商直接投资将在总量上企稳回升，投资质量、投资结构明显优化。

中国正着力建设制造业强国，建设现代经济体系。未来制造业依然占外商直接投资总额的大部分比重，高技术制造业继续保持稳定增长态势。随着服务业进一步开放，服务业吸收外资规模将继续稳定增长，高技术服务业将成为吸收外商投资的热门产业，总体而言，外商直接投资向高端产业集聚的态势将越来越明晰。

随着"一带一路"建设的深入推进,来自"一带一路"和东盟地区的外商直接投资将逐年增长;受全球经济东移影响,欧盟区对华投资规模会逐年增长;中美作为世界上两个最大的经济体,中美双边经贸合作具有广泛的产业和民意基础,美国总统换届以来,两国贸易摩擦加剧,发生贸易战的概率上升,但通过各方努力,2018年美国对华投资可以基本保持稳定,但长期来看,还存在较多不确定性因素。

从国内区域板块来看,2013年成立上海自贸试验区,2014年底天津、广东、福建获批,2016年8月辽宁、浙江、河南、湖北、重庆、四川、陕西七省份获批建立自贸试验区,我国已经形成"1+3+7"的自贸试验区发展格局,东中西部全方位"雁行阵"格局的自贸试验区开放平台已形成。自贸试验区已成为我国新一轮东西双向开放的重要平台,当前,我国中西部地区基础设施和投资环境有了显著改善,《国务院关于促进外资增长若干措施的通知》(以下简称《通知》)要求,支持中西部地区承接外资产业转移,扩大中西部地区鼓励外商投资产业范围。为贯彻《通知》要求,国家发改委、商务部发布《中西部地区外商投资优势产业目录(2017年修订)》,进一步扩大中西部地区鼓励外商投资产业范围,明确相关的优惠政策,以积极引导外资更多地投向中西部地区,这些重大举措必将有利于更好地吸引外资,促进中西部地区开发开放,增强中西部地区竞争力,未来我国中西部地区外商投资规模增速将会明显提高。

五 更好发挥外资在服务现代经济体系建设中的作用

习近平总书记在十九大报告中指出,推动形成全面开放新格局是我国建设现代化经济体系的重要内容。更好发挥外资在服务现代经济体系建设中的作用,必须推进更深层次更高水平的双向开放、为企业"降成本"做足做好"减法"、营造内外资企业更加公平竞争的市场环境、进一步深化行政体制改革、更好发挥外资企业对促进实体经济发展的重要作用。

(一)推进更深层次、更高水平的双向开放

把国内企业更好地"走出去"与外资企业更好地"走进来"有机结合起来,有重点地推动对外开放,赢得国内发展和国际竞争的主动。进一步推进FTA网

络建设，推进贸易投资自由化、便利化。要进一步加强与各国在更广泛领域的多边、双边谈判，加强二轨对话，更大范围地拓展与各国的合作空间。要发挥好政策性、开发性、商业性金融的作用，推进"一带一路"建设。要全力推进自贸试验区建设，持续推进内陆沿边开放，推动国家级经开区、边合区等开放平台建设迈上新台阶。

（二）为企业"降成本"做足做好"减法"

贯彻落实2018年中央经济工作会议精神，在减税、降费、降低要素成本上加大工作力度。着力降低各类交易成本特别是制度性交易成本，减少审批环节，降低各类中介评估费用，降低企业用能成本，降低物流成本，提高劳动力市场灵活性，推动企业向内降本增效。通过为企业"减负"、"降成本"，给企业打造低成本、高效率的发展环境。

（三）营造内外资企业更加公平竞争的市场环境

贯彻落实2018年中央经济工作会议精神，着力完善知识产权保护的相关法律法规建设，探索建设更为便捷且国际认可度高的纠纷调节机制。完善内外资企业平等参与政府采购、招投标、资质资格获取等相关措施，加快建设法治化的市场营商环境。进一步在市场准入、要素配置等方面创造条件，使内外资企业、中小微企业更好地参与市场竞争。

（四）进一步深化行政体制改革

要完善市场在资源配置中起决定性作用的体制机制，深化行政管理体制改革，打破垄断，健全要素市场，使价格机制真正引导资源配置。要进一步推进"放管服"，着力解决行政体制改革中的"中梗阻"问题。进一步完善负面清单管理的外资管理体制和放宽外资行业准入限制。在依法行政的前提下，指导地方政府试点项目直接落地。加强预期管理，稳定企业投资信心。

（五）更好发挥外资企业对促进实体经济发展的重要作用

必须把思想认识统一到中央对国内国际经济形势的判断上来，深入研究市场变化，理解现实需求和潜在需求，在解放和发展社会生产力中更好满足人民美好生活需要。要积极引导外资适应中国国内主要矛盾变化，提高供给结构对需求结构的适应性，着力提高供给质量，扩大有效供给。要引导外资转变观念，激励、鼓励创新，增强企业主体内生动力，提高盈利能力，提高劳动生产率，提高全要素生产率，提高潜在增长率。

参考文献

王彤、王劭斐：《近年来我国固定资产投资变动特点及影响因素》，《中国物价》2003年第6期。

吴振宇、杨光普：《宏观调控预期管理：现状、问题和政策建议》，《国家治理》2017年第4期。

国家发展改革委：《加快对外开放步伐 优化外商投资环境》，国家发展改革委网站，2017年9月20日。

钟山：《更好发挥外企对促进实体经济发展重要作用》，商务部网站，2017年2月27日。

（撰稿人：中国国际经济交流中心经济研究部副研究员，李娣）

对外投资回顾与展望

2017年，在对外投资监管趋严以及上年高基数的影响下，我国对外投资增速大幅放缓，但对外投资规模依然较大，仍是全球外商直接投资的主要来源地，对外投资的行业结构继续优化，布局全球价值链的能力日益增强，国际产能合作稳步推进，"一带一路"沿线国家已是我国对外投资的重要区域，对外投资主体多元化，民营企业逐渐成为"走出去"的生力军，跨国并购已是对外投资的主要方式。展望2018年，在地缘政治风险上升、国际投资保护主义升温等背景下，我国对外投资体系不断完善，企业用汇需求压力有所缓解，企业"走出去"的基础坚实，政策红利不断释放，我国对外投资增速将重回正增长区间。

一 2017年对外投资的基本特征

（一）全球对外投资的基本特征

1. 全球外商直接投资温和复苏，不同经济体间分化明显

受全球经济复苏乏力、贸易保护主义升温、国际贸易和投资低迷、地缘政治风险上升、投资者信心不足等因素的影响，2016年全球外商直接投资增长动能减弱，投资规模降至1.75万亿美元，同比下降2%，全球外商投资流出量降至1.45万亿美元，同比更是下降9%。其中，发达经济体的对外直接投资流入量持续增加，与上年相比增长5%，规模已超过1万亿美元，占全球对外直接投资流入量的比重进一步升至59%，较上年增加4个百分点；但发达经济体的对外直接投资流出量与2015年相比下降了11%，占全球对外直接投资流出量的比重下降1.7个百分点至71.8%。美国在2016年的对外投资虽有所放缓，但仍是全球最大的对外投资来源国，也是全球最具吸引力的投资目的地。而脱欧事件使得英镑过度贬值并造成资产价值的相对低估，反而吸引了大量的海外投资者进入，使英国居全球外商直接投资流入量的第2位。发展中经济体的对外直接投资流入量出现明显的下降，流入规模达6460亿美元，较上年下降14%，占全球对外直接投资流入量的比重缩小至41%，而由于对亚洲经济增长前景的担忧，亚洲发展中国家的对外直接投资流入量出现自2012年以来的首次下降，规模达4430亿美元，较上年下降15%；与对外直接投资流入量大幅下降不同的是，发展中国家的对外直接投资流出量仅小幅降低2%。

进入2017年，世界经济增长好于预期，全球贸易增长动能增强，国际贸易持续改善，全球就业形势向好，发达国家的失业率屡创新低，全球通胀水平逐步回升，主要经济体已摆脱通缩风险，全球制造业回暖，主要经济体制造业PMI达阶段性高点，企业利润日渐回升，投资者信心不断恢复，全球面临的"低增长、低国际贸易流量、低通胀、低投资、低利率"情况有所改善，从而导致全球外商直接投资复苏，根据联合国贸易和发展组织发布的《2017世界投资报告》，预计2017年全球外商直接投资增长5%至1.8万亿美元，而且复苏势头将延续至2018年，届时投资规模将达1.85万亿美元。

表1 2011~2016年全球外商直接投资流量

单位：亿美元

全球外商直接投资流入量						
年份	2011	2012	2013	2014	2015	2016
世界	15911	15925	14432	13238	17740	17464
发达经济体	8242	8569	6842	5633	9841	10323
欧洲	4849	5413	3404	2724	5659	5329
美国	2298	1990	2013	1716	3484	3911
发展中经济体	6875	6710	6746	7037	7523	6460
亚洲	4256	4011	4215	4603	5236	4426

续表

	全球外商直接投资流出量					
年份	2011	2012	2013	2014	2015	2016
世界	15760	13884	13994	12531	15943	14524
发达经济体	11299	9740	8909	7076	11272	10438
欧洲	5603	4665	3868	2212	6657	5146
美国	3965	3182	3034	2922	3031	2990
发展中经济体	3904	3814	4327	4727	3892	3834
亚洲	3187	3046	3626	4123	3386	3630

资料来源：《2017世界投资报告》。

2. 跨国并购成为推动全球外商直接投资增长的主要动力

从外商直接投资的模式看，由于跨国并购具有迅速进入并占领东道国市场、降低企业的扩张风险和成本、大幅降低进入新行业的壁垒、帮助企业获取新技术等优势，跨国并购保持较快的增长态势，并购活动由过去的以发达经济体为主向发达经济体和发展中经济体并重的方向转变，且并购案件逐渐呈现出大型化特征。近年来，跨国并购增速虽有所放缓，但仍然较高，成为推动全球外商直接投资增长的主要动力。

3. 服务业仍是全球外商直接投资的主要领域

从外商直接投资流入的行业看，全球外商直接投资主要集中于服务业，约占总行业投资的一半。以金融和商业服务为主的服务业出现下滑态势。其中，虽然商业服务业的绿地投资保持较快的增速，但跨国并购出现明显的下跌，绿地投资增长势头被跨国并购的下降趋势所抵消，而金融业在绿地投资和跨国并购中均呈下降态势，因此拖累了商业服务业投资规模的增长。批发零售业增长迅猛，逐渐成为推动服务业投资增长的重要动力。流向制造业的比重进一步减小，其中，制造业的跨国并购缓慢增长，食品、饮料和烟草业、机械设备、电子电器等行业增长明显，对制造业跨国并购增长形成有力支撑，而制造业绿地投资出现普遍性下滑，成为制约制造业投资增长的主要因素，表明全球生产性投资依然不足。

表2 全球外商直接投资的行业分布情况

单位：亿美元，%

项目	绿地投资		跨国并购	
	金额	增速	金额	增速
服务业	4812	15	3831	25
金融业	241.5	-11	914.0	-9
商业服务业	944.7	32	664.5	-29
批发零售业	255.5	13	512.2	230
制造业	2921	-9	4028	2
食品	241.9	-3.7	1375.5	428.3
机械设备	101.1	-15.7	311.2	31
电子电器	434.0	3.3	740.4	177.2

资料来源：《2017世界投资报告》。

（二）我国对外投资的基本特征

1. 我国对外投资增速虽大幅放缓，但仍是全球利用外资的主要来源地

由于我国对外投资存在非理性行为，"泡沫化"倾向严重，为保证对外投资的健康可持续发展，我国于2016年末加强了对外投资的监管。即便在世界经济复苏形势向好、全球贸易回暖等背景下，我国对外资的流出监管依然没有放松。受此影响，我国对外投资增速大幅放缓，截至2017年底，我国对外直接投资额为1200.8亿美元，同比下降29.4%，盲目冲动的投资行为得到有效遏制，市场投资主体逐渐回归理性，其中，11月和12月当月对外直接投资额分别达212.4亿美元和125.3亿美元，较上年分别增长34.9%和48.9%，扭转了近一年来逐月下降的趋势。2017年我国吸引外商直接投资的规模达1310.4亿美元，大于对外直接投资规模，导致我国对外直接投资由上年的资本净流出国转变为资本净流入国。虽然我国对外直接投资的增速大幅放缓，但投资规模依然较大，已超过上年加拿大、法国等大部分发达经济体全年的投资规模，其中加拿大和法国的对外直接投资额分别为664亿美元和573.3亿美元，分列全球的第5位和第7位，因此我国仍然是全球利用外资的主要来源地。

2. 对外投资的行业结构继续优化，布局全球价值链的能力日益增强

由于国际大宗商品价格回落、国内需求减少以及新能源技术的快速发展，我国采矿业对外直接投资的增速下滑明显，在第二产业对外投资中的主导作用逐渐减弱，其在第二产业对外投资的存量比重已由 2010 年的 62% 下降至 48%。与此同时，由于国内生产成本逐渐上升，劳动密集型行业的国际竞争优势不再，国内企业加快了边际产业向海外转移的步伐，并且为获得国外先进技术，国内企业加大了对国外高技术行业的并购力度，此外，我国还加大了高铁、信息等优势领域的海外投资力度，受此影响，制造业对外投资高速增长，已跻身为第五个对外投资存量破千亿美元的行业，制造业在第二产业对外投资的存量比重已由 2010 年的 24.7% 上升至 34.2%，逐渐成为推动第二产业对外投资增长的新引擎。服务业仍是我国对外投资的主要领域，以租赁和商务服务业，批发和零售业，信息传输、软件和信息技术服务业为主的生产性服务业对外投资保持强劲的发展势头，而制造业向服务领域的延伸也进一步促进了服务业对外投资的增长，国内企业在海外设立研发中心和物流中心的数量不断增加，服务业对外投资低端化的情况逐渐改善，向"微笑曲线"两端布局的能力日益增强，逐渐形成由资源、市场和技术等共同驱动的对外投资新格局。

与此同时，我国对外投资的行业格局继续优化，国内的发展诉求决定了对外投资流向高端化和多元化发展趋势不变，由于房地产、体育和娱乐等非实体领域对外投资对国内产业结构优化升级的推动作用较小，同时伴随着大量的跨境资金流动，给我国金融安全带来了负面冲击，在国内加强对外投资真实合规性审查以及规范对外投资方向后，上述行业的对外投资增速大幅放缓，房地产业、体育和娱乐业对外投资没有新增项目，资金投向实体经济的比重上升，截至 2017 年底，我国对外投资主要流向制造业，租赁和商务服务业，批发和零售业，信息传输、软件和信息技术服务业，其占对外投资流量的比重分别为 15.9%、29.1%、20.8% 和 8.6%。对外投资行业结构的优化调整也令我国在全球产业链和价值链中的布局不断完善。

3. 国际产能合作持续推进，"一带一路"沿线国家已成为重要的投资区域

随着对外开放水平的不断提高，国内企业在海外布局愈发积极，我国在全球设立对外直接投资企业数量保持高速增长态势，境外资产总额已超过 5 万亿美元。同时我国还具有巨大的产业规模，产业体系完备且层次丰富，已形成一批具有代表性的优势行业，国际产能合作基础坚实，合作进程稳步推进。特别是我国与"一带一路"沿线国家的产能合作取得丰硕成果，已与沿线近 40 个国家签订产能合作协议，推动着我国传统制造业以及高技术制造业和现代服务业向周边地区的转移，对周边国家产业结构升级及其工业化进程产生积极作用。我国与沿线国家的贸易往来日益频繁，贸易总额占我国贸易总额的 1/4 以上。同时我国还与沿线国家先后建立了近 60 个经贸合作区，为东道国创造了大量的税收收入和就业岗位，推动东道国经济不断增长，我国已成为部分沿线国家的投资主要来源地。进入 2017 年，我国与"一带一路"沿线国家的投资合作稳步推进，截至 12 月，对 59 个相关国家的非金融类直接投资 143.6 亿美元，占对外投资总额的比重升至 12%，较上年增加 3.5 个百分点。我国与"一带一路"沿线的 61 个国家签订对承包工程合同额 1443.2 亿美元，较上年增长 14.5%，占我国对外承包工程总额的 54.4%，较上年增加 2.8 个百分点。

4. 对外投资主体多元化，民营企业逐渐成为"走出去"的生力军

现阶段，国有企业在对外投资规模上仍占主导地位，但非国有企业，特别是民营企业发展势头迅猛。从对外非金融类直接投资的流量来看，非公有经济控股的境内投资者对外投资达 1232.4 亿美元，占对外非金融类投资流量的 68%；公有经济控股的境内投资者对外投资 579.9 亿美元，占对外非金融类投资流量的 32%。从对外非金融类直接投资存量来看，国有企业占比达 54.3%，虽然较上年增加 3.9 个百分点，但在近十年中所占比重已下降了 26.7 个百分点，而非国有企业所占比重则由 19% 迅速攀升至 45.7%，非国有企业对外投资的快速发展使得我国对外投资主体由以国有企业为主导向国有企业和非国有企业并重的局面转变。从对外直接投资者的构成来看，在我国对外直接投资的 2.44 万家企业中，国有企业仅占 5.2%，较上年进一步下降 0.6 个百分点。从并购交易数量来看，在国内企业海外并购交易放缓的条件下，民营企业呈现出更加积极的态势，截至 2017 年前三季度，民营企业并购交易达 359 宗，并购数量是国有企业的近 5 倍，占总交易宗数的 63%，与上年基本持平，民营企业已成为我国海外投资的重要力量。

5. 跨国并购已成为对外直接投资的主要方式

近年来，我国以跨国并购方式进行的投资规模不断扩大，截至 2017 年底，我国跨国并购实际交易金额达 962 亿美元，占同期对外投资总额的 80.1%，较上年增加 11.1 个百分点。从并购的行业分布来看，随着我国经济发展的动力转换，服务业和消费支出已成为经济增长的驱动力，对医疗保健、制药以及高附加值行业的海外并购不断增加，并购活动已由以能源和开采业为主向电信、信息技术、传媒、金融服务等领域扩散。从并购目的地来看，由于具备良好营商环境、健全的法律体系、高质量的员工和管理团队、完备的基础设施以及先进的科学技术等优势,我国对美、欧等发达国家的并购虽大幅下降,但仍是企业海外并购的重要区域。而随着"一带一路"建设的稳步推进,我国在政策沟通、设施联通、贸易畅通、资金融通和民心相通等方面取得了丰硕的成果,对"一带一路"沿线国家的企业并购升幅明显,并购数目达62起,投资额达88亿美元,较上年增长32.5%,占并购总额的比重上升4.2个百分点至9.1%。

二 2018年对外投资趋势展望

我国虽然加大了对对外投资的监管力度,但支持国内企业"走出去"的战略没有发生改变,依然支持真实合规性的对外投资。而且我国对外投资交流平台日益完善,"一带一路"建设有序推进,已与众多国家签订双边投资协定,对外投资空间不断拓展。同时,国内环境趋稳,外汇储备连续增长,有助于企业用汇压力的缓解。加之对外投资监管政策逐渐明朗,对投资交易的不确定性不断减小,政策红利持续释放。此外,国内企业"走出去"基础坚实,已具备所有权优势、内部化优势以及区位优势,我国对外投资的内生动力强劲,正处于对外投资扩张周期,未来发展空间巨大。综合判断,2018年我国对外投资将重回正增长区间,预计增长10%左右。

(一)抑制对外投资增长的因素

1. 地缘政治风险上升

随着欧洲大选年落下帷幕,欧元区的地缘政治风险虽有所减小,但紧张的局面尚未出现根本性改善,右翼化倾向加深,民粹主义逐渐向欧洲蔓延,英国脱欧谈判进展缓慢,西班牙中央政府与加泰罗尼亚地区矛盾激化,意大利两地区寻求扩大自治权,欧洲分裂主义再掀风波。叙利亚局势错综复杂,伊核协议前景不明,教派矛盾激化,美俄博弈升级,中东局势依旧扑朔迷离。全球地缘政治风险仍处于较高水平,不利于我国对相关国家和地区的投资。

2. 全球投资保护主义升温

近年来,我国对外投资规模不断增大,对发达国家的高新技术行业投资意愿愈发强烈,而发达国家以维护本国安全为由加大了对外国企业的投资审批难度,同时对高技术行业以及资源行业的投资施行更加严格的限制性措施,以防止本国的技术、知识产权以及资源流失。美国外国投资委员会(CFIUS)对外公布的数据显示，2015年我国投资企业在美国的交易审查数量为29项，约占总审查交易数量的20%，这也是我国自2012年以来连续第四年成为最大的被安全审查国，美国国会下属的美中经济与安全审议委员会（USCC）甚至建议禁止我国获得美国企业的有效控制权，而特朗普政府对投资审查提出修订，意在扩大CFIUS的权力并进一步加大投资审查的力度，扩大投资审查范围以及延长投资审查时间。与此同时，欧盟于近期颁布了《有关外国投资者对欧盟直接投资的法律草案》，与CFIUS的审查制度相比，此草案的审批更加严格、适用范围更广并加强了对外资并购的审查权限。随着全球投资保护主义升温，以发达国家主导的国际投资规则将制约着我国对外投资，特别是对高技术领域的投资。

3. 对外投资监管审查力度趋紧

在2016年我国对外投资高速增长的背后存在诸多隐患，国内企业对外投资的盲目冲动、母小子大、快设快出等投资乱象层出不穷，为保证我国对外投资健康可持续发展，国家发改委、商务部、中国人民银行和国家外汇管理局四部门加大了对对外投资的监管力度，确保对外投资的真实合规性。国务院也发布了《关于进一步引导和规范境外投资方向的指导意见》，在优化国内企业海外资产配置的同时明确了房地产、影视、娱乐等为限制投资领域。受此影响，限制投资领域的对外投资大幅减少，而对外投资审核时间的延长也放缓了企业海外投资的步伐。

（二）促进对外投资增长的因素

1. 对外投资体系日趋完善

我国虽然加强了对对外投资的真实性、合规性监管，但支持国内企业"走出去"的战略没有变，限制的仅是房地产、娱乐业和体育俱乐部等境外投资，对高技术行业、农业和文化等领域的境外投资依然是持鼓励和支持态度。"一带一路"建设提出以来，已得到100多个国家和众多组织的积极支持和响应，这进一步拓展了我国对外投资合作的空间。同时，我国积极与其他国家建立双边、多边经贸合作机制，已与104个国家和地区签订双边投资协定，中美和中欧双边投资协定谈判已取得阶段性成果，投资协定的达成不仅有助于减少我国企业面临的投资壁垒，还能降低投资风险，提升投资的便利化程度，从而为国内企业"走出去"创造有利条件。此外，人民币汇率改革日益深化，资本项目可兑换有序推进，人民币国际地位持续提升，跨境人民币业务不断扩大，使用渠道更加多元化，人民币国际化助推国内企业"走出去"。

2. 国内宏观经济环境有所改善

在全球经济稳健复苏的情况下，我国经济增长亦有改善，截至2017年前三季度，我国GDP增长6.9%，与上年同期相比上升0.2个百分点，工业企业利润大幅改善，利润总额同比增长22.8%，远远好于上年同期8.4%的增长，外需向好带动我国进出口贸易回暖，经济结构转型成效显著，以云计算、大数据、人工智能为代表的信息技术产业蓬勃发展，高新技术行业和战略新兴行业保持良好的增长势头，已成为推动我国经济增长的重要动力，汇率保持相对稳定，外汇储备不断下降的趋势得到有效遏制，已连续11个月出现上涨，由年初的29982亿美元增加至12月末的31399亿美元，国内宏观经济的改善有助于企业用汇需求压力的缓解。

3. 政策红利不断释放

随着对外投资监管政策的不断落地，相关法规日渐明朗和细化，对投资交易的不确定性因素逐步减少，并推动了我国境外投资的健康可持续发展。其中，《关于进一步引导和规范境外投资方向的指导意见》明确指出，重点推进有利于"一带一路"建设和周边基础设施互联互通的基础设施境外投资，在高新技术和先进制造、能源资源、农业、产能和装备以及服务业等方面鼓励开展境外投资。《企业境外投资管理办法》（"11号令"）较《境外投资项目核准和备案管理办法》（"9号令"）进一步放宽了投资主体履行核准、备案手续的最晚时间要求，取消了项目信息报告制度和地方初审、转报环节，从而简化了事前管理环节，降低了对外投资企业的制度性交易成本，提升了企业境外投资的便利化程度。《"走出去"税收指引》从税收政策、税收协定、管理规定及举措方面，详细列举了企业"走出去"涉及的83个事项，从而为我国企业"走出去"提供法律法规方面的指引与帮助，有效规避境外投资的税收风险，提高"走出去"企业的国际竞争能力。

4. 国内企业"走出去"基础坚实

由于生产成本上升，我国部分传统行业的比较优势逐渐消逝，而周边国家和地区的区位优势逐步显现，为我国的边际产业转移提供了良好的投资环境。而且在经历了多年的快速发展后，我国企业积累了大量的资金，创新能力明显提升，部分行业和领域已达到国际领先水平，所有权优势凸显。随着贸易保护主义升温，为绕开贸易壁垒获取东道国的市场份额，国内企业也加大了海外投资力度。同时，我国在部分高技术领域以及管理经验方面与发达国家相比还存在短板，企业国际化程度不高，品牌竞争优势较弱，技术和品牌驱动型的对外投资意愿增强。此外，我国对外投资正处于上升周期，对外投资起步相对较晚，与发达国家相比依然有较大的差距，2016年我国对外投资存量占GDP的比重仅为11.4%，远远低于美国（34.4%）、德国（39.4%）和日本（28.4%），未来对外投资发展空间较大。

三 政策建议

（一）完善对外投资管理体制

提升对外投资审批效率，缩短项目审核时间，完善各部门间的沟通协调机制，提高对外投资便利化程度；加强金融财政服务体系建设，进一步深化汇率体制改革，促进人民币跨境流通和使用的便利化，有序推进金融企业"走出去"，拓宽国内企业的海外融资渠道，加大中小企业海外投资的资金支持力度，健全海外投资保险体系，积极推动与主要投资东道国的双边税收协定谈判；加强与国际组织的沟通与合作，深入参与国际投资规则制定，提升投资规则制定的话语权，主导区域经济一体化建设，大力推进双边、多边投资协定谈判与签订；合理引导对外投资方向，适时调整产业引导政策；完善对外投资的法律体系，保护投资者合法权益。

（二）加强对外投资信息服务体系建设

提升驻外机构对东道国的数据搜集和整理能力，完善资讯平台建设，加强各部门间的信息共享，确保信息披露的时效性及准确性；鼓励企业与科研机构的交流合作，深入研究东道国的法律、经济、政治、文化等投资环境，强化企业对外投资的风险识别能力；完善国别投资产业指导目录，加强境外投资的风险提示性工作；积极培育一批法律、财务、技术等国际化中介机构，提升对外投资的专业化服务能力。

（三）优化对外投资风险防控体系

明确各部门的监管责任，加强监管部门间的联动性；健全对外投资监管机制，完善事后监管框架；加强企业的跨境资本流动监测，确保企业对外投资的真实合规性；建立国有企业海外投资评价体系，降低国有企业投资的道德风险，确保国有资产保值增值；健全与东道国的联合监管制度，完善企业投资信用体系，加强国内企业海外融资的监管，防止融资杠杆过高引发国内金融市场大幅波动。

（四）加快推动"一带一路"建设

大力推进我国与"一带一路"沿线国家的产能合作，完善"一带一路"国际产能合作的促进机制和政策支持体系建设，充分利用沿线国家的资源禀赋，实现生产要素在不同国家间的自由流动，加快我国传统优势产业及先进制造业向沿线国家的转移与合作，进一步加强和创新"一带一路"沿线国家的经贸合作区建设，促进不同区域间产业链的优化整合。发挥人民币海外基金、丝路基金、中非基金、亚洲基础设施投资银行等金融机构的作用，创新投融资模式，强化对重点地区的投资合作战略设计，加大企业对外投资的支持力度。

参考文献

何帆：《中国对外投资的特征与风险》，《国际经济评论》2013 年第 1 期。
梅冠群：《基于日本经验的中国对外投资政策选择研究》，《亚太经济》2017 年第 2 期。
周师迅：《中国企业跨境并购的外部风险与对策研究》，《世界经济研究》2017 年第 5 期。
卢进勇、宋琳：《供给侧结构性改革背景下我国"走出去"战略新思考》，《国际贸易》2017 年第 2 期。
王光、卢进勇：《投资规则新变化对中国企业"走出去"的影响与应对措施》，《现代管理科学》2017 年第 2 期。

（撰稿人：国家信息中心经济预测部，邬琼；中国国际经济交流中心经济研究部，林江）

专题3　产业经济

先进制造业发展及展望

十八大以来,在国家创新驱动战略和《中国制造2025》等规划引领下,我国加快科技创新和技术改造步伐,大力发展先进制造业,积极推动传统产业转型升级,主动适应消费结构升级需求,成效显著。一方面,高技术制造业发展势头良好,影响不断增大。2013~2016年,我国高技术制造业增加值年均增长11.3%,比规模以上工业年均增速高3.8个百分点;2016年,高技术制造业增加值占规模以上工业的比重为12.4%,比2012年提高3个百分点,对工业增长的贡献率达到21.6%,较2012年提高10.5个百分点。另一方面,得益于创新驱动,我国传统产业在国际产业链中的分工地位逐步提高,关键装备与核心零部件严重依赖进口的状况逐步得到改善。党的十九大报告提出要"加快建设制造强国,加快发展先进制造业",进一步明确了未来一段时期我国制造业的发展重点和发展方向。

一 加快发展先进制造业的战略意义

(一)加快发展先进制造业是提升我国综合国力和核心竞争力的重要抓手

国家间的竞争最根本的是综合国力的竞争,关键是培育核心竞争力,制造业发展水平是国家核心竞争力的一个重要体现。十八大以来我国先进制造业发展成效显著,但制造业整体"大而不强"的局面尚未得到根本改观。在当前全球制造业发展理念转换、结构失衡调整、竞争优势重构的关键时期,美、德、日等世界主要经济体已将发展先进制造业置于重要位置，均投入了大量资源。加快发展先进制造业有助于加快我国制造业新旧动能转换，带动关键领域的核心技术取得突破，推动从制造业大国向制造业强国迈进，促进提升我国综合国力与核心竞争力，获取我国在全球制造业领域的竞争优势地位。

（二）加快发展先进制造业是新时代缓解我国社会主要矛盾的重要举措

十九大报告提出，随着中国特色社会主义进入新时代，我国社会的主要矛盾从"人民日益增长的物质文化需要同落后的社会生产之间的矛盾"转变为"人民日益增长的美好生活需要和不平衡不充分的发展之间的矛盾"。当前，我国很多行业的产品数量已经基本满足社会需求，不少行业还面临产能过剩局面，但高附加值、高质量、高技术水平产品不足，其背后的一个重要原因是制造业特别是先进制造业的发展难以满足消费者需求升级的要求。立足生产和生活消费升级需要，加快发展先进制造业，不断提升产品的技术含量、质量及附加值，满足群众对中高端产品的需求，有利于促进新时代社会主要矛盾的解决。

（三）加快发展先进制造业是深化供给侧结构性改革的重要举措

深化供给侧结构性改革需要加快经济新旧动能的转换，促进经济从粗放型增长方式向集约型增长方式转变。加快发展先进制造业，一方面加大传统产业技术改造力度，使新技术与传统产业相融合，促进传统产业转型升级，向产业链、价值链中高端迈进，提升传统产业的投入产出比，另一方面大力培育和发展新业态、新技术、新模式，推进制造业提质增效，重点培育引领未来制造业发展方向的智能制造行业，如机器人、云计算、3D打印、通用航空器制造、高铁产业、芯片、高档数控系统等，使经济发展动能逐步由传统产业向高技术和新兴产业转移。

二 2017年我国先进制造业发展概况

（一）政策法规体系加快完善

2017年，我国在国家层面新推出了一系列促进先进制造业发展的政策法规（见表1），进一步丰富和完善了促进先进制造业发展的政策法规体系。此外，我国部分省市也根据自身发展实际，出台了本地区促进先进制造业发展的政策法规，初步形成了聚焦先进制造业发展的多层次政策法规体系。

表1　2017年我国部分促进先进制造业发展政策法规情况

序号	政策法规名称	发文单位	成文日期	发文日期
1	《关于印发新一代人工智能发展规划的通知》	国务院	2017年7月8日	2017年7月20日
2	《关于深化"互联网+先进制造业"发展工业互联网的指导意见》	国务院	2017年11月19日	2017年11月27日
3	《关于创建"中国制造2025"国家级示范区的通知》	国务院办公厅	2017年11月20日	2017年11月23日
4	《关于印发〈高端智能再制造行动计划（2018~2020年）〉的通知》	工业和信息化部	2017年10月31日	2017年11月9日
5	《工业和信息化部关于加快推进环保装备制造业发展的指导意见》	工业和信息化部	2017年10月17日	2017年10月24日

注：根据国务院和工信部网站信息整理。

（二）先进制造业主要领域进展明显

2017年，我国在先进制造业涉及的"互联网+"、新技术、高端装备制造等领域取得了新的进展。

1. "互联网+"

（1）工业互联网

互联网技术的快速发展及广泛运用为制造业与互联网技术的融合发展创造了条件。工业互联网作为利用物联网进行大规模工业制造的技术，以大数据、云计算等为技术支撑，通过精确的数据处理与传递，为制造企业节约生产成本，实现工业产出效率的最优化。

2016年2月，在工业和信息化部的指导下，我国正式成立由工业、信息通信业、互联网等领域百余家单位共同发起的工业互联网产业联盟。2017年，联盟会员数量超过400家，发布了多项研究成果，并从技术标准、产业需求、安全保障、国际合作等多个方面开展工作，推动了工业互联网产业应用实践取得实质性进展。在企业和行业组织广泛实践的基础上，2017年11月19日，国务院正式发布《关于深化"互联网+先进制造业"发展工业互联网的指导意见》，提出了我国工业互联网发展的"三步走"目标。

（2）云计算

云计算能够有效整合生产、需求等各种市场要素资源，促进产业链上下游的有效对接与协同创新，是互联网与制造业融合的基础，同时也是工业互联网发展的重要驱动力量。近年来，我国云计算产业快速发展。2016年，全国云计算市场总体规模达493.4亿元，同比增长25.23%，其中公有云市场规模为147.6亿元，同比增长44%；私有云市场规模为345.8亿元，同比增长25%。未来几年，我国云计算市场（包括公有云市场与私有云市场）规模预计仍将维持快速增长态势（见图1）。

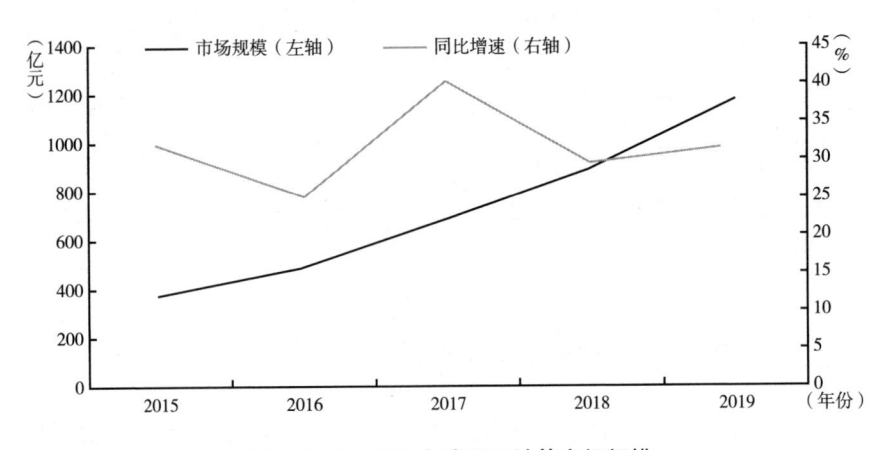

图1　2015~2019年我国云计算市场规模

注：2017~2019年数据为预测数。
资料来源：公开资料整理。

（3）物联网

物联网是新一代信息技术的重要组成部分，是基于互联网的延伸和扩展的网络，核心和基础仍然是互联网。物联网通过智能感知、普适计算等通信感知技术广泛应用于网络融合当中。近年来，我国物联网产业发展迅速，2016年行业规模为9750亿元，2017年超过14000亿元，预计2018年将超过20000亿元。

（4）人工智能

总体上，全球人工智能仍处于发展初期，但部分国家已将人工智能上升为一项国家战略。2017年，我国人工智能发展在顶层设计与实践落实两个方面取得重要进展，政府工作报告和十九大报告均正式提出将人工智能作为一项发展内容，《新一代人工智能发展规划》《促进新一代人工智能产业发展三年行动计划

(2018~2020)》等政策规划明确了我国人工智能发展的时间表和路线图。

实践领域，我国在人工智能应用方面取得了一系列进展。2017年7月，百度发布人工智能开放平台的整体战略、技术和解决方案；8月，腾讯正式发布人工智能医学影像产品，并发起成立人工智能医学影像联合实验室；10月，阿里巴巴集团成立达摩院。此外，科大讯飞、依图科技等在各自领域均达到世界领先水平。

(5) 现代供应链

信息技术的进步，特别是互联网技术的应用带来供应链向广度和深度拓展，现代供应链作为一种集成的方法，把供应链上的各个企业连接起来，使其各自分担的采购、生产、销售、服务等各项职能协调发展，形成一个有机的供应链整体。从整个社会的范围来看，现代供应链将使企业间的协同发展为整个国民经济组织的优化。现代供应链下，互联网电商企业之间的竞争将成为供应链之间的竞争。

现代供应链发展在我国处于起步阶段，顶层设计进展较快。在2016年发布的《国内贸易流通"十三五"发展规划》、《关于开展供应链体系建设工作的通知》等的基础上，2017年10月，国务院办公厅印发了《关于积极推进供应链创新与应用的指导意见》，提出了农业、制造业、流通业、供应链金融、绿色供应链、全球供应链六大重点任务，以及政策环境、试点示范、信用监管、标准体系、人才培养、行业组织六大保障措施，为我国现代供应链发展提供了政策保障。

2. 新技术

(1) 3D打印

3D打印可以分为工业级3D打印和消费级3D打印。工业级3D打印主要运用于对质量、精度要求较高的航空航天、汽车、模具开发、医疗器械等领域，是发展先进制造业的重要基础性领域。近年来，全球3D打印市场发展迅速。*The State of 3D Printing 2016*的数据显示，2016年全球3D打印市场规模达到100亿美元，预计未来3年全球3D打印市场空间将提升至300亿美元，其中，机械、消费品/电子、汽车、航空航天、医疗等领域的3D打印市场规模占比将分别为17.5%、16.6%、16.1%、14.8%、13.1%。全球范围内3D打印的应用仍然主要集中在制造业领域。

近年来，我国3D打印市场呈现出高速增长态势。2011年，全国3D打印行业整体收入约为10亿元人民币，2015年提高至78亿元人民币，年均复合增长率接近70%。2016年全国3D打印市场规模进一步提升至95亿元人民币，同比增长21.8%。2017~2021年，我国3D打印市场规模预计将分别达到173亿元、251亿元、377亿元、512亿元、691亿元，仍维持高速增长态势①。

（2）机器人

随着制造业人力成本的不断提升以及智能制造产业的不断发展，"机器换人"现象在世界各主要经济体制造业领域普遍出现。《中国制造2025》提出，要把智能制造作为信息化与工业化深度融合的主攻方向。发展工业机器人是实现这一目标的重要举措，也是我国先进制造业发展的重点领域之一。

从全球范围来看，机器人产业正在快速发展。增量方面，2015年，全球工业机器人销量为24.8万台，同比增长12%，2016年为29万台，同比增长16.9%，2017年销量超过32万台；存量方面，2015年，全球工业机器人存量为161.84万台，2016年177.9万台，2017年底达到194.6万台②。

2013年以来，我国工业机器人产业发展迅速。销量方面，2015年我国工业机器人销售约6.8万台，占全球总销量的27.42%，是全球最大的工业机器人消费国，2017年销量突破8万台。存量方面，截至2016年底，我国工业机器人存量为33.23万台，2017年底达到42万台③。产量方面，2016年以来，我国工业机器人产量也得到稳步增加，保持高速增长态势（见表2）。

表2 我国工业机器人产量情况

单位：套，%

时间	产量	同比增速	时间	产量	同比增速
2016年3月	4201	20.1	2016年11月	7485	54.4
2016年4月	7482	16.5	2016年12月	7891	48
2016年5月	7613	14.7	2017年1月	—	—
2016年6月	6670	62.8	2017年2月	—	—
2016年7月	5839	40.1	2017年3月	10163	78.2
2016年8月	6506	65.5	2017年4月	9782	57.4
2016年9月	5728	35.1	2017年5月	10057	47.3
2016年10月	5687	15.1			

资料来源：中国产业信息网。

---

① 数据来源于智研咨询。
② 数据根据公开资料整理。
③ 数据来源于智研咨询。

3. 高端装备制造

（1）通用航空器制造

通用航空产业以通用航空飞行器为核心，包含通用航空飞行器的研发制造、市场运营、综合保障以及延伸配套服务等，具有产业链条长、服务领域广、带动作用强等特点，涉及低空空域通信、导航、监视、气象与空中交通服务多个领域。其中，通用航空器的研发制造是整个产业链的核心环节，与航空航天、先进材料、特种加工、钢铁冶金、自动控制、电子信息等一系列高科技产业紧密相关，是一国制造业水平的重要体现。

目前我国通用航空规模是巴西和墨西哥的1/3，是南非的1/6，具有很大的发展潜力。2014~2016年，我国运行中的通用航空器数量分别为1174架、1435架和1472架，数量虽然逐年增加，但仍不足，对通用航空飞行器的需求十分巨大。

在通用航空器的制造领域，我国目前呈现出以中航工业等大型国有企业为主导的行业格局。这些国有通用航空器制造企业具有较高的技术水平，以生产商务飞机、大中型直升机和喷气式通航飞机为主，产品附加值较高。与此相对，地方政府和民营企业以生产技术门槛和附加值较低的轻型和小型固定翼飞机为主，缺乏生产技术含量较高的通航飞机的能力。

表3 中航工业生产的部分通用航空器产品

类别	型号	市场定位及用途
固定翼飞机	AG600	大型灭火/水上救援水陆两栖飞机
	AG300	轻型公务机
	运-12	支线运输飞机
	运-5	多用途小型运输飞机
	农-5系列	农林专用
	小鹰-500	4~5座轻型多用途飞机
	海鸥300	轻型水陆两栖飞机
	西锐SR22	轻型私人飞机
	A2C	超轻型多用途水上飞机
直升机	AC311	轻型单发多用途直升机
	AC312	中型双发多用途直升机
	AC313	大型三发多用途直升机

资料来源：根据公开资料整理。

从整体发展情况来看，我国通用航空产业竞争格局仍较为分散，行业总体规模较小，仍处于全球价值链的低端，没有占据产业核心环节，国际竞争力较弱。随着近年来我国低空空域改革的推进，各地机场布局加速，通用航空器制造迎来新的发展机遇。政策层面，2016年5月17日，国务院办公厅发布《关于促进通用航空业发展的指导意见》，2017年又发布了一系列促进我国通用航空器制造发展的政策措施（见表4）。

表4　2017年我国出台的部分促进通用航空器制造的政策

发布日期	政策名称	主要内容
2月16日	《通用航空发展"十三五"规划》	加强通用航空法制建设，对载人飞行、作业飞行、个人或企业自用飞行等实施差异化管理，放宽对个人和企业等非经营性飞行活动的限制；进一步降低经营许可门槛、通用航空器引进门槛，简化办事流程；推动3000米以下低空空域开放，简化飞行审批流程
4月25日	《外商投资民用航空业规定》的补充规定	放宽外商投资通用飞机维修中中方控股的限制；允许外商以合资合作形式投资通用飞机维修项目
5月2日	《"十三五"交通领域科技创新专项规划》	重点发展包括： 新构型新能源通用航空飞机技术 新概念、新布局无人运输机 现有机型无人化技术 适时、有序推进低空空域开放
6月15日	《无人驾驶航空器系统标准体系建设指南（2017~2018年版）》	明确无人驾驶航空器系统标准体系建设的总体要求、建设内容和组织实施方式，根据无人驾驶航空器系统分类分级复杂、应用领域众多等特点，从管理和技术两个角度提出无人驾驶航空器系统标准体系框架

资料来源：根据公开资料整理。

2017年以来，我国通用航空器制造领域国际并购、合作生产的趋势愈加明显。比如，青岛联合通用航空有限公司与空客直升机公司签署合资协议，在即墨市省级高新区建立直升机总装生产线，主要生产空客H135型直升机；美国贝尔直升机公司与陕西省能源集团签约，启动贝尔直升机在西安航天基地的总装生产线项目，主要生产贝尔407GPX型直升机。对外合作的增加在一定程度上加快了我国在通用航空器制造领域的技术进步。

（2）高铁产业

2008年以来，以《中国高速列车自主创新联合行动计划》的启动实施为标志，我国高铁产业进入自主创新发展阶段。在科技部和铁道部联合开展的《中国高速列车自主创新联合行动计划》和"十一五"国家科技计划项目基础上，我国在高铁领域建立了以政策为指引、市场为导向、企业为主体、产学研用相结合的科技创新模式，实现了高铁产业的快速发展。至2016年末，全国高铁运营里程已达2.2万公里，较2008年增长近32倍，预计2020年达到3.8万公里的运营里程。

高铁产业的高速列车包括车身制造和机车配件，此外还涉及电气系统、通信系统、综合监控系统等一系列领域，具有较长的产业链，对技术水平的要求也较高。目前，高铁产业已成为我国先进制造业发展的重要领域。2017年，我国高铁产业在两个方面取得了显著进展。一方面，新一代高速列车投入运营。6月26日，"和谐号"列车的升级版——"复兴号"列车正式投入运营，持续运行速度提高至350千米/小时。另一方面，我国高铁"走出去"步伐加快。目前印度尼西亚雅万高铁进展顺利，莫斯科—喀山高铁项目正在积极推进过程当中，截至2017年6月15日，中国意向参与或已经参与的海外高铁项目14个，涉及俄罗斯、印尼、塞尔维亚、新加坡等12个国家。

表5   2017年我国高铁海外部分项目进展情况

地区	项目	投资额	进展
印度尼西亚	雅加达—万隆高铁项目	55亿美元	2017年5月14日国家开发银行与印尼中国高铁有限公司签署项目贷款协议
俄罗斯	莫斯科—喀山高铁项目	1084亿元人民币	2017年5月完成勘察设计
塞尔维亚	匈塞铁路项目	28.9亿美元	2017年已签署塞尔维亚段的商务合同、匈牙利段的建设合同
柬埔寨	金边—西哈努克港高速铁路项目	不详	2017年5月,中铁十七局与柬埔寨代表签署铁路网建设谅解备忘录

资料来源：根据公开资料整理。

三　我国先进制造业发展面临的制约因素

虽然近年来我国先进制造业发展取得较大进步，部分领域（如高铁）也已居于世界领先位置，但毋庸讳言，我国先进制造业的发展还面临不少制约因素。

(一) 关键设备与核心零部件的自主创新生产能力相对不足

长期以来,我国很多关键设备与核心零部件主要依赖进口,包括几乎所有的高档液压件和发动机、80%的芯片、95%的高档数控系统等,这导致相关行业产品附加值和利润水平较低,在一定程度上成为产品加工厂。提升我国先进制造业核心竞争力亟须在关键设备与核心零部件的创新生产领域取得突破。

(二) 网络基础设施仍难以完全满足先进制造业发展需要

我国互联网基础设施的快速发展极大提升了生产和生活的便利性,但对先进制造业而言,当前我国互联网基础设施仍难以完全满足发展需要,集中体现为:一是目前我国的网络主要服务于人与人之间的通信需要,难以满足先进制造业生产对高安全性、高可靠性以及高时效性的需求。二是缺乏统一的标准接口,网络互通性不强。全球现有工业现场总线和工业以太网标准多达20多种,尚不能直接进行互联互通。三是安全管理防护不到位,信息安全意识不强。

(三) 满足先进制造业发展需要的各类专业人才缺口较大

总体上,我国已经形成较为完备的人才培养体系,但人才结构性问题较为突出,与先进制造业所涉及领域密切相关的高技能人才明显不足,人才断档问题较为突出。例如,我国智能制造行业发展方兴未艾,但适应信息技术与制造技术深度融合的交叉复合型人才严重不足。此外,部分制造企业还存在重视待遇提升而忽视发展环境建设等问题,缺乏凝聚力,导致部分高端人才流失。

四 促进我国先进制造业发展的建议

(一) 关注先进技术发展趋势,引领未来产业布局

先进技术是先进制造业发展的基础,未来我国可重点关注物联网、机器人、大数据、生物基因技术、3D打印等领域的技术发展动态,准确研判上述技术领域未来发展趋势,预先布局,早日确立我国在先进制造业领域的领先位置,为实现我国制造业整体实力的"弯道超车"奠定基础。

（二）完善先进制造业发展的机构框架体系与运行机制

根据先进制造业发展需要完善先进制造业发展的机构框架体系，从决策层面和执行层面整合优化现有相关部门职能，理顺各自职能分工，加强各有关单位的信息沟通与协作，改进和完善激励机制，调动政府部门、高校等研发机构以及企业的积极性。

（三）加大对关键性核心技术领域的支持力度

加大对芯片、高档数控系统、高档液压件和发动机等领域的研发资金支持力度，加快实现关键性技术的突破。可借鉴美国、德国等的经验，设立先进制造业创新中心，就先进制造业涉及的相关领域进行针对性研发。进一步发挥好政府的作用，营造良好的市场发展环境，完善产权市场保护和管理制度，加强对先进制造业领域科技创新成果转化的支持，减轻先进制造业领域企业的税收负担。

（四）完善相关标准制度体系和安全体系建设

加快统一先进制造业所涉及的互联网基础设施各类接口的标准，提升网络互通性。加强信息安全制度体系建设，增强信息安全意识，强化先进制造业发展中的信息传输，加强信息安全保障。

（五）加大先进制造业专门人才培养和引进力度

根据先进制造业发展需要，调整高校、职业院校等机构的专业学科布局，建立和完善各类教育机构与先进制造企业共同参与的多种形式的人才培养机构；针对不同先进制造产业的特点，制定相应的人才培养方案；借助市场化等方式大力引进先进制造业发展所需的各类海外高端人才，补齐我国先进制造业发展中的人才短板。

（撰稿人：中国国际经济交流中心经济信息部助理研究员，谈俊）

现代农业产业发展现状及展望

"十二五"以来,我国不断深化现代农业体制机制改革,强化强农惠农富农扶持政策,加大财政支农力度,使我国现代农业产业发展取得了突出成就。然而,多年粗放发展累积的农产品供求结构失衡、资源环境压力大、要素配置不合理、贸易逆差扩大等问题仍很突出,一些问题还在加剧。本报告基于产业链视角,将现代农业划分为三大产业,对产业发展现状及其存在问题进行分析,并对未来农业产业发展态势作出研判。

一 我国现代农业的产业构成及划分依据

整体的快速增长极大地改变了我国农业的外部环境,势必要求农业产业结构随之演进。与传统农业只是种植业、养殖业、林业与渔业等行业简单累加不同,现代农业需要将其产销环节的上下游产业进行整合,才能有效提高整体效率。因此,基于农业产业链的纵向视角,现代农业产业包括了农产品生产和加工、市场流通以及农业服务等上下游产业体系,是一个以纵向产业链延伸和横向多部门拓展为支撑架构的有机整体。

本文以传统三大产业的划分理念对现代农业产业链进行划分,形成现代农业领域三大产业。在这里,现代农业产业链是指与农业初级产品生产线关联密切的产业群——技术研发、农资生产、农产品生产、农产品加工、农产品流通等——所形成的网络结构。其中,农产品生产行业构成现代农业第一产业;农资生产与农产品加工行业构成现代农业第二产业;技术研发及农产品流通行业构成现代农业第三产业,如图1所示。

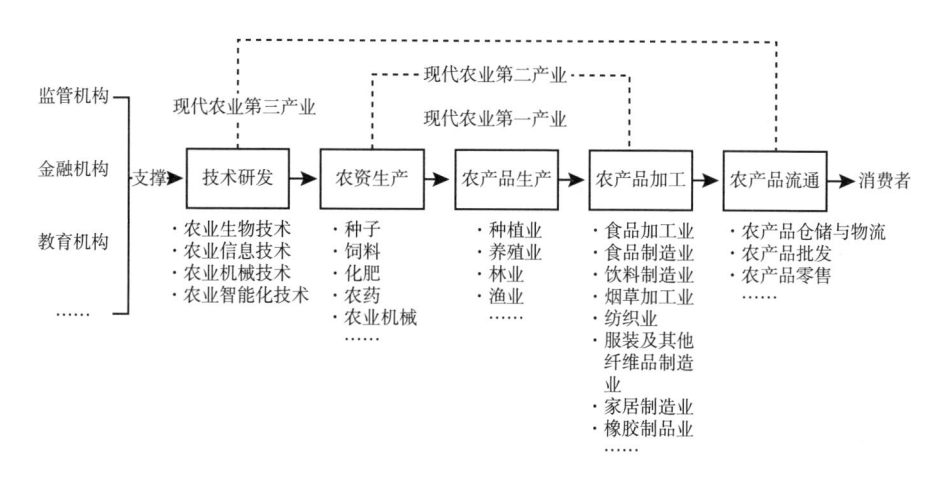

图 1　现代农业产业链以及现代农业三大产业构成

二　我国现代农业产业的发展现状

当前，我国初步形成了区域化布局、专业化生产、产业化经营的现代农业产业格局，产业体系建设正由单纯追求资本、技术要素替代逐步转向要素有机融合的新阶段。

（一）现代农业第一产业稳中调优

1. 产值结构逐渐优化

我国现代农业第一产业产值结构在过去三十多年发生了巨大变化。种植业产值的比例由1978年的80%下降到2016年的52.9%，牧业和渔业产值占比在此期间则分别由15%和1.6%上升到28.3%和10.4%。城乡居民人均肉、蛋、奶、水产品等快速增长，替代了部分传统粮食主食，这在一定程度上反映了我国居民农产品消费逐渐向高层次转变，并呈现多样化的趋势（见图2）。

2. 产品产量普遍保持了高速增长

1978~2016年，我国的粮食产量从3.05亿吨增长到6.16亿吨，增长了102%，其他主要农产品的产量也有了明显增长。我国已经成为世界上最大的农产品生产国之一（见图3）。近年来，随着经济和行业发展方式进入调整和转变的关键时期，不同农产品的生产发展逐渐出现分化。粮食、果蔬等基础农作物的

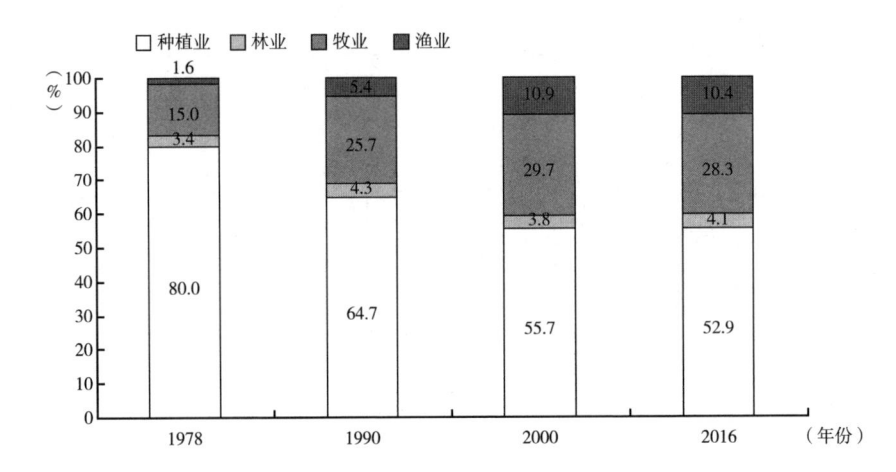

图 2　1978～2016 年现代农业第一产业内部产值结构

资料来源：国家统计局。

产量稳定增加，经济类作物产量小幅增长，而畜产品和水产品持续快速发展。在畜牧养殖领域，我国是世界上最大的猪肉生产国，在过去的 10 年中，我国的猪肉生产量占全球生产总量的 50%，生产量年均增长率达到了 4.1%。在水产养殖领域，自 1989 年以来，我国的水产品产量已经连续 20 多年居世界首位。预计到 2022 年，我国水产养殖产量将占到全球总产量的 63%。

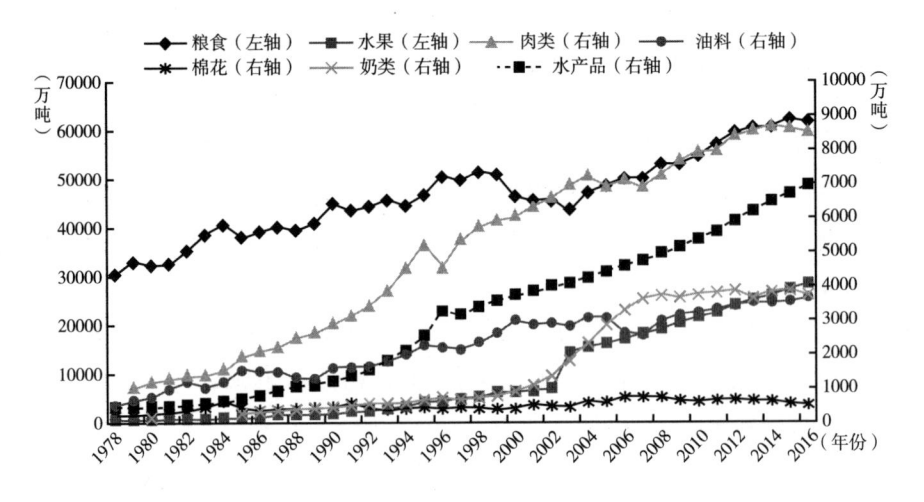

图 3　1978～2016 年主要农产品产量增长情况

资料来源：Wind 资讯。

3. 农产品消费量增速明显

近年来,随着经济的不断发展和居民收入水平的持续提高,国内农产品需求持续旺盛,增长势头强劲。2001~2016年,我国大豆的消费量增长了9.05倍,达到1.1亿吨;牛奶消费量增长了174%,达到1655万吨;食糖消费量增长69%,达到1410万吨。其中,人口增长是推动农产品需求增长的最基本和最重要因素。尽管我国人口年均增长速度近年来有所回落,但是由于人口基数大,每年的人口增量依然较大。除人口因素外,居民收入水平上升也是导致农产品消费总量持续扩张的重要因素之一。与此同时,随着中等收入人群比例的增大,居民消费的农产品更加多样化,对加工食品以及其他高价值产品的需求增长快速,更具营养和附加价值的高消费层次农产品将进一步替代低消费层次的初级农产品。

(二)现代农业第二产业孕育转型

1. 农资行业整合升级正在提速

农资是指农业生产过程中所需物质资料,包括化肥、农药、种子、饲料等。农资行业上游为大宗原料,下游为农产品,受大宗原料价格周期、下游农产品生产周期、农资行业自身投资回报周期等因素影响,农资行业本身具备一定周期特征。我国目前各农资子行业市场规模总计约2万亿元。由于农业现代化进程起步较晚,相对于发达国家,我国各农资子行业的产品普及率和集中度相对较低,行业龙头的成长空间较大。尽管如此,2012年农地经营景气度回落时,各农资子行业普遍经历了利润下滑的周期波动,而下游格局分散是农资行业成长属性受压的重要原因。目前,国内一些龙头农资企业,如安徽辉隆农资集团就通过向种植大户提供从种子到餐桌的全程解决方案,开始探索产业升级之路,并取得了不小的成绩。随着土地经营权流转户数和面积逐步增加,当农业经营主体的单位耕地面积达到75亩,我国农资企业数量将大幅"精简"。

表1 2016年各农资子行业市场规模、集中度与相关情况

项目	种子	饲料	化肥	农药
市场空间(亿元)	500	8000	7000	2000
集中度(CR10)	20%	30%	30%	20%

续表

项目	种子	饲料	化肥	农药
其他	"十二五"期间种子平均商品化率70%，油菜、玉米、棉花种子商品化率已达到较高水平，分别为99%、98%、83%；而水稻、小麦种子商品化率则相对不足，分别为65%、40%。	我国工业饲料在养殖业中的普及率已经达到了很高的水平，2016年，约为50%，其中，在生猪养殖中约为75%，在蛋禽和肉禽养殖中超过了90%	我国是全球最大的化肥生产国和消费国。2016年我国化肥产量达7005万吨，施用量约6034万吨	2016年我国生产农药378万吨，出口比例近一半

注：行业前10大企业营销收入所占市场份额。
资料来源：农业部。

2. 农产品加工业进入转型升级阶段

自新中国成立以来，我国农产品加工取得长足发展，形成了较为完整的产业体系。但由于长期实行重工业优先发展的国民经济发展战略，农产品加工业在一定程度上受到抑制，发展速度相对缓慢。改革开放以来，由于农村改革和对外开放政策取得的巨大成功，农业市场化程度不断提高，这为农产品加工业发展奠定了物质基础。此外，国民经济快速发展和城乡居民收入水平的显著提高，使得全社会对加工产品的需求日益增加，对农产品加工业发展产生强力拉动，农产品加工业开始进入自身发展的黄金时期，发展速度明显加快，逐渐接近甚至超过工业行业。2012年以来，受整体宏观环境影响，农产品加工业增速有所放缓，但仍与工业行业持平。2017年以来，农业部门积极贯彻落实国务院办公厅印发《关于进一步促进农产品加工业发展的意见》，采取多项措施推进农产品加工业转型升级。据统计，截至2017年6月，农产品加工业增长9%以上，行业整体已经进入由规模扩张向质量提升转变的新阶段。

（三）现代农业第三产业加速发展

1. 现代农业技术研发产业加快发展

科技的使用是促进现代农业发展的最重要的途径和手段之一。近年来，我国政府加大了对农业科技发展的支持力度，明确了依靠科技创新引领支持现代农业建设的基本策略。现代科技在农业生产中的应用日趋广泛，特别是生物技术、信息技术、机械化技术与智能化技术的快速发展和应用，使得我国现代农业在生产

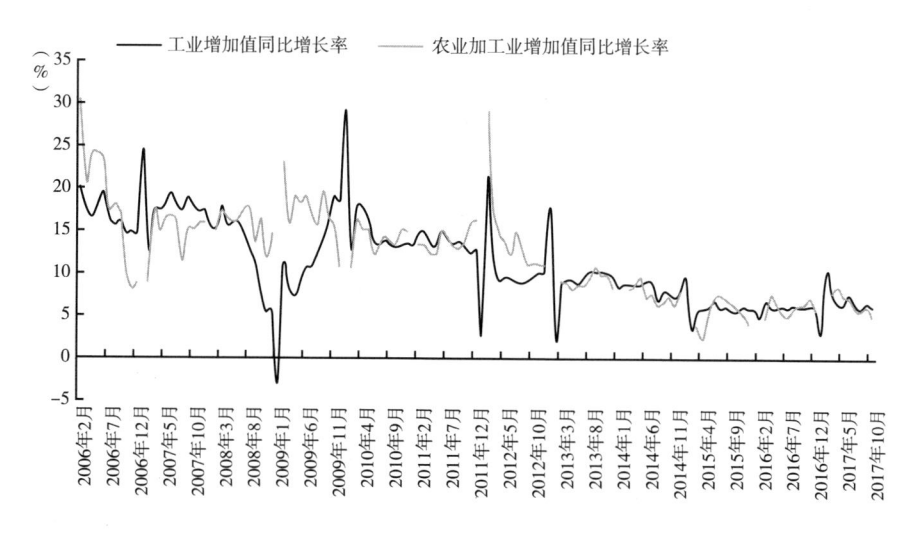

图4 工业与农业加工业增加值同比增长率

资料来源：农业部。

方式、物质装备和组织形式上都有了新的变化。

（1）我国农业生物技术整体水平领先于发展中国家，在基因工程、作物育种和克隆技术等领域已经进入国际先进行列。2006年，我国生物技术产业仅占全球的9.5%，到2016年上升至15.4%，近五年年复合增长率均达到了15%以上，生物技术产业规模超过了8000亿元，其中农业生物技术产业规模接近1000亿元。根据2017年1月国家发改委印发的《"十三五"生物产业发展规划》，到2020年，生物农业总产值将达到1万亿元，将有2家以上领军企业进入全球种业前10强。

（2）在信息化技术应用方面，《国家信息化发展评价报告（2016）》数据显示，近5年来，我国的信息产业规模、信息化应用效益等显著增长，信息化发展指数的全球排名从2012年的第36位上升至2016年的第25位，信息化发展指数（IDI）首次超过G20国家的平均水平。目前，我国农业信息产业正处于产业成长期的初期阶段，物联网、云计算、大数据、移动互联等现代信息技术的日渐成熟，使得农业信息化从单项技术应用转向综合技术集成、组装和配套应用。农业信息产业技术特征表现为农田信息快速获取与农情监测技术、智能农机具、农业物联网技术及装备等在经济较发达地区、粮食主产区得到推广及成熟化应用。预计到2020年，农业航空、农业复合传感器技术与装备将得到大面积应用；到

2030年，农业物联网智能装备将实现规模化推广应用，产业发展或将进入成熟期。

（3）我国的农业机械产业具有一定的规模、技术和品牌，行业集中度正在不断提高。2012年起，农机行业开始推进产业升级，2015年，农机行业规模以上企业主营业务收入4516.39亿元，与2012年相比增长17.84%，同比增长8.55%；实现利润总额251.93元，与2012年相比增长17.8%，同比增长7.39%，高于全国机械行业3.32%的增幅水平。2016年以来，受到农业供给侧结构性改革，尤其是农业种植结构调整的影响，农机行业营收增速下滑，2016年规模以上企业主营业务收入同比增长5.8%，低于机械工业7.4%的增长率，利润总额同比增长仅1.39%，低于机械工业5.5%的增长率。在现代农业生产面临资源环境约束和经济发展方式转型的双重压力下，我国农机行业已从高速增长转向中高速增长，从结构不合理转向结构优化升级，从要素驱动、投资驱动转向创新驱动，但行业下行压力持续加大，中低端传统农业机械产能过剩进一步加剧，产品同质化已成为农业装备行业面临的最大挑战，产业进入低利润时代。

（4）我国农业智能化技术研发起步于20世纪80年代，与发达国家相比较为落后，但其发展十分迅速。数据显示，2013年，我国智能农业的产业规模为4000亿元，2015年达到6000亿元。目前，我国农业智能化技术已经应用到温室植物种植、畜牧养殖、水产养殖、农产品质量安全追溯等诸多领域。由于农业产业化生产还未大范围普及，农业数据采集、传输、存储、共享的手段和方式比较落后，产品和设备还未实现规模量产，支撑电子商务发展的分等分级、包装仓储、冷链物流等基础设施薄弱，影响了农业智能技术产业的发展。但是，智能化农业作为未来农业发展的重要方向，在我国的发展前景仍然十分广阔。可从应用较为成熟、投资较小的阶段性成果开始，逐步配套提高精准程度。在技术上，首先发展3S集成技术（遥感系统、全球定位系统和地理信息系统），开发应用软件，再研制智能控制的装备和农机具；在技术实施过程中，先进行人工采集信息，常规机械操作，逐步过渡到半自动化、自动化作业；在推广上，先在受自然条件影响小、时空差异不大和工业化程度较高的设施农业生产中应用，在大规模的农场和农业高新技术综合开发试验区实践，然后才向有条件的农村和农户渗透。

2. 农产品流通产业有一定突破

我国农业生产布局分散且地区偏远，而消费集中，并且产销组织化程度低，农业生产缺乏与下游消费市场的有效对接，农民"卖菜难"、居民"买菜贵"的现象时有发生；再加上农产品流通环节多，供应链条长，造成运输成本高，产品损耗大。但随着现代信息技术特别是电子商务的发展，物流运行效率得到了有效提升，为解决我国农产品流通的难题提供了一个契机。目前电子商务在农产品领域的应用有两种：一种是直接的农产品和食品交易平台，例如阿里巴巴、京东商城、1号店、中粮我买网等，利用网上交易平台销售生鲜、蔬菜以及粮油等农（副）产品；另一种是发布行业资讯的电子商务平台，例如蔬菜商情网等，提供与农产品生产、价格等相关的资讯以及供求信息。这些电子商务平台的推广和应用，极大地降低了流通和交易成本，解决了因地域限制而导致的物流不畅和信息不对称的难题，使农产品流通由原来的本地产销模式扩展为跨地域流通。《2016年全国物流运行情况通报》的数据显示，2016年社会物流总费用与GDP的比率为14.9%，同比下降1.1个百分点；同年，全国农产品物流总额3.6万亿元，同比增长3.1%，占农业GDP比重达56.7%（见图5）。

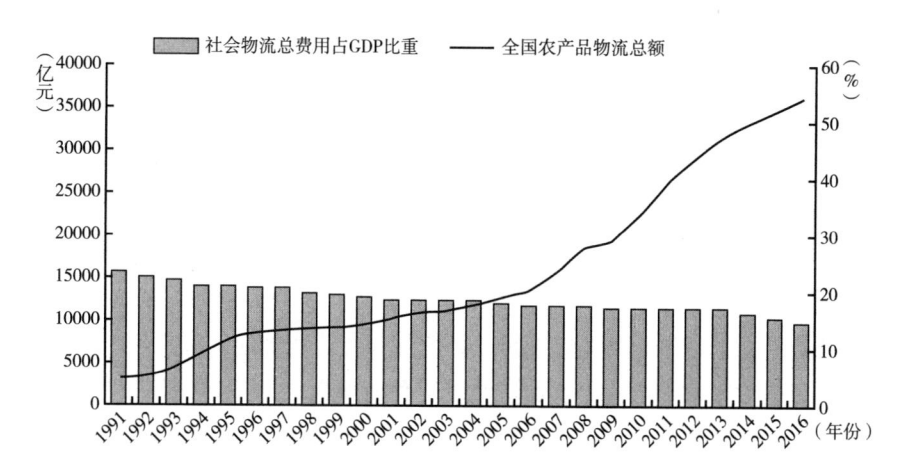

图5 社会物流总费用占GDP比重与全国农产品物流总额

资料来源：国家统计局。

三 我国现代农业产业发展面临挑战

我国现代农业产业发展迅速，但以增产为导向的产业方式与整个国内农产品需求严重脱节，造成农产品供求结构失衡与食品安全隐忧；而农业生产要素的不合理配置,制约了产业效率的提升;随着国内生产资源约束性增强以及国内消费需求的强劲增长,我国农业对外贸易逆差扩大,对外依存度不断增强。

(一) 农产品供求结构失衡,食品安全问题频发

随着我国国民经济发展和居民收入水平的提高,居民食物消费结构逐步发生变化,肉、蛋、奶等动物性消费需求的增加促进了粮食饲料消费的快速增长,食用油需求的刚性增长导致对油料需求的持续上升,生物能源产业的快速发展也使得工业用粮油消费的增长加快。同时,随着经济社会的发展和中等收入人群比例的增大,居民消费的农产品呈现多样化,对加工食品以及其他高价值产品的需求增长快速,更具营养和附加价值的高消费层次农产品将进一步替代低消费层次的初级农产品。然而,我国农产品供给体系对市场需求变化的适应性明显不足,以增产为导向的农业发展方式与整个国内农产品需求严重脱节,致使农产品的结构性短缺与结构性过剩同时并存。此外,过去的几十年,农业环境不断恶化,生态系统遭到越来越严重的破坏,农业的整体健康和可持续发展受到严重威胁。全国有1/6的耕地受到重金属污染,严重的农用化肥污染、农药残留污染问题,使得农产品和食品质量下降,食品安全事件进入多发期,涉及领域广泛,关系到现代农业产业的各个环节。

(二) 要素配置不合理,产业效率提升缓慢

农村改革30余年以来,家庭联产承包责任制的制度红利逐渐释放完毕,各类农业生产要素的激励仍然不够充分。随着城镇化进程加速,农户外出务工比例逐年上升,出现了农户分化、农地资源闲置和细碎化、农资价格持续上涨等新情况,单纯地增加要素投入,已经难以推动农业产业的持续增长。

1. 农村劳动力资源快速减少

城镇化运动下大量农村人口进入城市,农村人口由1995年历史峰值的8.6亿人下降到2016年的5.9亿人,导致现代农业,尤其是第一产业劳动力资源锐减,呈现严重的老龄化趋势。农业部农村经济研究中心课题组对22个省(区、市)134个村庄1552个水稻种植户的调查数据显示,样本户主平均年龄为51.4岁,其中,户主50岁以上的农户占55.3%。随着经济发展和城镇化进程的推进,现代农业,尤其是第一产业的劳动力资源将进一步紧缩。与此同时,第一产业从业人员平均受教育年限仅为7年,基本为初中文化程度,不足以形成现代农

业第二、三产业效率提升的有效支撑。

2. 人均耕地面积狭小且分散

随着全国兴起的大规模城镇化运动，大量的耕地农田被转为工业和住宅用地，耕地面积从2001年的19.14亿亩迅速减少至2008年的18.25亿亩（第二次全国土地调查前），减少8900万亩，降幅达4.6%；人均耕地面积则由1.50亩下降至1.37亩，为当年世界平均水平的41%，OECD国家平均值的26%（见图6）。此外，耕地碎片化严重。农业部农村固定观察点农户数据调查显示，2003年我国户均地块数为5.4块，其中规模不足0.5亩的为2.9块，规模在0.5~1亩的为1.2块，规模在1~2亩的为0.8块，规模在2~5亩的为0.3块，规模在5亩以上的仅为0.2块。由于耕地碎片化，我国浪费的耕地占农地有效面积的3%~10%，使生产每吨谷物的劳动力成本增加了115元，造成土地生产率降低15.3%。现有耕地资源和规模的限制是造成我国现代农业第一产业劳动生产率和利润水平偏低的主要原因，而在以散户为主导的农地经营背景下，由于消费主体未发生根本性改变，农业第二、三产业难以持续提升产品普及率与行业集中度，行业成长属性受到一定压制。

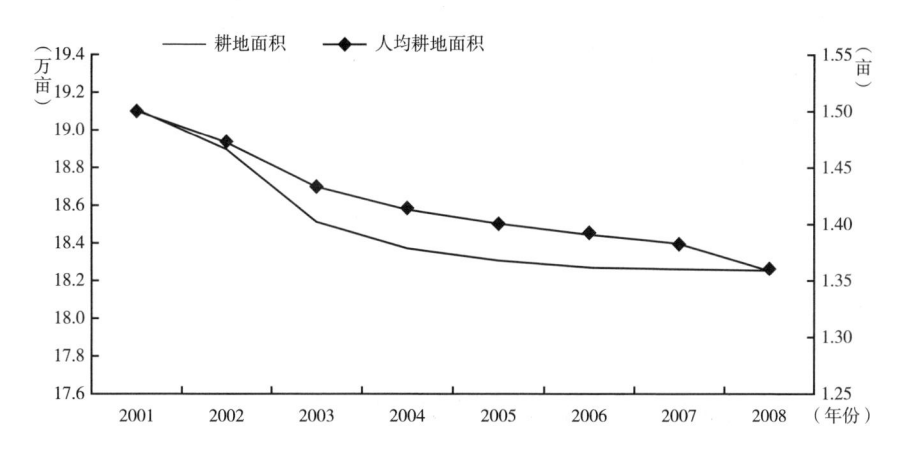

图6 2001~2008年我国耕地总面积与人均面积 *

注：2007~2009年第二次全国土地调查结果显示，截至2009年12月31日，全国耕地面积为20.31亿亩，比基于一调的2008年变更调查数多出约2亿亩，这主要是受调查标准、技术方法的改进和农村税费政策调整等因素的影响。然而多出的耕地有相当部分需要退耕还林、还草、还湿和休耕，有相当数量受污染不宜耕种，还有一定数量因表土层破坏、地下水超采等已影响耕种。

资料来源：国土资源部。

3. 资本约束下的投融资难题

近年来，我国金融支农力度逐年加大，涉农开发与农业基础设施投入等中长期生产性贷款逐步提升，涉农贷款余额也呈现逐年增长的态势，由2010年的11.77万亿元增加至2015年的26.35万亿元，增长123.9%；涉农贷款余额占各项贷款的比重则由23.1%提升至27.8%（见表2）。然而从当前农业产业投融资整体比例关系来看，涉农贷款主要集中在现代农业第一产业即生产行业，占涉及贷款余额比重接近30%，农产品加工行业的贷款余额比重约为10%，农用物资生产和农副产品流通行业的贷款余额比重约为20%，而农业科技行业的贷款余额比重不足0.5%。这意味着我国现代农业第二、三产业的融资供求失衡问题依然较为突出，而缺乏较为健全和完善的抵押与担保机制、生产经营周期与贷款融资期限不匹配是造成农业投融资体制存在供求失衡的重要原因。

表2 2010~2015年农业各子行业的贷款余额

单位：万亿元，%

年份	涉农贷款余额	涉农贷款余额占各项贷款比重	农林牧渔业行业贷款余额	农产品加工行业贷款余额	农用物资生产和农副产品流通行业贷款余额	农业科技行业贷款余额
2010	11.77	23.10	2.30	0.70	1.18	0.03
2011	14.60	25.10	2.44	0.94	1.22	0.03
2012	17.63	26.20	2.73	1.15	1.58	0.04
2013	20.89	27.30	3.04	1.27	1.97	0.04
2014	23.60	28.10	3.34	1.34	2.30	0.05
2015	26.35	27.80	3.51	1.39	2.72	0.05

资料来源：中国人民银行。

（三）贸易逆差扩大，对外依赖度增强

自2001年加入WTO以来，在坚持保证重要粮食产品自给自足的基础上，我国逐步开放了部分农产品市场，使得农业产品贸易额大幅增加，农产品进出口总额由2001年的276.8亿美元增长到2016年的1832.6亿美元，年均增长率高达14.4%。自2004年起，我国农产品出现了净贸易逆差，并呈现逐年递增的趋势，贸易逆差从46.4亿美元扩大到2016年的380.3亿美元，2013年逆差最大时达到508.9亿美元（见图7）；我国进口依存度（进口贸易额占农业GDP的比重）从

2001年的6.2%增长到2016年的11.5%，个别品种，如大豆和棕榈油2016年的进口量分别占国内总消费量的83.2%和93.3%，与此同时，我国已经成为世界上最大的油料进口国，2016年油料进口量达8952.9万吨，约占全球油料进口总量的62%。随着居民消费水平的提高和消费结构的改变，我国的肉类和乳制品进口量也有明显增长，2016年我国进口肉类468.5万吨，进口乳品224.6万吨，分别较2002年增长了3.5倍和2.6倍。而随着国内生产资源约束性增强以及国内消费需求的强劲增长，世界粮农组织预测未来10年我国大部分农产品的供给速度低于需求速度，我国的农产品对外依赖程度将进一步加大。

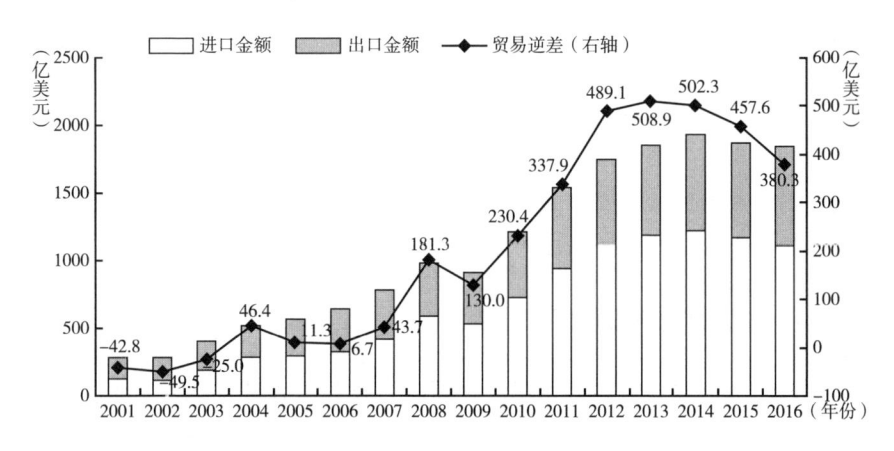

图7 2001~2016年我国农产品进出口贸易

资料来源：中国海关总署。

四 我国现代农业产业发展的主要趋势

（一）适度集约规模经营

农业规模化经营将是我国现代农业产业发展的一个重要方向。小农经济不仅影响现代农业的产业效率，而且已经无法满足不断升级的国民消费需求。农户和食品制造加工企业之间松散的契约关系难以将质量标准延伸到农业生产中，加大了食品安全监管的执行难度。农业规模化生产有利于机械化和先进技术的运用，可以提高农业生产的效率并降低成本，从源头上减少因滥用农药、化肥和饲料添加剂而带来的食品污染，并能促进食品安全标准的实施和监管落实。同时，农业规模化经营也得到我国政府政策的鼓励和支持，2016年，中央深改小组会议审定下发《关于完善农村土地所有权承包权经营权分置办法的意见》，其目的就是赋予农民更多产权，加快推进土地流转；党的十九大报告进一步强调，要完善承包地"三权"分置制度。农业适度规模经营的推广以及土地管理制度的改革，将有利于规模化种植、养殖企业加快发展，对现代农业的第二、第三产业产生长远积极的影响。

在现有农村土地体系推出规模化经营需要考虑不同地区经济发展水平的层次性以及农户经营效益的差异性。从我国的实际与沿海较发达地区农业发展的经验看，农村土地体系中的适度规模经营和农垦土地体系中的大农场式规模经营将逐步成为我国农地经营的主导模式。非农经济较发达的地区将成为推进规模化经营的首选区域，可以在尊重农户意愿的基础上，发展包括合作社、专业大户、家庭农场等各种形式在内的规模化农业生产组织；耕地资源比较集中的农垦体系比较适于大农场式规模经营模式，而如果农垦体系具有一些独特的牧草地、林地等资源优势，将形成特色明显的优势产业带。

（二）产业融合不断增强

21世纪以来，全产业链经营已经逐渐成为农业领域最有竞争力的产业模式。农业全产业链经营强调技术研发、农资生产、农产品生产、农产品加工、农产品流通等环节紧密联结，以三大产业的相互协作来提升整个产业的运行效率和效益。目前，我国现代农业三大产业整合程度较低，各个产业链环节衔接松散，缺乏有效的组织和连接，在很大程度上阻碍了我国现代农业的产业升级和发展。近几年我国的一些传统的农业企业如新希望、蒙牛、双汇等纷纷布局，通过并购等方式不断整合资源、加大产业聚集力度，将企业业务在原来的基础上向上下游产业广泛延伸；而一些非农企业在进入农业行业时，也将全产业链运营模式作为投资重点，建立全产业链运营管理平台，力求做到对产业链上各环节进行全程有效的监控和管理。例如联想集团2010年开始涉足现代农业领域，其控股的现代农业公司佳沃集团以"全程可追溯、全产业链运营、全球化布局"的战略理念为依托，正式进军蓝莓和猕猴桃种植行业，形成一条集品种引进、种苗培育、基地种植、果品深加工及销售于一体的完整的产业链，佳沃集团现已成为我国最大蓝莓和猕猴桃种植商之一。

产业链运营和管理模式虽然已经得到广泛的认可，但是整合农业产业链需要大量的土地、资金和技术投入作为支持。而目前我国现代农业土地资源限制严重，资金投入不足，现代管理技术普及不够广泛，这些都在一定程度上制约了未来产业链运营模式的扩展。此外，很多企业对全产业链经营模式还存在认识的误区，从形式上单纯地追求企业产品的多元化和体量的增加。但产业链经营不单单等同于将企业做大，需要企业在整个产业链条上，对涉及的三大产业进行纵向深入整合，使各个环节达到协调合作、协同运转。因此，我国农业的全产业链经营发展，仍需克服诸多挑战，是一个长期的过程。

（三）先进技术深入应用

先进技术的应用是实现现代农业的基本方式。现代农业三大产业发展离不开生物技术、信息技术、机械化技术与智能化技术的持续深入应用。

首先，在新的技术发展水平和产研环境下，我国将从加快培育和发展战略性新兴产业的高度将生物技术产业作为现代农业产业的重点领域，推动先进的基因工程、细胞工程、发酵工程更加广泛地应用于现代农业的生产和防疫领域，以此促进我国农业生产效率的提高以及农业生产模式的转变。

其次，随着现代农产品流通体系建设不断完善，以电子商务为代表的信息技术将在农业产业领域得到更加深入的应用和推广。通过继续在全国推广农村商务信息服务试点，拓展农村商务信息服务平台功能，可逐步实现信息服务、在线支付、物流配送等全流程服务。商务部在《"十三五"期间电子商务发展的指导意见》中明确指出，要利用"电子商务促进农业转型升级"，"形成服务于现代农业发展的新型农村电子商务体系。加快农林产品商品化、品牌化进程，探索订单农业，加速发展精准农业，形成基于互联网的新型农业生产方式"。

最后，农业装备将继续向机械化和智能化发展。近年来，我国在农业机械装备方面有了明显的技术提升，掌握了经济型动力机械、精准作业装备等一批具有自主知识产权的关键技术，随着"智能化农机技术与装备"等一批国家级重大项目启动，未来以信息化技术为先导的智能化、自动化农机技术与装备将陆续投放使用，并促进我国农业机械化水平进一步提升。除此以外，我国的冷链物流装备也得到了较快发展，国际上普遍运用的制冷、冷凝、冷藏集装箱等先进的冷藏技术已被国内一些行业龙头企业熟练应用，各类保鲜、包装、传感、监控技术也得到一定程度的普及和推广，技术手段逐渐向国际标准靠拢。但是，与欧美发达国家相比，我国的冷链物流体系还处在初级发展阶段，冷链流通比例远低于欧美发达国家水平（欧美等发达国家肉禽冷链流通率已经达到100%，蔬菜、水果冷链流通率也达到95%以上），现有的冷链发展还远远不能满足实际需求。未来十年内，随着果蔬、肉类、水产品、奶制品等需要冷链行业支撑的农副产品逐渐成为我国居民的主要消费食品（预计城镇居民食品消费中这类冷链食品占比会达到73%），下游消费需求的增长将会拉动农产品冷链物流快速发展，进而带动建成一批效率高、规模大、技术新的跨区域冷链物流配送中心，使冷链物流核心技术得到广泛推广，形成一批具有较强资源整合能力和国际竞争力的核心冷链物流企业，初步建成布局合理、设施先进、上下游衔接、功能完善、管理规范、标准健全的农产品冷链物流服务体系。

（四）海外投资加快速度

加入世贸组织后，特别是2006年以来，我国陆续出台多项措施支持境外农业投资与合作，境外农业投资的规模不断扩大，速度显著加快，已成为未来我国现代农业产业发展的一个重要趋势。从可获得的统计信息来看，我国农业第一产业（农、林、牧、渔业）对外直接投资净额从2003年的0.8亿美元快速增长到2016年的32.9亿美元，累计投资额达到了139.5亿美元，如图8所示。

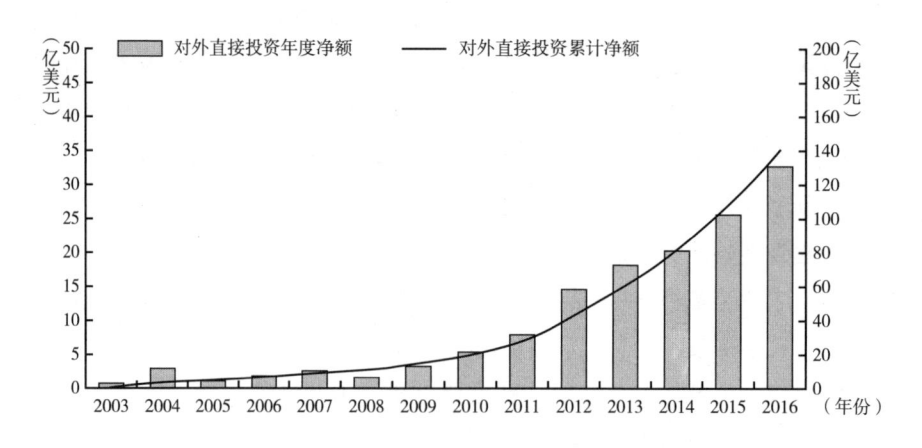

图8 我国农业对外直接投资年度净额和累计净额

资料来源：国家统计局。

同时，我国农业投资的领域和地区分布更加广泛。总体来看，目前境外农业投资领域已经逐步发展到多个行业和领域，包括第一产业的粮油作物种植、畜禽养殖，第二产业的农产品加工、森林资源的开发与利用、农村能源与生物质能源,以及第三产业的仓储和物流体系建设等。伴随我国农业对外开放程度的提升,境外农业投资与合作的参与主体日益多元化,除了中国农业发展集团、中粮集团、重庆粮油集团等中央和地方国有农企外,民营企业竞争力不断增强,逐渐发展为我国境外农业投资与合作的重要力量。

参考文献

曹慧、郭永田、刘景景等:《现代农业产业体系建设路径研究》,《华中农业大学学报》(社会科学版)2017年第2期。

德勤:《中国农业发展和投资报告》,2017。

冯伟、蔡学斌、杨琴等:《中国农产品加工业的产业增长特征与趋势》,《贵州农业科学》2016年第3期。

刘明国、张海燕:《新常态下农产品加工业发展特点分析》,《农业经济问题》2015年第10期。

潘月红、逯锐、周爱莲等:《我国农业生物技术及其产业化发展现状与前景》,《生物技术通报》2011年第6期。

李瑾、冯献、郭美荣:《我国农业信息化发展的形势与对策》,《华南农业大学学报》(社会科学版)2015年第4期。

中国人工智能学会:《中国人工智能系列白皮书——智能农业》,2013。

方凯:《我国农产品冷链物流的发展问题研究》,华中农业大学,2013。

曹慧、翟雪玲、徐雪高等:《我国主要农产品结构平衡研究》,《宏观经济研究》2013年第6期。

管乃生、杨继瑞:《农业增长中的要素配置:一般模型和绩效改进》,《四川师范大学学报》(社会科学版)2013年第5期。

国务院发展研究中心农业规模经济发展课题组:《我国农业规模经济发展及问题》,《中国经济时报》,2013。

李建林、陈瑜琦、江清霞等:《中国耕地破碎化的原因及其对策研究》,《农业经济》2006年第6期。

(撰稿人:中国国际经济交流中心产业规划部,詹琳)

大健康产业发展现状与趋势分析

大健康产业作为一种具有巨大潜力的新兴产业，是指维护健康、修复健康、促进健康的产品生产、服务提供及信息传播等活动的总和。其中包括医疗服务、医药保健产品、营养保健产品、医疗保健器械、休闲保健服务、健康咨询管理、养老服务等多个与人类健康紧密相关的生产和服务领域。与传统的健康产业相比，大健康产业出售的不是单一产品，而是为人们提供健康生活解决方案，进而创造更大的商机。十九大报告强调发展健康产业，推动健康中国建设。健康产业是一个具有巨大市场潜力的新兴产业，同时具有"吸纳就业前景广阔，拉动消费需求大，促进公民健康长寿"的特点。

一 中国大健康产业大发展原因分析

随着我国经济社会快速发展，人们的生活环境、生活方式发生巨大变化，健康问题日益凸显，人们越来越重视自身的健康问题，健康理念日益深入人心。发展健康产业，符合当前扩大内需、促进经济转型升级的需要，也是未来改善人力资本、提高经济竞争力的要求。从行业发展趋势看，大健康产业在当下迎来了加速发展期，行业景气度高。支撑行业高速发展的引擎来自多个方面，第一，形成新的内需增长点；第二，适应国际健康发展潮流趋势；第三，人口老龄化与环境污染增加居民保健、医疗潜在需求；第四，居民健康意识增强扩大了健康保健支出；第五，政策推进健康中国建设。这些因素预计在未来仍将继续发酵，从而推动大健康产业的持续发展。

（一）形成新的内需增长点

从产业特点来看，大健康产业集高技术含量、高附加值、低能耗、低污染、辐射面广、吸纳就业人数多等优点于一体，具有拉动内需和保障民生的重要功能，符合绿色、低碳、可持续发展的主流理念，是一项提升经济竞争力的优势潜力产业。大力发展健康产业，不仅有利于优化经济结构、促进经济转型发展，更有利于提升健康服务能力，满足居民多样化、多层次健康需求，提高全民健康福祉。

（二）适应国际健康发展潮流趋势

从发展趋势来看，全球医疗健康年支出总额占全球GDP总额的9%左右，是全球经济发展的新引擎。在目前全球股票市值中，健康产业相关股票市值约占总市值的13%。在发达国家，健康产业已成为带动整个国民经济增长的强大动力，如美国的医疗服务、医药生产、健康管理等健康行业增加值占GDP比重超过16.9%[1]，加拿大、日本等国也超过了10%。印度、新加坡、韩国等亚洲国家在这一领域也取得了显著成就。2016年10月，中共中央、国务院印发的《"健康中国2030"规划纲要》明确指出，2020年我国大健康产业规模要达到8万亿元，2030年要达到16万亿元，2015年为4.6万亿元，但仅占GDP的5.2%，相当于日本的1/2、美国的1/4。据中国科学技术战略研究院研究预测，至2020年我国仅生物医药产业将形成约8万亿元的支柱产业。保守估计，至2020年，整个健康产业的潜力将达到10万亿元左右[2]。

（三）人口老龄化加速和环境污染提高潜在需求

从宏观条件来看，《2017年中国人口老龄化情况调查报告》显示，2017年我国65岁以上老年人口达到155万人，60岁以上人口为1419万人。在此背景下，养老、慢性病等问题将受到广泛的关注。日益恶化的环境状况对居民的身体健康具有较大负面影响，这也提高了人们对健康的重视。第三次全国死因调查显

---

[1] 《美国：健康产业成"老大"占GDP比重高达16.9%》，《人民日报》2015年1月19日。
[2] 《聚焦大健康产业发展如何从概念走向实践》，中新网，http://www.chinanews.com/shipin/spfts/20170824/1124.shtml，2017年8月24日。

示,过去30年我国人群恶性肿瘤死亡率由75.6人/10万上升至91.24人/10万①,与生态环境、生活方式有关的肺癌、肝癌、结直肠癌的死亡呈明显上升趋势。因此,人口老龄化与环境问题是驱动大健康产业发展的内在因素。

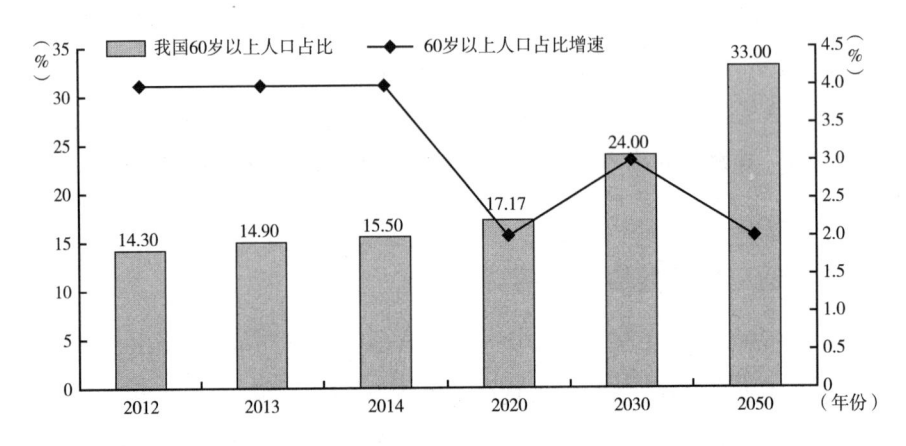

图1 2012~2050年中国60岁以上老年人口发展趋势

(四)政策支持下国内大健康产业快速兴起

相关政策陆续出台,推动了大健康产业的快速发展。在2015年3月十二届全国人大三次会议上,李克强首次提出"健康中国"概念,指出"健康是群众的基本需求,我们要不断提高医疗卫生水平,打造健康中国"。"十三五"规划将"健康中国"建设上升为国家战略,2016年10月,国务院印发《"健康中国2030"规划纲要》,明确提出健康服务业总规模于2020年和2030年分别超过8万亿元和16万亿元。十九大报告明确了建设健康中国的路线图,提出推进健康中国建设,深化医药卫生体制改革,理顺药品价格,实行医疗、医保、医药联动,建立覆盖城乡的基本医疗卫生制度和现代医院管理制度,实施食品安全战略。持续不断的政策出台,为大健康产业的发展创造了政策红利期。

(五)健康意识提升扩大消费支出

我国居民收入的提升为大健康产业发展奠定了购买力基础。国际发展经验显示,当人均GDP超过6000美元时,进入典型的消费升级周期,非生活必需品消

---

① 《让"美丽中国"与"健康中国"同在》,《人民政协报》2017年11月23日。

费将成为主力①。2011年以来,我国人均GDP超过6000美元,城镇居民人均可支配收入持续增长,从2011年的15780元增加到2016年的33616元。随着居民收入增加,居民医疗消费支出保持较高速增长。健康意识的提升与观念革新也进一步促使大健康产业的发展。生活质量的提升使得人们对健康有了更高的要求,环境恶化与生活压力增加引发人们对健康问题的关注,审美观念革新也使得医疗美容等行业进入大众消费阶段。

二 我国大健康产业体系结构和特征分析

(一)我国大健康产业体系结构和规模分析

近年来,在政府的大力支持下,大健康产业快速兴起,逐渐成为国民经济新的增长点,未来还会有很大的成长空间。我国健康产业主要由医疗性健康服务和非医疗性健康服务两大部分构成。目前,我国健康服务产业链主要有医疗、医药、保健品、健康管理服务以及健康养老等五大基本产业群:一是以药品、医疗器械、医疗耗材产销为主体的医药产业,2016年医药产业规模为28062亿元,占比50%;二是以医疗服务机构为主体的医疗产业,2016年医疗产业规模为5322亿元,占比9.5%;三是健康养老产业,2016年健康养老产业规模为18525亿元,占比33%;四是以保健食品、健康产品产销为主体的保健品产业,2016年保健品产业规模为2644亿元,占比4.7%;五是以健康检测评估、咨询服务、调理康复和保障促进等为主体的健康管理服务产业,2016年健康管理服务产业规模为1520亿元,占比2.7%②。

随着新一轮医改不断推进,我国健康产业得到长足稳健的发展,逐渐形成独有特色的模式,以药品、保健食品、营养补充剂、医疗器械、保健用品、中医保健养生、健康体检咨询、预防康复健康管理为理念的"大健康"产业链条已初具规模。西南证券研报分析表示,我国目前大健康产业规模增速远高于发达国家。智研咨询数据显示,2010年以来,全球健康产业的复合增速为4.0%,北美

---

① 《医药行业的投资潜力和逻辑》,http://licaishi.sina.com.cn/view/660355? ind_id=1,2017年10月23日。
② 《消费新机遇:大健康产业将成投资新风口》,中国证券网,http://www.cbdtalents.gov.cn/NewsDetail.aspx? rcid=1&cid=6&id=5758,2017年11月8日。

健康产业的复合增速为3.8%，而我国健康产业的复合增速高达19.4%，约是全球增速的5倍。智研咨询数据显示，2010年我国的大健康产业规模为1.55万亿元，而2016年达到5.61万亿元，复合增长率高达19.4%，若按此增速扩张，2020年我国大健康产业的规模将达到10.5万亿元。

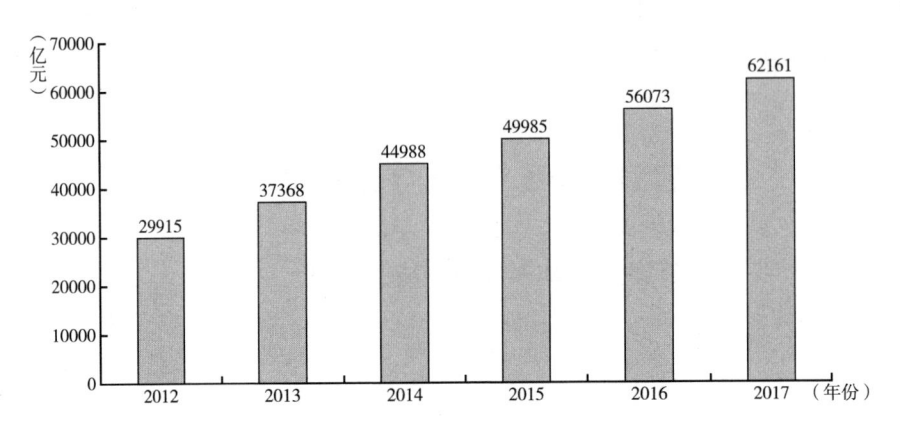

图2　2012~2017年我国大健康产业市场规模

（柱状图数据：2012年 29915；2013年 37368；2014年 44988；2015年 49985；2016年 56073；2017年 62161，单位：亿元）

（二）我国大健康产业仍以"医院医疗服务、医疗商品"为主

医院医疗服务、医疗商品占比达到95%，中国大健康产业提供的产品和服务集中在三甲医院，家庭和社区服务不足，以预防保健为主的健康管理产业发展不足。目前也有社区卫生服务中心，但不含家庭保健功能，产品及服务均较为局限，功能上仍然近似于小型医院。在功能较为单一的情况下，由于起步较晚、实践经验不足，中国的社区卫生服务中心也存在较多的问题，社区保健功能服务没有完全落实，各级政府认识不足、财务投入不足，全科医生和医务人员素质不高，设备落后、诊疗费用高昂等。

与发达国家相比，我国健康产业结构还不完善。从大健康产业结构来看，美国的发展比较全面，涉及家庭及社区保健服务、医院医疗服务、医疗商品、健康风险管理服务、长期护理服务等多个领域，在健康保健和服务方面发展较为成熟。而美国医院医疗的比重合计不到35%。由此可见，与中国"以疾病的治疗"为主的医疗相比，美国不光重视疾病的治疗，更加重视疾病的预防、健康促进、慢性病管理等健康风险管理工作。目前，美国有70%的人享有健康管理服务，而中国享有这项服务的人群占比不足0.1%。美国健康产业"战略前移、重心下

其他
5%

医院医疗服务、
医疗商品
95%

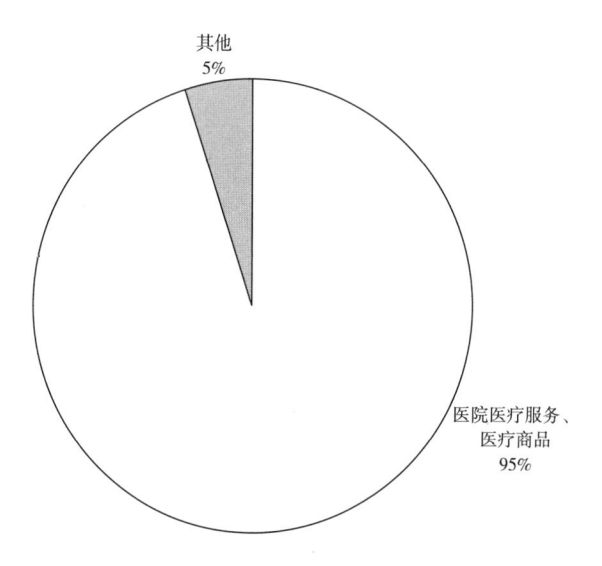

图 3　中国大健康产业结构

资料来源：前瞻产业研究院《大健康产业投资分析报告》。

移"。美国大健康产业重视家庭和社区关怀，重视预防保健，真正做到了"战略前移、重心下移"。美国的家庭及社区保健服务除一部分全科诊疗服务外，大部分工作是进行健康促进、慢病管理等健康风险管理工作，此类健康风险管理工作已在信息系统和专业培训的支撑下，与临床医疗体系整合在了一起。美国长期护理服务占健康产业产值的6%，长期护理行业发展迅速，同样值得我国借鉴。美国健康产业链的整体就业状况良好，充分证明了健康产业链的高成长性与抗经济周期特性。高度发达的健康产业链可以辐射和带动更多的附属产业，促进整个社会经济发展。

三　细分产业分析

（一）医药医疗产业

1. 医药行业领域

我国医药行业涉及化学原料药、化学制剂、中成药、生物制药等，上述四类药品在2016年实现工业总产值22616.82亿元，2013～2016年年均复合增长率为9.99%，其中占比最大的为化学制剂，约占四类药品工业产值的三分之一，中成药产值从2013年的5065亿元上升至2016年的6697亿元，年均复合增长率为9.76%。化学原料药、化学制剂、中成药、生物制药市场显示出较快的发展趋势。

2016年医药行业终端药品市场规模14774亿元，增速已放缓至7.3%。在医保控费和各项针对医院的行业政策趋严的情况下，医药行业增速进一步放缓，可以预计未来行业增速基本接近GDP增速。未来一段时间行业趋势以结构调整为主，将从粗放式的体量增长，逐步演变为精细化的质量提升。从细分行业来看，自2015年以来，受大宗原料药价格上升的影响，化药制剂仍然是医药制造行业龙头，业绩逐渐提升。2016年细分行业规模为7534.7亿元，同比增加10.8%；利润总额950.5亿元，同比增加16.8%，随着仿制药一致性评价政策的推进，必然会促进我国医药产业升级和结构调整，未来化药制剂行业将呈现出优胜劣汰、集中度提升的趋势。[1]

生物制药依然高速增长，但利润增速有所下滑，预计未来仍有较大释放空间。中医药行业享受政策倾斜，预计未来随着生产、临床应用、医保等政策的放开将会推动中药配方颗粒行业快速增长，中药饮片行业则仍然保持较快增长。未来三年，预计中国医药和生物技术行业将出现以下变化。一是一致性评价带来仿制药市场的结构性变革；二是"两票制"压缩医药流通环节，医药商业集中度提升；三是新版医保目录带来行业短期内格局调整；四是新药研发（开发）的时代来临；五是政策扶持带来的中医药产业升级；六是精准医疗引领新药研发潮流。

2. 医疗技术与医疗器械领域

2011~2016年中国医疗技术与医疗器械行业收入的年均复合增长率高达20.7%，远高于全球3%左右的年均复合增长率。2016年中国医疗技术与医疗器械市场规模约3700亿元，比2015年度的3080亿元增长了620亿元，年增长率约为20.1%。预计2019年市场规模将达到6000亿元左右，其中影像设备、体外诊断和高值耗材的市场份额居医疗技术与医疗器械市场的前三位，分别占比19%、16%和13%。从药械比来看，目前我国器械市场与医药市场的规模比例仅为1∶7左右，远低于全球1∶3的水平。从人均医疗技术与医疗器械费用看，我国目

---

[1] 数据来源于南方医药产业经济研究所。

前人均费用仅为6美元。因此，无论从诊疗方法学，还是从消费水平来衡量，中国医疗技术与器械市场均具备巨大的成长空间，预计到2020年将成为全球第二大市场。从世界范围来看，我国医疗器械行业进一步的发展空间巨大。同时人口的老龄化及就诊人次的增加，都使中国人均医疗费进一步提升。2016年，全国医疗卫生机构总诊疗人次达79.3亿人次，比上年增加2.4亿人次，增长3.1%，2016年居民到医疗卫生机构平均就诊5.8次[①]。由此，医疗消费需求的增长将使医疗器械行业保持强劲增长势头。

在经济全球化的大背景下，企业加强国际协作，立足全球配置资源的需求日益迫切。中国有着丰富的资源、相对低廉的人力成本和巨大的市场潜力，全球多家医疗器械产业巨头在中国设立子公司或将生产制造甚至研发部门迁至中国。在同国际企业竞争的过程中，我国优质的医疗器械企业快速成长，逐渐具备参与国际竞争的综合实力和技术水平。未来中国的医疗技术与医疗器械市场将呈现以下几个重要的发展趋势：一是两票制全面实施推动渠道变革；二是分级诊疗为国产设备带来机会；三是基于器械的第三方服务方兴未艾；四是新技术渗透器械领域；五是精准医疗逐渐由概念走向成熟；六是海外投资与并购势头持续强劲。

3. 医疗服务领域

受益于全民医保政策，医疗服务市场在过去的五年保持了高速增长，达到近3万亿元的总规模，年均复合增长率超过15%。而其中非公立医疗服务市场增速更快，超过25%，接近3000亿元的市场规模。受中国目前推行的新医改政策的影响，医疗服务市场面临一段时间的重塑，未来五年内的增速将会放缓，预计年均复合增长率将在10%左右，非公立医疗服务市场的增速仍会维持在20%以上。

巨大的市场容量、较大的供需缺口以及极强的抗周期属性等特征，吸引了越来越多的资本进入医疗服务领域，2017年这一趋势显现得尤为明显。一是大环境的改善促进行业进入一个相对健康发展阶段；二是可投资标的基数及优质标的数量增加吸引更多资本；三是未来几年是医疗服务领域商业模式创新集中爆发阶段；四是医疗服务资产的证券化将会进入上升通道。

4. 互联网和数字医疗领域

据平安证券研报分析，"互联网+"战略及大数据发展的政策要求促进互联

---

① 国家卫生计生委规划与信息司：《2016年我国卫生和计划生育事业发展统计公报》，2017年8月18日。

网医疗企业发展。互联网医疗是以互联网为载体和技术手段的医疗信息查询、疾病风险评估、在线疾病咨询、电子处方、远程会诊等多种形式的健康管家服务。随着"互联网+"及大数据发展政策的推进与实施，互联网医疗的发展也迎来了政策的暖风，《国务院关于积极推进"互联网+"行动的指导意见》指出，推广在线医疗卫生新模式，发展基于互联网的医疗卫生服务，支持第三方机构构建医学影像、健康档案、检验报告、电子病历等医疗信息共享服务平台。"互联网+"医疗金融行业是医疗、金融、互联网三大产业链的强强联合，将充分发挥三大产业的优势资源和服务能力，深度发掘和满足用户就医需求和医院管理运营需求，进一步完善"互联网+"医疗服务流程和领域，逐步形成"及时、准确、高效、安全"的医疗服务模式。

（二）体育健身产业

2014年国务院发布的《关于加快发展体育产业促进体育消费的若干意见》提出，我国体育产业总规模到2025年需达5万亿元，未来十年内体育产业总规模需增长16倍左右，年均复合增长率约为20%①。根据已经出台的30个省级政府提出的政策来看，到2025年我国体育产业总规模将达到7万亿元，远超过5万亿元的发展目标。国家政策对体育产业不断倾斜、地方政府不断落实跟进，促成了体育产业良好的发展前景。受利益驱使，资本自然会加大投入。体育产业包括体育服务业、体育场所、体育用品和器械、体育中介与体育传媒等。其中，体育服务业是体育产业的核心，包含体育精英参与的竞技表演，以及普通大众参与的健身休闲；体育场所与体育用品与器械是体育产业的基础；体育中介与体育传媒分别起到打包体育赛事成产品和分发赛事产品给观众的作用，为前三者运转起作用。未来体育产业发展中，体育服务业将受惠于诸多政策利好驱动，值得投资者关注。前瞻产业研究院预计，到2025年前，体育服务业在体育产业中的占比保守情况可达40%，中性情况可达55%，乐观情况则为70%。以50%的水平计算，体育服务业产值将达到1.78万亿元，为当前的4.5倍。体育服务业领域，在竞技体育产业带动下，体育场馆、体育器材将扩大；全民健康体育运动则将推动体育器械、大众健身等领域发展。

---

① 《体育产业总规模到2025年需达5万亿元》，http://www.sohu.com/a/60990403_115559，2016年2月29日。

（三）健康管理产业

健康管理产业属于健康产业的四大基本产业群体之一，由三个大的基本服务模块构成，即健康检测与监测、健康评估与指导、健康干预与维护，并在一个信息平台上运行，通过不断的跟踪服务形成一个健康管理服务的封闭循环。由于健康信息共享、服务质量、效率、效益、利益分配等原因，在现实中这个循环是不可分割的，整个服务需要在一个管理体系下完成。健康管理产业链条的上游主要包括提供信息技术平台的企业，此外还包括生产体检所需要的制剂和设备的企业，设备主要包括血液透析仪、B 超设备、X 光设备等，制剂则主要包括体检所需要的检验试剂等；健康管理产业链条的中游主要是指健康体检机构；健康管理产业链条的下游则主要包括健康咨询及后续服务企业。目前已有先进的基因检测、无创的快速体检、睡眠检测等高科技手段。未来，健康管理将成为与国际标准接轨的服务，健康管理将与信息通信技术结合，健康管理将与保险业结合，健康管理将为中医学发展开拓新领域，健康管理将带动会员制服务市场发展。

（四）康复治疗产业

康复医学是现代医学"预防、临床治疗、康复"三位一体的重要组成部分。康复医学在综合医院中具有明显的应用价值，如骨折、颅脑损伤、心脑血管病、糖尿病、心血管疾病、风湿性关节炎、颈椎病、腰腿疾病等，康复医学的介入，更有效加快了患者的康复进程，改善了恢复效果，显著降低了致残与致死率，对改善临床整体疗效发挥了显著的作用。康复治疗产业链大致可以分为三个部分：上游是康复器械、康复药物生产商，中游是包括综合医院康复科、康复医院、社区康复中心等在内的康复医疗机构，终端则是需要接受康复治疗的患者。

我国康复治疗需求主要来自以下人群。一是老年人群，老年人高发病率的高血压、糖尿病、关节炎、心脑血管病和呼吸系统疾病为康复治疗的主要病种，联合国人口司预测，我国大约有 1 亿的老年人口有康复需求。而目前在需要康复治疗的人群中，超过 4/5 的均无法及时接受正规的康复治疗。二是残疾人群，根据第六次全国人口普查及第二次全国残疾人抽样调查，2010 年末我国残疾人已达到 8502 万人，其中 5000 多万人有康复需求。三是慢性病患者、亚健康人群需要康复治疗，预计至2030年，我国慢性病患病率将高达65.7%，其中80%的慢性病患者需要康复治疗。2013年美国康复医疗市场为200亿美元，人均80美元（若考虑长期看护，市场规模高达2000亿美元）；而同期国内康复医疗市场为200亿元，人均仅为15元（仅占美国的3%）。如果按照基本满足我国康复治疗需求的水平测算，至2023年，我国康复治疗产业规模有望达到1038亿元，预计年均复合增长率不低于18%。目前，我国康复治疗产业处于发展初期，呈现出资金投入较少、供给不足、康复机构规模较小以及配套设备落后的现状，未来养老、医疗体系将面临巨大挑战，康复治疗服务市场提升空间巨大。

（五）养老服务产业

国家近年来十分重视养老服务产业的发展，密集出台了多个重要文件，对养老服务标准、养老服务市场放开、医养结合、养老互联网建设等作出了明确的规定和说明。2017年3月国务院发布《"十三五"国家老龄事业发展和养老体系建设规划》，提出到2020年多支柱、全覆盖、更加公平、更可持续的社会保障体系更加完善，居家为基础、社区为依托、机构为补充、医养相结合的养老服务体系更加健全。国内养老服务产业市场规模发展迅速。2016年国内养老服务产业市场规模约5万亿元，预计到2020年，将达到7.7万亿元，CAGR为11.4%，预计2030年超过20万亿元。

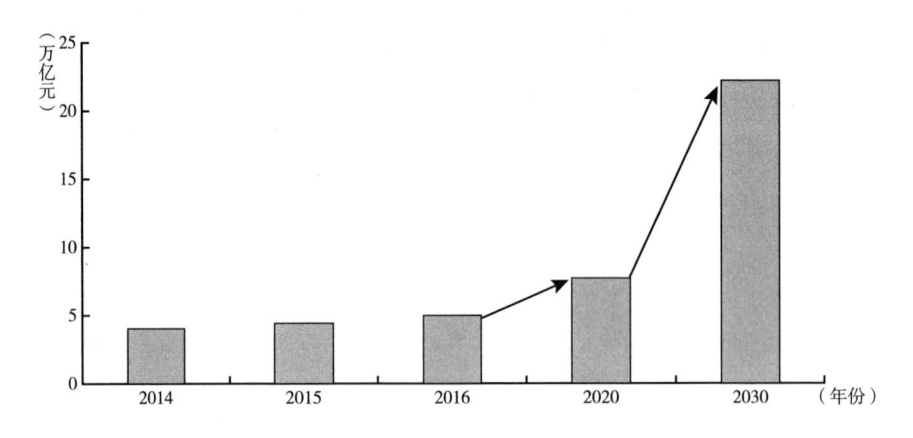

图4 2014~2030年养老服务产业市场规模

截至2016年底，我国60岁以上的老龄人口高达2.3亿人，位居世界之首，未来的养老需求空间很大。根据预测，到2020年，我国的失能老人将达到

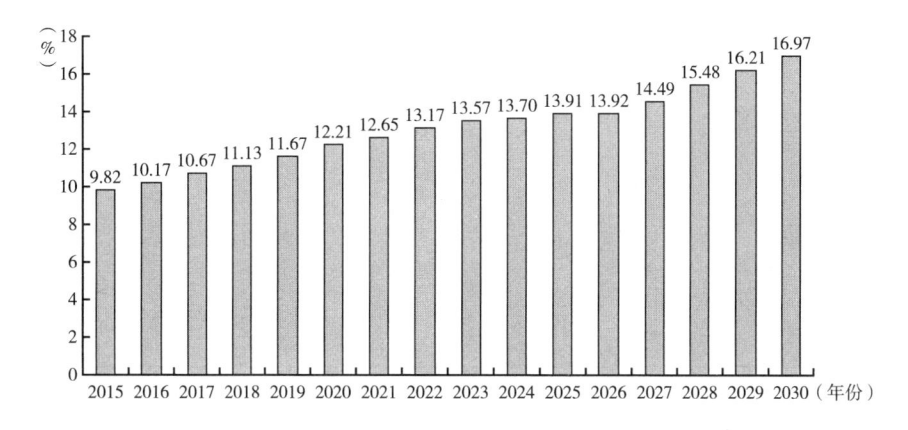

图 5　2015～2030 年老龄化率

（柱状数据：2015年 9.82；2016年 10.17；2017年 10.67；2018年 11.13；2019年 11.67；2020年 12.21；2021年 12.65；2022年 13.17；2023年 13.57；2024年 13.70；2025年 13.91；2026年 13.92；2027年 14.49；2028年 15.48；2029年 16.21；2030年 16.97）

4200万人，80岁以上高龄老人将达到2900万人，而空巢和独居老年人将达到1.18亿人。这部分老年群体是社会重点关注对象，同时也是解决养老问题的关键所在。空巢和独居老人偏向于生活的照料以及情感的陪伴，高龄老人在此基础上更偏向于医疗护理和临终关怀，而失能老人需要重点解决的是专业的医疗和护理问题。

中国养老服务的需求满足率仅为16%，有近84%的老年人的需求暂时还没有得到满足，养老产业尚且处于"沉睡"状态。我国老年康复及家用保健器材的市场规模只是欧美国家的十分之一，单从这一数据来看，老年康复及家用保健器材市场潜藏着近10倍的发展空间，需求庞大。在未来较长的时期内，我国养老产业会迎来发展的新机遇。

（六）营养保健品产业

在亚健康蔓延、老龄化加速的时代，消费者的健康意识日益觉醒，人们不再满足于"治已病"，而是更加注重"治未病"、注重养生保健，营养保健品、绿色食品越来越成为人们的喜爱与追求。2006～2013年，我国营养保健品产业销售收入由159.06亿元增加至1579.36亿元，年均复合增长率40%左右，营养保健品正逐步从高端消费品、礼品转变为膳食营养补充的必选品。中国保健协会数据统计，2020年我国营养保健食品人均消费预计将达300元，市场总容量突破4500亿元。未来，营养保健品产业将进入高速发展的"黄金期"。

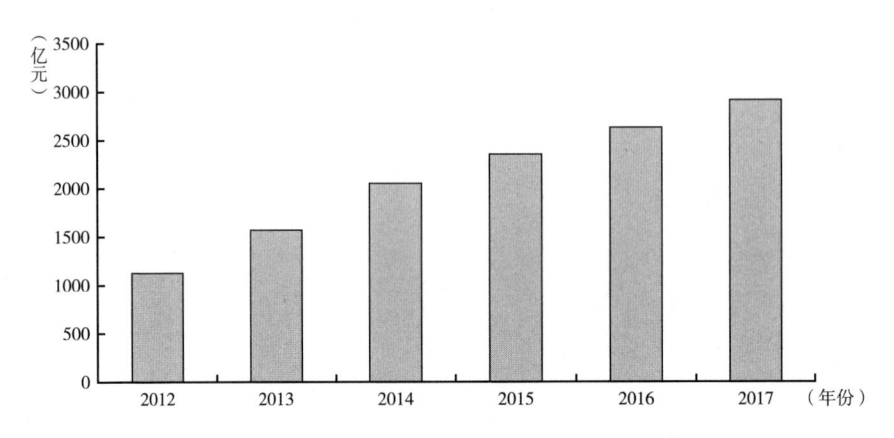

图6 2012~2017年中国营养保健品产业规模

四 中国大健康产业的未来走向

全球健康产业正面临着良好的发展环境,各国医疗体系改革和经济全球化、人口老龄化、亚健康状态、科技的进步都为产业创造了良好的机会。健康产业日益成为一种具有广阔发展前景和巨大市场潜力的新兴产业。从行业发展趋势看,大健康产业在当下迎来了加速发展期,行业景气度高。十九大报告中重点提出关于"健康中国"的战略,强调要完善国民健康政策,为人民群众提供全方位全周期健康服务。抓住大数据金融等热点,抢抓大健康产业机遇,实现医疗服务与金融行业融合创新发展,市场前景大好。与信息技术对接则带动新一轮产业升级;健康资源在国家间流动加速,创造出新的行业;产业发展前端化,将进一步丰富产业内容,整个健康产业重心前移,由治疗型转为预防型。

(一)高科技化:健康产业与互联网信息技术结合

1. 大健康产业在互联网的推动下迎来重大变革和机遇

借助于移动应用、大数据、在线协作/互动、远程医疗等新技术,人类健康管理水平已经达到一个前所未有的高度,其中可穿戴健康管理、植入治疗、医疗机器人、辅助康复装置等技术使医疗行业成为硬件创新重镇。

2. 健康大数据提升诊断和治疗水准

一方面,大数据的发展和应用促进更加精密的医疗检测设备的开发和应用;

另一方面，大数据的推广促进医疗和健康两大产业的融合，患者健康信息的收集更加专业化和普及化。

3. 网络和移动互联发展促进医疗信息沟通便捷化

科技的进步在医疗领域的应用促进了医生和病患之间的沟通，而社交网络的发展促进了医生之间的沟通。

4. 手机医疗应用开发成为健康产业新方向

健康管理应用的开发促进用户对自身健康的管理，健康管理应用开始替代基础健康管理人员，成为健康管理新方向。

（二）全球化：医疗健康资源国际流动加速

医药行业的国际化不是新鲜话题，突出表现是大型跨国医药企业占领了全球医药市场的大部分份额。除此之外，医疗健康产业的发展还有以下两个趋势。

1. 健康消费的国际双向流动

全球化发展使得国际医疗资源流动越来越频繁，这种流动体现在两个方面。一方面，发展中国家由于医疗资源的欠缺，常常无法满足一些病人的专业需求。有条件的病人为了寻求更加专业的治疗，常常会在全球搜寻最专业的医疗机构，以获取所需的医疗健康服务。医疗旅游产业应运而生，通过提供全球医疗资源信息和医疗旅行帮助，使得跨国医疗服务更加高效化。另一方面，发达国家医疗费用的高昂，常常使得一些居民难以承受。随着跨国旅游的普及，许多人前往一些发展中国家寻求费用更加低廉的普通医疗服务。印度、印度尼西亚、马来西亚、菲律宾、新加坡、泰国等国家开始成为受欢迎的医疗旅游的目的地。

2. 医疗专业人才的单向流动

随着国际交流的增多，医疗专业人才对全球医疗资源的发展有了更加清晰的认识。许多发展中国家的优秀人才，由于受到本国医疗体系和医疗资源的限制，无法获得应有的待遇和更好的发展。一些护士、医生、药剂师和其他医疗相关从业者流向发达国家以寻求更好的发展。除此之外，发达国家之间、发展中国家之间的医疗专业人才的流动也越来越频繁，但人才由欠发达国家向发达国家流动是主要趋势。

（三）前端化：健康产业核心由治疗型转向预防型

中国的疾病发生和死亡模式发生了转变，传染病和慢性病的双重疾病负担在不断加重。其中，慢性病给民众健康构成的威胁日益加重，不仅成为重要的公共卫生问题，更对经济社会发展带来沉重的负担。目前中国的高血压、糖尿病等慢性病患者超过 2.6 亿人，癌症、心血管病等慢性病占到人群死因构成的 85%，占疾病负担的 69%。但社会对慢性病的危害程度和蔓延还未予以足够的重视。目前我国慢性病卫生费用占经常性卫生总费用的比重为 69.98%，占 GDP 的比重为 3.22%，而这些疾病大多是可以通过干预而得以避免的。

美国心脏协会曾有一个生动的比喻：如今的医生都聚集在一条泛滥成灾的河流下游，拿着大量经费研究打捞落水者的先进工具，同时苦练打捞落水者的本领。结果事与愿违，一大半落水者都死了，被打捞上来的也是奄奄一息。更糟糕的是，落水者与日俱增，越捞越多。事实上，与其在下游打捞落水者，不如到上游筑牢堤坝，让河水不再泛滥。作为医生，不能坐着等人得病，而应防患于未然，避免更多人"落水"。因此，未来医疗产业的投资重点也应前移，投资重点挪至预防和保健领域。一方面，教育水平的提高使得人们的健康意识增强，健康理念也从疾病的及时治疗转变为提前预防；另一方面，治疗成本远远高于预防成本，健康支出的节约也要求对健康的管理从以治疗为主转向以预防为主。这将促使全球健康产业的发展重点得以转移，同时也扩大了健康管理产业的市场规模。

参考文献

元亨祥经济研究院：《大健康产业发展结构、规模及投资预测》，http://wemedia.ifeng.com/38928031/wemedia.shtml，2017 年 11 月 29 日。

《病人越治越多，说明医学已入误区》，搜狐健康，2017 年 9 月 13 日。

国家信息中心信息化研究部：《中国医疗分享发展报告 2017》，http://www.sic.gov.cn/News/250/7749.htm，2017 年 3 月 7 日。

德勤：《互联网医疗行业报告 2017》，http://baijiahao.baidu.com/sid=1575181182373368&wfr=spider&for=pc，2017。

《2017 上半年生命健康产业融资报告》，搜狐财经，2017 年 8 月 4 日。

《2017 年中国养老产业市场前景、规模及发展趋势预测》，中国产业信息网，2017 年 8 月 30 日。

《2017 年中国医疗服务行业发展现状分析》，中国产业信息网，2017 年 8 月 5 日。

《2017 年我国大健康行业产业结构及市场规模分析》，中国产业信息网，2017 年 8 月 26 日。

《2017年中国康复医学行业市场规模及市场需求分析》，中国产业信息网，2017年6月2日。

《质变的前夜：2017中国医疗健康产业投资白皮书》，易凯资本，2017年3月31日。

（撰稿人：中国国际经济交流中心产业规划部副研究员，张瑾）

我国能源发展及展望

党的十八大以来，在习近平总书记能源革命战略思想指引下，我国能源革命稳步推进，能源转型变革步伐加快，能源体制机制不断完善，发展动力逐步增强，能源发展取得积极成效。

一 我国能源发展现状

目前，我国构建了综合性和专业性、中期性和长期性、全局性和地区性相结合的立体式、多层次能源规划体系，形成了全面推进能源革命的总体框架。能源消费低碳化转型正在加速。与2012年相比，2016年我国清洁能源消费比重提高约5.2%，单位国内生产总值（GDP）能耗下降约17.9%。绿色多元的能源供应体系加快建立。与2012年相比，2016年可再生能源发电装机占比由28.4%提高到34.6%，可再生能源发电量占比由19.9%提高到25.9%。2017年，我国能源消费同比增长2.9%，出现明显回升，能源发展呈现稳中有进、进中提质的良好态势。能源结构不断优化、供给有效性持续改善、能源系统优化步伐加快、创新发展动力集聚增强、能源市场建设运行更加规范有序、能源国际合作全面推进。

（一）我国一次能源生产及消费情况

1. 煤炭生产及消费情况

一是煤炭产量趋于平稳，累计产量同比稳步增加。2017年以来，我国煤炭产量趋于平稳，规模以上工业原煤月度产量稳定在2.9亿吨左右。煤炭消费量占能源总消费量的比重下降约1.7个百分点。12月，原煤产量3.1亿吨，同比增长1.1%，增速由负转正；日均产量1015.7万吨，比11月增加15.8万吨。如图1所示，原煤产量同比增速自9月以来呈下滑趋势，11月同比增速为-2.7%。

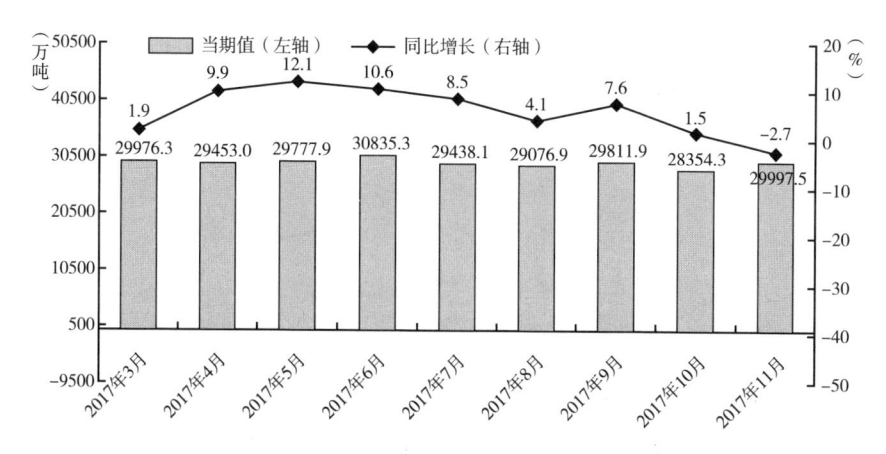

图1　2017年3～11月规模以上工业原煤月度产量

注：统计范围为规模以上工业法人单位，即年主营业务收入2000万元及以上的工业企业。
资料来源：国家统计局。

从累计产量看，1～12月，原煤产量34.5亿吨，同比增长3.2%。从全年产量看，累计产量呈现同比持续上升态势。但同比增速自9月以来连续3个月下降，到11月，累计产量同比增速下降到3.7%。

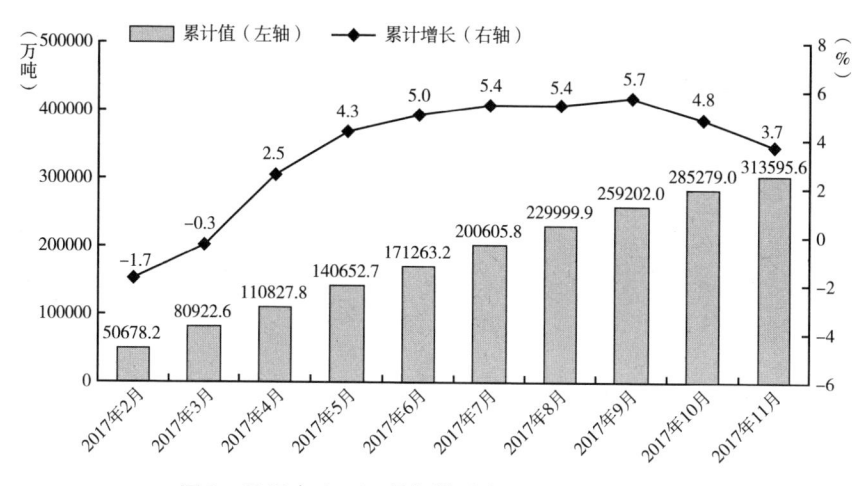

图2　2017年2～11月规模以上工业原煤累计产量

资料来源：国家统计局。

二是煤炭进口量同比增长明显，月度进口量同比出现下降趋势。根据国家统计局数据，2017年我国原煤进口2.7亿吨，比上年增长6.1%，增速回落19.1个百分点。根据海关总署数据，12月进口煤炭2274万吨，同比减少410万吨，下降15.28%；环比增加69万吨，增长3.13%。

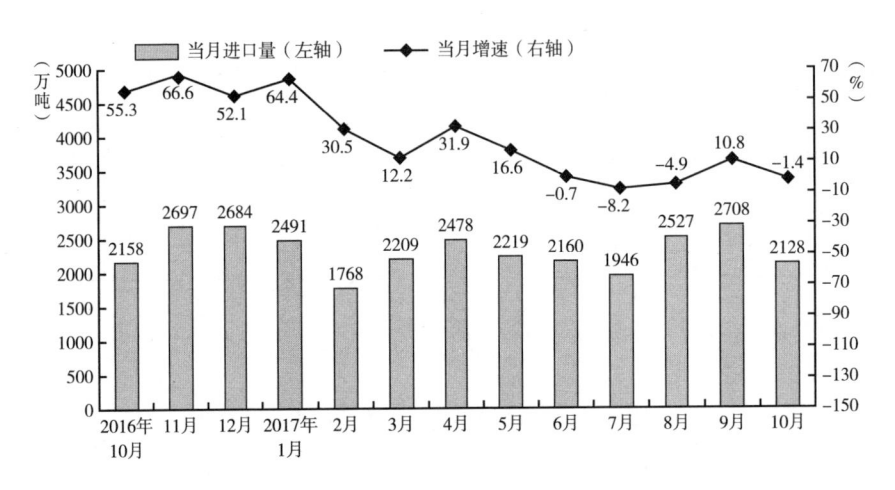

图3 煤炭进口月度趋势

资料来源：国家统计局。

三是煤炭价格趋于平稳。截至12月底，秦皇岛5500大卡煤炭平仓价每吨617元，比11月底上涨8元；5000大卡每吨597元，比11月底上涨19元；4500大卡每吨527元，比11月底上涨15元。从全年情况看，4~6月煤炭价格有小幅回落，6月以来，煤炭价格总体趋于平稳。

四是煤炭行业投资明显下降。根据国家统计局数据，2017年，煤炭采选业固定资产投资2648亿元，同比下降12.3%。其中，煤炭民间投资1471亿元，同比下降20.4%。

五是煤炭行业去产能任务超额完成。2017年的煤炭行业计划去产能1.5亿吨。根据国家统计局的信息，前三季度，我国煤炭去产能年度目标已经超额完成。先进产能加快布局，落后产能逐渐退出，推动供给体系的适应性和灵活性不断提升，供给体系质量不断提高。

2. 石油生产及消费情况

2017年，我国原油生产降幅收窄，原油进口和加工量增速回落，原油价格持续回升，成品油消费量稳步增长。

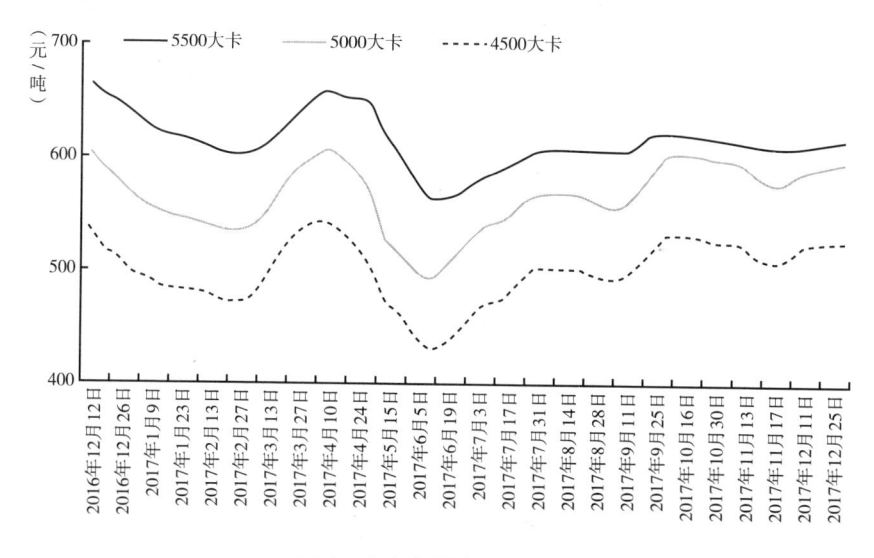

图4 秦皇岛煤炭价格情况

资料来源：国家统计局。

一是原油生产降幅收窄。2017年，受国际市场原油价格低位运行、缓慢回升等影响，我国原油产量持续下降，全年生产1.9亿吨，下降4.0%，降幅收窄2.9个百分点。2017年以来，我国原油累计产量增长速度明显回升，从年初的-8%回升到-4.1%，反映我国原油生产能力稳步回调，对满足国内原油需求起到了重要作用。

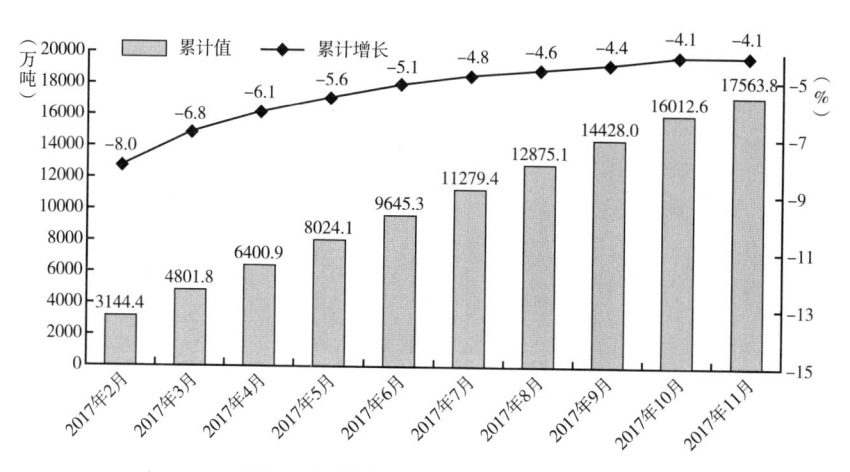

图5 规模以上工业原油累计产量

资料来源：国家统计局。

从月度数据看，2017年以来，我国规模以上工业原油月度产量同比增速持续收窄，从2017年3月的-4.6%降低到2017年11月的-2.5%。11月原油产量达到1569.9万吨，比10月略降30.7万吨。

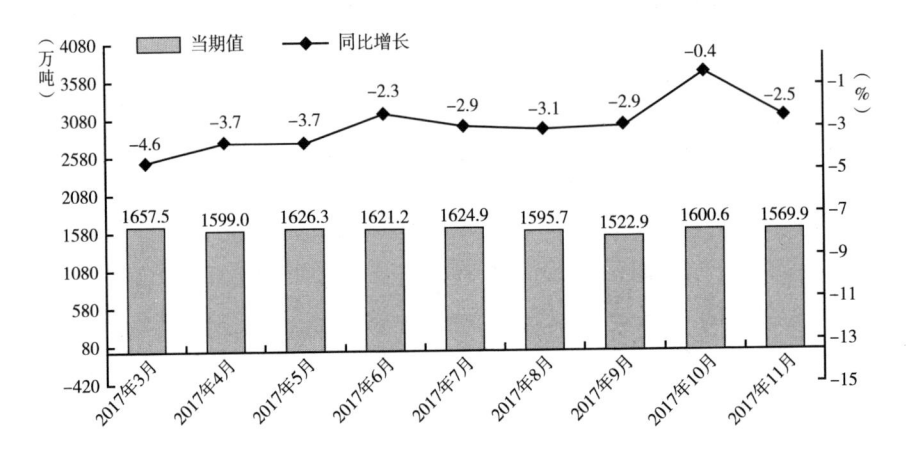

图6 规模以上原油产量月度走势

资料来源：国家统计局。

二是原油及成品油进口增速回落。2017年，我国原油进口量为4.2亿吨，同比增长10.1%，回落3.5个百分点。从月度数据看，每月进口量较为平稳。12月，进口原油3370万吨，较11月降低334万吨，环比下降9.02%。

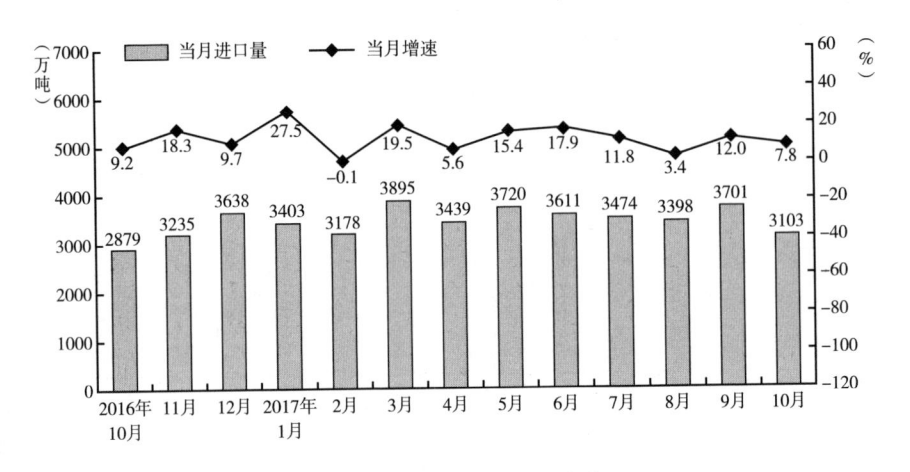

图7 我国原油进口月度走势

资料来源：国家统计局。

根据海关总署的数据,2017年12月,我国进口成品油254万吨,1~12月累计进口2689万吨,较上年同期增长6.45%。

三是原油价格持续回升。从国际原油价格看,自2017年6月底以来,国际原油价格水平稳步上升。10月,布伦特原油现货离岸价格稳定在55美元/桶以上。Wind数据显示,进入11月以来,布伦特原油现货离岸价格稳定在60美元/桶以上,12月4日,价格为63.4美元/桶,比9月底上涨6.3美元/桶。

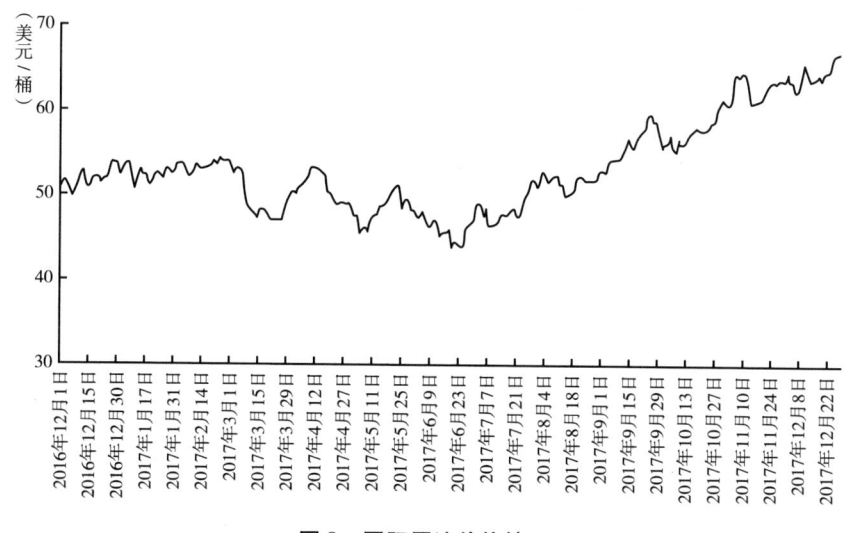

图8　国际原油价格情况

资料来源:国家统计局。

四是原油加工量增速回落。受企业停产检修等因素影响,原油加工量增速放缓,12月,原油加工量同比增长3.3%,增速比11月回落4.7个百分点。主要成品油产量同比增速均回落,其中汽油、煤油和柴油比11月分别回落7.8个、1.3个和2.9个百分点。

2017年以来,我国原油累计加工量同比增速较为平缓,年中增速略有下降,7月以来稳步回升。1~12月,原油累计加工量5.7亿吨,同比增长5.0%。

五是原油及成品油消费量平稳增长。根据国家统计局数据,2017年9月,我国完成原油表观消费量5209万吨,比上年同期增长7.1%。1~11月,成品油产量31639万吨,同比增长7.3%;成品油消费量28214万吨,同比增长6.7%。

六是油气体制改革进一步推进。2017年5月,国家出台了《关于深化石油天然气体制改革的若干意见》,着重从"完善并有序放开油气勘查开采体制、油

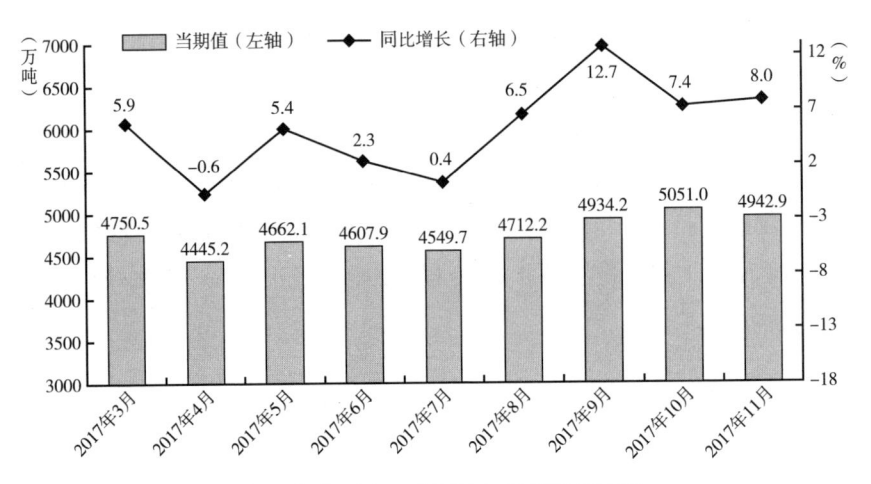

图 9　规模以上工业原油加工量月度走势

资料来源：国家统计局。

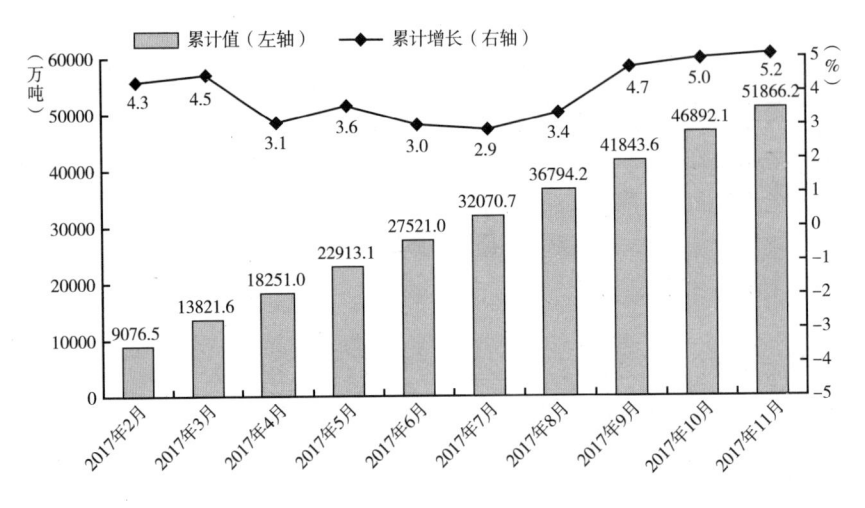

图 10　规模以上工业原油加工量累计值

资料来源：国家统计局。

气进出口管理体制、油气管网运营机制、下游竞争性环节改革、油气产品定价机制、国有油气企业改革、建立健全油气储备体系和油气安全环保体系"等八大方面推进改革。同时，成品油交易市场建设稳步推进。上海石油天然气交易中心将继续推行LNG和管道气竞价交易，同时加大新产品研发力度，择机推出成品油等新产品交易。

3. 天然气生产及消费情况

2017年,我国天然气生产和进口快速增长。在煤改气项目大面积推广的背景下,2017年冬季天然气供需压力空前加大。

一是天然气产量同比明显提升,月度产量较为稳定。天然气供需两旺,"煤改气"、"油改气"和环保政策的落实推进使天然气消费需求持续攀升,全年产量1474.2亿立方米,同比增长8.5%,加快6.3个百分点。

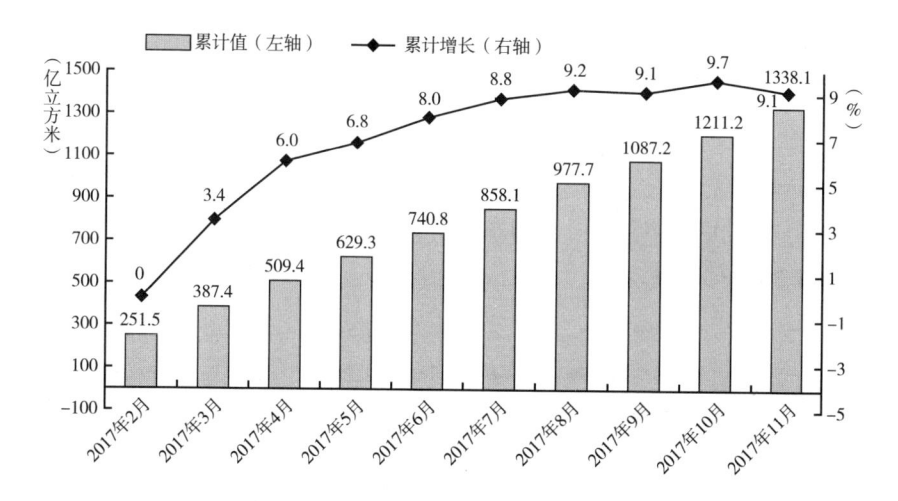

图11 2017年2~11月我国规模以上工业天然气累计产量

资料来源:国家统计局。

我国天然气月度产量稳定在111亿立方米以上,月度产量同比增速稳定在10%以上。

二是天然气进口快速增长。2017年以来,我国推进煤改气工作,中央财政投入大量资金,各地积极开展工作,煤改气项目铺开速度较快,带来天然气需求空前增加,天然气进口快速增长。2017年,天然气进口量6857万吨,同比增长26.9%。进入冬季以来,天然气进口量增长更为明显。12月,进口天然气789万吨,环比增长20.46%。

三是天然气消费量快速增长。根据国家统计局的数据,2017年1~10月,我国天然气消费量1865亿立方米,同比增长18.7%。9月,我国完成天然气表观消费量190亿立方米,比上年同期增长7.4%。

四是天然气价格市场化进入实质性阶段。天然气市场化改革在不断推进,价

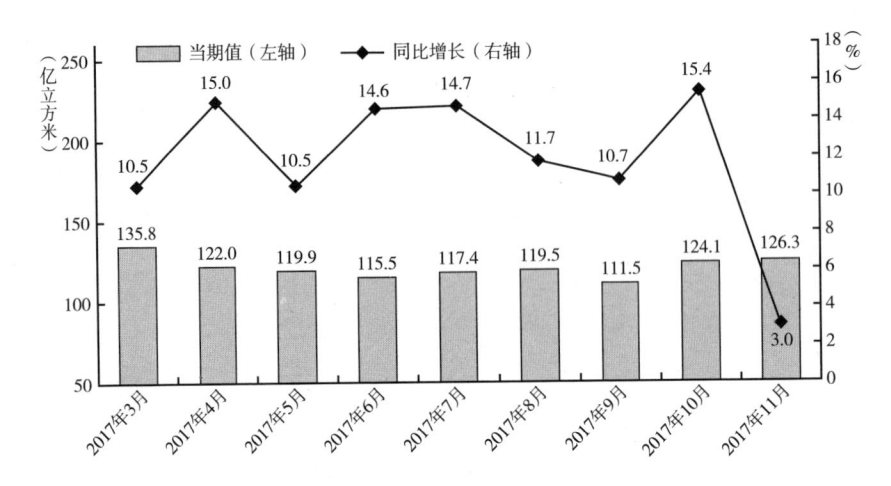

图12 2017年3~11月我国规模以上工业天然气月度产量

资料来源：国家统计局。

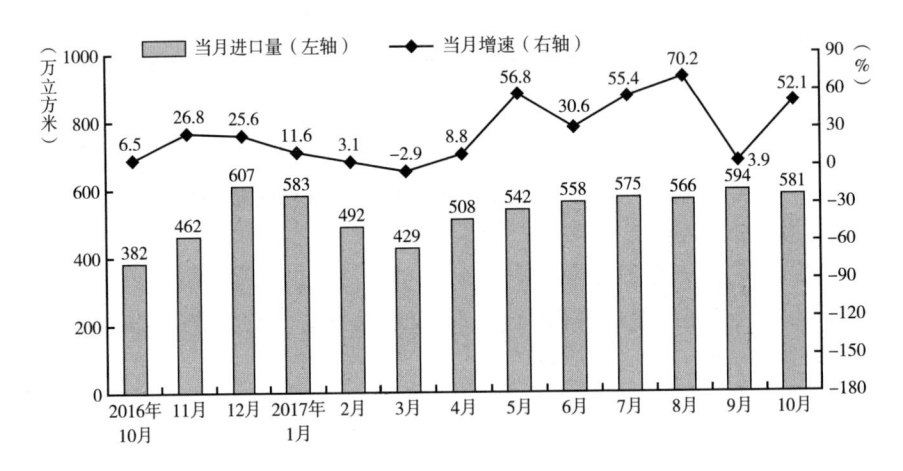

图13 我国天然气进口量月度走势

资料来源：国家统计局。

格改革领先于体制改革，交易中心建设、竞争性环节价格放开等速度加快。继9月中国石油首次试点管道气平台竞价交易后，从11月9日开始，中国石油再度通过上海石油天然气交易中心开展竞价交易。这表明天然气价格市场化将进入实质性阶段。

（二）我国电力生产及消费情况

1. 电力生产情况

一是电力生产总体放缓，水电保持较快增长。2017年以来，我国电力生产总体平稳，累计发电量同比增速稳定在5%以上，但增速呈放缓趋势。根据国家能源局的数据，12月，受寒潮天气及煤改电政策等影响，用电需求增加，发电量同比增长6.0%，增速比11月加快3.6个百分点，日均发电量183.8亿千瓦时，比11月增加10.6亿千瓦时。1~12月，发电量6.3万亿千瓦时，同比增长5.7%，其中核能、风力和太阳能发电比重比上年同期提高1.2个百分点，电力生产结构进一步优化。

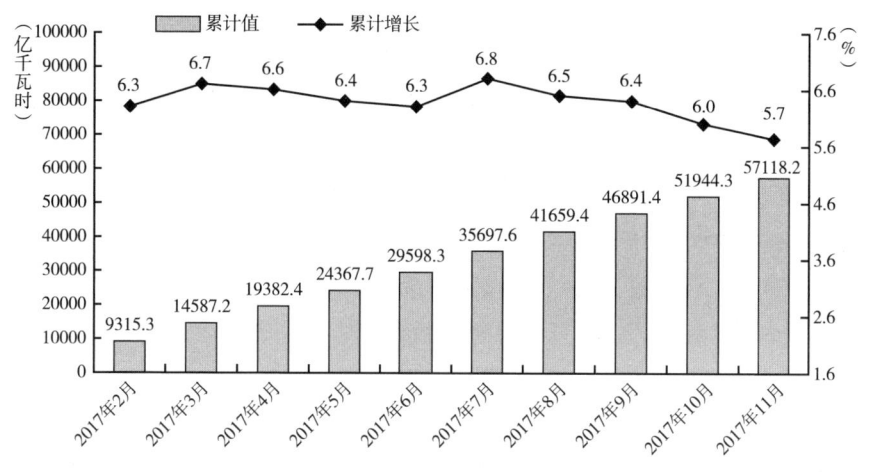

图14 规模以上企业发电量累计值

资料来源：国家统计局。

从发电量累计值看，1~11月，规模以上企业发电量同比增长5.7%，比上年同期加快5.6个百分点。从月度企业发电数据看，同比增速明显下降，从年初的7.2%下降到11月的2.4%。7~8月出现发电高峰，月发电量达6000亿千瓦时。

二是电力生产结构进一步优化。根据国家统计局的数据，2017年1~11月，我国各类电源中，火电累计发电量占比由上年的74.36%降低到73.06%，水电累计发电量占比与上年相当，风电累计发电量占比由上年的3.57%提升到4.13%，太阳能发电累计发电量占比由上年的0.67%提升到1.03%，核电累计发电量由上年的3.6%提升到3.92%。11月，火力发电占比为73.06%，比上年同期下降1.5个百分点。

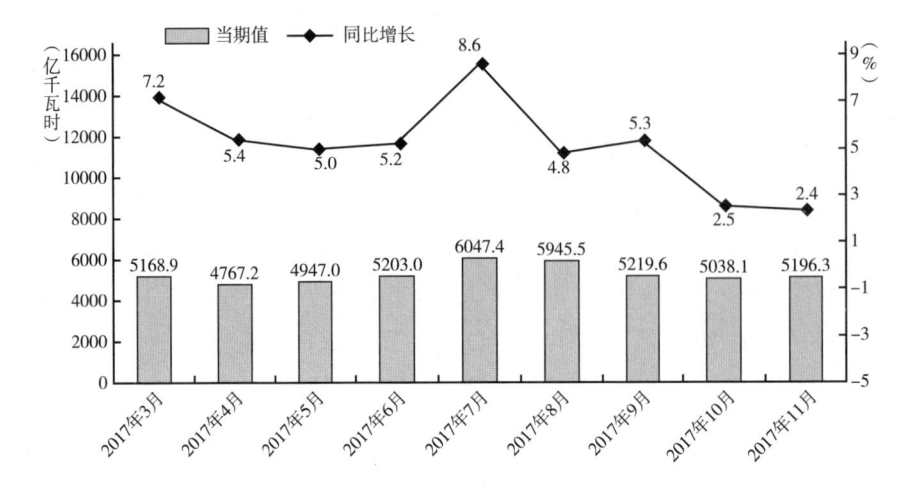

图15 规模以上企业发电量月度值

资料来源：国家统计局。

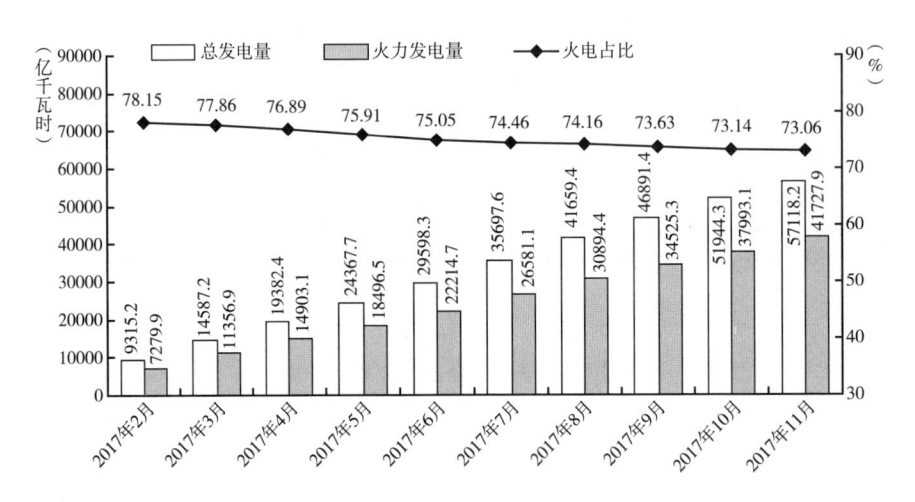

图16 火电占总发电量比重

资料来源：根据国家统计局数据计算。

从各类电源累计发电量增速看，水电累计发电量同比增速有所回升，由年初的 -4.7% 回升到 11 月的 2.7%，由负转正。风电、太阳能发电、核电累计发电量同比增长明显，特别是太阳能发电同比增速保持在 30% 以上。风电同比增速略呈下降趋势，但增速绝对值稳定在 20% 以上。核电同比增速呈上升趋势，由年初的同比增长 12.2%，上升到 11 月的 18%。

从月度发电量看，11月，水电发电量同比增长8.7%，核电、风电和太阳能发电的发电量分别增长14.7%、24.9%和45.2%。

表1 我国电力生产结构

单位：亿千瓦时，%

电源类别	2017年1~11月		2016年1~12月	
	累计发电量	占比	累计发电量	占比
水电	10105.2	17.69	10518.4	17.79
风电	2434.5	4.26	2113.2	3.57
太阳能发电	590.6	1.03	393.6	0.67
核电	2259	3.95	2127.3	3.60
火电	41727.9	73.06	43957.7	74.36

资料来源：根据国家统计局数据计算。

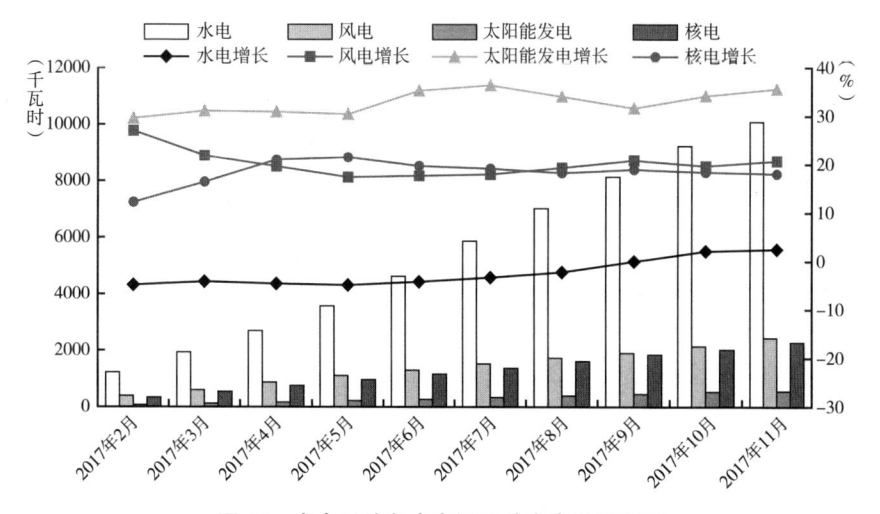

图17 火电以外各类电源累计发电量及增速

资料来源：国家统计局。

三是发电装机容量增速同比回落。根据中国电力企业联合会的数据，截至11月底，全国6000千瓦时及以上电厂装机容量16.8亿千瓦时，同比增长7.2%，比上年同期回落3.2个百分点。其中，水电3.0亿千瓦时，火电10.9亿千瓦时，核电3582万千瓦时，并网风电1.6亿千瓦时。

四是发电设备利用小时数略有下降。根据中国电力企业联合会数据，1~11月，全国发电设备累计平均利用小时3416小时，比上年同期降低18小时。从电源类别看，除水电外，其他类型发电设备利用小时同比增加。1～11月，全国水电设备平均利用小时为3298小时，比上年同期降低36小时。全国火电设备平均利用小时为3772小时，比上年同期增加16小时。全国核电设备平均利用小时6504小时，比上年同期增加126小时。全国风电设备平均利用小时1752小时，比上年同期增加179小时。

2. 电力消费情况

整体来看，2017年以来，我国全社会用电量同比增长较为明显，其中第一、三产业用电量增长较快，第二产业用电量增速相对较低，城乡居民用电量增长显著，表明我国居民电气化水平逐步提高。根据中国电力企业联合会的数据，2017年1～11月，全国全社会用电量57331亿千瓦时，同比增长6.5%，增速与上年同期提高1.5个百分点。

如图18所示，2017年以来我国电力消费月度增速较上年同期显著回升，高峰月份同比增速达到8%以上。

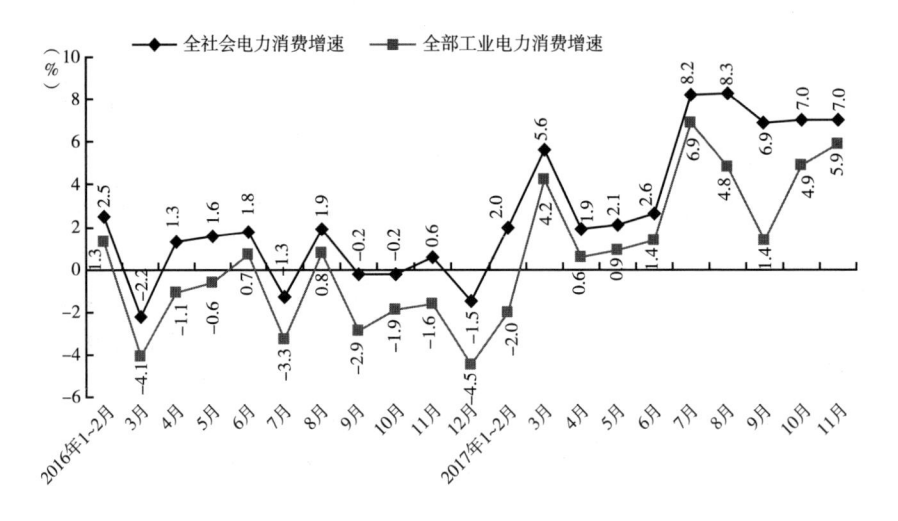

图18 我国电力消费月度走势

资料来源：国家统计局。

分产业看，1～11月，第一产业用电量1074亿千瓦时，同比增长7.1%，占全社会用电量的比重为1.9%；第二产业用电量40185亿千瓦时，同比增长5.5%，增速比上年同期提高2.9个百分点，占全社会用电量的比重为70.1%，对全社会用电量增长的贡献率为59.8%；第三产业用电量8054亿千瓦时，同比增长10.5%，增速比上年同期回落1.1个百分点，占全社会用电量的比重为14.0%，对全社会用电量增长的贡献率为21.9%；城乡居民生活用电量8018亿千瓦时，同比增长7.7%，增速比上年同期回落3.8个百分点，占全社会用电量的比重为14.0%，对全社会用电量增长的贡献率为16.3%。

除化工行业外，其他高载能行业当月用电量增速同比回落。1~11月，化学原料制品、非金属矿物制品、黑色金属冶炼和有色金属冶炼四大高载能行业用电量合计16565亿千瓦时，同比增长4.3%，增速比上年同期提高5.2个百分点；合计用电量占全社会用电量的比重为28.9%，对全社会用电量增长的贡献率为19.7%。

二 我国能源发展应注意的几个问题

（一）能源生产与消费结构优化仍存压力

近年来，我国能源生产及消费结构调整进展顺利，煤炭在能源消费中的比重逐年下降，2016年下降到62%的水平，2017年以来，我国煤炭累计产量增速不到5%；原油、天然气消费比重逐年上升。从电力生产及消费情况看，火电在电力生产中的比重进一步下降近2个百分点。这表明煤炭在我国能源消费中的比重将进一步下降。新能源及可再生能源虽然增速较快，如太阳能保持30%的增长，但消费比重仍较小，推动能源结构向绿色低碳转型的压力仍较大。

与此同时，煤炭去产能工作快速推进和能源结构转型对煤炭及煤电企业带来较大压力。一方面，电煤价格持续高位，全国煤电行业电煤采购成本同比大幅提高，市场化交易电价下降以及可再生能源补贴支付严重滞后，也加剧了发电企业经营困境。多方面因素导致发电企业成本快速上涨且难以向外疏导，大部分发电集团煤电板块持续整体亏损，发电行业效益大幅下滑。另一方面，煤电设备平均利用小时逐步降至历史低位。2017年前三季度，煤电投资同比下降30.5%，煤电企业持续亏损，煤电行业经营遭遇严峻困难和挑战。

（二）油气对外依存度持续升高

我国石油和天然气消费占能源总消费量的比重逐年上升，石油和天然气对外依存度持续提高。2016年，我国石油和天然气对外依存度分别达到62.2%和

35%。2017年以来，国内原油生产能力虽明显回升，但在国际油价持续低位运行背景下，国内石油企业盈利水平仍受影响，原油产量增长乏力，前10个月，我国原油累计产量同比仍为负增长，但原油进口量同比增长超过10%。这意味着2017年原油进口量仍将大幅提升，对外依存度将进一步提升。按原油加工量计算，1~9月，我国原油进口量占加工量比重达到65.5%。天然气方面，我国天然气需求持续旺盛，国内天然气累计产量同比增速超过两位数，而进口天然气同比增长超过50%。数据显示，1~9月，我国天然气进口量644亿立方米，消费量1677亿立方米，对外依存度达到38.4%。特别是在煤改气项目推动下，国内天然气生产能力难以满足冬季供暖需求，推高液化天然气（LNG）进口需求，可以预见，2017年天然气对外依存度将较2016年明显提高。随着煤改气项目的铺开，以及绿色低碳能源转型需求，天然气需求将进一步释放，这对国内有限的天然气储量及生产能力是一大考验，同时，调峰、储备设施殊不完善，更加剧了天然气供需矛盾。

（三）电力体制改革效果仍待显现

电力体制改革快速推进，售电侧改革、电力市场交易、增量配电网放开等改革举措全面铺开，但在具体工作中仍存在诸多问题。

增量配电网放开方面，增量配电业务试点范围划分存在困难，电网企业认为存量资产可以满足试点区域供电需求，新增配网属于重复建设；增量配电项目接入电网存在障碍，电网企业明显存在利用优势地位排斥新建项目行为。同时，电网企业在增量配电网业务开展中提出不合理要求，表现为要求对增量业务绝对控股，对未参股的项目进行信息封锁，新增配网项目无法获得上级电网架构等必要信息等，致使新建配电网项目启动困难。此外，增量配电价格机制及核定方法有待进一步明确，增量配网的定位尚未明确，电网企业认为增量配网是大电网的"用户"，应按照用户来管理，而配网项目业主认为自己属于"电网"，导致双方在项目是否需要向电网企业缴纳基本电费和备用容量费问题上存在分歧。

在电力交易市场建设方面，除海南外，全国各地均成立了交易机构。但这些机构在股份结构上均是电网企业占绝对优势。除昆明交易机构为南方电网公司相对控股外，其他交易机构均由国家电网公司或南方电网公司绝对控股。其结果是，电力交易机构虽然成立了，但电力调度职能仍在电网企业内部，交易达成之前需获得调度认可,交易指令下达之前也要取得调度复核,电力交易机构又受电网企业股权限制,独立性难以保证,电力交易也难以市场化操作。

售电侧改革方面,社会主体成立的售电公司数量众多,但电网企业成立的售电公司依托于原有系统,无论在服务规范、信息系统、电力调配等方面,还是在资金实力、人员素质上均远优于社会主体售电公司。同时,电网企业对社会主体售电公司仍存多种限制行为,社会主体售电公司不具备向电力用户开票权,电力用户只能向电网企业买电。在多重挤压下,社会主体售电公司在夹缝中寻求生存机会,经营困难。售电侧放开仍面临巨大障碍。这些问题仍需要在体制机制上寻求突破。

(四)新能源发展面临"退补贴"与发展空间受限的双重压力

我国新能源经历了快速发展时期,发电装机规模屡创新高,2016年,我国新增风电、光伏发电装机均居世界首位。如此快速的规模扩张得益于可再生能源价格补贴政策。可再生能源补贴绝大部分来自可再生能源电价附加费,由于各种原因,无法做到足额征收,补贴拖欠问题严重。截至2016年底,我国可再生能源电价补贴缺口累计达到700亿元。目前可再生能源规模还在不断扩大,如果政策不调整,"十三五"期间补贴拖欠问题将持续恶化。事实上,过度的补贴在某种程度上弱化了竞争,抑制了企业加强研发投入和创新的积极性,加剧了我国新能源产业关键核心技术受制于人、装备制造环节产能过剩等问题。

与此同时,新能源发电空间仍受多重挤压。2017年以来,我国发电设备利用小时数仍较低,火电设备利用小时数仍远低于设计小时数,煤电发电量占发电量的比重仍高达73%。水电发电量占比没有明显变化,风电、太阳能等发电量占比虽有所上升,但总量仍不到5%。虽然太阳能发电的发电量保持30%以上的增长,但基数仍较低,在总发电量中所占比重刚刚达到1%。未来,若新能源补贴退坡机制形成,新能源电力成本将明显增加,新能源发展空间将明显受限。

三 展望与建议

(一)进一步深化能源领域体制机制改革

一是推动形成多元主体有效竞争的市场格局。建立有效能源市场的前提是形成"多买多卖"的供需格局。我国能源企业多为大型国有企业，存在一定的垄断现象。国有企业还承担部分行政职能，仍不是自由竞争的市场主体。民营主体进入较少，多元竞争格局仍未形成。亟须通过深化改革，还原国有企业市场主体角色，全面放开竞争性环节，推进自然垄断环节改革，吸纳社会资本参与，破除"玻璃门"、"弹簧门"、"旋转门"等，完善多元主体公平竞争的制度环境，奠定市场机制有效运行的基础。

二是有序推进电力体制改革。尽快明确增量配电业务规范和范围，完善增量配网业务范围划分办法、配电网规划和电网公平接入管理办法等。明确增量配网价格机制，明确增量配网定位。制定出台"增量配电业务配电区域划分办法"。加强对增量配电网建设的事中事后监管。规范电网企业行为，鼓励社会资本公平参与售电侧竞争，去除体制障碍，赋予社会主体售电公司以正当市场主体身份。逐步将电力交易、电力调度与电网企业相分离，确保电力交易机构独立性，推动调度独立工作，还原电网企业输电服务功能。

三是进一步放开能源价格。价格是能源市场体系的核心。市场配置资源的决定性作用，主要通过价格信号的引导来实现，是否建立了由市场决定的能源价格机制是决定能源改革成败的关键。近年来，能源价格改革"单兵突进"，倒逼体制机制改革，收到良好效果。但总体来看，价格改革仍需加快步伐、完善机制。因此，应在当前原油价格低位运行、社会对价格相对不敏感的背景下，提速成品油价格放开。加快推进天然气价格改革，实现天然气价格全面市场化。适时推动电价全面放开，处理好电力普遍服务、交叉补贴等问题。

四是强化能源改革法律保障。我国初步形成了涵盖不同能源领域、不同层级、相互支撑的能源法律制度体系。但能源法律结构仍不完整，法律先行、指导和引领改革的作用没有充分发挥。《能源法》尚未出台，个别单行法律仍未制定，相关能源领域的建设、管理和运营方面难以得到有效规范和依法监管。在执行中，部分法律内容已与现实不相适应，很多法律法规缺乏实施细则，强制性措施不足，企业违规成本低。在改革快速推进的背景下，许多重大决策和政策仍未通过立法上升为法律法规，制约改革的体制性问题难以解决。同时，不同法律缺乏必要的衔接，执行效果不佳。为确保能源改革效果，需尽快完善法律体系，形成以能源综合性法律法规为统领，以若干能源单行法为主干，以能源行政法规和规章为重要组成部分，涵盖电力、煤炭、油气、新能源等领域且法律层次清晰的能源法律制度体系。

五是加强能源市场和交易平台建设。构建现代能源市场体系，是提高市场运行效率和产业竞争力的客观要求。我国能源市场体系建设的基本目标应是：坚持能源市场化改革方向，发挥市场配置资源的决定性作用，强化政府监管职能，逐步建立起产业协调发展、市场结构合理、宏观调控科学、市场监管有效，与中国国情相适应的统一、开放、竞争、有序的新型能源市场体系。

（二）提高清洁能源比重，优化能源生产与消费结构

一是降低煤炭生产和消费比重，防范和化解煤电产能过剩风险。在碳排放提前达峰目标约束下，煤炭生产和消费比重仍需进一步降低。抑制地方政府借煤炭、煤电项目提高地方 GDP 的冲动，严格控制新上煤炭项目。同时，落实国家促进煤电有序发展政策，把控煤电建设节奏，为清洁能源预留足够空间，倒排煤电项目建设时间表，防范风险聚集。继续推进淘汰落后产能工作。针对停缓建项目给企业带来的经济损失和合同风险，以及小火电关停面临的员工安置等问题，研究出台配套政策，为依法合规、有序推进煤电调控工作提供保障。

二是进一步推动电源结构优化，保障新能源电力发展空间。2017 年以来，全国弃风、弃光情况有所好转，但部分地区形势仍然不容乐观，弃水问题仍然较为突出。因此，仍需在政策、市场建设和体制机制上给予支持。要增强跨区通道对可再生能源的输送能力，充分利用现有通道，提高电力系统综合调峰能力，加快抽水蓄能电站、调峰气电建设，提高系统调峰容量，建立利益调节机制，加快辅助服务市场、峰谷电价等配套政策的出台和落地，提高调峰积极性。打破省间壁垒，建立有利于新能源跨区消纳的市场化机制。优化电网运行方式，完善优先调度机制，加强风电、光伏发电保障性收购有关政策的执行督导。加大对用户侧储能设施的支持力度，明确用户侧储能参与市场交易的主体身份，切实增强用户侧对清洁能源的消纳能力。

（三）完善新能源发展政策支持体系

大力发展新能源是推进我国能源生产和消费革命的重要任务，但新能源发展仍处在补贴支撑状态下，企业竞争能力相对较弱，关键核心技术仍受制于人。因此，应建立补贴退坡机制，逐步降低补贴标准，抑制套取补贴行为，倒逼成本下降，推动技术进步与创新，逐步培育拥有核心技术和领先优势的龙头企业，规范市场竞争，推动新能源产业向高端发展。同时，采取多途径解决补贴资金缺口问

题,改进可再生能源基金预算和电价补贴审核拨付机制,确保电价补贴资金足额到位。实施绿色电力证书交易制度,督促电力用户购买新能源电力。

(四)加强"一带一路"能源国际合作

随着我国油气对外依存度的逐步提升,保障能源安全难以单独依靠国内解决,须从国际视野着手,以"一带一路"倡议为契机,寻求集体能源安全,进一步拓展油气来源,加强能源国际合作。"一带一路"沿线国家和地区在全球能源供应中占据核心地位,但发展不平衡,国际合作潜力尚未充分释放。应分区域、分重点,先易后难,有序推进与"一带一路"沿线国家的能源合作。

一是推动与俄蒙中亚、西亚北非的全方位战略对接。重点加强与俄罗斯、哈萨克斯坦、土库曼斯坦、西亚北非国家在油气领域的全面合作,顺畅油气资源交易,确保通道安全。推动与以色列、土耳其、埃及、伊朗等国的可再生能源合作。

二是推动与东南亚、南亚地区在重点领域的对接、以点带面地开展合作。发挥我国基础设施建设优势,助力提升目标国能源生产与利用水平。完善跨境输电通道,开展区域电网升级改造合作,促进我国水电等电能在当地的消纳。加强与印度尼西亚等在煤炭、天然气贸易和勘探开发方面的合作。

三是推动与中东欧、独联体国家能源合作项目的先期培育。中东欧国家购买力较强,能源需求多依赖进口。可探索与其开展能源市场建设和价格稳定机制等合作。同时,加强可再生能源、循环经济领域的合作,加大核电"走出去"力度。加强与独联体其他六国的电力合作,与阿塞拜疆加强在油气资源开发方面的合作,与乌克兰加强在核能、水电和可再生能源等领域的合作。

四是全方位推进全球能源治理。借助现有治理平台提升影响力,全方位与国际能源署(IEA)、二十国集团(G20)、国际能源论坛(IEF)等开展合作,融入现有全球能源治理机制改革进程,建立更完善的治理功能。推动建立"能源合作伙伴关系",构建人类能源命运共同体。可考虑在"一带一路"沿线国家或亚洲国家范围内适时提出建立部长级能源伙伴关系对话机制,开展政策交流和协调。

(撰稿人:中国国际经济交流中心信息部副研究员,王成仁)

专题4 区域与城乡

京津冀协同发展现状与展望

2014年，习近平总书记提出要努力实现京津冀协同发展的国家战略。在十九大上，习近平总书记明确提出要"以疏解北京非首都功能为'牛鼻子'推动京津冀协同发展，高起点规划、高标准建设雄安新区"，为下一步推进京津冀协同发展指明了方向。本文对近年来京津冀协同发展的成果进行梳理，对可能存在的问题进行分析，对京津冀协同发展的未来进行展望，为进一步推动京津冀协同发展提出相关建议。

一 京津冀协同发展现状

2015年2月和4月，习近平总书记先后主持召开中央财经领导小组会议、中央政治局常委会会议和中央政治局会议，研究审议《京津冀协同发展规划纲要》（以下简称《规划纲要》）并发表重要讲话，明确了有序疏解北京非首都功能，推动京津冀协同发展的目标、思路和方法。京津冀协同发展顶层设计的完成为扎实推进各项工作实现了良好开局，京津冀三省市及相关部门认真落实发展战略，京津冀协同发展逐步进入良性轨道。

（一）构建较为完善的京津冀协同发展政策框架体系

到目前为止，京津冀协同发展已形成国家政策统领、区域政策细化和专项政策落地，目标衔接、层次分明、相互衔接的政策规划体系。

一是在国家层面上形成以《规划纲要》为统领，交通、环保、产业、空间规划为支撑的"1+4"顶层规划框架体系。2015年4月30日，中共中央政治局会议审议通过《京津冀协同发展规划纲要》，明确了京津冀未来发展的功能定位、发展目标、空间布局、功能疏解和重点领域。依据《规划纲要》，国家发展改革委于2015年12月印发了《京津冀协同发展交通一体化规划》、《京津冀协同发展生态环境保护规划》，工业和信息化部会同北京市、天津市、河北省人民政府于2016年6月共同制定印发了《京津冀产业转移指南》。随着国家发展改革委正在研究编制的《京津冀空间规划》出台，京津冀协同发展规划体系将形成较为完善的框架体系，指导推进京津冀协同发展的各项工作。

二是加强跨越行政区域层面的规划和行动计划编制工作，对顶层框架进一步细化。国家相关部委及京津冀三省市在国家顶层规划体系引领下，积极合作研究编制了跨区域的专项实施规划或行动计划，不断形成一些具体实施方案。如2015年7月，工业和信息化部印发了《京津冀及周边地区工业资源综合利用产业协同发展行动计划（2015～2017年）》；2014年12月，国家民航局印发《关于推进京津冀民航协同发展的意见》；三年后的2017年12月，国家发展改革委联合中国民用航空局印发了《推进京津冀民航协同发展实施意见》；2016年2月，国家发展改革委编制印发了全国首个跨省级行政区的《"十三五"时期京津冀国民经济和社会发展规划》，进一步明确了京津冀地区到2020年的发展目标。2016年，国家发展改革委和交通运输部联合印发了《京津冀地区城际铁路网规划》，推动建设"轨道上的京津冀"。2017年7月，中关村管委会、天津市科委和河北省科技厅在北京联合发布了《发挥中关村节能环保技术优势 推进京津冀传统产业转型升级工作方案》。

三是京津冀三省市加快制定落实协同发展具体实施方案。在地方政府政策落实上，北京制定了京津冀协同发展规划纲要的贯彻实施意见、2015～2017年各年度工作要点和重点项目，以及"十三五"时期推动京津冀协同发展市级专项规划，形成"远期有贯彻意见、中期有五年规划、近期有工作要点、当年有重点项目"的一揽子推进体系。天津根据"一基地三区"功能定位，制定出台四个专项《实施意见》，坚持推动"双优化"，增强"双动力"，扩大"双开放"，坚守"双底线"，全力推动京津冀协同发展。河北构建起推进协同发展的"1+4+N"规划体系，精准勾勒出河北在协同发展中的路径。

（二）创新京津冀协同发展合作的体制机制

一方面，构建了国家层面推动协同发展的领导协调机构。习近平总书记提出京津冀协同发展战略后，国务院于 2014 年 8 月成立了京津冀协同发展领导小组、相应办公室及专家咨询委员会等机构，加强顶层设计和统筹协调，全面推进京津冀协同发展；领导小组由中共中央政治局常委、国务院副总理张高丽同志担任组长。同时，在北京市、天津市、河北省相应成立了推进京津冀协同发展领导小组及相关机构，从而在国家和省市两级层面形成了推动京津冀协同发展的领导协调机构。

另一方面，创新了经济、生态、科教等领域协同发展的体制机制。近几年来，京津冀三省市在经济、生态、文化、教育等多个领域逐步构建了标准共建、监管协同、执法联动、共同发展的合作体制机制。在经济发展领域，从 2013 年开始，京津冀三地已经开始进行合作，签署了《北京市天津市关于加强经济与社会发展合作协议》、《天津市河北省深化经济与社会发展合作框架协议》和《2013 至 2015 年合作框架协议》；随后，京津冀又正式签署《京津冀协同发展税收合作框架协议》、《关于推进京津冀产业协同发展战略合作框架协议》等一系列框架协议，创新并构建了经济协同发展体制机制。在生态环保领域，2014 年，北京与天津、天津与河北、北京与河北相继签署了《加强生态环境建设合作框架协议》等协议，明确就共同防治大气污染等展开合作；2015 年 5 月，审议通过《京津冀及周边地区大气污染联防联控 2015 年重点工作》、《京津冀及周边地区大气污染防治中长期规划》、《京津冀区域环境保护率先突破合作框架协议》等文件，大力改善京津冀生态环境。在质量执法监督领域，2014~2017 年，京津冀三地质监部门签署了《京津冀质量发展合作框架协议》、《京津冀区域共同制定地方标准有关事项的会议纪要》、《京津冀安全生产地标协同合作框架协议》和《京津冀质量发展合作框架协议》等一系列协议，初步建立了京津冀区域协同地方标准共同制定、分别发布的工作机制。另外，在文化教育领域，《京津冀文化领域协同发展战略框架协议》、《京津冀人才一体化发展规划纲要》等文件的印发实施，为京津冀在人才教育方面的协同发展建立了良好的合作机制。

（三）协同发展的重点领域率先突破

随着京津冀协同发展逐步深化，交通、环境和产业协同发展等重点领域率先取得突破。

一是多种交通方式协调发展，区域交通更加畅通高效。在轨道交通方面，"一小时交通圈"经过 5 年发展已初步成形，京津冀城际铁路投资公司已进入运营阶段;京津冀建成了京沪高铁至天津西站北联络线、京津城际延伸线天津至于家堡站、津保铁路、张唐铁路、天津集装箱中心站等12项重要工程,在建的京张高铁、京霸铁路、京沈客专以及京唐、京滨铁路等重点工程项目,也将加快推进京津冀地区形成放射状轨道网络。在公路网络方面,河北省打通12条高速"断头路"和干线公路"瓶颈路"共计1400余公里,通车里程达到6500公里;京昆高速公路涞水段、京秦高速(北京、天津段)已建成通车,津石、京台、密涿等则处于建设、扩建或即将开工建设过程中,京津保1小时交通圈构建完成;京津冀高速公路ETC已与全国实现联网,省际毗邻地区道路客运班线公交化运营逐步推进。在京津冀机场及港口群建设方面,河北机场集团已纳入首都机场集团统一管理,津冀港口群集疏运体系改善方案已编制完成,北京新机场航站楼钢结构全面封顶;此外,天津机场已设立10座城市候机厅(楼),除天津有两座外,还在北京南站,河北的黄骅、沧州、唐山、保定、廊坊、白沟、胜芳等地开设了异地城市候机厅,京冀等地旅客可享受便捷的零换乘、远程登机等服务。市民出行方面,京津冀交通一卡通已覆盖全市公交线路近1000条,逐步实现城市轨道交通全覆盖,京津城际实行月票制,三地百姓出行更为便利。交通网络成为京津冀协同发展的传输网络,方便了三地产业转移、要素流动,更进一步强化了京津对河北地区的经济辐射。

二是生态合作深入推进,环境改善初见成效。生态环境问题是一个跨区域的系统性问题,生态环境发展是京津冀协同发展的重点领域。为改善区域生态环境,京津冀三地开展了多种生态环保合作方式,取得了良好效果。在水资源涵养方面,京冀生态水源保护林规划体系逐渐形成,建成多项生态水源保护林建设和森林保护合作项目,如官厅水库、密云水库上游集水区生态水源保护林营造;北京市还以经济补偿的方式,对张家口多县实施"稻改旱"工程进行经济补偿。在大气治理方面,京津冀空气总体质量开始向好,无论是京津冀地区整体的PM2.5平均浓度,还是北京、天津和河北的PM2.5浓度都有所改善,京津冀主要城市优良天数比例也明显上升;2013~2016年,北京空气质量达到极好与二级的天数由167天增加到186天,天津由145天增加到216天,石家庄由49天增加到180天。在风沙治理上,京津风沙治理二期工程完成林业建设任务1.31万公顷;在节能减排上,京津冀城市群的节能减排与世界先进水平的差距在缩小,京津冀各城市的节能减排效率与北京的差距也越来越小。

三是产业转移升级取得进展，三地功能定位日趋强化。在打造区域发展新格局上，北京稳步推进文化中心和科技创新中心建设。2016年，北京市文化创意产业占地区生产总值比重较2013年提高1.3个百分点，全市专利授权量增至2013年的近2倍；中关村科技园区显现创新引领作用，技术收入占总收入的比重较2013年提高2.4个百分点。天津先进制造业和金融业发展较快，2016年天津市装备制造业增加值占规模以上工业的比重为36.1%，比2013年提高5.3个百分点；金融业实现增加值1735.3亿元，占地区生产总值的9.7%，比2013年提高1.1个百分点。河北省努力构建全国现代商贸物流重要基地，2016年物流业实现增加值2636亿元，占全省地区生产总值的8.3%，其中，快递业务量持续高速增长，2016年完成9亿件，是2013年的4.3倍。

在产业转移协作上，京津冀产业园区协作成为一大亮点，天津市和河北省各级政府都加大力度对接北京的园区，共同建设了一批合作园区，形成了以曹妃甸协同发展示范区、新机场临空经济区、张承生态功能区、天津滨海—中关村科技园为核心，以中关村海淀园秦皇岛分园、中关村丰台园满城分园、中关村保定科技创新中心等园区为节点的"4+N"产业合作格局。专业平台建设带来产业转移协作更大推动力，京津冀三地企业界积极推动成立了新能源、有色金属材料、钢铁、电力设备等行业领域的产业发展联盟或行业技术创新联盟，加强了京津冀三地企业的交流互动，避免误判，加强合作，避免项目重复布局，扩大合作空间。同时，京津冀地区投资银行、产业基金、商业银行等金融机构组建了各类投资平台，为产业转移升级提供了更多的市场机会。

（四）协同发展的重大工程项目顺利推进

一是北京张家口共同筹办2022年冬奥会。2015年，北京成功获得2022年冬季奥运会主办权，是我国历史上第一次举办冬季奥运会，北京、张家口同为主办城市。北京将承办所有冰上项目，延庆和张家口将承办所有雪上项目。此次工程建设将给张家口地区带来重大机遇。奥运场馆等相关基础设施的建设将为张家口带来大量的基础设施投资，奥运会的举办还将带动京张两地旅游、体育等消费市场发展，进而促进张家口及环首都地区的经济增长。二是雄安新区的规划建设。规划建设雄安新区是疏解北京非首都功能、推进京津冀协同发展的一项历史性工程。雄安新区位于京津保腹地，土地水利环境和地质支撑条件优良，发展空间充裕，是集中承接北京非首都功能疏解的首选之地。雄安新区的建设既疏解了北京非首都功能，又为河北的经济发展建立了一个新的增长极。从空间结构来说，在雄安新区建成之后，京津冀地区可能会形成多个增长极，对整个京津冀地区经济的带动作用会明显增强。

（五）三地公共服务逐步融合

三地公共服务共建共享初见成效，公共服务均衡化水平稳步提高。电信通信方面，工信部取消了京津冀地区的手机漫游费和长途电话费；教育合作持续深化，北京市区两级与津冀各地方共签署教育合作协议21个，实施合作项目30余个，例如河北省6所交通职业学校纳入北京交通职教集团，成立了京津冀卫生职业教育协同发展联盟；医疗保险转移接续和异地就医服务障碍加快突破，河北燕达医院已纳入北京市新农合定点医疗机构，北京市正进一步推进燕达医院与天坛医院、安贞医院合作，并与河北省开展了北京—燕达、北京—曹妃甸、北京—张家口、北京—承德、北京—保定等5个重点医疗合作项目，此外京津冀医疗机构临床检验结果互认试点首批互认项目27项，纳入互认医疗机构132家；文化旅游共建进程加快，组织编制《京津冀旅游协同发展行动计划（2016~2018年）》；社会保障方面，三地发行符合全国统一标准的社会保障卡，出台养老保险跨区域转移接续办法实施细则，统筹三地的社会保障项目；社会治理协作更加密切，建立跨地区劳动保障监察案件协查机制，实现劳动监察案件"一点投诉、联动处理"，经三地会商，签订了《京津冀民政事业协同发展合作框架协议》。对口帮扶稳步推进，2016年，国家发展改革委等六个部委联合印发《京津两市对口帮扶河北省张承环京津相关地区工作方案》。京冀、津冀双方分别签署《全面深化京冀对口帮扶合作框架协议》、《对口帮扶承德市贫困县框架协议》。

（六）北京非首都功能疏解稳步推进

近年来，北京非首都功能疏解有序推进。北京市常住人口连续三年保持增量、增速"双下降"态势，2016年为2172.9万人，城六区常住人口实现由增到减的拐点，较上年下降3%。通过疏解和提升统筹推进，全市地区生产总值比上年增长6.7%左右，实现了"十三五"良好的开局。三年来，北京市聚焦重点领域、重点区域、重点政策，坚持疏控并举，分类施策，把疏解与提升有机结合起来。严把准入关口，严控非首都功能增量，严格实施新增产业禁止和限制目录，大力开展疏解整治促提升专项行动，同时，突出重点领域，分类有序疏解存量。截至目前，已累计停产不符合首都城市功能定位的制造业企业1624家，调整疏解392家商品交易市场。

二 京津冀协同发展当前存在的问题

（一）协同协调机制方面的问题

一是政策制定和制度保障方面，政府虽然出台了相关的发展规划纲要，但在路径设计上缺乏具体的实操性规定。从政策形式来看，多数相关政策都以中央领导讲话的方式或者行政命令形式下发，缺乏规范性和刚性约束力，不能发挥政策的推动效力。政策碎片化现象明显，不同部门针对京津冀协同发展颁布的政策缺乏有效的协同性，甚至存在一定的矛盾性，致使政策效力不足。此外，在京津冀政府协同发展监督机制建设上，没有建立与京津冀区域发展相匹配的具有空间意义的区域专项法律保障体系。

二是缺乏有效的利益补偿机制。京津属于经济发展相对发达地区，较河北地区更容易吸引更多的资源和要素，尤其是北京一些区县以其政策优势和区位优势吸引了周边地区一些好的项目迁入，引起了产业转移的逆向流动。由于得不到相应补偿，河北在京津冀城市群中一直处于弱势地位。

三是产业对接机制建设不够完善。现阶段，京津冀产业转移协作更多地表现为各级地方政府层面对接和地方政府主导下产业园区合作共建，合作形式较多，合作机制灵活，可操作性较强。但这些对接协作缺少中央或省级政府明文规定的合作机制，由基层政府探索出来的合作机制仍面临较大的不确定性，一旦地方基层政府主要领导换届、调动或国家财税部门收紧政策，这些合作机制很可能半途夭折。

四是缺乏有效的协同创新和产业合作发展机制。京津冀科技资源分布不平衡以及基础设施的不配套、公共服务及科技金融制度的差异，导致创新要素配置效率及产业协同效率低下，未能形成科技成果的协同共享机制，三地创新链、产业链、服务链等融合不充分，影响了新一代制造产业创新以及科技创新对传统制造业的改造效应。

（二）三地发展失衡依然严重

一是京津冀三地所处的工业化程度不同，三地产业结构存在巨大差距。北京处于后工业化时期，天津处于工业化后期，而河北处于工业化中期。相比于北京第三产业发展突出，天津和河北地区第三产业发展相对滞后，产业结构落差较大，核心地区对周边的带动作用并不显著。二是区域发展过于两极化。北京作为国家政治中心和人才聚集地，对优质资源拥有巨大的虹吸作用，经济发展迅速，多种要素主动流向北京，由此也因资源环境不匹配而带来严重的"大城市病"，需要周边地区给予支撑；而河北大多数地区高端新兴产业发展落后，同时经济发展落后，国家级贫困县、省级贫困县有80多个，各类要素的缺乏导致发展落后，只能充当生产要素的提供者。三是三地公共设施与服务水平落差过大。在社会保障方面，河北与京津两地差距十分明显，以河北和北京为例，2015年河北城乡居民基础月养老金仅为北京的15.96%，是北京居民的一个零头，同时社会保障制度的政策性不公平也一直存在；医疗保障水平差距过大，除去三地医保报销比例等不同外，河北省的医院医疗设施的先进性及医务人员的专业水平也远不能与北京和天津相比，河北省拥有的三甲医院数目与北京市差距较大；教育资源分布不均，以高校资源为例，北京有24所"211"高校，天津有3所，河北仅有1所而且还开办在天津（河北工业大学）。总之，河北省与京津相比，在社会发展、公共服务水平上存在巨大差距。

（三）要素流动市场壁垒依然较大

一是资源禀赋和比较优势导致要素集聚。北京作为国家首都和中央政府所在地，有得天独厚的资源优势，包括拥有更高的行政权力和经济谈判力、高端人才和智力机构聚集、服务保障基础设施建设完善，形成了明显的虹吸效应。经过长期的循环累积作用，要素流动的路径已然固化，在各地区对要素的相对优势尚未改变的情况下，要素流动和集聚的态势也很难改变。二是地方保护主义阻碍协同推进。由于考虑地方GDP、就业、税收、财政收入等实际利益，三地政府在协同过程中存在消极行为。比如，在面对产业疏解任务层层分解时，地方政府和相关企业采取各种隐蔽性强的抵触措施，故意拖延疏解进度；在协同治理过程中不愿主动承担自身范围内产业优化升级或转型的成本等。三是行业缺乏统一标准进而形成市场进入壁垒。由于京津冀三地地方技术标准不统一，创新项目资助强度差距大，医药、食品等行业生产监管标准不一致导致许多北京的企业不愿意将主业搬到津、冀，影响协调发展的进度。四是三地仍存在一定的产业结构重叠现象，产业同构化带来资源竞争问题比较严重。

（四）生态环境问题依然严重

京津冀大气污染防治工作依然十分严峻，大气污染物排放总量仍超过环境容量，大气环境承载力严重超载情况短期内难以发生根本性变化。2014年以来，虽然京津冀PM2.5平均浓度趋于下降，但在很大程度上得益于"天帮忙"；从季节分布来看，冬季供暖季开始后区域污染严重，重污染天气频发。京津冀各地空气污染排放物的多项指标都超过国家标准。此外，虽然生态环境协同保护的规划和方案已陆续出台，但从实际执行情况看，一些应急的联防联控措施，如强制性"停工停产"虽有效但无法持续实施，大气污染的"联防联控"仍然面临很多问题，协同保护的效果不明显。

三 京津冀协同发展未来展望

（一）北京非首都功能疏解将进一步加快推进

有序疏解北京非首都功能是京津冀协同发展的关键环节和重中之重。一方面，北京市将进一步控制城市增长边界和建设用地规模，这是缓解"大城市病"的前提。目前北京城乡建设用地面积为2921平方公里，而2020年控制目标定为2800平方公里以内，这就要求2017~2020年全市年均减少存量30平方公里。另一方面，北京未来将进一步落实控制增量、疏解存量的相关政策意见，制定具体的配套政策和实施方案。北京市正在继续谋划推动一批条件成熟的区域性批发市场、一般性制造业企业、学校、医院等向外疏解转移，统筹做好北京城市副中心、新机场临空经济区周边地区规划建设管理，确保到2020年，北京市常住人口控制在2300万人以内。

（二）冬奥会、北京城市副中心、雄安新区等重大工程助推京津冀协同发展

2022年京张冬奥会将成为京津冀协同发展的标志性工程之一，借助2022年

冬奥会，北京和河北将加快两地之间的交通基础设施建设、公共服务、产业及市场之间的沟通协作，极大地促进京冀之间交通一体化、产业一体化、市场一体化、城乡一体化水平，同时，两地之间将在资源共享、信息互通、和谐共赢、联合开发等方面取得较快进展，跨行政区域经济和社会发展将会进一步加快。北京城市副中心建设加快，未来将成为京津冀区域协同发展示范区；雄安新区是中央为打造北京非首都功能疏解集中承载地、深入推进京津冀协同发展作出的一项重大决策部署，各类创新政策汇集其中，将成为京津冀协同发展的又一标志性工程。

（三）京津冀铁路网将加快实现协同

根据《京津冀协同发展规划纲要》设定的目标，到2020年，区域交通一体化网络基本建成，生态环境质量得到有效改善，产业联动发展取得重大进展；到2030年，京津冀区域一体化格局基本形成。因此，未来联通三地的城市轨道交通、城际高铁和高速公路建设将进一步加快。北京新机场的建设备受各方关注，其横跨京冀两地，将公路、城市轨道交通、高速铁路、城际铁路等多种交通方式整合，将有效缓解北京首都国际机场面临的空域资源紧张局面，辐射整个京津冀区域产城人的流通和发展，同时带动三地协同发展中新型业态的形成和发展。交通运输网络不断加密建设，构建起京津冀发达的集疏运体系，从而形成便捷的1小时交通圈。建设内陆无水港、集装箱运输站，以及连接机场、港口、铁路站口的快速铁路、公路线，打通区域间的"断头路"，实现人员的方便快捷换乘和货物的海陆空联运。另外，三地将加强港口与航空枢纽的分工协作，实现三地交通基础设施的共建共享和互联互通，形成以"京津、京保石、京唐秦"三大通道为主轴，以京、津、石三大城市为核心，以"四纵四横一环"为骨架的城际交通网络。

（四）产业协同发展与结构转型提升同步发展

京津冀协同发展的实质与核心是三地产业协同和深度融合，未来三地将着力加快推进产业对接协作，形成区域间产业合理分布和上下游联动机制，对接产业规划，实现互补错位发展。

未来，北京将加快疏解非首都功能，积极发展大数据、物联网、云计算、文化创意、工业设计等服务经济，鼓励传统优势企业进行智能与绿色技术改造，打造"高精尖"经济结构,加快北京由科研优势转换为产业优势。天津将加快优化发展先进制造业和战略性新兴产业,应用大数据、互联网等生产性服务业发展高端制造业,构建"产学研"紧密结合的协同创新体系。河北将进一步加快与京津对接,通过网络平台,实现产品需求方和供给方的有效对接,进一步增强与北京服务业,尤其是高新技术产业和生产性服务业,以及中关村国家自主创新示范区的对接,并将其作为承接北京功能疏解的重点工作。

(五) 生态环保协同逐步推进

京津冀的大气污染问题与该地区污染物排放总量有很大关系,而污染物主要来自周边区域的高污染、高排放企业。目前,国家京津冀协同发展政策的立足点是北京,但重点和难点是河北,靠行政手段疏解"非首都功能"并不能从根本上解决京津冀地区的大气环境污染问题。河北经济发展水平滞后于北京和天津,靠自身力量治理大气污染问题有较大难度,解决河北的问题需要北京、天津的横向转移支付。通过完善环境保护的激励约束机制,使环境保护的外部效应内部化,尽快建立京津冀之间以生态补偿为目的的横向生态转移支付机制,这能够在一定程度上减少污染物排放总量。长期来看,将通过加强区域立法提升环境规制强度,并在大气污染治理过程中更多地引入市场机制,以制度创新强化企业技术进步,更加注重使用经济和法律手段优化生产力布局,北京、天津及河北应进一步明确自身功能定位,通过合理制定支柱产业发展规划来调整产业结构,大力推进绿色低碳发展,加强区域碳减排合作,推进京津冀生态文明建设一体化。

四 京津冀协同发展相关政策建议

(一) 进一步加快北京非首都功能疏解

有序疏解北京非首都功能是京津冀协同发展战略的首要任务,既能够治理好北京的"大城市病",又以疏解带动周边地区发展解决环首都地区贫困带发展问题。一是要加快非首都功能疏解政策创新,探索建立疏解地与承接地的利益共享机制,研究设立非首都功能疏解的专项资金,进一步完善产业对接合作的配套政策等。二是要充分发挥政府与市场的协同作用,形成非首都功能疏解合力。由政府和市场共同推动,做好规划引导、组织实施、政策支持等,打破地区行政壁垒，更多地发挥市场在资源配置中的决定性作用，真正形成"政府+市场"推动非首都功能疏解的合力。三是要进一步加快非首都功能疏解承接地建设。非首都功能疏解要综合考虑北京以及周边城市空间区位、资源条件、城市配套等因素，选择基础较好的若干个区域集中对接，打造一批承接北京非首都功能疏解的特色"微中心"和集中承接地。要根据这些受援地区发展实际和需要，积极研究将北京功能疏解与受援地发展需求有机结合的方式方法问题，将一些劳动密集型产业、生态环保产业以及现代农业等，逐渐向对口支援及帮扶协作地区转移，进而实现互利共赢、共同发展。四是要疏解与提升相结合，推动京津冀区域整体产业升级和生态环境改善。推动非首都功能有序疏解，很关键的是要处理好疏解与提升的关系：淘汰污染大、能耗高、效益低的传统低端产业；转移一般产业的同时，推动企业利用先进技术进行改造，实现技术、产品升级与环保升级。

（二）进一步创新协同发展体制机制

要实现京津冀区域协同发展，必须要发挥政府在顶层设计中的作用，创新体制机制建设，整合区域相关政策，为跨行政区协同发展创立模式。一是进一步完善协同发展的组织机构建设。建议设立京津冀区域规划监管机构，具体指导和协调京津冀地区协同发展各项规划建设，对三地产业协同发展、金融体系建设、区域环境保护等进行保障和监督，避免地方保护主义、重复建设和恶性竞争等现象，协调各方利益。同时，创新制定相关专项法规制度，为京津冀协同发展规划的顺利实施保驾护航。二是要建立良好的利益分配机制。京津冀协同一体化发展最重要的一步是做好产业空间的调整工作，保证产业转移与对接过程中利益的合理分配，避免地方政府因出于政府绩效、税收分配等考虑而持消极态度和不作为。同时，还要解决环首都地区经济发展不平衡问题，关注较落后地区的发展，建立利益补偿机制等。三是要建立和完善要素共享机制。首先是信息要素沟通机制的建立，依托信息公开网络平台及时交换相关数据和信息，为京津冀协同发展提供数据支持；其次是要加强人才要素共享交流，北京地区因其众多的高校和科研机构密集而拥有良好的人才优势，天津是科技新城和全国先进制造的研发基地、河北处于产业转型升级的关键时期，都亟须高端人才引进，京津冀三地如果加强人才要素交流，可以弥补津冀地区高技术人员不足的问题。另外，还要以产业转移为切入点加快科技创新机制建设。京津拥有丰富的创新资源和科技成果，河北省则可以充分利用上述资源，实现产业转型升级。同时，要加快健全区域科技创新投资的制度体系和创新激励制度，促进科技成果的转化，进一步提高京津冀地区科技与技术创新能力。

（三）进一步搭建协同发展的平台

推进京津冀协同发展，要进一步搭建跨行政区的多层次协同发展平台。一是要完善基础设施平台建设。京津冀三地资源要素流动和产业转移与对接离不开基础设施平台的支持，因此，要继续加快地铁、公路和铁路等交通设施的投资建设，为三地之间要素流动提供便利条件，促进资源的合理分配，继续打造城市群相邻城市"1小时交通圈"，构建首都与周边卫星城市间"半小时通勤圈"，缩短三地之间的地理距离和经济距离。二是要进一步深入推进京津冀全面创新改革试验。进一步发挥中关村科技园、天津自贸区等先行先试平台的辐射带动作用，探索区域统一的金融投资、产权交易、创新创业等政策制定和规划经验，带动协同发展不断深化拓展，并进一步挖掘协同发展创新示范区发展空间，促进科技型企业涌现，加快传统企业的高端化和新型产业的发展。三是要打造多层次、多元化的科技创新服务平台，保障科技创新有效实施。功能齐全的科技创新服务体系已成为有效实施科技创新的重要保障。健全科技创新投资的制度体系，建立市场化的服务机构，促进创新投资与技术提供方之间的交流与合作，增强企业创新能力、提高创新成果转化率。四是要打破三地行政区划界限，企业、大学、研究机构等多个参与者通过创新组织模式进行科技创新，着重于高科技成果孵化、转化、产业化环节，实现优势互补、技术推广、加速产业化，同时，促进资本、人才、科技共同体发展，实现高新技术产业和生产型服务业的聚集，带动京津冀区域技术创新、资源重组、人才培养等，再造科技创新的协同发展空间。从全局、长远的视角建立人才、信息资源共享平台，统筹兼顾、利益共享，实现区域协同发展。

（四）进一步提升公共服务均等化水平

加快京津冀公共服务领域的协同发展，改变公共服务领域的供需失衡局面。一是明确发展路径，将"提升河北、稳定京津"作为发展目标。京津冀地区"不均等"最大的短板存在于河北省，建议未来将提升河北公共服务水平作为重点，把基层公共服务机构设施和能力的建设重心下移到县、乡、村和社区等基层公共服务机构，提高人才的"回乡意愿"。二是制定相关政策，实现社保制度公平。社会保障制度是国家社会福利发展的重要标志，也是公民生活的安全网。必须制定范围明晰、覆盖全面与最低供给明确的国家基本公共服务标准与相关专项规划，保证京津冀地区公共服务均等化的真正实现。三是加大三地公共服务项目合作力度。京津冀三地区公共服务发展不平衡，医疗设施、教育服务存在显著差异，推动京津冀公共服务项目跨行政区合作，对逐步缩小京津冀公共资源配置差距和基本公共服务差距具有重要意义。建议政府继续全力推进卫生医疗服务一体化、行政服务一体化及教育服务一体化等项目的合作。四是创新建立监测评价机制。公共服务建设惠及民生，要真正落实公共服务各项政策，需要将基本公共服务的各项指标列入政府行政考核体系中。同时，政府还可以引入外部评价机制实现监测结果的公平性，建立多元化绩效评估体系，对各级政府进行监测考核与评价。

（五）进一步推进雄安新区快速发展

"雄安容天下，京津冀未来。"雄安新区的建设不是一般意义上的工业区和开发区，其定位不仅是疏解北京非首都功能，解决大城市病，而且是在经济新常态和京津冀协同发展深化背景下，探索我国区域创新引领、内涵集聚发展路径的尝试。雄安新区的建设既要和北京城市副中心相辅相成形成北京的两翼，又将与筹办冬奥会、推进张北地区建设形成河北的两翼，这对于探索人口经济密集地区优化开发新模式、调整优化京津冀城市布局和空间结构、培育全国创新驱动发展新引擎，具有重要意义。要进一步推进雄安新区的快速发展，京津冀地区要做好紧紧围绕雄安新区建设发展的总体要求，在工作机制、科技创新、交通、生态、产业、公共服务、规划、干部人才交流等合作领域支持雄安新区建设。要以创新、绿色的理念引领雄安新区发展，使绿色制造和高端高新产业相融合，以创新推动产业转型升级，打造京津冀创新驱动发展新引擎，促进区域经济增长，发挥新区对环首都圈及京津冀的辐射作用，促进京津冀协同发展。

参考文献

张予、刘某承、白艳莹、张永勋：《京津冀生态合作的现状、问题与机制建设》，《资源科学》2015 年第 37 期。

叶振宇、叶素云：《京津冀产业转移协作的阶段进展与实现途径》，《河北学刊》2017年第37期。

张菀航、高妍蕊：《雄安新区：激活京津冀协同发展"一盘棋"》，《中国发展观察》2017年第8期。

京津冀三地党刊联合课题组：《京津冀协同发展的工作成果与未来展望》，《前线》2017年第9期。

李金龙、武俊伟：《京津冀府际协同治理动力机制的多元分析》，《江淮论坛》2017年第1期。

周桂荣、周宇超：《协同发展：推进京津冀区域产业转型升级的思路与对策建议》，《天津商业大学学报》2017年第37期。

张菲菲、臧学英：《循环经济视域下京津冀协同发展研究》，《天津行政学院学报》2017年第19期。

赵云峰、许爱萍：《京津冀先进制造业的协同发展路径研究》，《天津大学学报》（社会科学版）2017年第19期。

安树伟：《京津冀协同发展战略实施效果与展望》，《区域经济评论》2017年第6期。

武义青、田学斌、张云：《京津冀协同发展三年回顾与展望》，《经济与管理》2017年第31期。

李峰、赵怡虹：《建设京津冀协同创新示范区的路径与保障机制研究》，《当代经济管理》2017年第39期。

武义青、张晓宇：《京津冀产业结构演变趋势与优化升级》，《河北师范大学学报》（哲学社会科学版）2017年第40期。

王延杰、冉希：《京津冀基本公共服务差距、成因及对策》，《河北大学学报》（哲学社会科学版）2016年第41期。

冯奎：《推动雄安新区发展模式的重大创新》，《中国发展观察》2017年第8期。

李峰、赵怡虹：《雄安新区与京津冀城市群发展》，《当代经济管理》2017年11月20日。

（撰稿人：中国国际经济交流中心经济研究部副研究员，元利兴）

"一带一路"建设的主要进展及若干建议

2013年9月和10月,习近平主席在访问哈萨克斯坦和印度尼西亚时分别提出建设"丝绸之路经济带"和"21世纪海上丝绸之路"的重大倡议,引发全球关注,二者统称为"一带一路"。"一带一路"建设四年多来,从无到有,由点及面,取得长足进展,一系列重大合作项目纷纷落地,已初步形成了各国共商、共建、共享的良好局面,为亚、欧、非大陆经济增长注入新动力,为深入推进全球化创造新活力,为中国拓展对外合作创造新空间。

一 "一带一路"建设的主要进展

(一) 顶层设计工作已基本完成

以2013年9月和10月习近平主席面向全球提出"一带一路"倡议为重要开端,四年来,"一带一路"顶层设计工作不断向前推进。2013年11月,中共十八届三中全会通过《中共中央关于全面深化改革若干重大问题的决定》,明确提出"推进丝绸之路经济带、海上丝绸之路建设,形成全方位开放新格局"。2015年3月,国家发改委、外交部、商务部联合发布《推动共建丝绸之路经济带和21世纪海上丝绸之路的愿景与行动》,对"一带一路"进行了系统阐释,并提出了"一带一路"和"六廊六路、多国多港"的总体架构。2017年5月14~15日,"一带一路"国际合作高峰论坛在北京圆满召开,这是在"一带一路"框架下最高层次的对话机制,也是新中国成立后首个由我国发起的重大多边外交平台,其间习近平主席发表重要演讲和致辞,为"一带一路"注入了新的内涵。至此"一带一路"顶层设计工作基本完成,未来一个时期,"一带一路"建设将转向中层设计和落地实施阶段。

(二)各国认同度不断提高

"一带一路"倡议一经提出,就引发国际社会的热烈反应和广泛认可。2016年3月,联合国安理会通过包括推进"一带一路"倡议内容在内的第 S/2274 号决议。4月,联合国亚洲及太平洋经济社会委员会、联合国开发计划署、联合国工业发展组织等机构先后以多种形式认可并促进"一带一路"的开展与实施。11月,第71届联合国大会第 A/71/9 号决议写入"一带一路"倡议,安理会一致通过决议,支持中国"一带一路"倡议,肯定"一带一路"建设对加强区域经济合作、维护地区稳定发展的作用。2017年3月,联合国安理会通过关于阿富汗问题的第2344号决议,首次载入"构建人类命运共同体"的重要理念,并呼吁国际社会通过"一带一路"加强区域经济合作。

与此同时,各国参与共建"一带一路"热情高涨,"一带一路"的"朋友圈"不断扩大。目前"一带一路"倡议已吸引全球100多个国家与国际组织共同参与,中国已与40多个国家和国际组织签署"一带一路"合作协议,已与俄罗斯"欧亚经济联盟"、蒙古"草原之路"、哈萨克斯坦"光明之路"等各国发展战略形成初步对接,中国还与法国、德国、韩国、英国、西班牙等国就共同开拓第三方市场达成重要共识。2017年5月,包括29个国家元首,以及联合国、国际货币基金组织等重要国际组织负责人等在内的1600多名代表出席"一带一路"国际合作高峰论坛,充分体现了全球对"一带一路"的关切和支持。

(三)沿线投资贸易规模快速增长

"一带一路"贯穿欧亚大陆,一端连接着发达的欧洲经济圈,一端连接着繁荣的东亚经济圈,沿线总人口44亿,生产总值23万亿美元,分别占全球的62.5%和28.5%,形成了一个庞大的经济市场,沿线国家正在通过快速增长的投资贸易实现更加紧密的互联互通。

贸易方面,2017年中国与"一带一路"沿线国家外贸总额接近1.1万亿美元,占中国外贸总额的比重上升到26.5%,2014~2017年累计贸易额已超过4万亿美元。中欧班列总计开行近7000列,运行线路57条,国内开行城市35

个，到达欧洲12个国家的34个城市。

投资方面，2017年中国企业对"一带一路"沿线的59个国家有新增投资合计143.6亿美元，和2016年基本接近，沿线投资额占我国对外投资总额的12%，与2016年同期相比增加3.5个百分点，主要投向新加坡、马来西亚、老挝、印度尼西亚、巴基斯坦、越南、俄罗斯、阿联酋、柬埔寨等国。

对外承包工程方面，中国企业在"一带一路"沿线61个国家新签了对外承包工程项目，新签合同7217份，合同额1443.2亿美元，占同期中国对外承包工程新签合同额的54.4%，同比增长14.5%，完成营业额855.3亿美元，占同期总额的50.7%，同比增长12.6%。

海外并购方面，2017年中国境内企业对"一带一路"沿线国家实施并购62起，投资额88亿美元，同比增长32.5%，最大并购项目为中石油集团和中国华信投资28亿美元联合收购阿联酋阿布扎比石油公司12%股权的项目。

（四）一批重大建设项目纷纷落地

重大基础设施与经贸合作项目是"一带一路"建设的主要内容。目前"一带一路"互联互通建设正在积极推进，中老铁路、中泰铁路、匈塞铁路、亚吉铁路、蒙内铁路、中俄和中亚油气管线、中缅原油管道、巴基斯坦瓜达尔港、缅甸皎漂港、希腊比雷埃夫斯港、马来西亚皇京港、阿联酋哈利法港、斯里兰卡汉班托塔港、亚马尔气田等一批重大项目已开工或正在加快建设，成为"一带一路"的重要示范工程。重大项目储备库不断更新完善，项目总数量已达到1400多个，投资规模估算达到8万多亿元人民币。

我国在境外建设的"一带一路"经贸合作区也遍地开花。目前我国企业在24个国家和地区在建境外经贸合作区共计75个，中白工业园、泰中罗勇工业园、埃及苏伊士经贸合作区、埃塞俄比亚阿瓦萨工业园、马来西亚马中关丹产业园、柬埔寨西哈努克港经济特区等一批运作良好、效益明显的境外合作区拔地而起。自"一带一路"倡议提出以来，我国已同80多个国家和组织签署合作协议，同30多个国家开展了机制化产能合作，仅2017年，我国新签署的"一带一路"框架合作协议就达到约50个。

（五）金融合作取得重大进展

"一带一路"建设投资量巨大，需要强大的金融能力支撑，为此中国主导成立了亚洲基础设施投资银行、丝路基金等瞄准"一带一路"建设的新型投融资机构。

2013年10月，习近平主席面向全球提出成立亚洲基础设施投资银行的建议。2014年10月，包括中国、印度、新加坡等在内的21个首批意向创始成员国在北京签约，共同决定成立亚投行。2015年12月，亚投行正式成立，到2017年底已有84个成员，成为成员数量仅次于世界银行的国际开发性金融机构，为基础设施、环保、减贫等24个项目发放了42亿美元贷款，并与世界银行、亚洲开发银行开展了联合融资等合作。

2014年12月，国家外汇管理局、中国投资有限责任公司、中国进出口银行、国家开发银行共同出资设立丝路基金，首期注册资本100亿美元，为"一带一路"双边合作和重大项目提供资金支持。目前，丝路基金已签约项目17个，承诺投资70亿美元，支持项目涉及总投资金额达800亿美元。

除亚投行、丝路基金等新型金融机构外，我国政策性金融机构也在"一带一路"建设中发挥了重要作用。目前，国家开发银行、中国进出口银行已在"一带一路"沿线国家发放贷款超过1100亿美元，出口信用保险公司承保"一带一路"沿线国家出口和投资超过3200亿美元，为沿线近20个国家的合作项目提供多种类型的保险服务。

我国商业性金融机构也在"一带一路"沿线积极布局，目前9家中资银行已在"一带一路"沿线26个国家设立了62家一级分支机构，"一带一路"沿线20个国家的金融机构在我国设立了数十家分支机构和代表处。人民币国际化也正随着"一带一路"建设积极向前推进，目前我国与"一带一路"沿线22个国家和地区签署了本币互换协议，总额接近1万亿元。

二 推进"一带一路"建设的几点建议

未来一个时期，"一带一路"建设重心要从达成共识转移到实施落地上来。我国应在建设规划和行动方案编制、共建沿线自由贸易网络体系、开展国际产能合作、共建互联互通网络、完善"一带一路"建设机制等方面与"一带一路"沿线国家通力合作、互利共赢，共同推进"一带一路"建设取得进一步进展，尽早收获一批重大建设成果。

(一) 推动与沿线各国共同启动"一带一路"建设规划和行动方案的编制工作，尽早收获一批典型示范项目

为进一步凝聚合力，将"一带一路"建设分阶段、分步骤、有序稳步地推向前进，我国应推动与沿线各国一道，共同启动建设规划和行动方案的编制工作，推动各国发展战略、发展规划、建设项目对接，尽快签署一批合作备忘录，推进重大项目储备库建设，形成重大项目滚动实施机制，尽早收获一批建设成果。

1. 推动"一带一路"沿线国家发展战略和发展规划对接

"一带一路"沿线各国对经济合作发展有共同的诉求和期盼，除中国提出的"一带一路"倡议外，一些国家也提出了各自版本的区域经济合作计划，如欧盟"容克计划"、俄罗斯"欧亚联盟"、英国"北方动力"、印度"季风计划"、巴基斯坦"愿景2025"、蒙古"草原之路"、哈萨克斯坦"光明大道"、土耳其"中间走廊"、波兰"琥珀之路"、印尼"全球海洋支点"、沙特"2030愿景"、澳大利亚"北部大开发"、斯里兰卡"马欣达愿景"、韩国"新北方政策"和"新南方政策"等，这些计划与"一带一路"异曲同工、相互支撑、相互补充。未来我国应与各国一道，共同努力推动这些计划与"一带一路"、这些计划之间的充分对接，大家朝着一个统一的、共同商定的目标"齐步走"，形成相向而行的共同战略和政策选择，进一步凝聚合力，形成你中有我、我中有你的嵌套式发展格局，结成更为巩固的"命运共同体"。

2. 推动各国共同启动"一带一路"建设规划和行动方案编制工作

"一带一路"是一项庞大复杂的系统工程，为推动"一带一路"建设合理有序推进，必须规划先行，我国应积极推动启动"一带一路"建设总体规划的合作编制工作。规划编制要坚持求同存异，充分尊重沿线每个国家的意见和建议，通过沟通协调解决意见分歧；要坚持权责明确，明确各国任务分工，重大投资建设项目要明确建设任务、建设主体、建设工期、投资方式；要坚持有序推进，率先推进一批关键通道、关键节点、关键领域的重大项目，形成示范效应和全局带动力。根据"一带一路"建设总体规划，可在交通、能源、金融、科技、文化等领域共同制定专项规划，丰富规划层级，细化规划内容。根据"一带一路"总体规划和专项规划，可共同开展行动方案编制工作，明确落实规划的时间表和路线图。要建立对"一带一路"总体规划、专项规划、行动方案的动态评估机

制，每隔两至三年，对上一阶段的规划执行情况、建设进展进行科学评估，及时总结经验、发现问题，并对规划和实施方案进行一定程度的修编和调整。

3. 推动各国共建"一带一路"重大项目储备库

重大项目是"一带一路"建设的重要抓手，应推动沿线国家共同建设"一带一路"重大项目储备库，将涉及"一带一路"的重大交通、能源、通信、文化、民生、国际援助及国际产能合作等各领域的重大项目囊括其中，使其成为"一带一路"项目选择的主菜单。项目入库可采取提案制，沿线各国可单独提出或多国共同提出重大项目入库申请，经专业机构前期论证和科学评估后可进入项目库。库中项目应成为"一带一路"建设的优先扶持项目和重点推介项目，项目库可向亚洲基础设施投资银行、丝路基金及各国政策性金融机构开放，开发性金融和政策性资金优先向入库项目倾斜。重大项目储备库将采取滚动实施机制，项目开工一批、谋划一批、储备一批，逐年进行调整，并要定期对重大项目建设进展、经济效益、社会效益等情况进行评估，对多次未通过评估的项目要从项目库中剔除。

4. 推动尽快签署一批共建"一带一路"合作协议或备忘录

为进一步务实推进"一带一路"建设，加强双多边合作，开展多层次、多渠道沟通磋商，我国应积极推动合作意愿较强的国家和国际组织之间签署"一带一路"合作协议或备忘录，围绕编制对接规划、共建重大项目、开展国际交流等方面形成文件并推动落地，对各方认可、条件成熟、前期工作扎实的重大项目和合作议题抓紧启动实施，尽快形成一批标杆性工程和典型合作示范项目。我国可作为"一带一路"建设的排头兵和试验田，与沿线各国、各国际组织围绕"一带一路"积极磋商并签署"一带一路"合作相关协议或备忘录，率先投资建设若干"一带一路"重大示范工程，为各国开路搭桥、摸索经验，推动"一带一路"建设早日开花结果。

（二）推动与沿线各国共同建设"一带一路"自由贸易网络体系，进一步推进经济全球化和区域一体化进程

全球金融危机至今已近十年，世界经济尚未走出阴霾，传统增长模式难以为继，新的增长动能尚未形成，世界经济增长疲软乏力。与此同时，全球贸易保护主义抬头，贸易摩擦日益激烈，封闭保守、以邻为壑的经济政策逐渐登上世界舞台，这为原本脆弱的全球经济更增添了巨大的不确定性。"一带一路"沿线国家是全球经济合作的重要参与方，中国作为经济全球化的新旗手，应积极推动沿线各国顺应历史发展潮流，建设"一带一路"自由贸易体系，积极推进经济全球

化和区域一体化进程,为世界经济增长提供新动能。

1. 加快推进双多边自贸区建设

目前"一带一路"沿线已启动了欧盟、东盟、中国—东盟、中国—瑞士、中国—新加坡、中国—巴基斯坦等一批多双边自由贸易区谈判和建设,对于推动沿线各国经济合作发挥了重要作用。与此同时,区域全面伙伴关系(RCEP)、中国—东盟自贸区升级版、中欧BIT、中国—海合会自贸区、中国—巴基斯坦自贸区第二阶段、中国—斯里兰卡、中国—以色列、中国—挪威等一批自贸区谈判也正在积极推进。当前我国应积极推进与沿线各国的双多边自贸区建设,已签署协定并启动的双多边自贸区可结合各国国情努力打造升级版,进一步提升开放程度;正在谈判的自贸区协定应积极加快谈判进程,必要时可考虑创新谈判规则,推动尽早达成关键共识和取得早期收获;共同开展一批新的双多边自贸区谈判,推动与主要经贸合作伙伴的自贸区建设;积极推进同域外国家的自贸区建设,如亚太自贸区(FTAAP)等。

2. 帮助沿线各国在其国内选择部分地区建设自由贸易开发特区

目前中国已在上海、广东、福建、天津等地开展了一批自由贸易区建设试点,实际成效明显,在开放型经济管理方面取得了丰富的经验。我国应将自由贸易开发区建设的试点经验与沿线国家分享,积极支持各国结合自身国情在其国内选取一些园区、开发区或专门划定一片地区,开展自由贸易开发特区试点,先行先试,通过高标准自由贸易规则和负面清单投资管理方式,搭建新的开放平台,鼓励各国自由贸易开发特区之间实行对等开放、制度对接。

3. 推动沿线各国共同开展"一带一路"自贸区建设

应推动沿线各国在已建成和未来将逐步建成的双多边自贸区基础上,进一步推动整合,探索建立基于WTO框架,但标准更高、合作程度更深、沿线各国全部参与其中的"一带一路"自贸区。考虑到沿线各国发展阶段不同、对高标准经济规则的接受程度不同,该自贸区可从标准规则相对较低的1.0版开始做起,未来逐步提高标准,升级版本,力争早日建成全球最大的高标准自由贸易区。同时也欢迎有意愿的域外国家加入到"一带一路"自贸区的谈判和建设中来,深入推进更大范围、更宽领域、更深层次的区域经济一体化进程。

(三)推动沿线各国顺应新一轮全球产业转移浪潮,共同推进"一带一路"国际产能合作

工业革命后,世界经济先后经历了多轮产业转移浪潮,全球制造业从工业革

命的发源地欧洲转移到北美，二战后又进一步转移至东亚特别是中国，中国成为世界第一制造业大国和"全球工厂"。随着我国发展水平提升、需求结构变化、产业结构升级，目前我国的一些产业也正在沿"一带一路"向东南亚、南亚、非洲等地区"走出去"，新一轮的全球产业转移大幕正在拉开。我国应积极推动"一带一路"沿线国家顺应这一经济规律和发展趋势，共同开展国际产能合作，基于各自比较优势构建新型产业分工体系，重构"一带一路"沿线产业链、价值链、供应链、服务链。

1. 构建沿线国家资源整合、优势互补的新型产业体系

"一带一路"沿线国家要素禀赋各不相同、比较优势差异较大，当前这一差异主要以沿线国家之间的最终产品贸易形式体现，各国产业链的深度融合总体尚未实现。未来应推动各国加强产业链各环节整合，推动沿线国家积极承接来自我国的产业转移，积极推动不适应本地比较优势的产业或生产流程向沿线其他国家转移，提高中间品贸易在贸易总额中的比重，基于各自比较优势构建新型产业分工体系，重构"一带一路"产业链、价值链、供应链、服务链，形成共建、共赢、共享的包容性经济发展模式。

2. 大力建设跨境经贸合作区

目前我国已与"一带一路"沿线国家共建了大量跨境经贸合作区，合作领域涉及加工制造、资源能源、商贸物流、科技文化等各个领域，实践证明跨境经贸合作区模式对于推动企业跨境投资具有重要作用。我国应与"一带一路"沿线国家合作共建更多跨境经贸合作区，通过专业化园区运营，整合各类生产要素，搭建产业合作平台，吸引全球企业入区投资，打造一批具有国际竞争力的产业集群，从而以点带面、聚点成片，进一步推动沿线国家和地区的互利合作。

3. 与沿线国家一道共同开发第三方市场

我国与沿线国家合作开发第三方市场，不仅有助于开发国优势互补、进一步拓展经贸市场，也有助于帮助第三方国家提升发展水平，是一件各得其所、互利共赢的好事。"一带一路"两端的东亚和西欧地区经济较为发达，中间广大腹地地区经济发展相对滞后，我国应与欧洲国家一道率先开展对中亚、中东、非洲等腹地地区的第三方市场开发，推动我国与欧洲的资金、技术、人才、装备等要素流向腹地地区，帮助"一带一路"腹地国家提升经济发展水平。

4. 适应、参与、引领信息经济条件下的新经济革命

伴随着互联网、物联网、大数据、云计算、区块链等新技术的涌现与成熟，围绕信息这一经济要素出现了一些新的经济业态，信息要素融入传统产业彻底颠覆了一些传统经济模式，第四次工业革命正在孕育而生。"一带一路"不仅是一条有着几千年历史的传统文化之路，更是一条面向未来、创新引领、科技支撑的新经济之路。当前我国应与"一带一路"沿线各国一道，共同开展对新技术、新经济、新业态的系统研究，共同探索建立新经济的监管模式和引导性政策，创造新的经济规则和标准，建设"网上丝绸之路"、"信息丝绸之路"、"数据丝绸之路"，共同适应、参与、引领信息经济条件下的新经济革命。

（四）推动"一带一路"沿线地区提升互联互通水平，形成全方位、多层次、复合型的互联互通网络

"一带一路"建设的关键和目标是实现沿线所有国家和地区的互联互通，我国应积极推动沿线各国共同努力提升"一带一路"交通、金融、能源、信息、文化等领域的互联互通水平，打造全方位、多层次、复合型的互联互通网络，以互联互通代替逆全球化的"孤岛经济"，塑造全球互联互通的超级版图。

1. 推动打造通达互联的"一带一路"交通网络体系

交通基础设施是"一带一路"建设的优先领域，应积极推动交通基础设施互联互通，以关键通道、关键节点、重点项目和工程为抓手，优先打通缺失路段，畅通瓶颈路段，提升道路通达水平，构建联通内外、安全通畅的综合交通运输网络。积极推动建设"陆上丝绸之路"，以内陆港建设为重点，拓展高铁和铁路国际运输通道，继续打造"中欧班列"品牌，推动建设泛亚高铁、中亚高铁、欧亚高铁、西伯利亚高铁、两洋高铁、环球高铁。推动建设"海上丝绸之路"，开辟拓展联通沿线国家的重要海上航线，以港口群建设为重点，建设国际海洋运输大通道。推动建设"空中丝绸之路"，推动沿线国家"第五航权"开放，进一步密集中欧、中国—东南亚航线网络，加强中国与南亚地区城市间的空中联系，落实"中非区域航空合作计划"，形成覆盖亚非欧大陆的航空网络体系。推动交通标准的对接和统一，形成沿线国家统一的铁路和公路标准体系，促进国际运输便利化。

2. 推动打造自由互联的"一带一路"金融网络体系

金融是"一带一路"建设的重要支撑和基本保障，应推动沿线各国深入开展金融合作，盘活存量资金、优化支持结构、创新运用方式，为"一带一路"长期建设提供资金支持。应支持发挥好亚洲基础设施投资银行、金砖国家开发银行、中国—东盟银行联合体、上合组织银行联合体、各国开发性银行、政策性银

行及商业银行等投融资机构,以及丝路基金、中国—东盟海上合作基金、亚洲区域合作专项资金、中国—阿联酋共同投资基金、中国—中东欧投资合作基金、中国—欧亚经济合作基金、中非基金等多双边基金的重要作用。加强与世界银行、国际货币基金组织、亚洲开发银行、欧洲复兴银行等国际金融机构的合作。推动沿线国家债券市场开放和发展,支持沿线国家政府和信用等级较高的企业及金融机构在我国发行债券,支持沿线国家面向全球发行"丝路债券",为"一带一路"项目建设提供资金支持。与沿线国家一道共同构建稳定的货币体系,扩大与沿线国家双边本币互换、结算的范围和规模,在沿线建立更多人民币离岸中心,推出更多人民币投资产品。推动构建跨区域的信用体系,加强征信管理部门、征信机构和评级机构之间的跨境交流与合作,推动各国现有信用评级体系的改进与完善,研究建立符合地区特点的信用评级体系与标准,逐步建立客观、公正、合理、平衡的"一带一路"信用体系。

3. 推动打造稳定互联的"一带一路"能源网络体系

"一带一路"沿线地区能源储量极为丰富,同时也是世界能源消费的主要市场,全球最主要的能源供需国大部分集中在"一带一路"沿线,应推动沿线国家密切能源领域合作。中国可推动成立"一带一路"能源俱乐部,建设"一带一路"大宗能源产品交易平台,建立稳定的能源供求关系,掌握全球能源产品定价权,避免能源价格大涨大落对供需双方造成损失。推动与沿线国家共同开展能源资源勘探开发,建设一批以油气为核心的能源资源勘探开发及加工转化合作带和示范区,形成能源资源合作上下游一体化产业链。加强与沿线国家的能源互联网建设,可考虑共建一批火电、水电、核电、太阳能、风能基地,推进中国与中亚、西亚的能源通道建设合作,加快中俄天然气管道建设,提升中俄油气管道运输能力,推进中国与俄罗斯、东南亚、中亚的跨境电力通道建设,加快联网步伐,将"一带一路"建设成为"油气丝绸之路"、"电力丝绸之路"和"绿色能源丝绸之路"。

4. 推动打造安全互联的"一带一路"信息网络体系

信息是经济活动中重要的生产要素,"一带一路"建设要把信息互联放在突出位置。要顺应信息化的发展趋势,加快推动我国与沿线各国的信息互联互通设施建设,推进中国与中亚、东盟地区的跨境光缆建设和改造升级,规划建设中国—印度洋—欧洲跨境光缆并接入洲际海底光缆,完善沿线空中(卫星)信息通道,提高国际通信互联互通水平。在沿线选取适宜地区共建若干大型国际数据中心、信息平台、信息港,形成强大的信息数据交换能力、路由能力、计算能力和存储能力，面向沿线国家提供高速、低价的国际通信和互联网服务。共同构建和完善沿线国家信息安全管理体系，加强网络空间法制建设，建立多边、民主、透明、安全的信息治理体系。

5. 推动打造多彩互联的"一带一路"文化网络体系

"一带一路"沿线国家在历史上创造了形态不同、风格各异的文明形态，并通过交流形成了多彩绚烂的丝路文化。当今世界是一个多元化、多极化的世界，不同国家基于不同的历史传统、文化基因、宗教信仰选择了不同的社会制度和发展道路，形成了多彩多样的现代文明，应与各国一道，在传承古丝绸之路交往精神的基础上，进一步加强各国文化间的交流合作，创造新的文明。精心打造一批"一带一路"文化交流品牌项目，与沿线国家深入开展在文化艺术、科学教育、宗教历史、体育旅游、卫生健康等领域的交流合作，共同举办形式多样、丰富多彩的文化论坛、展览、演出活动，共同举行文化年、艺术节、电影周和旅游推介活动，联合译介、出版相关书籍，拍摄、播放有关影视片，支持各国青年往来、学术往来、志愿者派遣、非政府组织交流，广泛开展教育医疗、扶贫开发、生态环保等各类公益慈善活动，通过文化交流推进民心相通，夯实"一带一路"建设的民意基础，增进沿线国家和地区的文化认同、感情认同、发展认同和道路认同，形成代表人类进步和正义的和平观、义利观、历史观、发展观和价值观。

（五）进一步完善"一带一路"建设的机制性安排，为推进"一带一路"建设提供坚实保障

"一带一路"建设必须逐渐突破各国体制机制割裂的藩篱，逐步推进相互对接的制度性安排，并做出重大制度创新，形成一些新体制、新规则、新办法，为"一带一路"建设提供坚实保障。

1. 建立域外国家参与"一带一路"建设的开放机制

世界各国、国际和地区组织，只要有意愿都可参与进来，成为"一带一路"的支持者、建设者和受益者。推动"一带一路"沿线国家共建允许新成员国、新成员组织加入的开放机制。我国应与世界上有志于推动"一带一路"建设的国家一道，共谋合作、共襄盛举，携手推动更大范围、更高水平、更深层次的大开放、大交流、大融合。

2. 建立推进"一带一路"建设的组织协调机构

为更好地推动"一带一路"建设，可探索成立专门的"一带一路"组织协

调机构。该机构由沿线各国政府派出代表组成,主要负责"一带一路"规划和实施方案制定、建设进展评估、重大项目选择、相关信息统计发布及相关重大问题协商等,并制定"一带一路"年度建设工作安排,该机构可在北京设立机构秘书处,形成联合工作机制。

3. 探索建立"一带一路"沿线国家的安全对话与合作机制

"一带一路"沿线部分地区地缘政治军事冲突激烈、恐怖主义问题严峻、分离分裂主义势力猖獗,对安全稳定建设"一带一路"构成威胁。应推动沿线各国共建安全对话与合作机制,形成制度化的共同对话框架,围绕影响"一带一路"建设的关键安全问题沟通协商,在充分尊重各方利益的前提下,凝聚相关方最大共识,逐步拓展利益契合点。推动建立常态化的安全合作机制,通过定期或不定期的联合反恐演习、海上合作巡逻、重大灾害救援演习、地区维和演习、网络安全应急演习等,进一步深化各国安全互信,不断强化安全合作水平,建立保障"一带一路"建设的有效安全力量。

4. 推动建立"一带一路"沿线国家大通关机制

推动"一带一路"沿线国家以一体化通关为重点,改革海关监管体制,优化作业流程,合作建立沿线国家大通关机制。推动各国海关信息互换、监管互认、执法互助合作,以及检验检疫、认证认可、标准计量、统计信息互认。推进建立统一的全程运输协调机制,推动口岸操作、国际通关、换装、多式联运的有机衔接,形成统一的运输规则,达到"一次通关、一次查验、一次放行"的便捷通关目标。加强沿线国家出入境管理和边防检查领域合作,积极开展扩大双向免签范围谈判,方便沿线国家人民友好往来。

5. 推动建立沿线国家宏观经济政策协调机制

"一带一路"建设为加强参与国的宏观经济政策协调与沟通,形成趋同化、协同化和有利于世界经济发展的政策取向提供了新的平台和渠道。应借此推动全球宏观经济政策协调与沟通,统筹兼顾财政、货币、就业、产业和结构性改革政策,减少相关国家政策的不确定性、不连续性和不均衡性,将政策负面外溢效应降至最低,以支持全球经济可持续增长和应对潜在风险。

6. 形成"一带一路"国际高峰论坛定期化机制

以 2017 年北京"一带一路"国际高峰论坛成功召开为契机,将"一带一路"国际高峰论坛以每两年一次的形式持续办下去,沿线所有国家齐聚一堂共同围绕"一带一路"建设的有关问题进行深入交流,使其成为"一带一路"建设的最高级别官方论坛。2017年首届高峰论坛在北京举办,未来可考虑在"一带一路"的主要起点城市中国西安和厦门举办,长期可考虑在"一带一路"沿线的其他主要国家、重要城市举办。

参考文献

《习近平:携手推进"一带一路"建设——在"一带一路"国际合作高峰论坛开幕式上的主旨演讲》,2017。

《习近平:迈向命运共同体,开创亚洲新未来——在博鳌论坛2015年年会上的主旨演讲》,2015。

《习近平:携手建设中国—东盟命运共同体——在印度尼西亚国会的主旨演讲》,2013。

《习近平:弘扬人民友谊,共创美好未来——在哈萨克斯坦纳扎尔巴耶夫的主旨演讲》,2013。

梅冠群:《推进"一带一路"建设的有关建议》,《开发研究》2017年10月。

梅冠群:《推进"一带一路"沿线国家经贸合作的协同策略》,《经济纵横》2017年9月。

中国国际经济交流中心课题组:《"一带一路"创造经济全球化共赢发展的新境界》,《全球化》2017年7月。

(撰稿人:中国国际经济交流中心战略研究部副研究员、博士,梅冠群)

西部大开发建设进展与展望

西部开发战略实施十多年来,西部地区经济社会发生了巨大变化,尤其是党的十八大以来,党中央、国务院持续推进西部大开发,提出"一带一路"建设、"长江经济带"发展、"精准扶贫"等重大战略,西部地区已经成为全国经济增长的一个重要的引擎和发动机。西部地区基础设施不断完善、产业蓬勃发展,城镇化率提高空间不断扎实扩大,西部民众对公共服务的满意度不断提升,精准扶贫效果显著。西部大开发战略实施取得的巨大成就,为西部地区未来经济社会发展走向快速通道、如期实现2020年全面建成小康社会目标打下了扎实的基础。

一 我国西部大开发取得的新进展

十八大以来,西部地区经济实力稳步提升,基础设施建设取得新进展,公共服务水平和能力逐年提高,扶贫攻坚取得重大突破,开放发展格局呈现新气象,生态文明建设成效明显。

(一)经济实力稳步提升

西部地区经济实力稳步提升,主要指标增速高于全国和东部地区平均水平(见表1)。2017年前三季度,西藏(2017年上半年)、重庆、贵州(全年)和云南分别以10.8%、11%、10.2%和9%的经济增速占据全国前四强,四川(全年)、陕西(前三季度)、宁夏(前三季度)和新疆(前三季度)也分别以8.1%、8.1%、7.8%和7.5%的增速实现快速发展,只有甘肃增速低于全国平均水平。从固定资产投资来看，2017年1~11月，西部地区多数省份固定资产投资增速都保持在10%以上，其中，新疆（前三季度）、贵州和云南的增速分别达到31%、20.1%和18.3%。2017年1~10月，东部、中部、西部地区投资分别为218371亿元、131460亿元、138028亿元，同比分别增长8.1%、7.4%、9.0%，西部地区投资增速、投资总额已超过中部地区。2017年1~11月，西部地区多数省份规模以上工业增加值同比增长高于全国平均水平，仅甘肃省呈负增长。西南地区及西北地区的陕西社会消费品零售总额增速都在11%以上，青海、宁夏的增速均为9.8%，仅甘肃、新疆（前三季度）两省（区）分别为7.8%和7.3%。西部地区地方一般公共预算收入保持稳定增长。

表1 2017年1~11月西部地区各省份主要经济指标

单位：亿元，%

指标	固定资产投资总额	固定资产投资增速	经济总值	经济增速	财政收入	规模以上工业增加值同比增长	社会消费品零售总额	社会消费品零售总额增速	进出口总值	进出口总值增速
内蒙古	14096.5	—	—	—	1631.1	—	6474.26	—	942.42（全年）	22.8（全年）
广西	17539.65	12.8	12757.93	7	2357.78	7	5560.39（前三季度）	11	3547.49	27.6
重庆	15714.45	10	11252.67	11（前三季度）	1556.12（前三季度）	9.6	7305	10.7	4508.3（全年）	8.9（全年）
四川(全年)	32097.3	10.2	36980.2	8.1		8.5	17480.5	12	4605.9	41.2
贵州	15000（全年预计）	20.1	13540.83（全年）	10.2（全年）	2469.517	9.3	2933.54（前三季度）	12.3（前三季度）	482.8239	42.9
云南	16705.52	18.3	10646.65（前三季度）	9（前三季度）	1696.82	9.5	5811.67	12.3	1415.67	24.2
西藏	—	—	—	10.8（上半年）						

续表

指标	固定资产投资总额	固定资产投资增速	经济总值	经济增速	财政收入	规模以上工业增加值同比增长	社会消费品零售总额	社会消费品零售总额增速	进出口总值	进出口总值增速
陕西	21252.09	14.7	15202.11（前三季度）	8.1（前三季度）	1886.31	18.7	4622.99	12.7	2715.2（全年）	37.4（全年）
甘肃	5443.8	-39.3	5641.5（前三季度）	3.6（前三季度）	734	-1.7	3107.9	7.8	293.1	-27.1
青海	3806.34	10.04	1921.75（前三季度）	7（前三季度）	381.12	7.1	754.92	9.8	40.78	-58.47
宁夏	3549.31	4.3	2449.57（前三季度）	7.8（前三季度）	651.68	8.6	846.1	9.8	260.98（前三季度）	81（前三季度）
新疆（前三季度）	—	31	7656.35	7.5		6	2131.17	7.3	1145.03	—

资料来源：各省份统计网站。

（二）基础设施建设取得新进展

近五年，我国西部地区基础设施建设走向快车道。自我国"一带一路"倡议提出以来，西部地区公路、水路建设，无论从投资来看还是从新增里程数来看都有了前所未有的增长。从2013年开始，西部地区公路、水路固定资产投资绝对数一改原来落后于东部地区的状况，成为我国公路、水路建设投资热点地区。2012年西部公路、水路固定资产投资额增速为3.7%，2013～2016年，西部公路、水路固定资产投资额增速分别为12.6%、16.4%、11.3%、11.2%，连续4年保持两位数增长，公路、水路基础设施与东、中部地区的差距不断缩小。

表2 我国公路、水路固定资产投资额

单位：万元

地区	东部	中部	西部
2011年	55476709	37103157	52062261
2012年	54789642	36332578	54002641
2013年	56155091	38371607	60805501
2014年	59183206	41748185	70783702
2015年	62917991	45523838	78768144
2016年（快报）	64534356	44669655	87609582
2017年1~9月	52392303	31274344	80932019

资料来源：《中国统计年鉴》及中国交通部网站数据。

从表3可见，我国西部地区公路及高速公路里程数占全国比重正逐年扩大，公路及高速公路路网建设不断完善。

表3 西部地区公路及高速公路里程（按技术等级分）变化情况

单位：公里，%

项目	2016年		2015年		2014年		2013年		2012年		2011年	
	公路里程数	高速公路	公路里程数	高速公路	公路里程数	高速公路	公路里程数	高速公路	公路里程数	高速公路	公路里程数	高速公路
全国	4696263	130973	4577296	123523	4463913	111936	4356218	104438	4237508	96200	4106387	84946
西部地区合计	1897840	47592	1847479	44142	1793774	38272	1737328	33843	1685719	29190	1623184	25310
占全国比重	40.4	36.3	40.36	35.74	40.18	34.19	39.88	32.40	39.78	30.34	39.53	29.80

资料来源：《中国统计年鉴》。

自1999年启动的西部大开发战略实施以来，西部地区进入了铁路建设的高潮期，相继建成了青藏铁路、渝怀铁路、兰武复线、遂渝铁路等一批重大铁路项目。近年来，我国西部地区铁路建设正快速推进，西部地区运营铁路里程数占全国的比重从2011年的38.9%上升到2016年的40.5%（见表4）。高速铁路逐渐成为西部基础设施建设的主角，由东往西持续延伸的高速铁路正不断填补西部铁路网的空白。西安至郑州、太原的高铁已分别于2010年和2014年建成通车，西安至银川、湖北十堰的高速铁路正在建设中。2017年西安至成都客运专线、贵阳至重庆高速铁路建成运营，同时，西安至重庆高铁、贵阳至成都高铁、渝昆高铁、渝西高铁、渝湘高铁等开工或进入前期工作，沪昆客专、郑万高铁等已建成铁路线，在2017年获得运力提升。

表4 我国及我国西部地区运营铁路里程数

单位：公里，%

年份	2011	2012	2013	2014	2015	2016
全国	93249.6	97625.5	103144.6	111821.1	120970.4	123991.9
西部地区合计	36307.4	37340.1	39579	43604	48005.2	50236
占全国的比重	38.9	38.2	38.4	39.0	39.7	40.5

资料来源：《中国统计年鉴》。

近几年为适应我国西部地区旅游业快速发展需要，以及"一带一路"建设的推进，西部地区民航业保持稳步发展，与2013年相比，2016年西部地区办证运输机场数量增加了12个，占全国的比重为50.5%，民航运输机场货邮吞吐量和旅客吞吐量占全国比重分别增长了0.5个和1.9个百分点（见表5）。"十三五"期间中国民航计划运输机场数量要达到260个左右、通用机场数量则要达到500个以上，而多数新增项目将坐落在中西部地区。①

表5 西部地区民航业发展建设情况

单位：个，%

年份	办证运输机场数量	占全国比重	民航运输机场货邮吞吐量占全国比重	民航运输机场旅客吞吐量占全国比重
2013	98	50.80	14.80	27.70
2014	102	50.50	14.70	28.50
2015	—	—	—	—
2016	110	50.50	15.30	29.60

资料来源：交通部统计数据。

西部地区邮政、通信及互联网基础设施建设与全国平均水平差距正在不断缩小。与2011年相比，2016年，西部地区邮政网点增加39425处，占全国的比重较2011年下降了0.5个百分点；移动电话交换机容量增加了13601万个，占全国的比重提升了0.7个百分点；互联网上网人数由2011年的11000万人增加到17265万人，上网人数占全国的比重提升了2.2个百分点（见表6）。

---

① 鹤运：《中国为什么削山填谷也要在西部山区建机场？》，民航新闻实时监测系统，2017年9月13日。

表6 电信主要邮政、通信服务能力与互联网发展情况

年份	2016			2011		
主要指标	邮政网点（处）	移动电话交换机容量（万个）	互联网上网人数（万人）	邮政网点（处）	移动电话交换机容量（万个）	互联网上网人数（万人）
全国	216708	218540	73125	78667	171636	51310
西部地区合计	62447	57757.5	17265	23022	44156.6	11000
占全国的比重(%)	28.8	26.4	23.6	29.3	25.7	21.4

资料来源：《中国统计年鉴》。

（三）西部地区与全国公共服务水平差距正收窄

西部地区科技、教育、医疗卫生、文化等公共服务水平逐年提高。

1. 科技进步成效明显

2016年西部地区规模以上工业企业R&D经费为1141.92亿元，占全国的10.4%，该占比较2011年提高了1.2个百分点；2016年，西部地区专利申请数为72705件，占全国的10.2%，较2011年提高了2.7个百分点；规模以上工业企业新产品开发经费支出为1162.61亿元，占全国的9.9%，该占比较2011年增加了1.5个百分点，但规模以上工业企业新产品销售收入占全国的比重下降了1.3个百分点；2016年，技术市场成交额占全国的13.9%，较2011年提高了3.2个百分点，技术交易较2011年明显活跃（见表7）。

表7 2011年、2016年我国西部地区科技发展主要指标比较

2016年					
主要指标	规模以上工业企业R&D经费（万元）	专利申请数（件）	规模以上工业企业新产品开发经费支出（万元）	规模以上工业企业新产品销售收入（万元）	技术市场成交额（万元）
全国	109446568	715397	117662658	1746041534	114069816
西部地区合计	11419224	72705	11626125	142858528	15899259
占全国的比重(%)	10.4	10.2	9.9	8.2	13.9
2011年					
主要科技指标	规模以上工业企业R&D经费（万元）	专利申请数（件）	规模以上工业企业新产品开发经费支出（万元）	规模以上工业企业新产品销售收入（万元）	技术市场成交额（万元）
全国	59938055	386075	68459430	1005827245	47635589
西部地区合计	5502080	28782	5737231	95719252	5077985
占全国的比重(%)	9.2	7.5	8.4	9.5	10.7

资料来源：《中国统计年鉴》。

2. 教育事业快速发展

2016年，西部地区普通高校（机构）数为2596所，占全国高校总数的25.5%，该比重比2011年提高了1.4个百分点；普通高校在校学生数占全国的比重为24.9%，比2011年提高了1.9个百分点；西部地区普通高中学校数占全国的30.4%，比2011年略有下降；西部普通高中在校学生数占全国的31.6%，该占比较2011年提高了2.5个百分点；西部地区中等职业学校数占全国的28.7%，中等职业学校在校学生数占全国的31.8%，该比重较2011年提升了1.8个百分点，但是初中学校数、初中在校学生数、小学学校数、小学在校学生数占全国的比重较2011年分别下降了0.8个、0.8个、0.9个和1.4个百分点（见表8）。

表8 2016年我国西部地区各级各类学校数及在校学生情况比较

主要指标	普通高校（机构）数（所）	普通高校在校学生数（人）	普通高中学校数（所）	普通高中在校学生数（人）	中等职业学校数（所）	中等职业学校在校学生数（人）	初中学校数（所）	初中在校学生数（人）	小学学校数（所）	小学在校学生数（人）
全国	2596	26958433	13383	23666465	8367	12758604	52118	43293684	177633	99130126
西部地区合计	661	6723917	4072	7474991	2399	4059079	15798	13203653	59541	28487740
占全国的比重(%)	25.5	24.9	30.4	31.6	28.7	31.8	30.3	30.5	33.5	28.7

资料来源：《中国统计年鉴》。

3. 医疗卫生及社会事业加快发展

与2011年相比，2016年西部地区医疗卫生机构数、卫生人员、村卫生室数、医疗机构床位数等占全国的比重分别提高了0.5个、1.6个、1.0个、1.3个百分点；社会服务机构和设施数增长明显，该项占全国的比重提升了8个百分点；各类社会组织保持稳定发展，社会组织单位数和自治组织单位数占全国的比重没有太大变化，仅分别提升0.4个和下降0.1个百分点（见表9）。

4. 文化事业发展走上新台阶

党的十八大以来，西部地区文化事业发展走上新台阶。2016年西部地区广播节目综合人口覆盖率达到93%以上，电视节目综合人口覆盖率达到96.32%以上，与全国其他地区基本无差异。相比2011年，2016年西部地区出版印刷企业数、艺术表演机构数、公共图书馆、博物馆数均有了较大幅度的增长，占全国的比重

表9　2011年、2016年我国西部地区医疗卫生及社会事业情况比较

主要指标	2016年								
	医疗卫生机构数(个)	卫生人员(人)	村卫生室数(个)	医疗机构床位数(张)	社会服务机构和设施数(个)	资助参加医疗保险支出(万元)	直接医疗救助支出(万元)	社会组织单位数(个)	自治组织单位数(个)
全国	983394	11172945	638763	7410453	386186	633541.2	2327458.2	702405	662478
西部地区合计	310952	3046600	200760	2139772	94563	216457.2	882676.2	190837	191617
占全国的比重(%)	31.6	27.3	31.4	28.9	24.5	34.2	37.9	27.2	28.9
	2011年								
全国	954389	8616040	662894	5159889	160352	676408.4	1199610.4	461971	679133
西部地区合计	296651	2211481	201579	1426589	26532	248358.4	535625.1	123964	196738
占全国的比重(%)	31.1	25.7	30.4	27.6	16.5	36.7	44.6	26.8	29.0

资料来源：《中国统计年鉴》。

分别增长了0.29个、0.59个、1.7个和6.88个百分点（见表10），尤其是博物馆建设有了大幅增长；同期，艺术表演演出场次占全国的比重增长了1.12个百分点。规模以上文化制造业和服务业企业有了初步的发展。

表10　2011年、2016年我国西部地区文化事业发展比较

主要指标	2016年								
	出版印刷企业数(个)	有线电视实际用户数(万户)	艺术表演机构数(个)	艺术表演演出场次(万场次)	艺术表演场馆数(个)	公共图书馆(个)	图书馆总藏量(万册件)	博物馆数(个)	
全国	8936	22829.53	12301	230.6	2285	3153	90163	4109	
西部地区合计	1720	4795.34	2831	37.09	414	1202	17188	1255	
占全国的比重(%)	19.25	21.00	23.01	16.08	18.12	38.12	19.06	30.54	
	2011年								
全国	8289	20264.39	7055	154.72	1956	2952	69718.611	2650	
西部地区合计	1572	4705.084	1582	23.15	384	1075	14805.712	627	
占全国的比重(%)	18.96	23.22	22.42	14.96	19.63	36.42	21.24	23.66	

资料来源：《中国统计年鉴》。

（四）西部地区扶贫攻坚取得重大突破

西部地区大部分处于环境脆弱的石山区、高原区、偏远荒漠区或冰川区，经

济发展相对滞后,决胜全面小康社会建设的关键在西部地区贫困人口走向小康。十八大以来,西部地区全面实施精准扶贫战略,脱贫攻坚取得显著成效。

相关省份数据显示,2016年,四川、内蒙古、重庆贫困发生率分别降至4.3%、4.1%及3.1%以下;甘肃、贵州、陕西、青海和宁夏等原本贫困发生率高达30%以上的地区,2016年分别下降到9.3%、10.6%、9.45%、8.1%和11.1%;云南省贫困人口从2012年的804万人减少到2016年的363万人,贫困发生率从21.6%下降到9.8%。截至2015年底,西藏尚有59万农村贫困人口,贫困发生率25%,排在全国第一位。2016年西藏减少贫困人口14.7万人、贫困村(居)退出1008个、10个贫困县(区)达到脱贫摘帽条件。2014~2016年,新疆累计脱贫139万人,1286个贫困村退出,35个贫困县农民人均可支配收入升至8055元。总体而言,脱贫攻坚取得重大阶段性成效,贫困群众生活水平明显提高,贫困地区面貌明显改善,为打赢脱贫攻坚战积累了不少经验。

(五)西部地区开放发展格局呈现新气象

在新一轮对外开放中,"一带一路"建设使中国西部地区从传统开放末梢转变为开放前沿,缩短了西部地区与国际市场尤其是欧亚中心市场的距离,为西部地区实现历史性跨越创造了条件和机遇。西部地区开放发展呈现新气象。

2017年,西部地区多数省份进出口贸易取得令人惊艳的成绩,内蒙古、四川、广西、贵州、云南、陕西、宁夏、新疆进出口贸易增速都在20%以上,宁夏增速还达到了81%。同时,从2016年的数据来看,西部地区按经营单位所在地进出口总额2569.11亿美元,占全国进出口总额的6.97%,该占比较2011年提升了1.92个百分点;外商投资企业年底注册登记企业数绝对数比2011年增加了1456户,外商直接投资总额占全国的比重由2011年的7.5%上升到8.11%(见表11)。2017年,西部地区吸纳外商投资能力增强,营商环境改善,"一带一路"建设对西部地区开放发展的作用显现。

2016年5月,国务院批复12个地区开展为期两年的构建开放型经济新体制综合试点试验,广西防城港市和重庆两江新区、陕西西咸新区等3地成为试点地区。2017年,为扩大开放和加快推进"一带一路"建设、深入推进西部大开发,国务院批准陕西、四川、重庆自由贸易试验区总体方案。截至目前,西部地区已建成100多个口岸,其中,包括对俄、蒙、东盟地区、哈萨克斯坦、吉尔吉斯

表11　2011年、2016年我国西部地区对外贸易发展情况比较

主要指标	按经营单位所在地 进出口总额(万美元)	外商投资企业年底 注册登记企业数(户)	外商直接 投资总额(亿美元)
2016年			
全国	368555741.2	505151	51240.07833
西部地区合计	25691116	40203	4155.515138
占全国的比重(%)	6.97	7.96	8.11
2011年			
全国	364186444.5	446487	29931.24021
西部地区合计	18389848.1	38747	2245.494086
占全国的比重(%)	5.05	8.68	7.50

资料来源：《中国统计年鉴》。

斯坦、塔吉克斯坦、巴基斯坦、阿富汗等国家和地区的对外开放口岸，还有多个国际航空口岸。2017年，中国—新加坡南向通道正式开通，形成"一带一路"经西部地区的一个完整环线。2017年9月，正式启用中越友谊关—友谊国际口岸货运专用通道。面向东南亚、东盟地区、中亚、西亚、南亚和欧洲的物流通道、能源通道、信息通道正在加强建设，边境贸易加快发展。

（六）西部地区生态文明建设成效显著

截至2016年底，西部地区累计种草面积、湿地面积占全国的比重较2011年分别增长了9.2个和7.8个百分点，保持了较大幅度的增长；西部地区森林面积和草原面积占全国的比重没有变化，其中，森林面积绝对数增长了735.72万公顷；耕地面积较2011年减少了11.8千公顷，林用地面积增加了457.4万公顷，但两者占全国的比重分别增加了0.1个和0.2个百分点。

西部大开发战略实施以来，西部地区经济、社会、文化、生态等各项事业都取得了长足的发展，为进一步实施好西部大开发战略积累了丰富的经验。进入新时代，我国的主要矛盾转化为人民日益增长的美好生活需要和不平衡不充分的发展之间的矛盾，西部地区突出的问题也是发展不平衡和不充分的问题，正确认识并着力解决问题，有利于西部地区实现更好的发展，满足西部人民日益增长的美好生活需要。

表12 2011年、2016年我国西部地区主要生态指标比较

主要指标	耕地面积（千公顷）	林用地面积（万公顷）	森林面积（万公顷）	森林蓄积量（万立方米）	造林面积（公顷）	草原面积（千公顷）	累计种草面积（千公顷）	湿地面积（千公顷）	自然保护区面积（千公顷）
2016年									
全国	134920.93	31259	20768.73	1513729.72	7203509	392833	20562	53603	14733
西部地区合计	50407.6	18165.47	12417.01	893403.87	3794189	331443.3333	16948.79067	30323.5	12026.2767
占全国的比重(%)	37.4	58.1	59.8	59.0	52.7	84.4	82.4	56.6	81.6
2011年									
全国	135238.57	30590.41	19545.22	1372080.36	5996613	392833	19511	38486	14971
西部地区合计	50419.441	17708.03	11681.29	827131.56	3245728	331442.284	14285.94653	18795.51259	12277.0985
占全国的比重(%)	37.3	57.9	59.8	60.3	54.1	84.4	73.2	48.8	82.0

资料来源：《中国统计年鉴》。

二 新时代下我国西部地区发展面临的主要问题

（一）经济发展基础不扎实

2017年1~11月，西部地区多数省份经济总值、固定资产投资总额、财政收入、进出口总值、规模以上工业增加值都保持了较快增长（见表1），但总体而言，有些省份增长的基数相对较低，西部地区各省份增长不平衡，西南地区多数省份保持较快增长，西北地区增长相对较慢，其中，甘肃增速明显低于全国平均水平。与全国比较，2016年，我国国内生产总值为741140.4亿元，较2012年增长了38.02%，年均增长率6.66%；西部地区生产总值为156528.6亿元，较2012年增长了37.42%，年均增长率为6.56%，略低于全国水平。总体而言，与中、东部地区相比，2016年，西部地区经济总量、社会固定资产投资额、社会消费品零售总额、货物进出口贸易总额等经济指标依然落后，地方一般公共预算支出远高于预算收入，高技术产业发展相对滞后，经济发展基础依然不扎实。

（二）基础设施有待进一步完善

近五年，我国加大了西部地区基础设施投入，重点基础设施建设向西部地区倾斜，公路、水路、民航、高铁等主干和骨架网络不断完善，重大水利工程加快建设，西部地区交通和水利两个"短板"有了较大的改善。但西部地区各省、各城市以及城市与农村的互联互通还有待进一步统筹规划，要着力于加强处于网络"末梢"的农村公路建设，解决西部山区人口密度较大村落因交通基础设施落后而难以脱贫等问题。

（三）公共服务供给能力与供给方式有待进一步改善

从教育来看，2016年，东、中、西部地区普通高校数占全国的比重分别为38.5%、26.1%和25.5%，普通高校在校学生数占全国的比重分别为38.6%、27.6%和24.9%，西部地区远低于东部地区；在选择就业时，西部地区在校生和户籍生大多流向经济相对发达的东部地区，这对西部地区经济与技术创新的可持续发展会造成很大影响。从医疗来看，与2011年相比，2016年西部地区医院数、医院床位数等硬件设施与中东部地区的差距不断缩小，但执业（助理）医师数量占全国的比重与中东部地区的差距拉大。从公共服务供给能力与供给方式来看，随着撤乡并镇和城镇化进程的推进，西部地区多为边疆地区及少数民族地区，有其特有的地理人文环境，城乡居民享受的公共服务也呈现不均等化，并表现为需求强烈且多样化。在新时代、新条件下，要满足各类群体对公共服务的需求，现有的公共服务供给方式还待进一步创新。

（四）扶贫攻坚的任务依然繁重

自实施精准扶贫战略以来，我国扶贫攻坚不断取得好成绩，但西部地区依然是我国取得扶贫攻坚战胜利的关键。据国务院扶贫办的调研，西藏和青海、四川、云南、甘肃等四省藏区，以及南疆四地州（喀什地区、和田地区、克孜勒苏柯尔克孜自治州以及阿克苏地区）、四川凉山、云南怒江、甘肃临夏等深度贫困地区，生存环境恶劣，致贫原因复杂，交通等基础设施和教育、医疗公共服务缺口大。据统计，2016年底，全国贫困发生率高于10%的省份有西藏、新疆、贵州、甘肃、宁夏，贫困发生率超过20%的县和贫困村分别有100

多个和近3万个[①]。2016年，西部地区城镇居民和农村居民最低生活保障人数占全国的比重分别为40.5%和49.9%，远高于西部地区人口占全国的比重；城镇居民人均可支配收入为18406.8元，农村居民人均可支配收入9918.4元，分别低于东部地区12247.9元和5579.9元，收入差距依然很大，二者分别低于中部地区1599.4元和1875.9元，差距相对较小。

（五）西部地区开放发展新格局尚未形成

自"一带一路"倡议提出以来，西部地区各省份积极落实对外开放战略，加强开放平台建设与扩大对外投资合作，2016年，进出口总额和外商直接投资额占全国的比重较2011年都有所提高，但这两者占全国的比重分别为7%和8.1%，占比依然较低。并且，广西、重庆、四川、陕西、新疆五省份进出口总额占西部地区的80.7%；2016年外商直接投资主要集中在内蒙古、四川、云南、陕西等省份。进出口贸易和外商直接投资在西部地区内部发展也极不均衡。同时，各省份互联互通步伐相对缓慢，缺乏统筹推进；各类开放发展的优势要素集聚能力相对欠缺且参差不齐；各省份的配套政策保障体系建设不健全等。

（六）西部地区依然是我国的生态脆弱区

西部大开发战略实施以来，西部地区生态环境明显改善。尤其是党的十八大以来，党和国家把生态文明建设提高到一个新的战略高度。为贯彻党的十八大关于大力推进生态文明建设的精神，2013年，国家发展改革委发布了《西部地区重点生态区综合治理规划纲要（2012~2020年）》，西部地区生态环境改善成效显著。但受西部地区地理条件以及全球气候变化影响，西部地区生态环境依然十分脆弱，仍需久久为功。西南地区石漠化问题，西北地区草原荒漠化和土壤盐渍化问题，青藏高原地区冰川消融、冻土融化、径流变化、生态环境改变、自然灾害的加剧等问题，尤其是草地退化和生物多样性降低、草地人退鼠进问题明显，黄土高原地区植被破坏、水土流失问题虽然有所改善但仍任重而道远等。

（七）西部地区亟待加强区域创新体系建设

根据《国家中长期科学和技术发展规划纲要（2006~2020年）》和国家创新

[①] 董峻、杨维汉等：《非常战役的非常之举——全国人大常委会、全国政协常委会同步聚焦脱贫攻坚》，新华社，2017年8月31日。

体系建设要求，西部各地区高度重视区域创新环境硬件建设和政府服务软件政策设计，但还存在诸多问题，主要表现在以下几个方面：区域本地化的特征不突出，创新主体间的互动学习、协同创新等缺乏区域特色；区域创新体系的功能定位不清晰，缺乏对西部地区各省间在区域创新体系内的互补与协调考虑，区域整体创新效能难以提高；区域创新体系建设目标没有充分考虑区域内资金、人才和市场需求等支撑条件，目标定得过高或者略显盲目，对本区域创新型产业发展的规划同质化现象严重；区域创新政策的制定过分强调技术创新的现行指标，没有因地制宜和有重点、有区域特色地合理引导，在科技成果市场化、产学研协同创新、创新氛围营造等方面缺乏长效机制和政策支撑。

三　加快推进我国西部地区发展的对策建议

习总书记在党的十九大报告中强调，新时代要加大力度支持革命老区、民族地区、边疆地区、贫困地区加快发展，强化举措推进西部大开发形成新格局，建立更加有效的区域协调发展新机制。优化区域开放布局，加大西部开放力度。发展好我国西部地区，推进区域协调发展，是我们决胜全面建成小康社会，开启全面建设社会主义现代化国家新征程的重要内容之一。

（一）持续实施好西部大开发战略

西部地区既是全面建成小康社会的重点难点，也是我国发展重要回旋余地。西部地区发展是提升全国平均发展水平的巨大潜力所在。近二十年来，西部大开发取得巨大成就。新时代，要在以习总书记为核心的党中央坚强领导下，开启推进西部地区迈进现代化新征程，贯彻落实新发展理念，以供给侧结构性改革为主线，加快建设新型区域创新体系，实施好乡村振兴战略，打好西部地区扶贫攻坚战，进一步加强西部大开发战略与"一带一路"建设、长江经济带发展等重大战略的统筹衔接，加大西部地区开放力度，坚持创新驱动、开放引领，大力夯实基础支撑，推动西部大开发形成新格局。

（二）研究制定好加快推进我国西部地区发展的未来五年的发展规划

西部地区发展正处于爬坡过坎、转型升级的关键阶段，要基于党的十九大报告、我国"十三五"规划以及西部大开发"十三五"规划的发展目标，结合西部地区的发展基础、发展环境等，确定西部地区发展目标，要抓住技术创新和生态环保两大关键，找准发展主线，持续实施好西部大开发战略，深化供给侧结构性改革，坚持创新驱动、开放引领，进一步加强与"一带一路"建设、长江经济带发展等重大战略的统筹衔接，进一步夯实基础，强化举措，推进西部大开发形成新格局。

西部地区发展战略要重点围绕进一步优化空间开发格局，推动西部地区逐步向基本实现社会主义现代化迈进，构建西部大开发新格局。

要深化供给侧结构性改革，支持西部地区传统产业优化升级，加快发展现代服务业，瞄准国际标准提高水平。进一步提升特色优势产业发展水平，提高西部地区产业核心竞争力，完善西部现代产业体系。促进西部地区产业迈向全球价值链中高端，培育1~2个世界级先进制造业集群。

要贯彻实施好乡村振兴战略、深入推进农业供给侧结构性改革，加大农业基础设施投入，按照产业兴旺、生态宜居、乡风文明、治理有效、生活富裕的总要求，加快推进西部农业农村现代化。

要进一步促进创新驱动发展，完善西部创新发展机制体制，积极培育发展西部地区新动能，建设西部地区区域创新体系。

扎实推进以人为本的新型城镇化建设，加快农业转移人口市民化，推进西部地区城市群、城市、小城镇、农村的主要功能科学合理化，形成新的城乡一体化协调发展格局。

继续加强交通、水利、能源、通信等基础设施建设，完善"五横四纵四出境"综合运输大通道，全面建成适度超前、结构优化、功能配套、安全高效的现代化基础设施体系。

要大力提升西部地区教育质量，扎实筑牢西部地区社会保障体系与健康医疗体系，进一步丰富人民群众生活，全面提升西部地区公共服务水平。

在解决区域性贫困基础上，深入实施东西部扶贫协作，重点攻克西部深度贫困地区脱贫任务，扎实推进脱贫区域产业发展，做好脱贫后的就业保障，确保脱贫后不再返贫。

要进一步筑牢生态安全屏障，扎实推进生态文明建设，健全绿色发展机制，建设好美丽西部。

(三) 夯实西部地区发展的基础

当前和今后一个时期,中国正处于全面建成小康社会和实现"两个一百年"奋斗目标的关键时期。着力解决好新时代我国社会主要矛盾,夯实我国西部地区发展的基础。

西部地区要紧紧抓住发展机遇,加快产业结构调整优化,充分利用好工业互联网、物联网、云计算、大数据等信息技术,支撑区域各产业供给侧改革,推动经济跨越式发展。

随着"一带一路"建设的推进,西部地区在向东南亚、中亚、西亚、欧洲等地区的出口上具有得天独厚的地理优势,既可以通过沿海港口出口商品,也可以通过中欧铁路直接从西部地区向外出口,从内需以及地理优势来看,未来西部地区外贸发展以及吸引内外商投资的能力都会增强。

从人口结构来看,2016 年,西部地区 1~65 岁人口占西部地区总人口的 89.42%,略高于全国水平 0.26 个百分点。西部地区 0~14 岁人口占全国人口的比重为 29.4%,高于西部地区人口占全国人口的比重。随着我国中西部教育振兴计划的实施,中西部高等教育面貌发生了历史性改变,受教育人口数量和年限都在增加,西部地区与东部地区教育差距缩小,为夯实西部地区经济社会发展基础提供了有力的支撑。

(四) 做好西部贫困地区的固本培元工作

当前,西部地区扶贫攻坚取得了阶段性的胜利,但依然面临艰巨的扶贫任务。从当前形势来看,西部地区贫困人口主要分布在自然条件差、经济基础弱、贫困程度深的地区。从群体分布上看,主要是残疾人、孤寡老人、长期患病者等"无业可扶、无力脱贫"的贫困人口,以及部分教育文化水平低、缺乏技能的贫困群众,解决这些人的贫困问题,成本更高,难度更大[1]。党的十九大对坚决打赢脱贫攻坚战提出明确要求,必须以习近平新时代中国特色社会主义思想为指导,坚持精准扶贫、精准脱贫,坚持中央统筹,重点支持西藏、四省藏区、南疆四地州三个连片特困地区,以及四川凉山州、云南怒江州、甘肃临夏州三个自治州扶贫攻坚工作,西部各省按照"省负总责"的原则,着力攻坚本省范围内的

---

[1] 韩俊:《重点攻克深度贫困地区脱贫任务》,《经济日报》2017 年 11 月 24 日。

深度贫困县、深度贫困村,将贫困老年人、残疾人、重病患者等作为重点群体,确保如期完成脱贫攻坚任务。

(五)推进西部地区初步形成开放发展新格局

习近平总书记在十九大报告中指出,要以"一带一路"建设为重点,坚持引进来和走出去并重,遵循共商共建共享原则,加强创新能力开放合作,形成陆海内外联动、东西双向互济的开放格局。要继续促进西部大开发与"一带一路"建设、长江经济带发展紧密衔接、相互支撑,全面融入和参与"一带一路"建设,形成沿边、长江经济带、"一带一路"沿线的陆海内外联动、东西双向开放的大格局。西部地区要用好新时代下各类开放利好政策和新的开放条件,提升西部地区在吸引外商投资上的比较优势,坚持"引进来"和"走出去"相结合,发展好对外贸易,有计划、有重点地开放西部地区。

(六)推进西部地区走向生态文明建设新时代

习近平总书记在党的十九大报告中指出,加快生态文明体制改革,建设美丽中国,在21世纪中叶建成富强、民主、文明、和谐、美丽的社会主义现代化强国。这进一步凸显了生态文明建设的重要性。西部地区既是我国的生态脆弱区又是我国的生态屏障,生态文明建设显得尤为重要,是我国西部大开发较长时期的重要抓手。要继续加大对西部地区生态文明建设的投入力度,加强草原、湿地保护,提高森林覆盖率,巩固现有成果。在西部地区生态文明建设的同时,统筹考虑当地农业、畜牧业的可持续发展。充分利用西部地区丰富的旅游资源、绿色资源,把建设美丽西部与富裕西部结合起来,发展好绿色旅游经济。进一步把推进供给侧结构性改革与产业结构调整结合起来,推进生态环境治理规范化、法治化、长效化,堵住污染口子,从根本上改善生态环境。

(七)加快推进西部地区创新体系建设

党的十九大报告指出,要加快建设创新型国家。贯彻落实好党中央和国务院关于建设创新型国家等的精神,西部地区亟待抓实区域创新体系建设,完善促进西部区域创新的长效机制和政策体系。既要抓好区域创新体系的基础设施建设,更要从长远出发重视优势创新要素培育和创新氛围培养,强化优势创新要素集聚。引导西部地区重视影响创新发展的基础建设。一是大力培育创新主体,重点抓好以企业为主体、科研院校为依托、市场为导向、产业为基础、现有区域技术为特色、开放协同的区域技术创新体系建设。二是推进科技金融体制改革，完善技术创新的金融管理模式，建立健全创投体系，加强股权投资、债权融资、众筹募资三大体系的构建，建设有利于创新发展的投融资体系。三是统筹布局和搭建好创新平台。围绕科技研发环节，着力打造资源共享平台和协同创新平台；围绕科技成果转化环节，着力打造技术转移平台和新型孵化平台；围绕产业培育环节，着力打造创新特区和开放特区。

参考文献

[1] 曾培炎：《西部大开发决策回顾》，中共党史出版社、新华出版社，2010年3月。
[2] 国家发展和改革委员会：《西部大开发"十三五"规划》，中华人民共和国政府网，2017年1月。
[3] 张亦筑、申晓佳、杨永芹、白麟、韩毅、彭光瑞等：《推进创新驱动发展 加快建设西部创新中心》，《重庆日报》2017年6月5日。

（撰稿人：中国国际经济交流中心经济研究部副研究员，李娣）

振兴东北建设进展与展望

随着近年来中央支持东北振兴政策和举措的密集出台，新一轮东北振兴取得显著效果。目前，东北地区经济发展开始企稳回升，新兴产业逐步发展，结构转型逐步推进，内生动力不断增强。同时，随着各类经济发展平台的建设步伐加快，东北地区对外开放水平逐步提高，为快速推进新一轮东北振兴奠定了良好的基础。

一 2017年新一轮东北振兴进展情况

（一）东北地区内生增长能力逐步提高，经济总体企稳回升

一方面，东北地区生产总值增速稳定。2016年，辽宁省、吉林省、黑龙江省实现地区生产总值分别为22037.9亿元、14886.2亿元、15386.1亿元，分别比上年增长-2.5%、6.9%、6.1%。2017年，辽宁省、吉林省、黑龙江省分别实现地区生产总值23942亿元、15288.9亿元、16199.9亿元，分别比上年增长4.2%、5.3%、6.4%，辽宁经济增速由负转正，吉林省和黑龙江省经济基本保持平稳增长。另一方面，辽宁省和吉林省固定资产投资降幅有所收窄，黑龙江省固定资产投资继续保持较快增长。2016年辽宁省、吉林省、黑龙江省分别完成固定资产投资6436.3亿元、13923.2亿元、10432.6亿元，分别比上年增长-63.5%、9.6%、5.5%。2017年，辽宁省、吉林省、黑龙江省分别完成固定资产投资6444.8亿元、13130.9亿元、11079.7亿元，分别比上年增长0.1%、1.4%、6.2%，可以看出，辽宁省投资增速由负转正，吉林省增速较小，黑龙江省增速较快。

（二）多层次、多领域政策支持力度持续加大，政策组合拳发挥效力，开始形成振兴新格局

1. 国家层面对东北振兴的政策支持力度持续加大

继 2016 年国家出台了《关于深入推进实施新一轮东北振兴战略 加快推动东北地区经济企稳向好若干重要举措的意见》、《东北振兴"十三五"规划》、《关于开展东北地区民营经济发展改革示范工作的通知》等一系列支持东北振兴的政策之后，2017 年又陆续出台相关政策，力度持续加大。2017 年 3 月国务院办公厅印发了《东北地区与东部地区部分省市对口合作工作方案》、《中国（辽宁）自由贸易试验区总体方案》和《关于促进外资增长若干措施的通知》等。另外，国家多个部门已出台实施或正在研究制定专门支持东北振兴的具体政策举措或工作方案。这些政策涉及产业升级、对口合作和对外开放等多方面。

2. 东北地区各地市出台多项相关领域的配套支持政策

辽宁省在 2017 年 2 月出台了《辽宁省优化营商环境条例》及《关于优化投资环境的意见》，成为首个省级层面优化营商环境的法律性条文；吉林省出台了《关于缓解企业融资难融资贵若干措施的通知》、《关于促进民营经济加快发展若干措施》等；黑龙江省制定出台了《关于促进创业投资持续健康发展的实施意见》、《政府核准的投资项目目录（黑龙江省 2017 年本）》、《黑龙江省工业企业流贷贴息政策实施细则》等，在省级层面提出了区域振兴目标和举措。另外，东北地区各地市也出台了一些具体政策落实举措，如沈阳市出台了《沈阳振兴发展战略规划》、《辽宁省智能制造工程实施方案》及《振兴实体经济若干政策举措》等，鞍山市印发了《鞍山市促进民营经济发展的若干政策》等。

（三）加大营商环境政策执法监督力度，营商投资环境逐步改善，成效明显

东北地区大力推进营商环境建设，在行政管理、企业营商环境、人才环境、创新创业环境方面取得明显成效。

1. 行政管理逐步规范有效

一方面，国家发展改革委高度重视，并坚定不移地推进东北地区"放管服"改革工作，牵头取消一些非行政许可审批事项，将该部门负责安排的中央预算资

金切块下达到各省份，将项目管理权限下放到省级发改部门，简化了审批流程。另一方面，东北地区结合行政管理改革加快推进行政审批等方面精简化、规范化、法治化步伐，各地通过大幅度精简企业投资相关的行政审批事项和部门、缩短审批时间、清理行政性收费、设立负面清单等举措为企业投资提供高效方便的服务。比如，长春市市级非行政许可实现"零审批"，哈尔滨市在全国率先取消所有市级自设的行政审批事项，哈尔滨新区从年初启动投资审批负面清单制度。

2. 企业营商环境逐步改善

2017年，东北各省区采取切实举措加快改善营商环境。比如，辽宁省将2017年确定为辽宁省优化营商环境建设年，成立了由省委书记、省长担任组长的软环境建设领导小组，专门组建东北地区首家省级营商环境建设监督局，负责营商环境监管与整治工作；沈阳市按照世界银行标准对营商环境进行评估后，提出并实施了打造国际化营商环境的具体方案。从国家层面看，国家发展改革委积极推动东北地区开展民营经济发展改革示范工作，取得了很好的成效。随着东北地区营商环境的逐步改善，仅2017年上半年，东北地区新登记企业数量就同比增长19.2%。

3. 人才环境逐步改善

东北各地出台和落实了多项吸引人才、留住人才、用好人才的政策举措，逐步建立完整的人才政策体系。辽宁省多次举办海外高层次人才项目洽谈会，沈阳市出台《沈阳市建设创新创业人才高地的若干政策措施》、《沈阳市高层次人才创新创业资助办法》、《沈阳市海外高层次人才服务工作办法》等，通过建立海外人才离岸"自由港"、实施"高精尖优"人才集聚工程等方式吸引高层次人才。黑龙江通过项目—人才—基地相结合的方式，培养引进高层次科技创新合作人才团队，出台《"龙江科技英才"特殊支持计划实施办法》对科技创业型、创新型人才进行资金支持。

4. 创新创业环境逐步得到改善

大连市出台《大连高新区支持高校院所和企业科技人才创新创业工程的暂行办法》，提出"科创工程"奖励各类科技创新成果转化；金普新区设立工业发展基金支持产业创新升级。吉林省出台促进事业单位专业技术人员离岗创业的实施细则，鼓励创业创新。黑龙江省出台了《关于促进创业投资持续健康发展的实施意见》，引导各类投资主体创新创业；省科技厅根据《黑龙江省科技创新券管理办法（试行）》，设立"科技创新券"，通过政府对国家级和省级重点工程实验室、工程技术研究中心、高校院所、科技服务机构等提供资金支持；省多部门联合出台了《黑龙江省关于落实〈推进"一带一路"建设科技创新合作专项规划〉的实施方案》支持科技创新基地建设和科技人才交流，支持组建国际创新联盟。

（四）加快推进供给侧结构改革，经济结构不断优化，发展新动能开始形成

1. 加快推进供给侧结构改革，发展新动能开始形成

2017年，东北地区各地围绕供给侧结构改革，积极推进稳增长、促改革、调结构、惠民生、防风险，加快推进经济结构调整，培育经济发展新动能。一是有效投资进一步扩大。随着政策支持力度不断加大，各类投资主体数量稳步上升，注册资金和投资额也稳步增加，企业投资进一步增加。政府投资安排各类重大项目，如辽宁省2017年初计划安排亿元以上项目2885个，计划投资5210亿元，涵盖第一产业、第二产业、第三产业，以及高速铁路、地铁、核电站等重大基础设施项目，其中34个项目列入东北振兴三年滚动计划。吉林省2017年初计划全年项目建设总投资将达到258亿元，重点建设省际大通道、旅游大通道。二是战略性新兴产业成为新一轮东北振兴的重点。在这一轮振兴中，东北地区把智能装备、先进装备制造、新材料、新能源、生物医药、大数据和云计算列为产业发展重点，同时结合本地资源优势，积极推进金融服务、文化旅游、医疗健康、跨境电商、寒地冰雪经济等新兴产业发展。2017年，东北地区战略性新兴产业和高端服务业比重稳步提高，经济发展新动能开始形成。

2. 国有企业改革稳步推进

东北地区通过加快出台国资国企改革政策文件，建立系统规范的政策体系，积极推进国资国企改革各项工作，企业改制工作加快推进。辽宁省2017年出台《关于贯彻落实习近平总书记参加十二届全国人大五次会议辽宁代表团审议时重要讲话精神 推进国有企业改革发展的实施意见》、《2017年度行动计划任务书》、《辽宁省省属企业违规经营投资责任追究暂行规定》等五个国资国企改革文件，加上前两年出台的文件，形成了国资国企改革"1+20"的制度体系；调整了省国资改革领导小组，进一步强化国资国企改革；积极稳妥地推进混合所有制改革，把混改作为深化国企改革的关键和突破口，按照市场化方式，以增量为主，积极吸引各类资本参与全省国企改革；加快省直国有企业集团组建、省直企

事业单位脱钩改制工作。同时,辽宁省各地市积极推进地市级国有企业改制工作,本钢宝锦公司、盘锦保惠公司等多家国企已完成混合所有制改革。黑龙江省政府5月出台《深化供给侧结构性改革促进钢铁煤炭水泥等行业转型升级的意见》,加快处置已停产、半停产、连年亏损、资不抵债、靠政府补贴和银行续贷存在的"僵尸企业",推动兼并重组。

民营经济实现稳步发展。在2016年国家层面和东北地区省市层面出台一系列支持东北民营经济发展的政策的基础上,2017年东北地区各地市加快落实支持民营企业快速发展的各项政策,民营经济规模继续扩大,实力持续增强,对地区经济的拉动作用不断增强。比如,沈阳市2017年9月举办全国民营企业合作大会,全国各地400多家民营企业参加了创新创业研讨、项目考察投资和洽谈等活动。另外,沈阳市通过发展9只小微企业发展基金、设立中小企业融资扶持专项资金、开展贴息贷款等措施支持中小民营企业发展。东北地区民营企业对经济的拉动作用已经逐步凸显,成为地区经济发展的重要组成部分。

(五)发展平台建设开始提速,对外合作蓬勃发展

2017年,东北地区加快规划、建设和对接国家级、省级及地市级开放合作平台,这些多层次、多领域的发展平台,对东北地区快速开放发展的带动和引领作用正在进一步显现。

1. 积极对接国家战略平台,借助平台带动加快发展

一是深度对接"一带一路"建设。辽宁省通过积极参与"一带一路"建设,与金砖国家的巴西、印度、俄罗斯和南非的贸易全面增长。同时,辽宁省实现了与"一带一路"沿线国家的紧密合作,在俄罗斯、白俄罗斯、印度、印尼、罗马尼亚、乌干达、纳米比亚等国家规划和在建8个境外工业园区。吉林省通过融入"一带一路"建设进一步加强了与日本、俄罗斯、韩国、以色列、巴基斯坦等多国的经贸往来。黑龙江省通过积极参与"中蒙俄经济走廊"建设,与俄罗斯远东地区进行了深度战略对接,强化了跨境金融合作,哈尔滨市、牡丹江市、佳木斯市等积极参与国内外开放合作。二是加快辽宁自由贸易试验区建设。自贸试验区沈阳片区和大连市片区按照《中国(辽宁)自由贸易示范区方案》分别制定了详细的建设方案并予以积极推进,沈阳片区提出"1+3"产业扶持政策,大连片区提出"三年行动计划",通过这些举措,2017年上半年辽宁省自贸试验区新注册企业数达到了8817家,注册资本达到了1207亿元。三是大连金普新

区、哈尔滨新区、长春新区三个国家级新区稳步发展，2017年上半年这三个国家级新区地区生产总值的增速分别为6.4%、8.5%、7.2%，均高于所在省的平均增速。

2. 加快打造区域性发展平台

一是东北地区继续加快跨行政区域的发展平台建设。2017年2月，辽宁省出台"三年行动计划"（2017~2019年），支持沈大国家自主创新示范区发展，推进产业转型升级、培养战略性新兴产业、构建区域创新体系、构建大开放大合作的协同创新格局等。二是加快地方产业发展平台规划建设。2017年，在国家政策支持下，东北地区地方性创新型产业和科技发展平台数量猛增。如沈阳市的中德装备园、已建成的两个国家级电商示范基地、启动规划建设的两个航空产业园。黑龙江省已建和在建多个发展平台，如对俄合作境外示范园区、哈尔滨综合保税区、哈尔滨新区正在建设的国家民用航空高技术产业基地。

（六）对外开放合作实现新发展

1. 对外经济合作稳步增长

2017年，东北各地继续发挥不同的对外投资优势，积极加强国际合作。2017年1~11月，辽宁省进出口总额6133.9亿元，同比增长19.3%，其中，出口总额2774.3亿元，同比增长6.9%；进口总额3359.6亿元，同比增长32.0%；外商直接投资49.6亿美元，同比增长91.4%。1~11月，吉林省进出口总额1149.9亿元，同比增长3.7%，其中，出口总额268.4亿元，同比增长6.7%；进口总额881.5亿元，同比增长2.8%；实际利用外资92.8亿美元，同比增长8.0%。1~10月，黑龙江省进出口总额达到152.2亿美元，同比增长18.3%，其中出口总额45.2亿美元，同比增长9.5%，进口总额107.0亿美元，同比增长17.9%；实际利用外资41.5亿美元，同比增长1.1%。另外，东北各地采取一些切实举措，加强国际合作。如沈阳市通过积极参与国际产能合作，推进企业参与12个境外产业园区建设；大连市全面加强与东北亚及全球的经济合作，仅2017年上半年实现实际利用外资21亿美元，增长14.7%；外贸进出口总额2079.5亿元，增长29.53%。黑龙江省通过加快公路、铁路和航空等交通基础设施建设，提升互联互通水平，深化对俄、对欧的经贸投资合作；吉林省通过举办东北亚跨境电商峰会、东北亚商协会圆桌会议、国际产能和装备制造合作大会、东北亚博览会、中国吉林—加拿大产业合作项目对接会等加强对外经贸合作。

2. 东北地区与国内其他省市跨区域对口合作顺利推进

2017年3月国务院印发《东北地区与东部地区部分省市对口合作工作方案》之后,东北地区各地市按照方案要求快速推进与对口省市的合作,目前在具体对口合作方案编制、合作机制建设、经贸投资合作、人才交流等方面的工作已经顺利开展。上海市组织110余家企业组成经贸代表团在9月赴辽宁省大连市开展投资洽谈工作,签署了多个投资项目,进一步夯实了两地的合作基础。大连市主动组织丹东、营口、盘锦、锦州、葫芦岛、朝阳参与沪连对接,将合作范围拓展到全省,实现更高层次、更大范围、更多领域的合作。辽宁省旅游发展委员会与延安市政府在10月签订了《关于开展旅游产业合作框架协议》,围绕旅游合作机制、开展红色旅游、开展旅游营销、旅游产业发展、共同营造良好环境等方面进行合作。黑龙江省哈尔滨市与深圳市建立对口合作关系,双方已举办多次产业项目契约会和对口合作经贸洽谈会,签约项目达到100多项,涉及园区共建、文化旅游、医疗健康、工业及国企改革、农业及流通、科技及金融等。吉林省与浙江省于8月签署两省对口合作框架协议。目前,延边州与宁波市、吉林市与温州市、白山市与湖州市、长春市与天津市建立了对口合作关系,并正在加快推进产业投资、机制创新、脱贫攻坚、公共设施建设等方面的合作。另外,东北地区内跨省区域合作也在逐步加强,如东北地区的哈尔滨、沈阳、长春、大连等12个城市组建东北旅游推广联盟,在武汉、长沙、广州等多地联合召开文旅推介活动,目标是共同打造旅游协同发展区。

二 当前东北振兴存在的主要问题

2017年东北振兴取得较快进展,但仍然存在体制机制不完善、配套措施亟待加强、结构亟待转型、营商环境尚需进一步完善等问题。习近平总书记明确指出,东北振兴当前存在的这些困难和问题,归根结底仍然是体制机制问题,是产业结构、经济结构问题,解决这些问题还要靠深化改革。

(一)体制机制障碍依然严重

东北地区新一轮全面振兴取得实实在在的新进展,但深层次体制机制问题和结构性矛盾还没有从根本上解决,发展基础还不牢固,全面振兴仍然任重而道远。一是市场化程度依然不高,政府对市场干预较大,不能发挥市场在资源配置中的决定性作用。当前,东北地区计划经济惯性依然较强,各级政府在资源配置中的权力太大,行政权力替代经济权力情况较为严重,行政权力长期主导资源配置导致资源配置效率较低,各类市场主体难以发挥其应有的职能作用,市场运行效率较低,经济难以高效发展。二是各类支持政策没有落实到位。近年来,党中央国务院和相关部委出台多项东北地区支持政策,但实际上各项政策落实不到位、落实打折扣等现象依然严重,政策难以落实到位大大减缓了推进东北振兴的步伐。另外,体制机制创新动力不足的问题依然严重。

(二) 经济结构尚需进一步调整

一是从经济发展方式上看,依然是以投资驱动下的粗放式发展为主导,重化工业所占比重较大,创新驱动型经济基础薄弱,高技术创新型产业发展滞后,现代服务业发展严重不足,经济发展方式路径依赖严重,经济发展方式转型缓慢。二是从经济主体结构上看,国有企业占主导地位,民营经济发展滞后。国有企业现代企业制度不健全,国资监管体制不完善、国有企业运行效率较低,因此,尽管国有企业资产规模大,但实力不强、活力不强、效益不佳,而民营企业资产规模小、发展不充分、发展后劲不足。三是从经济结构上看,经济结构发展不平衡。由于当前东北地区新兴产业发展处于起步阶段,重工业所占比重较高、新兴产业和服务业在经济结构中所占比重较低,经济结构优化的基础尚不牢固,东北地区经济结构不平衡问题依然严重。

(三) 发展环境尚需进一步优化

第一,尽管企业营商环境得到进一步改善,但依然存在政府过度干预企业投资经营、政府不作为乱作为等现象,政府权力存在明显跨界,企业主体地位得不到尊重,对企业投资东北地区造成不良影响。第二,国有企业经营不良,无法提供更多的就业岗位,民营企业发展困难重重,难以扩大吸收人才就业,导致东北地区高层次人才外出寻找就业机会,高层次人才流失严重,反过来这又使人才成本高企,造成企业用工环境不佳,影响企业的投资发展,进而难以提供更多的就业岗位,形成恶性循环。第三,市场不开放导致民营企业难以进入一些垄断性行业,这不仅限制了民营企业的发展,也影响了这些产业自身的发展。第四,东北地区政府和企业融资难、融资贵等现象普遍存在,融资环境有待进一步优化。

（四）开放程度尚需进一步提高

第一，对外开放程度较低。从东北地区来看，由于地缘等方面的因素导致其对内对外开放度相比全国其他发达地区较低，长期处于相对封闭和边缘的状态，这就造成东北地区吸引国内外资金、技术、人才等要素的能力不足，外部开放的环境反而吸引了要素资源的流出，这严重制约了东北地区的发展；外贸产品和区域相对单一，对外贸易依存度低；外商投资水平相对较低，利用外资规模较小。第二，市场开放程度低。在国有企业长期垄断的一些工业和服务业等领域，行业运行效率较低，经济贡献率难以提升，而外资和民营企业又无法进入，外资和民营企业对经济发展的贡献潜力无法释放，造成经济难以快速发展。第三，发展观念开放性较低。对外开放程度低又造成发展观念相对落后，创新发展思想动力不足。

三 新一轮东北振兴未来展望

（一）2018年东北地区经济稳中有升的势头将进一步巩固

2017年东北地区经济的触底回升的态势在2018年将会得到进一步强化，主要有以下几个积极因素。一是政策推动作用进一步加大。近两年中央及地方出台的与东北振兴相关的各项政策将会加快落实，如2018年是落实《推进东北地区等老工业基地振兴三年滚动实施方案（2016~2018年）》的收官之年，方案中分年度明确了137项重点工作，其中2016年85项、2017年36项、2018年16项，在2018年进入全面建成实施阶段，这些重大项目的投资建成对东北地区振兴将会带来重要的推动作用。二是营商环境逐步改善将进一步促进地区投资增长，新增企业数量和投资规模将会继续增加，尤其是民营企业数量和规模将会进一步增加。三是对口合作将会进一步增强。2018年各对口合作省份的企业在东北地区投资将会出现明显增加，投资的新兴产业项目也有利于东北地区产业结构的转型和优化。另外，辽宁自贸区等发展园区和平台也将吸引越来越多的企业投资。

（二）供给侧结构性改革将会进一步加快推进

2017年3月，习近平总书记在参加十二届全国人大五次会议辽宁代表团审议时指出，供给侧结构性改革是振兴东北的必由之路。供给侧结构性改革仍然是东北地区振兴的主线，化解过剩产能、政府行政体制改革、国有企业改革、产业结构调整优化、创业创新等各方面的工作将紧紧围绕供给侧结构性改革开展。根据辽宁省委省政府2016年出台的《关于推进供给侧结构性改革促进全面振兴的实施意见》，辽宁将用3~5年的时间推动供给侧结构性改革，并取得重要进展，其中，到2018年化解煤炭过剩产能2731万吨，关闭退出煤矿83个。吉林省2016年提出经过3~5年的时间推动供给侧结构性改革取得突破性进展。可以预见，2018年将是东北地区供给侧结构性改革的快速推进年。

（三）国有企业混合所有制改革将进一步加快推进

随着近两年中央出台的有关支持东北地区中央企业、国有企业改革的政策的逐步落实，如支持中央企业开展混合所有制改革试点、开展地方国有企业混合所有制试点工作等政策的出台实施，东北各地将推动国有大企业股权多元化，进一步推进混合所有制改革。2017年东北各省区确定了实施混改的国有企业名单和混改途径，如辽宁省确定了在本钢集团、华晨集团、交投集团、水资源集团、辽宁能源集团等9家国有企业开展首批混合所有制改革试点；吉林省选择在10~20户省属及地市国有企业开展混改试点，选择5~10户企业开展员工持股试点；黑龙江省加快推进5户央企科研院所转制和20户左右国有企业的股权多元化混合所有制改革。可以预见，在2018年及今后几年，东北地区国有企业混合所有制改革将加快推进。

（四）新兴产业将步入快速发展阶段，经济结构进一步优化

2017年，东北各地引进了一些新兴产业项目，开始建立新兴产业基地和园区。如辽宁省沈阳市的通用航空、智能制造、高端装备制造等新兴产业；大连市的高端装备、航空航天、生物医药、新材料、清洁能源等新兴产业；吉林省长春市的新能源汽车、新材料和信息等新兴产业；黑龙江省哈尔滨市的大数据产业。另外，随着2017年辽宁中部（沈阳—鞍山—抚顺）和吉林中部（长春—吉林—松原）国家首批产业转型示范区的获批，辽宁中部将形成高端装备、新兴产业、新型重化工业三个特色鲜明的产业聚集区，吉林中部将加快促进汽车、石化和农产品加工等传统产业升级改造和先进轨道交通、新能源汽车、生物医药、光电信息和新材料等新兴产业发展。产业转型示范区在东北地区产业转型中的引领示范

和带动作用将进一步增强。2018年战略性新兴产业将会进一步加快发展，其占工业增加值的比重将会有所提高。

（五）开放型经济水平加快提升，区域协作进一步加强

2018年，各类跨区域、跨国开放合作平台建设将进一步加快，如辽宁自由贸易试验区、对口合作、"一带一路"中蒙俄经济走廊、黑龙江（中俄）自由贸易区、沿边重点开发开放试验区、跨境经济合作示范区、东北亚经济合作区等重大开放合作平台和各类重点口岸、交通等基础设施建设，从而进一步加快东北开放型经济水平的提升。

四 新一轮东北振兴相关政策建议

对于未来东北振兴，应坚持和贯彻"四个着力"的总要求，即着力完善体制机制，着力推进结构调整，着力鼓励创新创业，着力保障和改善民生。在这个总要求的基础上，进一步深化体制机制改革、优化营商环境、加快国有企业改革、推进经济转型升级，推进新一轮东北振兴落到实处。

（一）进一步强化政策落实，深化体制机制改革

第一，进一步强化政策落实到位。目前，国家、省（自治区）、地市各级政府出台了多层次、多领域的与东北振兴相关的政策文件，应加强中央政策和地方政策的协调性，构建有效的政策执行体系；加大政府监督执法力度，加强政策协调，确保把中央、省市政策部署落实到位，充分发挥政策的最大效力。第二，进一步提高政府的依法管理、高效管理能力，真真正正地创建服务型政府。进一步简政放权，着力推进各级政府"放管服"，该放的权力坚决放掉，该管的事情切实管好，该服务的服务到位，建立服务型、创新型政商关系，让各类市场能够获得良好的服务；借鉴对口省市在营商环境建设方面的有益经验，鼓励引导符合条件的地区试点建立负面清单管理制度和企业投资项目审批承诺制。第三，进一步加快体制机制改革。加快探索建立面向国内社会资本和外资更加开放的市场、投融资、产业等方面的体制机制；通过引进对口省市的体制机制创新经验和成果，加快机制体制创新；在保税区、出口加工区、边境合作区、国家级新区等各类园区内探索建立与国际通行规则接轨的开放型体制机制。

(二) 加强法制建设，进一步优化企业营商环境

一是进一步加强完善营商环境的法制建设和相应的监督机制建设，预防和消除各类政府机构及相关部门人员损害投资者利益的违法行为，建立保护投资者的资产、人身安全等方面的法律机制，建立以企业为主、社会民间团体组织及民众共同参与的优化营商环境的社会立体监管体系，为优化东北营商环境营造良好的社会氛围。二是进一步营造良好的人才制度环境。坚持人才是东北振兴的核心理念，进一步为培育、引进、留住人才提供政策支持和法律保障，在户籍、教育、医疗、住房、科研创新、投资创业等方面出台相关政策，吸引更多的国内外优秀人才投身于新一轮东北振兴事业。三是加强优化营商环境的舆论宣传工作，尽快改变社会对东北地区营商环境的固有看法，为东北振兴营造良好的社会氛围。

(三) 加快推进国有企业改革，大力支持民营企业发展

一方面，按照分类加快推进混合所有制改革，竞争性国企更多地引入民营资本，建立以股权多元化为基础的现代企业制度；加快从以管资产为主到以管资本为主的转变，调整国有资本的布局来适应国民经济战略性调整的需要；加快清理"僵尸企业"，推进国有企业并购重组，推进国有资本配置战略调整，进一步加快国有企业改革，推进国有企业战略调整，激发国有企业活力。另一方面，在加快国有企业改革的同时，要大力支持和推进民营企业快速发展，提升民营企业发展水平，激发民营企业发展潜力。坚决落实各类支持民营企业发展的相关政策，加快促进民营企业转型升级，提升民营企业层次和水平；进一步提高民营企业在经济结构中的比重、扩大民营企业的规模、增加民营企业的数量；降低民营企业市场准入门槛，提供融资支持，切实减轻民营企业税费等成本负担；支持民营企业通过多种形式参与国有企业改制重组，支持军民融合带动东北民营企业快速发展。

(四) 加快实施创新驱动战略，推动经济结构转型升级

一方面要加快实施创新驱动战略，进一步加强科技创新，加快推动新型工业发展。通过工业4.0，实现东北工业化和信息化深度融合，推进传统产业转型升级；加大科技研发投入，发挥东北地区高等院校、科研机构、科研人才的优势，

实施创新驱动战略，加快提升科技创新能力。通过国际或跨区域的产能和技术合作，提升东北地区制造业技术水平，以科技创新支撑东北国企转型和产业创新升级。通过加强产学研合作、引进消化吸收等方式加快构建区域创新体系；通过科技创新，提升工业体系中新型工业的比重，逐步解决工业结构性问题等。另一方面，要加快推进服务业开放，发展现代服务业。完全放开竞争性服务业，逐步放开垄断性行业的市场准入限制，鼓励各类资本投向服务业，加快现代服务业发展，提升现代服务业在产业结构中所占比重。紧紧依靠创新驱动，加快新型工业和现代服务业发展，形成新的经济增长点，提高新型工业和现代服务业的比重，推动经济结构创新调整、转型升级。

（五）加快推进开放型经济新体系构建

"十三五"规划中提出，全方位扩大开放、倒逼改革将是振兴东北的重要方向。一方面，东北应充分利用自身区位及产业优势加强同周边国家的互联互通，进一步深入对接和参与"一带一路""中蒙俄经济带"、中日韩自贸区等国家重大发展战略，加快中国辽宁自由贸易试验区建设，完善政府间合作机制、区域合作机制等，搭建国际经济合作交流平台，继续提升东北地区开放发展水平，构建对外开放的新格局，激活东北地区独特的产业发展动力。另一方面，对接国家京津冀协同发展战略，承接京津冀产业转移；加快沈大城市群和哈长城市群建设，出台东北地区大城市群发展战略规划，加强公路、铁路、港口、航空、信息等的建设，加快东北地区的区域协调发展，构建对内开放合作新机制，促进区域经济合作发展。

（撰稿人：中国国际经济交流中心经济研究部副研究员，元利兴）

粤港澳大湾区发展现状及展望

党的十九大报告提出,以粤港澳大湾区建设、粤港澳合作、泛珠三角区域合作等为重点,全面推进内地同香港、澳门的互利合作。2017年7月1日,在习近平主席见证下,香港特别行政区、澳门特别行政区、国家发展和改革委员会、广东省共同签署了《深化粤港澳合作 推进大湾区建设框架协议》。建设粤港澳大湾区有利于充分发挥自身的独特优势,培育比肩纽约、伦敦、东京的国际一流湾区,建设高水平参与国际经济合作的新平台,构建以大湾区为龙头,以珠江—西江经济带为腹地,带动中南、西南地区发展,辐射东南亚、南亚的重要经济支撑带,并为推动内地与港澳深化合作,保持港澳长期繁荣稳定,进一步发挥对全国经济社会发展的重要支撑和引领作用。

一 粤港澳大湾区的发展现状

粤港澳大湾区包括广东省的广州、深圳、珠海、佛山、惠州、东莞、中山、江门、肇庆9市和香港、澳门两个特别行政区。经过30多年合作发展,粤港澳大湾区已成为中国综合实力最强、开放程度最高、经济最具活力的区域之一,无论是经济规模、外向程度、产业形态,还是城市竞争力和区域一体化水平,都已具备建成国际一流湾区的基础条件。

(一)综合实力雄厚

1. 总体经济规模较大

2017年,粤港澳大湾区GDP突破10万亿元人民币,经济规模超过1.5万亿美元；其中，香港、深圳和广州经济总量均超过2万亿元人民币。同时，粤港澳大湾区经济腹地广阔，泛珠三角区域拥有全国约1/5的土地面积、1/3的人口和1/3以上的经济总量。

2. 外向型经济发达

对外贸易总额、利用外资总额、港口集装箱年吞吐量、机场旅客年吞吐量等都位居各湾区前列。2016年，粤港澳大湾区港口集装箱年吞吐量超过7000万标箱，机场旅客年吞吐量达1.86亿人次，位居各著名湾区之首。

3. 人口总量大

2016年，粤港澳大湾区总人口为6494.6万人，超过纽约、东京和伦敦三大城市群；人口密度为1212.9人/平方公里，基本与东京湾区持平。

表1 2015年粤港澳大湾区与东京、旧金山、纽约湾区的比较

指标	东京湾区	旧金山湾区	纽约湾区	粤港澳大湾区			
				大湾区	内地9市	香港	澳门
GDP（万亿美元）	1.8	0.8	1.4	1.36	0.99	0.32	0.05
占地面积（万平方公里）	3.68	1.79	2.15	5.6	5.47	0.11	0.003
地均GDP（亿美元/平方公里）	0.49	0.45	0.65	0.24	0.18	2.9	16.7
港口集装箱吞吐量（万TEU）	766	227	465	6520	4494	2011	15
机场旅客吞吐量（亿人次）	1.12	0.71	1.12	1.75	1.0	0.69	0.06
第三产业比重（%）	82.3	82.8	89.4	62.2	54.6	90	89.5
全球金融中心指数排名	5	6	2	—	22（深圳）	4	—
全球创新指数排名	16	4	4	—	—	14	—
世界100强大学数量（个）	2	3	2	4	0	4	0
世界500强企业总部数量（个）	60	28	22	16	9	7	0

资料来源：根据日本国土交通省、美国统计局、Wind数据、英国Z/Yen公司《全球金融中心指数》、美国《财富》杂志、《QS世界100强大学排名》整理。

（二）产业结构不断优化

粤港澳大湾区经济结构正向湾区经济的中高级迈进。港澳地区现代服务业占主导地位，服务业增加值占GDP比重均在90%左右，金融、医疗、旅游、贸易、物流、法律、会计、商业管理、餐饮、博彩等行业发达。内地9市产业体系比较完备，制造业基础雄厚，正向先进制造升级，产品科技含量不断提升，金融、信息、物流、商务、科技等高端服务业发展较快，已形成先进制造业和现代服务业双轮驱动的产业体系。

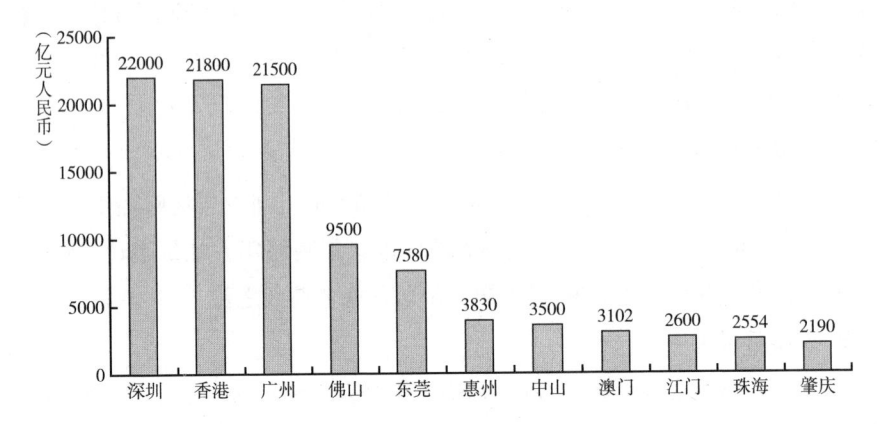

图 1　2017 年粤港澳大湾区各城市 GDP 预测数

深圳 22000；香港 21800；广州 21500；佛山 9500；东莞 7580；惠州 3830；中山 3500；澳门 3102；江门 2600；珠海 2554；肇庆 2190（单位：亿元人民币）

资料来源：内地 9 市数据来自各市 2018 年政府工作报告，香港和澳门数据根据 2017 年前三季度数据估算得出。

表 2　2016 年粤港澳大湾区 GDP 构成比重

单位：%

类别		第一产业	第二产业	第三产业
粤港澳大湾区		1.8	43.6	54.6
内地 9 市	广州市	1.2	30.2	68.6
	深圳市	10.0	39.5	60.5
	佛山市	1.8	58.9	39.3
	惠州市	5.1	53.8	41.1
	东莞市	0.3	46.5	53.2
	中山市	2.2	52.3	45.4
	江门市	7.8	47.4	44.8
	珠海市	2.2	47.6	50.2
	肇庆市	15.4	48.1	36.5
港澳	香港	1.0	6.0	90.0
	澳门	0.0	10.5	89.5
广东省		4.7	43.2	52.1
京津冀地区		5.2	37.3	57.5
其中	北京市	0.5	19.2	80.3
	天津市	1.2	44.8	54.0
	河北省	11.0	47.3	41.7
全国		8.6	39.8	51.6

资料来源：国家统计局，Wind 数据，香港年报。

（三）创新累积效应显现

大湾区是中国市场经济最发达的地区，市场主体活跃，契约意识强，营商环境好，集聚并形成了众多高等级的研发平台、著名的科技引领型企业、体系完整的全产业链条、高水平的创新创业人才、海量供应的民间资本、发达的国际营销网络、相对成熟的市场环境。

高端创新要素加快聚集。香港拥有世界100强大学4所，广东省拥有国家工程实验室12家、国家工程（技术）研究中心23家、国家认定企业技术中心87家，涌现出华为、腾讯、比亚迪、大疆等一大批创新型企业。截至2016年底，广东省有效发明专利量168480件，居全国首位。2016年广东省《专利合作条约》（PCT）国际专利申请受理量23574件，同比增长55.2%，居全国首位。

外来人口红利位居全国前列。粤港澳大湾区是中国移民人数最多的地区之一，外来人口红利持续增加，不断为经济保持长久活力注入新鲜血液。2016年末，广州、深圳常住外来人口数分别为534万人、786万人，外来人口所占比例分别为38%、66%；2016年深圳市留学人员引进人数再创历史新高，达到10509人，同比增长49.3%，10年间年度引进留学人员人数从1000人增长到1万人。

（四）国际化程度较高

粤港澳大湾区与世界经济深度融合，国际交流频繁。香港作为国际金融、贸易和航运中心，连续22年获评全球最自由经济体。澳门正在建设世界旅游休闲中心和中国与葡语系国家商贸合作服务平台。广州、深圳等珠三角城市是内地外向型经济发展的重要代表城市，深圳是具有国际影响力的国际科技产业创新中心，广州是国际商贸中心。粤港澳大湾区是中国对外贸易的重要门户和全球投资最活跃的区域，也是参与经济全球化和国际分工协作的主要地区之一。大湾区对外货物贸易额占全国的比重约为1/4，实际利用外商直接投资额占全国的比重约为1/5，对外直接投资额占全国的比重约为1/4。

同时，粤港澳大湾区在近代以来就是中国对外开放的前沿，港澳一直是中国对外开放的窗口，东西方文明在此汇聚，具有开放包容的文化内涵。内地9市经过三十多年改革开放的洗礼，整体形成了敢为天下先的文化特质。

（五）区域合作进入新阶段

在《内地与香港关于建立更紧密经贸关系的安排》《内地与澳门关于建立更紧密经贸关系的安排》及有关补充协议（CEPA）和粤港、粤澳合作框架协议下，粤港澳三地已经形成多层次、全方位的合作发展机制，粤港澳合作正进入以经贸制度对接、技术标准互认和服务贸易自由化为主导的新阶段。

《珠江三角洲改革发展规划纲要（2008～2020）》实施以来，珠三角地区一体化水平不断提升。基础设施互联互通加快推进，拥有世界上最大的海港群和空港群，辐射国际、国内的对外通道正在形成，以口岸为节点，由轨道、公路、水运、航空等多种运输方式组成的跨界交通基础设施体系得以完善，港珠澳大桥和深中通道建成后将显著改善大湾区东西岸之间的交通连接。优质生活圈初具规模，广州、东莞、惠州、肇庆等城市已建成国家森林城市，人们生活富足，幸福指数较高。大湾区同城化趋向增强，城市间合作进一步加深，正从"一群城市"的城乡一体化向"一个城市群"的区域一体化发展，已具备建设世界级城市群的基础条件。

港澳有国际化营商环境、发达的国际营销网络、世界一流的专业服务能力、与内地互补的产业结构，以及多种语言、多元文化优势，国际资本认可程度高，能快速融入国际经济体系。内地有先进制造业基础，庞大的内需市场，丰富的劳动力供给和依然存在的低成本优势。粤港澳三方可以实现互补发展，香港可以发挥"超级联系人"作用，帮助内地企业"走出去"、提升内地国际化程度、提供国际资本的投融资服务水平，提升社会治理水平。内地可以支持港澳产业落地，提供广阔的内需市场、提供就业创业机会、拓展港澳发展空间。

（六）政策叠加优势突出

大湾区涵盖港澳两个特别行政区，拥有"一国两制"制度优势。拥有市场化程度较高的经济特区、自由贸易试验区、国家级新区、开放型经济新体制试点试验区等平台，具备先行先试的优势。港澳是成熟发达的市场经济体，小政府大社会，社会治理经验丰富。内地实行中国特色社会主义市场经济，能够更好地发挥政府与市场的作用。两地可以在构建高标准经贸规则、推进政府行政体制改革、推进社会事业共建共享、推动产业协同发展等方面进行合作，共同进行制度创新。通过若干制度创新，打造一个充满活力、务实高效的创新高地，形成自己的规则、标准，代表国家参与国际竞争，最终引领国际标准制订。

二 粤港澳大湾区面临的挑战

对标国际一流湾区，粤港澳大湾区发展也面临着不少挑战，在国际影响力、营商环境、辐射带动等方面还存在短板，与国际一流湾区的建设目标还有较大差距。

（一）世界经济复苏乏力

世界发展面临的不确定性因素较多，国际金融危机冲击和深层次影响在相当长时期内依然存在，世界经济在深度调整中曲折复苏、增长乏力。究其根源，是经济领域三大突出矛盾没有得到有效解决。

1. 世界经济增长动能不足

世界经济增速处于较低水平，世界经济正处在动能转换的换挡期，传统增长引擎对经济的拉动作用减弱，人工智能、3D打印等新技术虽然不断涌现，但新的经济增长点尚未形成。联合国贸易和发展会议于2017年6月7日发布的《2017年世界投资报告》显示，由于全球经济增长乏力，同时经济政策及地缘政治存在重大风险，2016年全球外国直接投资（FDI）流量下降2%，降至1.75万亿美元，亚洲发展中经济体FDI流入量在2016年下降15%，至4430亿美元，是自2012年以来的首次下降。

2. 全球经济治理滞后

过去数十年，国际经济力量对比发生深刻演变，新兴市场国家和发展中国家对全球经济增长的贡献率已经达到80%，而全球治理体系未能反映新格局，代表性和包容性还不够。全球产业布局在不断调整，新的产业链、价值链、供应链日益形成，而贸易和投资规则未能跟上新形势，机制封闭化、规则碎片化问题十分突出。全球金融市场需要增强抗风险能力，而全球金融治理机制未能适应新需求，难以有效化解国际金融市场动荡不稳、资产泡沫积聚等问题。

3. 全球发展失衡

全球最富有的1%的人口拥有的财富量超过其余99%的人口拥有的财富的总和，收入分配不平等、发展空间不平衡令人担忧。全球仍然有7亿多人口生活在极端贫困之中，对于很多家庭而言，拥有温暖的住房、充足的食物、稳定的工作还是一种奢望。这是当今世界面临的最大挑战，也是一些国家社会动荡的重要原因。

（二）全球性问题加剧

全球化进程遭遇逆风，贫富分化日益严重，地区热点问题此起彼伏，恐怖主义、网络安全、重大传染性疾病、气候变化等非传统安全威胁持续蔓延，人类面临许多共同挑战。2008年国际金融危机以来，逆全球化思潮日益凸显。为了缓解国内经济放缓带来的压力，西方发达国家政府开始在移民、投资和贸易等领域趋于保守。2016年，英国"脱欧"和特朗普当选美国总统，助推了这一趋势。美国总统特朗普的信条不是"全球主义"，而是"美国主义"，不仅退出TPP，还反对北美自由贸易区，甚至要让美国退出世界贸易组织。

全球化在当代社会面临的最大问题是"政治意愿的减弱"，虽然反全球化很多年前就一直存在，但之前只是一种社会思潮，现在的逆全球化成为政治思潮，在美国、英国、法国、意大利等都不同程度存在。部分原因是全球化虽然创造了史无前例的巨大财富，但是财富只是流到了部分国家和极少数人手中，社会分化、收入分配差距拉大、结构性失业增加、生态环境恶化等问题日益凸显。经济全球化是一把"双刃剑"，当世界经济处于下行期的时候，全球经济"蛋糕"不容易做大，甚至变小了，增长和分配、资本和劳动、效率和公平的矛盾就会更加突出，发达国家和发展中国家都会感受到压力和冲击。反全球化的呼声反映了经济全球化进程的不足。例如，近些年印度的贸易保护主义抬头，印度对我国发起的贸易救济调查2016年高达15起，仅次于美国，2017年上半年发起12起，成为对我国发起贸易调查最多的国家。

（三）同质化竞争严重

粤港澳大湾区各城市的产业定位趋同，金融、航运、制造等领域存在重复建设和恶性竞争的问题。香港希望巩固国际金融、航运、贸易三大中心地位。广州市"十三五"规划提出举全市之力建设国际航运中心、物流中心、贸易中心、现代金融服务体系和国家创新中心城市。深圳市"十三五"规划提出，建成更高水平的国家自主创新示范区、金融中心和功能显著增强的国际物流枢纽城市。同时，各方按照简单的梯度分工配置产业，利益共享的产业链发展不足，不利于形成世界级的产业集群。佛山要强化制造名城地位，建设国家级先进装备制造业城市、珠江西岸先进装备制造业龙头城市。东莞要建设国际制造名城、珠三角创业创新基地。中山要建设世界级现代装备制造业基地。江门要建设世界级轨道交通装备产业基地。肇庆要建设珠江—西江经济带先进制造业重要基地。

粤港澳大湾区各城市单元整合程度较低，缺乏整体协同，城市间合作发展面临障碍，未形成"群"的发展效应，在交通规划一体化、新兴产业错位发展、土地和资源集约利用、生态环境共治、公共服务同城化等方面尚面临协调难题，个别领域同质化竞争、资源错配程度高。

（四）发展不平衡不充分

粤港澳大湾区珠江口东西两岸在经济实力、发展阶段、常住人口等方面有较大差距，东岸拥有香港、深圳两个国际化大都市，西岸则缺乏这样的发展引擎。粤港澳大湾区与周边粤东、西、北发展差距大，存在灯下黑现象，辐射带动作用没有有效发挥。创新驱动发展面临障碍，港澳大湾区的创新资源未能实现充分共享，协同创新模式仍在探索中，创新合作程度不深，区域创新潜力尚未完全释放，导致原始创新不足，世界级的企业和品牌缺乏。土地物业及人力成本高企，创新成本较高，基础研究能力相对薄弱，文化领域创新能力下降。粤港澳大湾区对外通道还较为薄弱，铁路对外运输能力较为紧张，限制了珠三角与纵深腹地的经济联系，区域内部通道还有待进一步完善，城际轨道发展明显滞后，大湾区东西岸之间的交通连接依然薄弱，港口、机场未能充分利用，跨界交通基础设施衔接不够通畅。

（五）生态环境保护任重而道远

粤港澳大湾区巨大的经济总量带来较大环境压力，资源约束趋紧，废水、废气、工业固废等污染物排放量加大。珠江流域水环境与水质堪忧，黑臭水体问题突出，水污染问题严重，对优质生活圈建设带来挑战。粤港澳大湾区虽然水资源总量丰富，但巨大的经济总量和人口密度使得人均水资源量不足，水资源成为制约经济增长的重要因素。同时，粤港澳大湾区土地开发强度大，部分城市超过30%的国际警戒线，违法建筑成片成群，清理难度较大。

（六）面临体制机制障碍

建设粤港澳大湾区需要充分发挥各城市的比较优势，重塑国际竞争新优势。但是，粤港澳大湾区建设面临着诸多体制机制障碍，在一定程度上制约了区域合作潜力的发挥和整体国际竞争力的提升。一是国家层面的协调机制急需建立。粤港澳大湾区涉及不同的体制机制，缺乏一个统筹粤港澳大湾区发展的国家层面的协调机制，各方的协调力度明显不够，合作效果受到较大影响。二是共同市场尚未形成。粤港澳大湾区内部存在三个相互独立的关税区，区域内未能实现要素便捷流通，资源错配程度高，合作发展受制于市场分割。三是公共产品对接机制亟待完善。粤港澳大湾区城市间在基础设施联通、生态环境共治、公共服务衔接等方面存在一定的障碍，不仅限制了内部合作效应的放大，也限制了与纵深腹地的经济联系。四是CEPA落地存在障碍。存在"大门开、小门不开"、"玻璃门"、"弹簧门"等现象。

三 粤港澳大湾区的前景展望

到2030年，粤港澳大湾区经济实力将显著跃升，成为特色鲜明的国际金融中心、国际航运中心、国际贸易中心、国际科技产业创新中心、全球先进制造业基地，城市功能布局更加合理，人口与经济集聚度进一步提高，参与全球合作与竞争的能力大幅跃升，国际影响力显著提升，跻身国际一流湾区行列。

（一）世界经济增长重要引擎

粤港澳大湾区将积极推进供给侧结构性改革，引导产业向价值链和创新链高端迈进，培育若干千亿级产业集群。经过十多年的努力，有望建成为世界级金融、产业、航运和贸易中心，全球重要的先进制造业和现代服务业基地，具有国际竞争力的现代产业先导区，经济实力明显增强，成为世界经济增长重要引擎。按照目前的GDP增速预测，到2020年，粤港澳大湾区的GDP将突破2万亿美元，超过纽约湾区的规模，接近东京湾区的水平；到2030年，粤港澳大湾区的GDP将突破4万亿美元，超过东京湾区的水平。

（二）国际科技产业创新中心

粤港澳大湾区将统筹利用全球科技创新资源，优化跨区域合作创新发展模式，构建国际化、开放型区域创新体系，打造粤港澳大湾区创新合作共同体，加快推进广东国家科技产业中心和珠三角国家自主创新示范区建设，建设开放创新转型升级新高地，形成以创新为主要引领和支撑的经济体系和发展模式，为国家实施创新驱动发展战略提供支撑，逐步发展成为国际重要的科技产业创新中心。

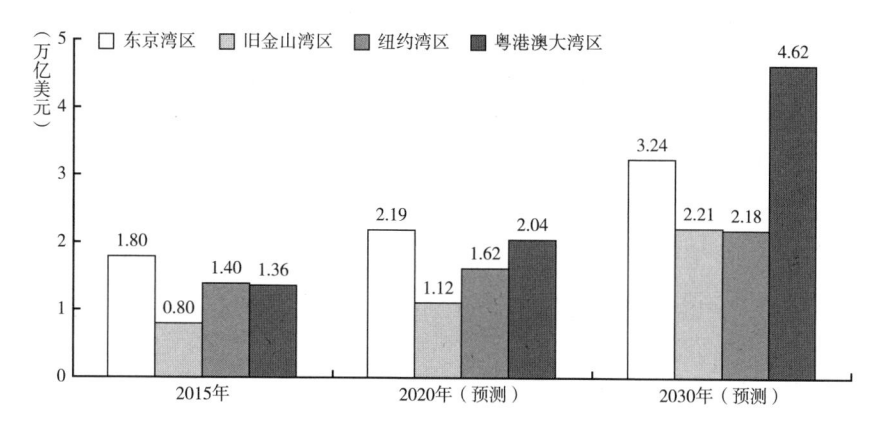

图 2 粤港澳大湾区与国际一流湾区 GDP 比较

在空间上,将构建"广州—东莞/惠州—深圳—香港—澳门/珠海—中山—江门—佛山"创新带,重点打造广州、深圳、香港科技创新极,培育澳门—珠海科技创新极,引领整个湾区科技创新合作发展。推动粤港澳相关机构共同建设国际科技创新平台,建设广东国家大科学中心,加快对接国家科技重大专项和科技计划。将依托天河二号超级计算机建设国家大数据科学研究中心,推进南沙国家海洋实验室、南沙国家科技兴海示范基地建设,加快东莞散裂中子源、惠州加速器驱动嬗变系统研究装置、惠州强流离子加速器装置以及江门中微子实验站、深圳国家基因库、广东 IMEC 研究中心等重大科学工程建设。

将以粤港澳科技创新平台为依托,加快推进与全球创新型国家的合作与交流,拓展科技创新合作空间,全面深化粤港澳与泛珠三角地区的科技产业创新合作,支持企业到海外设立研发机构和创新孵化基地,鼓励境内外投资者在粤港澳设立国际科技创新中心或平台。将围绕粤港澳的产业定位以及重点产业技术突破和应用需求,针对下一代通信技术、生物医药、新材料、装备制造、汽车等重点产业领域,加强产业技术链的技术分析,归纳技术链主要环节的构成与研发难点,加强原创性技术和前沿技术的突破。

(三)"一带一路"重要支撑区

粤港澳大湾区将立足泛珠三角区域连接南亚、东南亚和沟通太平洋、印度洋的区位优势,发挥港澳独特作用,共同推动"一带一路"建设,构建全方位开放发展新格局,形成粤港澳大湾区参与国际竞争与合作新优势,打造我国高水平参与国际合作的重要区域。

粤港澳大湾区将深化与沿线国家基础设施互联互通及经贸合作，强化"一带一路"建设的起始点与节点"双重功效"，成为连接"21世纪海上丝绸之路"的重要支撑区域。将布局立足国内、直通全球、双向辐射的国际海运物流网络，进一步巩固提升香港国际航运中心地位。将加强广州港、深圳港、珠海港等港口建设，打造海上丝绸之路沿线港口节点，建立"一带一路"沿线港口与物流合作机制。充分利用粤港澳大湾区港口优势，为"一带一路"沿线内陆国家提供转口贸易、仓储物流、离岸金融等综合性服务。

粤港澳大湾区还可发挥独特的金融优势，共建"一带一路"金融新枢纽，探索在香港设立以人民币计价交易的证券交易平台，筹备"一带一路"板，促进以跨境金融、离岸金融为重点，通过股权投资、项目投资、金融租赁、银团贷款以及结构化融资等方式，与"一带一路"沿线国家和地区的金融机构和投资机构开展合作。

香港将发展成为亚太区国际法律及争议解决服务中心，推动粤港澳深化法律、仲裁、调解及其他争议解决服务的合作，为内地及海外企业与"一带一路"沿线国家和地区开展经贸、投资等合作提供国际法律及争议解决服务，方便广东企业选择港澳作为与海外合作方解决争议的中立第三地。

充分发挥港澳所处东西方文明汇交点的独特优势，借助侨乡、英语和葡语三大文化纽带，创新对外传播、文化交流、文化贸易方式，推进东西方文明交流互鉴，推进与"一带一路"沿线国家民心相通，开展全方位公共外交，服务国家战略，建成中华文明输出重要窗口、传统文化勃兴发展基地和亚太国际交往中心。

（四）国际著名优质生活圈

粤港澳大湾区将在落实《共建优质生活圈专项规划》的基础上，共同推进生态空间、生态经济、生态环境、生态文化及生态制度体系建设，携手形成绿色低碳、可持续发展的生产、生活方式，以宜居、宜业、宜商、宜游为基本要求，将大湾区建成生态安全、环境优美、经济发达、社会安定、文化繁荣、可持续发展的国家绿色发展示范区、中国优质生活圈先行先试区、"21世纪海上丝绸之路"生态文明样板。

粤港澳大湾区将加强水污染共同治理，推动水环境质量取得突破进展，联动提升珠江流域水环境质量,加强东江、西江水资源保护,制定大湾区用水总量、用水效率和水功能区纳污红线,探索建立流域分水制度和流域生态补偿机制,力争上下游城市通过援建、共建等创新方式,共同保护水环境质量。将加强大气污染联防联治,为国家城市群大气质量改善树立标杆,健全大湾区大气联合监测网络及预警机制,联合制定主要空气污染物共同减排目标,加快淘汰珠三角地区落后产能。将着力做好土壤污染风险管控,共同加强土壤环境保护与修复,建立土壤环境质量检测网络,合作开展污染场地土壤污染治理与修复试点示范工程。

粤港澳大湾区将打造绿色协同发展模式,共建大湾区"低碳发展示范区",开展绿色低碳示范工程,构建绿色经济体系,加强对传统优势产业的技术扶持和清洁化改造,培育绿色生活、消费观念,推动建立绿色、低碳、循环型社会体系。将共建城市群绿色空间,以土地集约利用、产业循环发展、资源高效利用为原则,共同设定资源消耗上限,共同划定生态保护红线,共同改造提升塑造城市群生态景观,联合加强城市群生态系统建设,共同打造国家森林城市群,共同实施城市交通绿色廊道、水系生态廊道及公共绿地建设提升工程,推动开展邻接地区生态保育合作,共同建立紧凑型城市群绿色空间格局。将以改善大湾区社会民生为重点,推动形成公共服务共享体系和社会协同治理机制,提升内地的社会管理和服务能力。

(五)全球最具活力经济区

粤港澳大湾区将通过创新合作机制,破解制约合作发展的突出问题,充分发挥各城市的比较优势,建成全球最具活力经济区,实现优势互补和互利共赢。通过推动内地与港澳建立更紧密的经贸关系,加大内地对港澳开放力度,加快两地市场互联互通,推动粤港澳服务贸易自由化不断深化,携手提升金融、研发、咨询、物流等服务行业的国际竞争力。通过清理阻碍要素合理流动的各种规定和做法,建立统一市场体系,推动各类生产要素在区域内便捷流通和优化配置。

粤港澳大湾区将通过给予重大合作平台更多先行先试政策,支持深圳前海、广州南沙、珠海横琴、大广海湾经济区、中山粤澳全面合作示范区、港澳青年创业基地建设等重大合作平台对港澳进一步扩大开放,推动粤港澳大湾区在科技创新和金融发展方面走在世界前列。通过支持粤港澳三方在粤港澳大湾区共建产业合作园区,发展"飞地经济",拓展港澳产业发展空间,同时配套建设国际化社区,提供与港澳相衔接的教育、医疗等服务,吸引港澳青年在大湾区就业、生活，拓展港澳居民工作生活空间。通过鼓励金融机构和社会资本共同出资设立粤港澳大湾区合作发展基金，支持重大合作项目建设，在粤港澳大湾区合作发展基金内还可以设立粤港澳大湾区创业投资基金、粤港澳大湾区产业发展基金、粤港澳大湾区生态环境保护合作基金等若干子基金。

粤港澳大湾区将把人才资源聚集和开发放在最优先位置，通过优化人才发展机制，完善人才培养、引进、使用机制，放宽外国高层次人才签证和居留许可政策，搭建粤港澳人才交流合作平台，推动大湾区真正成为吸引各类人才创新创业的沃土，造就和聚集一批世界水平的科学家、行业领军人才、工程师和创新团队。

参考文献

毕吉耀：《2016年国际经济形势及对我国的影响》，《中国投资》2016年第2期。
陈季冰：《全球经济：缓慢和乏力的复苏》，《经济观察报》2016年2月4日。
胡长顺：《深化改革开放需要创办沿边经济特区》，人民网，2013年7月29日。
李锋：《"一带一路"建设的前景展望》，《中国财政》2017年第12期。
李晓莉、申明浩：《新一轮对外开放背景下粤港澳大湾区发展战略和建设路径探讨》，《国际经贸探索》2017年第9期。
龙永图：《"一带一路"战略与中国对外开放战略的新特点》，《区域经济评论》2016年第5期。
陆燕：《国际贸易新规则：重构的关键期》，《国际经济合作》2014年第2期。
丘杉：《粤港澳大湾区城市群发展路向选择的维度分析》，《广东社会科学》2017年第4期。
申明浩、杨永聪：《国际湾区实践对粤港澳大湾区建设的启示》，《发展改革理论与实践》2017年第1期。
覃成林、刘丽玲、覃文昊：《粤港澳大湾区城市群发展战略思考》，《区域经济评论》2017年第9期。
曾培炎：《"一带一路"：全球共同需要 人类共同梦想》，《求是》2015年第5期。
孙伯银：《近年国际经济形势及未来展望》，《农村金融研究》2016年第3期。
赵晋平：《发达国家与发展中国家发展不平衡》，《人民日报》2015年7月12日。
张晓强：《粤港澳大湾区建设，要以改革为发展注入强大动力》，《南方》2017年第11期。
邓志新：《粤港澳大湾区：珠三角发展的新引擎》，《广东经济》2017年第5期。

（撰稿人：中国国际经济交流中心产业规划部副研究员，李锋）

两岸经贸发展与合作展望建议

2016年"5·20"以来，台湾当局拒不承认体现一个中国原则的"九二共识"，单方面破坏两岸关系和平发展现状，两岸关系和平发展的政治基础受到破坏，制度性交流机制中断，经贸合作面临巨大挑战。一年多来，大陆在坚持"九二共识"、坚决反对"台独"的基础上，本着"两岸一家亲"的理念，着眼于造福两岸民众，提升共同福祉，推动两岸民间交流。两岸经贸合作总体稳定，贸易稳中有升，台商赴大陆投资继续稳步增长，两岸产业合作与融合发展有所进展，台湾青年赴大陆就业创业渐成潮流。

党的十九大宣告中国特色社会主义进入新时代，两岸关系和平发展也将进入新时代。大陆将率先与台湾同胞分享大陆发展的机遇，推进两岸经济社会融合，推进和平统一，共同奋力实现中华民族伟大复兴。两岸经贸合作也将迎来新的发展机遇。

一 两岸经贸合作总体状况稳定

（一）两岸贸易稳中有升

在全球经济回暖及大陆经济转型与结构改革迈出实质性步伐的背景下，两岸贸易与2016年相比，稳中有升。据商务部统计数据，2017年1~9月，大陆与台湾贸易额为1413.5亿美元，同比上升11.1%，占大陆对外贸易额的4.8%。其中，大陆对台湾出口为315.6亿美元，同比上升8.8%；自台湾进口为1097.8亿美元,同比上升11.8%(见图1)。大陆对台湾贸易逆差782.2亿美元。9月当月,大陆与台湾贸易额为200.5亿美元,同比上升17.7%,环比上升13.9%。其中,大陆对台湾出口为40.8亿美元,同比上升19.7%,环比上升9.1%;自台湾进口为159.5亿美元,同比上升18.0%,环比上升14.9%。

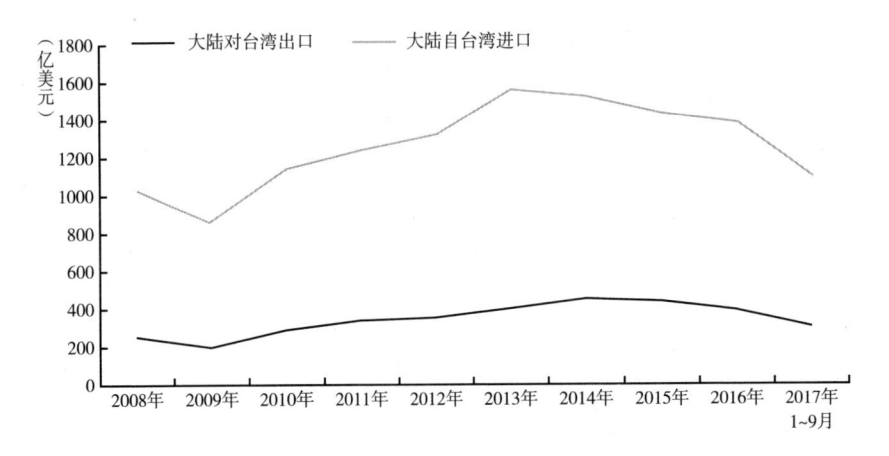

图1 大陆对台进出口贸易变化趋势

资料来源:商务部《中国对外贸易形势报告(2017年秋季)》。

2017年下半年以来,台湾地区工业生产和外销订单增长较快(见图2)。从制造业PMI走势来看,3月台湾地区制造业PMI达到65.2,6月以来一直稳定在57以上,2017年1~10月制造业PMI平均值为58.59,显示台湾制造业扩张较为强劲。从外销订单指数来看,2017年4月以来总体呈现上升势头,由4月的115.72上升至10月的149.27。制造业扩张和外销订单指数创出年内新高,显示外部需求较大,带动台湾地区进出口贸易增长超出预期。商务部发布的《2017年1至9月中国台湾省货物贸易及两岸双边贸易概况》数据显示,6~9月,台湾地区出口同比增速分别为11.9%、11.1%、13.1%和26.7%,进口增速分别为2.5%、6.2%、6.6%和21.5%,总的贸易顺差由5月的14.92亿美元攀升至6月的38.76亿美元,此后连续保持在30亿美元以上,9月达到43.5亿美元。另据台湾地区统计部门数据,2017年1~9月,台湾地区对美国及欧洲出口分别增长10.8%和10.7%,对东盟和日本出口分别增长16.3%和7.3%。①

---

① 详见 https://www.dgbas.gov.tw/public/Data/710111747534J9NIE4Q.pdf。

图2 中国台湾制造业 PMI 与外销订单指数变化趋势

资料来源：Wind 资讯。

据商务部统计数据，2017 年 1~9 月，台湾地区贸易差额主要来源地是香港和大陆，台湾地区对大陆出口主要商品前四位分别是：机电产品，光学、钟表、医疗设备，化工产品，塑料、橡胶，与 2016 年同期相比增速分别为 29.9%、11.8%、15.4% 和 22.2%，其中机电产品总额达 309.16 亿美元，占台湾地区对大陆出口总额的比重为 53%。台湾地区自大陆进口商品前五位分别是机电产品，贱金属及制品，化工产品，光学、钟表、医疗设备，塑料、橡胶，与 2016 年同期相比增速分别为 19.6%、10.5%、-2.1%、-4.5% 和 14.1%。其中机电产品总额达 214.29 亿美元，占台湾地区自大陆进口总额的比重为 59.1%。① 另据台湾地区统计部门数据，2017 年 1~9 月台湾出口货物中占比最大的电子零部件同比增长 15.5%，其中集成电路同比增长 18.6%。

（二）台商赴大陆投资稳步增长，陆资入台同比下降幅度较大

1. 台商赴大陆投资方面

据商务部台港澳司统计数据，2017 年 1~9 月，大陆共批准台商投资项

---

① 详见商务部网站，https://countryreport.mofcom.gov.cn/record/qikanlist110209.asp?qikanid=9672&title=2017%C4%EA1-9%D4%C2%D6%D0%B9%FA%CC%A8%CD%E5%CA%A1%BB%F5%CE%EF%C3%B3%D2%D7%BC%B0%C1%BD%B6%B6%CB%AB%B1%DF%C3%B3%D2%D7%B8%C5%BF%F6。

目 2651 个，同比下降 2.4%；实际使用台资金额 14.1 亿美元，同比下降 9.0%。若涵盖通过英属维尔京、开曼群岛、萨摩亚、毛里求斯和巴巴多斯等自由港的第三地转投资，大陆实际使用台资金额 38.3 亿美元，同比增长 37.0%。台湾是大陆第二大外资来源地，大陆是台湾最大的岛外投资目的地。截至 2017 年 9 月底，大陆累计批准台资项目 101466 个，实际使用台资 660.7 亿美元。按实际使用外资统计，台资占大陆累计实际吸收境外投资总额的 3.6%。①

从实际情况来看，2017 年台商对大陆投资仍有较大幅度增长，主要原因是近年来大陆在营商环境建设、法治建设等方面的努力，为台商经营活动提供了更加良好的制度环境；降税清费等涉及企业经营成本方面的措施，也为台商释放了制度性红利。同时，大陆也出台多种惠台便利措施，在知识产权保护、经贸纠纷等方面帮助台商解决困难，增强其在大陆兴业投资的信心。例如，江苏省作为吸纳台资重镇，2017 年 1～8 月新批台资项目 351 个，同比增长 4.15%，协议利用台资超过 29.57 亿美元；总投资千万美元以上项目 88 个，同比增长 91.3%。② 由于 2017 年大陆各地举办多场次、多种类经贸洽谈会议，产业合作信息更为广泛多样，有利于台商在转型过程中充分把握市场机遇，形成投资意向。

2. 陆资入台方面

据商务部统计数据，截至 2017 年 9 月，大陆累计已有 438 家非金融企业赴台设立了公司或代表机构，投资金额近 22.35 亿美元，涵盖批发零售、通信、餐饮等多个行业，为岛内创造了 1.6 万个就业岗位。③

据台湾地区"经济部投审会"统计数据，2017 年 1～10 月，共核准陆资入台申请件 114 件，批准金额 1.79 亿美元，与 2016 年同期相比，核准件数减少 16 件，下降 12.31%；核准金额减少 3643.3 万美元，下降 16.87%。自 2009 年开放陆资入台以来，共核准申请件 1061 件，核准金额累计达 18.7 亿美元。"以投资界别而言，陆资入台投资以批发及零售业额度最多，占比达 29.4%，银行业居

---

① 《2017 年 1～9 月大陆与台湾经贸交流情况》，http：//tga. mofcom. gov. cn/article/sjzl/taiwan/201710/20171002662755. shtml，2017 年 10 月 2 日。
② 《台商投资双边贸易领跑大陆苏台携手一家亲》，《新华日报》2017 年 11 月 4 日。
③ 《商务部：30 多年来大陆实际使用台资超 660 亿美元》，商务部网站，http：//tga. mofcom. gov. cn/article/am/201711/20171102678592. shtml，2017 年 11 月 2 日。

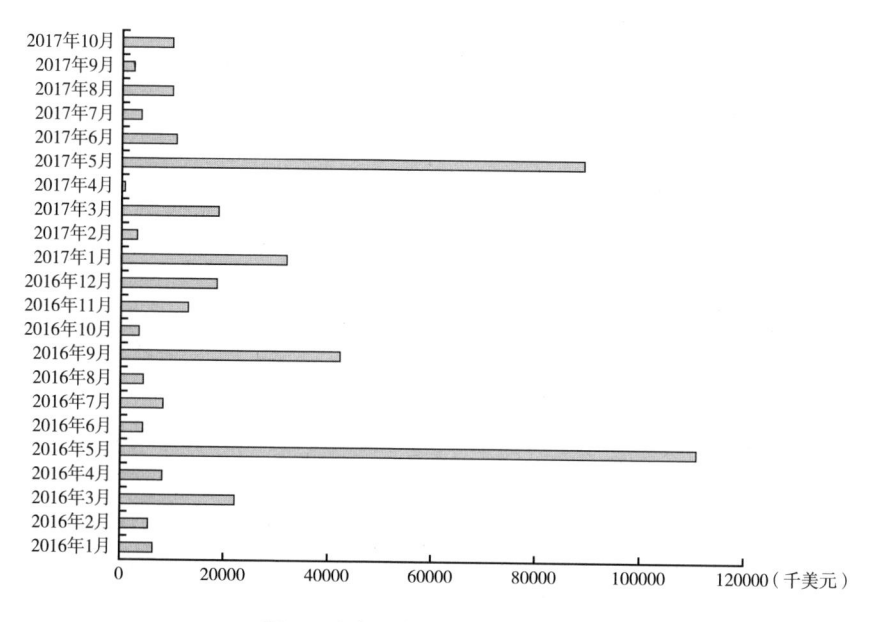

图3　陆资入台投资金额月度统计

资料来源：台湾地区"经济部投审会"。

第二位，占比为 10.77%，电子零组件制造业位居第三，占比为 10.2%"。[1]

与 2016 年相比，2017 年陆资入台核准件数和金额都明显下降，主要原因还是台湾当局对陆资入台持有防备心理，除去对陆资入台严格的审查机制、对陆资开放投资的领域有限等因素之外，对核准入台陆资企业人员数量也有严格控制。这都造成大型陆资对投资台湾缺乏热情和积极性。2016 年 "5·20" 以来，台湾当局拒不承认体现一个中国原则的 "九二共识"，对陆资入台的审查程序自然更加严格。近期有台湾媒体报道，台当局拟针对由于大陆企业海外并购所造成在台企业由外资变为陆资，将会重新审查。这显示台湾当局对陆资入台的考量，政治思维大于经济思维。在大陆海外投资日趋增长的背景下，管制陆资却要到周边寻求外商投资，并非明智之举。这种做法既不利于利用大陆资本活跃台湾经济，也不利于以投资带动产业融合，形成共同市场，最终损害两岸民众利益。

---

[1] 《陆资海外并购效应在台外资变陆资需重审》，中评网，http://www.crntt.com/doc/1049/0/2/1/104902111.html?coluid=46&kindid=0&docid=104902111&mdate=1205145521，2017 年 12 月 5 日。

二 两岸人员往来"一增一减"，台湾青年赴大陆创新创业渐成潮流

（一）大陆赴台旅游人数下降幅度较大，台湾同胞赴大陆旅游人数继续上升

据台北《联合报》报道，台湾当局大陆事务主管部门负责人称，2017年1~10月，大陆游客总入台数与2016年同期相比减少35.4%；2017年录取大陆学生2353名，较2016年减少682名，减幅22.5%。据台湾地区"移民署"数据，2017年1~7月，大陆赴台跟团游人数约为45万人次，同比减少55.68%；加上"自由行"人数后，整体较2016年减少约91万人次，减幅达37.67%。大陆赴台旅游人次继2016年全年减少80万人次后，2017年减幅将更大。

由于陆客入台单次时间较长且消费意愿和能力较强，入台陆客2017年1~10月为台湾带来旅游外汇收入总数约1066亿元新台币，仍高于其他地区的游客，仍是台湾入境旅游外汇收入最大来源。2017年1~10月，陆客汇收入为1066亿新台币，全年预估约1285亿新台币，与2016年相比下降近700亿新台币。

表1 大陆游客赴台及台湾同胞赴大陆旅游人数

单位：万人次

年份	大陆游客赴台旅游人数	台湾同胞赴大陆旅游人数
2013	218.9	516.25
2014	322	536
2015	441	549.9
2016	361	573

资料来源：台湾地区"移民署"及两岸媒体报道。

大陆游客赴台人数减少，主要缘于两岸形势变化所造成大陆游客对赴台湾旅游意愿降低。台湾当局在处理涉大陆旅客旅行事故中的做法，以及台湾一些媒体舆论对大陆游客的消极评价，使大陆游客赴台旅游缺乏安全感；在旅游产品方面，随着大陆游客出境游近年来的大幅增长，台湾地区吃、住、

行等方面的品质与东南亚各旅游目的地相比,优势并不明显,大陆游客可选择性增强。与此同时,台湾同胞赴大陆旅游人数一直呈现上升态势,这主要是因为近年来大陆经济的发展为台商及青年人创造了更多的发展机遇,台商产业布局正在向中西部地区扩张,更加紧密的经济联系势必带来台湾同胞赴大陆旅游人数的增长。

(二) 台湾青年赴大陆创新创业渐成潮流

近两年来,台湾青年赴大陆创新创业渐成潮流。出现这种状况的原因,一方面来自于两岸经贸联系愈加紧密,大陆经济高速发展为台湾众多青年创新创业提供了巨大机遇。尤其是大陆近年来推动的大众创业、万众创新,为创业创新人才提供了各种政策及资金支持,鼓励青年人才追寻梦想,实现自我价值。再加上近年来大陆各种新经济、新业态层出不穷,逐渐成为经济发展新动能,云计算、大数据、区块链、移动互联等契合青年知识优势的新一代信息技术使科技与传统产业结合之势愈演愈烈,蕴含着巨大的创新空间。另一方面,岛内近年来经济增长几近停滞,青年薪资多年未见明显增长。据中评社援引岛内媒体报道,大陆知名招聘机构"智联招聘"统计数据显示,2017年第三季度北京市平均薪酬排名位居大陆城市第一,约为9900元人民币,约合新台币4.6万元,已超过台北市4.3万元新台币的平均薪资。岛内与大陆各地区薪资差距逐渐缩小甚至被大陆反超,自然引起视野开阔的台湾青年到大陆就业创业。

众多台湾青年来到大陆,希望能够在大陆的经济发展进程中一展身手,实现自身价值。大陆各地为满足台湾青年创新创业热情,以创新创业促进心灵相通和两岸经济社会融合,出台各种措施为台湾青年创造机会和发展空间。据不完全统计,2015年以来国台办先后在12个省市授牌设立41个海峡两岸青年创业基地和12个海峡两岸青年就业创业示范点。"截至2016年底,53家海峡两岸青年创业基地和海峡两岸青年就业创业示范点共入驻或服务台资企业1200家,吸引超过6000名台湾青年前来实习就业创业,组织17000多名台湾青年参加各类实习就业、创业创新交流活动"。[①] 2017年7月由两岸企业家峰会在东莞举行的"2017

---

① 《两岸青年将持续推动创新创业发展》,新华网,http://news.xinhuanet.com/2017-07/07/c_1121282378.htm,2017年7月7日。

两岸青年就业研讨会",就为台湾青年提供了3200个工作岗位。目前,两岸青年创新创业基地正在从台商集聚的江苏、浙江、广东向中西部省份蔓延,四川、重庆、宁夏、甘肃等地也设立了多个台湾青年创新创业平台,融合两岸青年优势,实现共创双赢。

三 产业合作与融合有所进展

(一)产业合作领域不断拓宽

近年来,随着大陆经济转型升级和结构调整步伐的加快,两岸产业合作涌现出新的商机,服务业领域成为新的投资热点,投资区域也不再局限于苏闽粤等沿海地区,开始向中西部地区拓展。文化创意、养老服务、大健康、跨境电子商务方面的合作机会逐渐增多,有的已经形成连续稳定的合作机制和模式。比如,在文创产业方面,借助两岸同属中华文化,在江苏南通建立的"南通1895文化创意产业园",是大陆首家海峡两岸文创产业合作区,致力于引进台湾业界在打造复合型文创园区方面的丰富经验,结合当地特色文化资源,培育激发创意灵感,形成规模化、品牌化文创集聚区。2017年9月,由两岸企业家峰会文化创意合作推进小组举办的"两岸文创产业交流对接会"在杭州开幕,两岸业者共同为"两岸文创IP协同创新中心"揭牌。2017年11月,第十届海峡两岸文化产业博览交易会在厦门开幕,2000多家台湾文化机构和企业与会。在养老健康产业方面,着眼于大陆逐步进入老龄化社会、养老需求增多、养老服务短板明显的特点,两岸养老产业合作2017年有较多亮点。2017年8月,两岸养老与健康产业论坛在北京召开,集中探讨两岸养老产业的接轨与融合,推动建立两岸养老产业合作平台。2017年11月,第三届海峡两岸(合肥)健康养老产业合作论坛在合肥举行,此次论坛以医疗机构品质管理、养老机构品质管理及人才培育为主题,探讨两岸养老产业整合和创新商业模式。在物流合作方面,台湾海霆国际物流集团积极参与中欧班列的运营,成功拿下"中欧班列—齐满欧"的实际运营权,这是大陆首个在"一带一路"沿线运营的国际冷链物流专列,为下一步做好海陆联运,打通两岸至东南亚、中亚乃至欧洲的物流大通道奠定了基础。

（二）重大产业合作平台不断增多

当前两岸已建立多层次、多样化合作平台，上海自贸区和福建自贸区着重从制度创新方面为台资企业提供良好的营商环境。江苏、浙江、贵州、江西、四川等省份也通过建立两岸经贸合作洽谈会的方式持续推动两岸产业合作。比如，2017年8月在江西九江召开的第十五届赣台经贸文化合作交流大会，台湾工商协进会、台湾商业总会等著名工商团体与会，"两岸签约79个项目，签约总额达40.6亿美元，涉及节能环保、新装备、新材料等产业"。[①]
9月在杭州举办的"2017浙江台湾合作周"签约12个项目，金额达27亿美元。[②] 为帮助台商拓展在大陆商机，2017年9月，国台办、国家发展改革委、商务部在广西授牌设立了海峡两岸产业合作区，会同防城港产业园、崇左产业园和钦州产业园形成"一区三园"格局，将建成广西加强与台湾产业合作的重要基地。此外，两岸之间在机电装备、农业、文创、生物科技、信息技术等领域也建立了相应的合作平台。比如，2017年7月由台湾地区电机电子工业同业公会（电电公会）与昆山市台胞投资企业协会在昆山共同举办的第八届"昆山电子电机暨设备博览会"，吸引了两岸593家企业参加。2017年11月初在陕西杨凌举办的"第三届海峡两岸现代农业研讨会"，两岸农业专家与农业经营企业家共话农业合作商机，陕台双方签署了《关于加强现代休闲农业产业合作的协议》、《杨凌海峡两岸农业科技商务平台入驻协议》及《关于开展海峡两岸职业农民培训合作的协议》。

两岸经贸合作平台建设成效卓著，目前已建立的各种产业与地方合作平台粗略估算达数百个。以2013年成立的两岸企业家峰会为例，峰会在原江苏省两岸企业家紫金山峰会基础上升级而来，是以民间交流为主要方式推进两岸经济合作的高端对话平台。峰会聚焦于两岸经贸交流与产业合作，广泛联系两岸各界人士，尤其是注重联系台湾商界、学界领袖，结合两岸产业发展现状，坚持以市场需求为导向推进产业合作。成立五年来，峰会陆续推动台积电、台湾联电等半导体行业优势企业到大陆投资设厂，强化两岸集成电路

[①] 《第十五届赣台会在江西九江开幕》，新华网，http://news.xinhuanet.com/tw/2017-08/30/c_1121573021.htm，2017年8月30日。

[②] 《2017浙江台湾合作周开幕促浙台经济社会融合发展》，中国台湾网，http://www.taiwan.cn/xwzx/la/201709/t20170920_11845157.htm，2017年9月20日。

产业链融合；推进福建古雷石化项目开工建设，助推两岸石化产业整合。两岸企业家峰会推进两岸金融服务、装备制造、文化创意、养老与医疗健康等领域的合作不断深化，注重加强两岸中小企业合作，鼓励支持台湾青年在大陆创新创业，取得显著成绩。

随着大陆经济发展水平提高，应顺应需求完善现有平台或继续打造新的平台。例如，在高端装备制造、精密机械、人工智能等科技创新领域加快合作平台建设进度，在低碳经济、电子支付等领域建立新平台，发挥各自优势，带动两岸相关产业水平协同提升。2017年11月初，在南京召开的两岸企业家紫金山峰会上，针对两岸智能制造发展新需求，双方达成意向于2018年在郑州举办海峡两岸智能制造对接会，将邀请两岸电子制造、智能制造及高端装备制造领先企业与会，加强两岸制造业在研发创新、标准制定及品牌建设方面的深度合作。

（三）产业链进一步融合

随着全球贸易格局和产业分工的深度调整，大陆必然要从制造业大国向制造业强国迈进，这为两岸产业合作创造新的契机。台资企业在大陆投资将会从单一项目向产业链布局融合转变，从代工模式向上下游延伸，形成集原料供应、研发设计、生产制造、品牌建设、市场营销为一体的全产业链。两岸人才、技术、劳动力等生产要素配置将更加高效，产业整合水平也将大幅提升。两岸产业合作已进入新阶段，逐步从代工生产合作模式向高附加值新兴产业合作模式转变，供应链合作、项目合作和产业链融合趋势明显。例如，富士康科技集团在昆山投资建设的新能源电池项目，通过整合两岸电池研发资源，重点突破新能源汽车关键动力核心技术，达到提升汽车产业链水平的目标。

同样以台湾竞争力最强的电子制造业为例，台积电、联电等知名厂商都已在大陆投资设厂，虽然受限于台湾当局政策，先进产能不能在大陆设厂开工，但随着各大制造厂商在台开工新一代生产线，已显落后但在市场上仍有竞争力的生产线即可在大陆设厂开工。目前，以台积电等厂商为代表的台湾电子制造业在大陆已形成为苹果、华为、OPPO等手机厂商进行组装制造的全套供应链。立足大陆市场巨大容量，结合两岸企业各自优势，双赢合作与共同发展的新思维正在形成，台湾媒体热炒的"红色供应链"正在被市场引导形成的"中华供应链"所取代。诸如此类的产业合作模式逐渐成型，未来两岸企业在新一代信息技术、高端装备制造、工业设计、智能制造等领域合作的空间巨大，可选择合作研发创新、合作打造品牌、合作制订标准等方式提升产业合作水平，以开放合作、包容合作建立联合研发创新模式，从而实现共赢。

四 两岸经贸发展与合作展望建议

（一）抓住大陆经济结构新机遇，推进台资企业转型升级

大陆积极推进以创新研发带动产业升级和结构转型。到2016年末，大陆科技进步对经济增长的贡献率达56.2%，预计到2020年将达60%。大陆研发投入达1.56万亿元，五年来已翻倍。其中企业研发投入达1.2万亿元。智能制造和机器人、量子通信与量子计算、深海探测、航空发动机等重大项目快速推进，高端装备、机械制造、信息通信技术等产业实现稳步升级。优质增量供给增加将带动产业迈向价值链中高端，也将带来行业发展的新空间和新机遇。台资企业应顺势而为，以开放创新、联合创新的新思维分享大陆发展新红利。自2015年以来，台积电、联电等具备技术优势的台资企业在南京、淮安相继设厂开工，福建古雷石化项目也将在2017年底迎来开工。通过抓住大陆产业升级新机遇，提前进行产业布局，台资企业一定能够在未来获得丰厚的回报。

（二）重视大陆农村市场扩容新商机

大陆将通过精准扶贫、城乡统筹发展和实施乡村振兴战略，积极补足区域、城乡发展失衡短板和民生短板。2013年以来，近5500万人口实现脱贫，每年减贫幅度在1000万人以上，贫困地区农村居住人口可支配收入年均实际增长10.7%。2016年农村网购市场规模近4700亿元，全年乡村消费品零售额达4.7万亿元，据估算，乡村市场规模在10万亿元左右。未来大陆将继续积极改善乡村基础设施建设质量，提升农业人口受教育水平，以构建现代农业体系、生产体系和经营体系，促进农村一二三产融合发展，带动农民可支配收入快速增长，从而拓展乡村市场容量、释放农村经济活力。在可预见的较长时期内，台资企业可以凭借较为成熟的农业发展经验，在种植改良、农业经营模式、乡村旅游、农业文化创意等方面在大陆乡村有所作为。若能够结合大陆农村电商发展带来的新机遇，两岸农业合作发展必将迎来广阔的发展空间，同时也将为两岸农民、渔民及广大中小型农业企业带来更多的发展机遇。

(三) 服务业合作前景广阔

目前，世界经济正从工业经济向知识经济转换，研发和创新、消费与服务在经济增长中的地位愈加重要。服务业作为大陆国民经济第一大产业，对国民经济增长贡献率日益增加。2016年大陆服务业占GDP比重已达51.6%，到2025年将提高至60%。随着大陆经济结构调整及服务业高速增长，两岸服务业合作的前景非常广阔，尤其是大陆人均收入持续增长产生的高品质消费需求和进入老龄化社会后产生的新消费需求，使台湾服务业的优势能够在大陆市场获得新的释放。比如，台湾中小企业众多，这些中小企业在开发市场、研发新产品方面具有领先优势，在传统农产品加工、食品加工、文创产品等方面极具特色，但受制于台湾市场空间有限，很多产品行销遇到瓶颈。通过与大陆跨境电子商务及零售平台，如网易、阿里巴巴和京东等合作开展特色零售业务，台湾中小企业进入大陆市场，必然获得丰厚回报。又如，台湾医疗业具备技术和人才优势，近年来受惠于ECFA正式生效，大陆开放市场，台湾医疗企业进军大陆，如开设北京清华长庚医院、宝岛妇产医院、厦门长庚医院、南京明基医院等若干大型医院。医疗器械贸易也随着合作而日益发展。

也要看到，两岸服务业合作还需要进一步开发新空间，尤其是服贸协议在台湾受阻，两岸在现代服务业，如金融、保险、移动支付、商贸物流等领域的合作还需加强。若能够在互惠互利基础上双向开放，两岸服务业合作将迎来高速增长。

(四) 立足大陆，两岸企业共同拓展国际市场

大陆提出"一带一路"倡议以来，得到沿线国家广泛支持和响应。"一带一路"倡议着眼于互联互通，带动沿线国家贸易、投资增长，形成共同大市场，有利于区域经济一体化和全球经济再平衡。"一带一路"倡议带来众多发展机遇，自然也会给两岸企业合作与共同发展带来新的商机。本着"两岸一家亲"理念，大陆出台若干措施引导台资企业参与"一带一路"建设。如海协会近两年来组织众多台资企业到大陆中西部地区考察，帮助台资企业通过在大陆中西部地区投资布局参与"一带一路"建设；2017年大陆相继在广西、四川设立海峡两岸产业合作区，也是着眼于帮助台资企业更为便捷有效地参与"一带一路"建设。随着"一带一路"建设的推进，越来越多的台商认识到深度融入大陆市

场、立足大陆市场需求，是利用大陆商贸网络打开外销市场的不二法门。特别是"中欧班列"目前已通达大陆多个省份，形成东、中、西互补，亚欧互通的商贸大格局，一些台资企业已敏锐捕捉到商机，布局建设从东南沿海经中西部内陆市场，再到亚欧地区的贸易通道。如此一来，两岸企业就能够通过合作参与"一带一路"建设，共同拓展国际市场，实现互利共赢。

（撰稿人：中国国际经济交流中心战略研究部助理研究员，田栋）

专题5　热点领域

我国房地产市场形势分析与展望

相较于股市、债市和商品市场，中国房地产市场发展的惯性更大。在延续2016年下半年趋紧的调控政策下，2017年全国商品房销售增速呈现平稳回落，房价虽有分化但逐渐趋稳，房地产开发投资仍保持一定韧性，并未出现大幅度下降。随着中央进一步强调住房的居住属性，抑制房地产泡沫，加快构建长效机制，预计2018年房地产销售增速将持续回落，并逐步引导房价理性回归，带动房地产开发投资稳中趋降。要缓解房地产市场趋冷给经济下行带来的压力，亟待加快构建促进房地产健康发展的长效机制，完善多主体供给的住房建设市场，充分发展租售同权的住房租赁市场，完善政府保障基本需求的住房制度，健全与需求挂钩的差别化调节机制，以及深化住宅用地制度根本性改革。

一 2017年我国房地产市场形势分析

近些年来，北上广深等一线城市房价的持续飙升，引发国民对于房地产泡沫的深切忧虑。房地产泡沫风险常被视为中国面临的"灰犀牛"。为此，房地产市场的态势备受关注。2016年末召开的中央经济工作会议提出，要坚持"房子是用来住的，不是用来炒的"的定位，要求住房回归居住属性。2017年10月18日，习近平总书记在十九大报告中重申这一定位，并提出要"加快建立多主体供给、多渠道保障、租购并举的住房制度，让全体人民住有所居"。2017年以来，"因城施策"的房地产市场调控政策不断深入，热点城市房价总体保持高位平稳运行,住房的金融投资属性渐渐褪色,逐步回归社会居住属性的本质。归纳来看,2017年我国房地产市场呈现如下走势特点。

(一)房地产开发投资趋势性下降中呈现韧性

在"因城施策"调控之下,2016年全国房地产开发投资增速维持个位数的增长,2017年并未延续这种下降趋势,更未出现断崖式下降,而是呈现年内稳中先升后降的态势(见图1)。国家统计局发布的数据显示,2017年,房地产开发投资10.98万亿元,累计同比增长7.0%,增速比上年上涨了0.1个百分点。其中,住宅投资7.51万亿元,占全国房地产开发投资的比重为68.44%,累计同比增长9.4%,增速比上年上涨了3个百分点。在严厉的限购限贷限价等调控政策下,全国房地产投资增速呈现出趋势性下降态势,但整体仍保持在7%的中高增速,每月较上年保持同比正增长,其中一季度和三季度涨幅较大,总体看房地产开发投资仍具有一定的韧性。

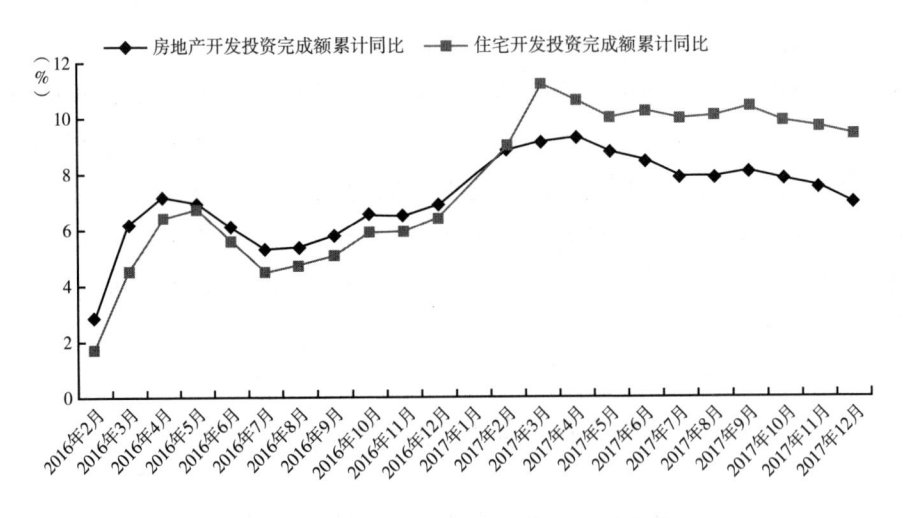

图1 房地产开发投资完成额累计同比走势

资料来源:国家统计局。

(二)房地产开工施工建设增速稳步攀升

全国房地产开发建设仍保持稳定增长。从施工面积看,2017年,全国房地产开发企业房屋施工面积约为78.15亿平方米,累计同比增长3.0%,增速比上年下降 0.2 个百分点。其中，住宅施工面积增长 2.9%，增速比上年增长 1.0 个百分点（见图 2）。从新开工面积看，2017 年，全国房屋新开工面积约为 17.87 亿平方米，累计同比增长 7.0%，增速比上年下降 1.1 个百分点，其中占到七成多的住宅新开工面积累计同比增长 10.5%，增速比上年增长 1.8 个百分点。从竣工面积看，2017 年，全国房屋竣工面积约为 10.15 亿平方米，累计同比下降了 4.4%，其中占到七成多的住宅竣工面积累计同比下降 7.0%，增速比上年下降 11.6 个百分点。房屋竣工面积同比下降主要是受前期政策调整影响，随着房屋新开工面积和房屋施工面积稳步增长，房屋竣工面积增速将会逐步回暖。相比房屋新开工面积增速放缓，房地产开发企业仍有拿地的积极性，购置土地面积、土地成交价款呈现趋势性增长态势。2017 年，全国房地产开发企业购置土地面积 2.55 亿平方米，累计同比增长 15.8%，增速比上年增长 19.2 个百分点，比新开工面积增速高出 8.8 个百分点；土地成交价款 1.36 万亿元，累计同比增长 49.4%，增速比上年增长 29.6 个百分点（见图 3）。

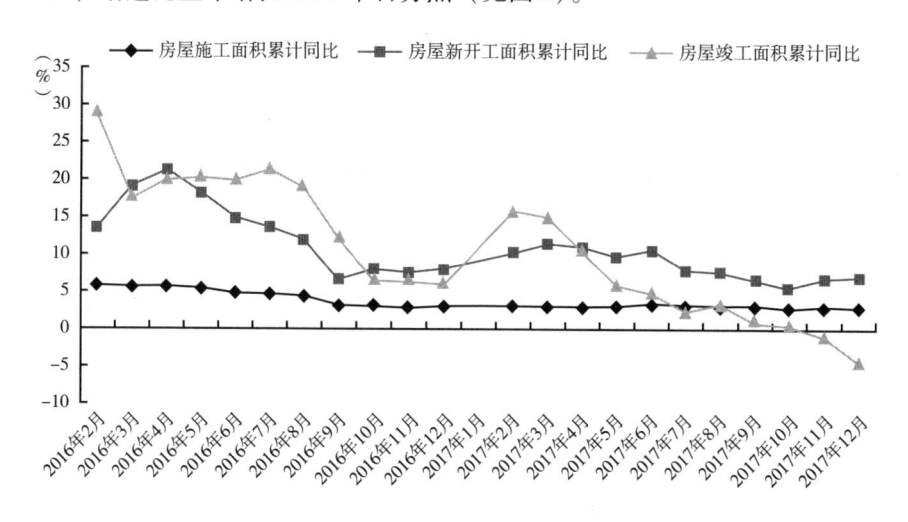

图 2 房屋施工面积和房屋新开工面积累计同比走势

资料来源：国家统计局。

（三）商品房销售增速平稳回落

在严厉的限购限贷限价等调控政策高压下，房地产开发投资虽然尚未出现大幅度下降，但需求端已呈现出快速降温的迹象，这很大程度上是符合市场预期的。2017 年，商品房销售面积约为 16.94 亿平方米，同比增长 7.7%，增速比上

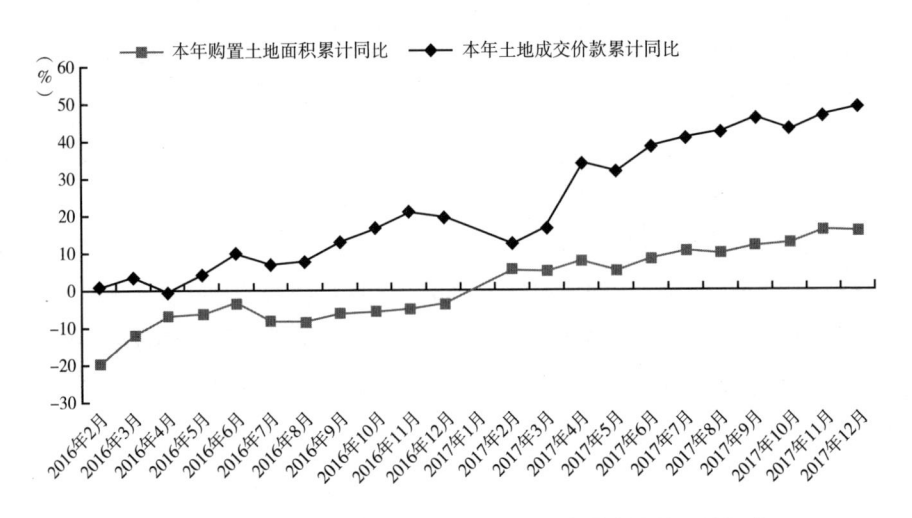

图 3　房地产开发企业购置土地面积和土地成交价款累计同比

资料来源：国家统计局。

年回落 14.8 个百分点。其中，住宅销售面积约为 14.48 亿平方米，累计同比增长 5.3%，增速较上年下降了 17.1 个百分点，而办公楼销售面积累计同比增长 24.3%，增速较上年下降了 7.1 个百分点，商业营业用房销售面积累计同比增长 18.7%，增速较上年上升了 1.9 个百分点（见图 4）。从当月同比看，2017 年 9 月商品房销售面积当月同比增速为 -1.5%，为两年半以来首次转负，10 月较 9 月进一步下降约 4.5 个百分点，而到 11 月商品房销售面积当月同比再次转正为 5.3%，这意味着商品房销售面积持续大幅下降的态势有所趋缓。从商品房销售额看，2017 年，全国商品房销售额 13.37 万亿元，累计同比增长 13.7%，增速比上年回落了 21.1 个百分点（见图 4）。其中，住宅销售额累计同比增长 11.3%，增速比上年回落了 24.8 个百分点，办公楼销售额增长 17.5%，增速比上年回落了 28.3 个百分点，商业营业用房销售额增长 26.2%，增速比上年提升 5.8 个百分点。随着住宅销售逐步回落，房地产开发企业开始转向商业、办公楼等非居住物业的开发和经营。在各大中城市实施严厉的楼市调控背景下，2017 年三季度房地产市场已经告别传统的"金九银十"的旺季，并呈现出成交持续低迷的不景气迹象。倘若商品房销售面积增速持续下降，这将会对开发投资活动以及短期宏观经济数据造成一定的拖累。从目前来看，商品房销售增速下行刚刚开始不久，而要进一步传导到投资端可能还会有 5~7 个月不等的时滞。此外，纯粹以居住为主的商品房销售额的下降也反映出住房投资回报率的下降和人们对居住品质需求的提升，房地产开发企业已开始提供包括养老地产、文旅地产等在内的多种形式的住宅产品。

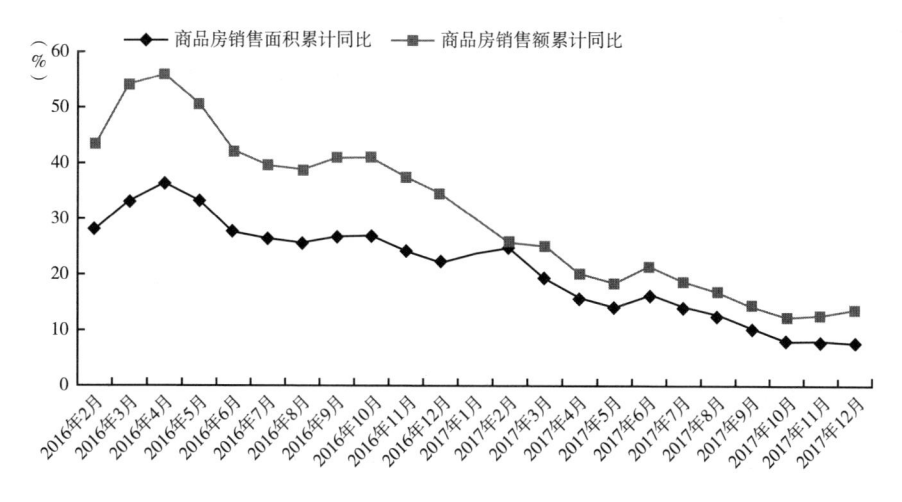

图4　商品房销售面积和销售额累计同比

资料来源：国家统计局。

（四）商品房价格走势持续分化

2016年"9·30"以来，在"差别调控，因城施策"的严格调控作用下，全国商品房平均价格在2017年初达到7984元/平方米后持续下降至2017年11月的7879元/平方米（2017年12月又略微回升到7892元/平方米），年内高低点降幅达到了1.3%（见图5）。一、二、三线城市房价呈现分化走势，其中一线城市房价稳中有降，二、三线城市房价却逐步上涨了一段时期。经过一段时间的去库存之后，一、二、三线城市商品房价格分化走势趋弱，基本都开始呈现出趋稳略降的态势。国家统计局数据显示，2017年12月，70个大中城市中一、二、三线城市新建住宅价格指数同比涨幅继续回落，其中一线城市新建商品住宅和二手住宅价格同比涨幅均连续15个月回落，12月比11月分别回落0.1个和0.4个百分点。二线城市新建商品住宅价格同比涨幅在经历12个月回落后出现反弹，比11月上升0.4个百分点，二手住宅价格同比涨幅在持续10个月回落后同比涨幅与11月持平。三线城市新建商品住宅在经历4个月回落后与11月持平，而三线城市二手住宅价格同比涨幅均连续5个月回落，比上月回落了0.1个百分点。随着三线城市去库存取得一定成效，三线城市房价同比涨幅放缓，相对一、二线城市延迟了

8~10个月。环比走势看，2017年12月，70个大中城市中一线城市新建住宅价格指数环比经历了连续4个月的下降后与11月持平，二手住宅价格环比下降0.1%。二线城市新建商品住宅和二手住宅价格环比分别上涨0.6%和0.3%，涨幅比上月分别扩大0.1个百分点和持平。三线城市新建商品住宅和二手住宅价格环比分别上涨0.5%和0.3%，涨幅分别比上月扩大0.1个百分点和持平。2017年12月，个别城市新建商品住宅价格指数如成都环比上涨0.5%，武汉、郑州、济南、上海均环比上涨0.3%，而天津、无锡均环比上涨了0.2%，北京、杭州、合肥环比与上月持平，广州则环比下调了0.3%，深圳、福州、厦门均环比下调了0.2%（见表1）。这意味着一、二、三线城市新建商品住宅价格维持高位的状态有所松动，多数城市呈现稳中略降的迹象。当然，各个城市房价走势分化将不随一、二、三线城市划分而变化，可能更多地展现"因城施策"和"差别调控"带来的城市分化影响。

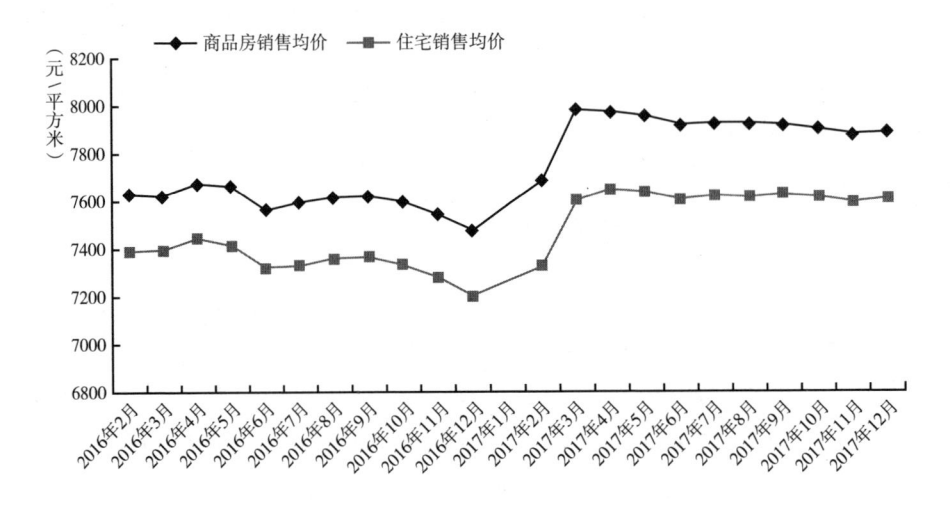

图5　商品房平均价格

资料来源：国家统计局。

表1　15个一线和热点二线城市新建商品住宅价格变动对比

城市	新建商品住宅价格同比指数		新建商品住宅价格环比指数	
	12月	11月	12月	11月
北京	99.8	99.7	100.0	100.0
天津	100.1	99.8	100.2	99.7
上海	100.2	99.7	100.3	100.0

续表

城市	新建商品住宅价格同比指数		新建商品住宅价格环比指数	
	12月	11月	12月	11月
南京	98.6	98.5	100.1	99.8
无锡	98.9	98.7	100.2	99.8
杭州	99.4	99.4	100.0	99.9
合肥	99.8	99.7	100.0	100.1
福州	98.3	98.2	99.8	100.2
厦门	102.2	102.3	99.8	100.2
济南	100.9	100.3	100.3	99.9
郑州	99.3	99.0	100.3	100.0
武汉	100.6	100.1	100.3	100.0
广州	105.5	106.6	99.7	99.9
深圳	97.0	96.8	99.8	99.8
成都	99.4	98.7	100.5	100.1

资料来源：国家统计局。

二 影响我国房地产市场的政策因素分析

供求关系仍然是影响我国房地产市场的基本面，但调控政策则是短期决定房价涨跌的关键因素。从近些年的调控政策的实施效果来看，越调控房价越上涨的逻辑怪圈尚未被打破。当前全国房地产市场仍处于严厉调控的有效期，部分短期政策目标正在实现，房地产市场发展的大方向日渐清晰。

（一）坚持"房子是用来住的、不是用来炒的"的总基调

习近平总书记在十九大报告中强调："坚持房子是用来住的、不是用来炒的定位，加快建立多主体供给、多渠道保障、租购并举的住房制度，让全体人民住有所居。"这意味着今后我国住房制度改革有了明确的方向、路径、目标。当前，人民对住房需求发生改变，改善型需求占据主导地位，而住房发展的不平衡、不充分矛盾日益凸显。在此背景下，解决住房问题必须直面群众对美好生活的追求，需要坚持在发展中保障和改善居住条件。与此同时，住房用地的单一有限供应与城镇化释放的庞大需求产生较大的矛盾，造成单边升值的土地价格泡沫。十九大报告重申住房的居住属性，将引导政策取向朝着继续打击投机、防止

热炒与抑制房地产泡沫的方向深入推进,同时更多注重解决住有所居的保障问题。

(二)房地产去库存政策正逐步实现目标

近两年来,供给侧结构性改革取得显著成效,"三去一降一补"政策措施落实到位,在强化落实地方政府主体责任的背景下,去库存、控房价、抑泡沫等政策实施效果明显。2016年9月开始,上海、深圳、广州陆续开始限购。2017年北京"3·17调控"政策实施以来,一、二线城市持续跟进,限购限贷政策再次加码,进一步抑制了购房需求,部分购房者虽然有经济能力,但是没有购房资格,而部分有购房能力的购房者在购房门槛提高后也被挤出住房市场,可以说很多潜在购房需求完全被冻结住了,因而在一、二线城市需求锐减的情况下,限购限贷没那么严格的三、四线城市反而出现销售的回升,消化掉大量早前堆积的住房库存。目前来看,二线城市库存去化周期有所缩短,但一线和三线城市库存去化周期延长。截至2017年12月末,全国商品房待售面积5.89亿平方米,比11月末减少683万平方米,相比2016年初高点下降1.50亿平方米,降幅超过了20%。其中,住宅待售面积约3.02亿平方米,比11月末减少670万平方米,相比2016年初高点下降1.65亿平方米,降幅超过了35%(见图6)。2017年以来,个人住房按揭贷款增长放缓,全年个人按揭贷款2.39万亿元,累计同比下降了

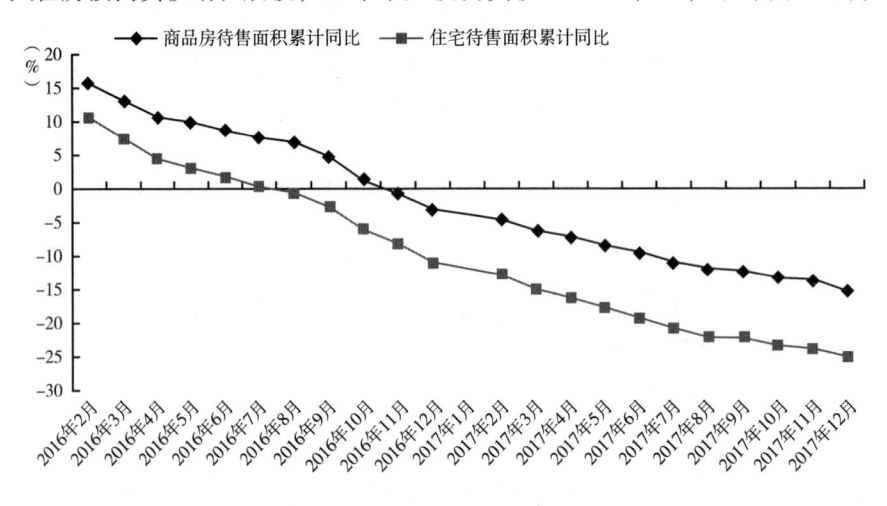

图6 商品房待售面积累计同比

资料来源:国家统计局。

2.0%（见图7）。从居民中长期贷款看，截至2017年12月，居民中长期新增人民币贷款余额当月同比增速自2017年3月以来连续10个月出现下滑，已由2017年2月的109.0%的高点下降至12月的-26.2%。这与热点城市控房价的政策基调是一致的。

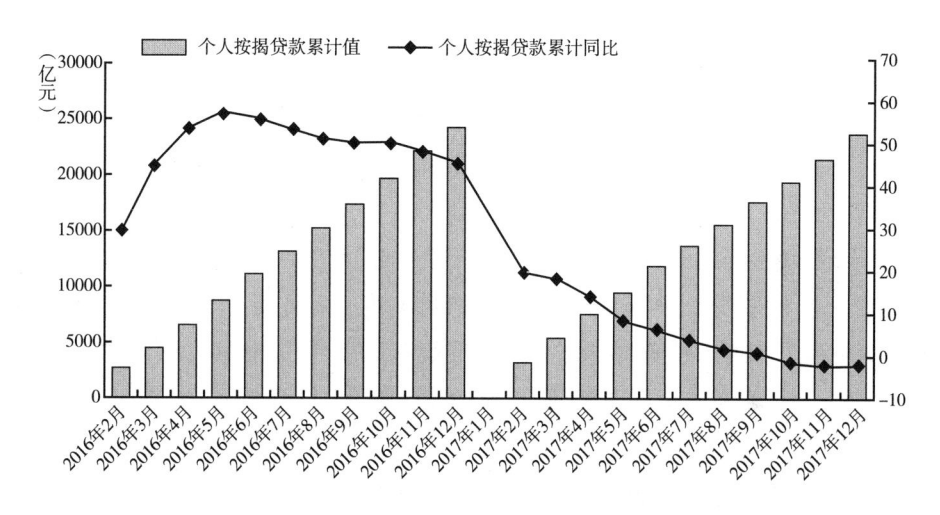

图7 个人按揭贷款累计值及其累计同比

资料来源：国家统计局。

（三）房地产调控政策将会继续趋紧

2017年以来，全国已有110多个城市累计发布了250多次调控政策，超45个城市实施了限购政策，热点城市进一步收紧了限购、限贷、限涨、限售、限商等调控措施，包括雄安新区在内的规划用地严禁进行投资投机购买住房。经过一年多连续的强有力的调控措施，全国房地产市场已经明显降温并持续保持平稳。为建立房地产长效机制，筹建完备健康的租赁市场，多个部委对房产中介采取严格监管行动，坚持落实"房子是用来住的，不是用来炒的"的定位。为缓解房地产市场供需矛盾缺口，各热点城市有计划地增加土地供应，继续支持品牌房地产企业购地开发商品住宅。此外，多个部委出台《关于建立城镇建设用地增加规模同吸纳农业转移人口落户数量挂钩机制的实施意见》，综合考虑城镇容纳空间等因素，实行差别化的用地标准。这意味着集体土地可以加快流入城市，并成为城市用地的重要补充。

(四) 租购并举为主的长效机制在路上

自中央政府强调"房子是用来住的，不是用来炒的"的总体定位后，建立完善的房屋租赁市场即被纳入建立房地产长效机制的重要一环。近年来，我国已经开启了构建房地产市场长效机制的市场面窗口。早在2015年，各级政府便相继出台政策鼓励租购并举。2015年住建部等部委相继出台《住房城乡建设部关于加快培育和发展住房租赁市场的指导意见》、《关于放宽提取住房公积金支付房租条件的通知》、《国务院办公厅关于加快发展生活性服务业促进消费结构升级的指导意见》，鼓励住房租赁市场发展。2016年国务院出台《国务院关于深入推进新型城镇化建设的若干意见》、《国务院办公厅关于加快培育和发展住房租赁市场的若干意见》，前者鼓励推广租赁补贴制度，后者则强调"培育发展住房租赁企业"、"鼓励房企转型开展住房租赁业务"、"推进REITs试点"等。2016年12月，习近平总书记在中央经济工作会议上指出，"加快住房租赁市场立法，加快机构化、规模化租赁企业发展"，同月还提出"以建立购租并举的住房制度为主要方向"，"规范住房租赁市场，是实现住有所居的重大民生工程"。2017年以来，各地政府纷纷探索实施租售并举的相关政策措施。比如，2017年5月，《住房租赁和销售管理条例（征求意见稿）》公开征求意见，从保护财产权的角度，界定出租人与承租人的权利义务，并从具体操作层面建立政府对市场的监督激励机制。2017年7月，住建部、国家发展改革委等九个部委联合印发《关于在人口净流入的大中城市加快发展住房租赁市场的通知》，要求人口净流入的大中城市发展住房租赁业务，并选取广州、深圳等12个城市开展试点，同时在土地、房源、金融、财政、法律等各个方面扶持住房租赁市场发展。在此背景下，各地方积极跟进，已有20多个省份出台"加快培育和发展住房租赁市场"的实施细则，从供给、金融、财政等多方面给予政策支持。

三 2018年我国房地产市场走势展望

2018年将是我国房地产市场平稳健康发展非常关键的年份。预计各级政府不会进一步收紧房地产调控政策，但也不会放松相关的调控。在此背景下，我国房地产市场将可能会进一步降温，但不会表现得大起大落，房价和交易量将会与2017年持平或略有回落。因为限购限贷限价等调控政策仍会抑制房地产销售，而提高首付比的限贷政策将会抑制住房的高杠杆投资和消费,而租售并举的政策将会引导更多的住房需求者进入租赁市场。

(一) 开发投资增速可能下行

受房地产去库存政策以及中长期城镇化、城市群、棚改货币化、租赁住房市场建设等因素影响,全国的房地产投资还会表现出一定的韧性,不会出现断崖式回落,但估计也不会维持2017年的增速水平,预计2018年房地产投资增速可能回落至4%~5%的水平。做出这么判断的理由如下。一是在严厉的限购限贷调控下,商品房销售额还会进一步下降,届时可能会造成房地产开发投资出现较大幅度回落;同时房地产开发企业的融资渠道持续收窄,融资成本不断提高,对房价形成高成本支撑。二是中国住房市场发展的扩张周期尚未结束,城镇化持续推进,城市群、都市圈正在深化,农民工加速在城市定居,中长期的城镇化释放的住房需求还存在,再加上允许集体土地入市建设租赁住房和保障性住房等,这些因素会对房地产开发投资形成一定支撑,从而不会使其出现大规模的下滑。三是随着房地产去库存政策接近尾声,多数城市的住房库存水平逐渐趋于合理,房地产开发企业有购买土地进行储备的意愿,而在现有政策下购买土地后需要进行投资开发,因而新开工项目将会陆续投建,通常住宅项目也有2~3年的建设工期,这说明2018年房地产开发投资不大可能会出现断崖式下滑。

(二) 商品房销售增速将有所下滑

从目前趋势看,2018年即便各级政府不再进一步收紧房地产调控政策,但现有抑制购房需求的政策将会继续引导商品房销售增速进一步下降,有可能从东部地区逐步蔓延至全国。从长期来看,房地产市场回归健康还需要改革到位,即建立促进房地产健康发展的长效机制。一线城市出现的商品房销售下降趋势还会蔓延到二、三线城市,2017年上半年主要受益于三线城市销售量的支撑,房地产销售没有下降得那么厉害,而当三线城市销售也停止增长时,预计2018年房地产销售将会持续下降,甚至不排除出现4%~5%的负增长。倘若商品房销售增速下降过快,不排除部分城市率先放松限购等管制措施,如2018年初兰州市率先放松偏远区县的限购政策,而且部分城市针对人才引进实施放松限购限贷等政策,以保障合理的结构性需求,从而维持房地产市场健康发展。

(三) 商品房价格将会松动回落

随着房地产销售进入下降通道,房价将会滞后回落。从当前趋势看,三线城市逐步跟随一、二线城市进入销售淡期,这意味着2016年以来呈现的房价波动的分化将出现新的变化,开始表现出一致性。倘若各个城市不主动放松限购限贷等调控措施,预计房价趋于平稳后可能会出现小幅度回落,这种迹象已经在部分一线城市表现出来。另一个不再支撑房价走高的因素是货币流动性的收紧。由于货币政策保持稳健中性,再加上去杠杆和限贷政策带来的流动性紧缩,不仅表现为居民贷款受限,而且房地产企业资金链也趋于紧张,那么流入房地产市场的货币流动性将会有所减少,从而将对房价形成明显压力。随着部分城市房价同比出现下跌态势,70城房价同比上涨空间已经不大,未来会继续保持同比增幅收窄态势。由此预计2018年房价也很难稳定在现有的高位,主要城市的房价将会在2018年步入调整空间,但调整的幅度不会太大。2018年房地产市场差别化调控会进一步优化,"因城施策"的措施将会随各个城市住房市场的变化而动态调整。其中限购限贷政策有保有压的趋势会更加明显,居民房贷会出现结构性优化,首套刚需和改善型需求的房贷将会得到支持,而投机投资型的房贷需求会被更加严格地限制。

(四) 房地产调控长效机制加快落地

中央定调要加快建立多主体供给、多渠道保障、租购并举的住房制度。这意味着十九大之后的第一年将会是加速启动年。各级政府将会加快探索促进房地产市场健康发展的长效措施,包括加快建设租赁住房和保障房、推进棚改货币化安置、开展租售并举等重要举措。建立房地产市场发展长效机制的着力点在于保障增量供给、提升存量效率和完善相关税赋制度,逐步推进金融脱虚向实,合理推进长租公寓、公募REITs、房地产税等措施,同时鼓励房地产企业转型发展,向相关产业链延伸。建立房地产市场长效机制的另一个重大举措是调整区域城镇化布局,包括建设雄安新区承接北京非首都功能转移,建设粤港澳大湾区缓解城市人口承载压力,同时建设多个大中小城市群、城市圈和城市带,积极推进特色小镇建设和乡村振兴战略,这些区域城镇空间的调整将会为推进房地产市场健康发展形成有力的支撑。虽然存在土地供给受限的情况,热点城市房地产市场发展的长效机制的建立仍任重而道远,但随着新型城镇化和户籍改革的推进,房地产市场存在的难题可能会随着城市的发展而逐步被解决,长效机制将会随着发展而逐步形成。从2017年底的中央经济工作会议定调看,"房地产长效机制"已经由理论层面进入到实践层面。

四 加快促进我国房地产市场健康发展的建议

房地产问题不仅是行业发展的问题,而且是涉及国计民生的重大事情。高房价已成为社会之痛,短期内拉动了经济增长和财政收入增加,但同时不仅推高了实体经济的生产经营成本,而且加剧了收入分配不平等和社会分化。当前,建立房地产健康发展的长效机制面临着重要的"时间换空间"的改革窗口。在短期严厉的调控政策还在发挥应有的效力之前,更是要加快解决长期积累形成的房地产泡沫风险,理顺房地产与实体经济、地方和中央财权与事权的关系,设计并实行以居住为导向的住房制度,尽可能降低居民对房产投资的依赖和地方政府对土地财政的依赖。在短期保持房地产市场调控政策的连续性和稳定性的同时,还应考虑综合运用金融、土地、财税、投资、立法等手段,加快研究建立符合国情、适应市场规律的基础性制度和长效机制。

(一)加快完善多主体供给的住房建设市场

一是牢牢树立"房子是用来住的,不是用来炒的"的意识。引导各地政府在制定房地产市场调控政策时,坚持以人民为中心的思想,以构建购租并举的住房体系为方向,坚持市场经济改革方向,发挥市场配置资源的决定性作用,提供多层次的商品性住房,满足多样性的住房需求,同时在防范房地产系统性风险的基础上,各级政府应堵住对土地财政的依赖和社会投机房产的制度漏洞。

二是加快推动构建统一的建设用地市场。推进集体土地不动产登记,完善利用集体建设用地建设租赁住房规则,健全相关服务和监管体系,提高存量土地节约集约利用水平;注重不动产统一登记、培育和发展住房租赁市场、集体经营性建设用地入市等改革协同;通过市场化改革试点,在试点城市成功运营一批集体租赁住房项目,形成一批可复制、可推广的改革成果,为构建城乡统一的建设用地市场提供支撑,坚持用市场化手段促进土地和住房资源的优化配置。

三是提供多主体供应的保障性住房体系。更好地发挥政府的作用,重点向中低收入群体和困难阶层提供保障性住房,支持政府与企业联合开展保障性住房建设,支持住房合作社集资建房,形成共有产权住房。由市场提供商品住房和租赁住房,政府提供共有产权住房、公共租赁住房、棚改安置住房等保障性住房,完善准入退出机制,共同构成覆盖不同群体、相互衔接、满足多层次需求的住房供应体制。完善存量住房信息登记制度和不动产登记制度,推进小产权房等存量住房转化为租赁住房、共有产权住房乃至上市商品房。

(二)充分发展租售同权的住房长期租赁市场

一是重点发展住房租赁市场,推进"租售同权"。在保障住房充足稳定供给的基础上,加快发展规范发达的租赁市场,支持长租公寓模式发展,加快推进《住房租赁法》立法,推进租房与买房居民享受同等待遇,保障租赁利益相关方合法权益,做到有法可依;鼓励各类市场主体将库存商品房转为租赁房源,鼓励以住房租赁为主营业务的专业化企业购买商品房开展租赁经营,完善加强个人住房租赁市场相关政策体制。同时据家庭人口、收入、房租提供居民房租补贴,确保每个家庭有足够的租房支付能力;多策并举培育、引导、激励租赁需求,切实推动公共服务均等化,消除租售住房的歧视性政策,把居民享受基本公共服务与拥有住房剥离开来,包括确保受教育权、基本医疗权利等在内的公共服务购房者和租房者可同等享受。

二是增加租赁住房和共有产权住房用地供应。加快落实集体土地租赁用地供应计划,支持在村集体留用地上建设租赁住房和共有产权住房,支持农林宅基地可流转、租赁和交易,同时加快落实建立进城落户人口与建设用地供应更加紧密的挂钩机制,切实维护进城落户农民土地承包权、宅基地使用权、集体收益分配权,同时保障进城落户农民的土地租赁收益权,促进农民增加财产性收入。

三是支持发展规模化、专业化、机构化的住房租赁企业。在增加租赁住房供应的基础上,鼓励支持发展规模化、专业化、机构化的住房租赁企业,支持其开展租赁住房投资建设和运营,提升其对其他社会资本的吸引力,在强化契约精神的环境下,并向承租群体提供长期的高品质、规范化租赁服务,强化对承租人权益保护及其维权意识。

(三)健全政府保障社会基本需求的住房制度

一是发挥政府在"住有所居"上的调节作用。通过完善住房公积金制度、差别化信贷政策等手段支持群众市场化住房的合理需求,通过实物配租、货币补助等方式满足保障性住房的基本需求,通过打击不规范首付贷、改革房地产税等手段抑制投机行为。

二是优先保障年轻人等重点群体的基本住房需求。结合人才引进和培养政策,各级政府应对年轻人提供住房补助,包括对年轻人购房提供一定补助——既可直接补助,也可间接补贴,如房贷利息可纳入税收抵扣项目,防止代际间财富分化加剧;增加可承租青年公寓,政府可通过购买过剩库存住房转为青年公寓租赁房,鼓励和支持年轻人租房生活,避免个人发展理想被住房所绑架。

三是完善共有产权住房分配制度。在鼓励支持地方政府参与共有产权房建设的同时,还要完善共有产权住房的分配制度,合理设计共有产权的比例和住房的租售价格,提供部分刚需有效的购房途径和合理的住房产权保障。

(四) 健全与需求挂钩的差别化调节机制

一是适时增加房地产持有环节税收。加强对房地产开发、交易和持有环节的财税调节,引导房地产合理开发、合理住房消费。发挥地方政府的主动性,多采用经济手段调控,少用行政直接干预。配合财税体制改革,合理设计与逐步实施房地产领域相关税制,减少政府对土地财政的依赖,同时加强收入再分配调节能力。

二是强化房地产市场的金融杠杆的调节。综合运用货币、信贷、宏观审慎和微观监管政策,平衡好房地产业与其他行业的资金配置,宏观上要管住货币流向,微观上要支持合理自住购房,严格限制信贷用于投资投机性购房。

三是强化对房屋租售市场的市场监管。加强对房地产开发企业、中介机构的管理,推动房产开发和中介企业诚实守信、依法经营,确保信息全面、准确、真实公开;各级政府积极利用大数据、云计算等现代信息技术,建立适时的监测预警机制,实现对住房供给交易的动态监测、科学研判、有效调节。

四是形成合理稳定的住房投资回报率。进一步拓宽居民投资渠道,住房交易时采取高额资本利得税等措施,引导住房市场形成合理稳定的投资回报率,尽可能让住房投资以房租收益为主,严厉遏制投机性需求和开发商暴利行为。

(五) 加快推进住宅用地制度根本性改革

一是加快土地制度改革和完善土地供应方式。加快建立多元化的土地供应机制,提高供给弹性,推进落实人地挂钩政策,推进农村集体土地不经过国家征地环节规范入市，同时完善土地供给方式，合理确定土地供给规模，有效控制土地价格，简化租赁住房、共享度假小院等项目审批程序。

二是因地制宜合理分配建设用地指标。依据人口流动情况分配建设用地指标，对房价上涨压力大的城市，要合理增加土地供应，对商品房库存积压严重地区暂停土地供应。

三是努力提高住宅集约化用地比例，盘活城市限制和低效用地。在城市总体规划下，支持开发商提高集约化用地水平，积极采取措施盘活城市限制和低效用地，提高现有城市用地的利用水平。

四是着手研制土地使用权届满后续期政策。根据《物权法》规定，未来土地使用权届满后可自动续期。在此基础上，应加快探讨土地使用权续期收费政策，让不动产权持有者承担合理的土地使用权使用费，避免因不动产权与土地使用权长期分离而带来的不必要纠纷。

参考文献

爱德华·格莱泽、黄炜、马悦然、安德烈·施莱弗：《中国特色的房地产繁荣》，《中国经济报告》2017年第7期。

荣晨、曾铮：《房地产去库存形势与建议》，《中国金融》2017年第7期。

董昕：《中国房地产开发企业面临的新形势与发展方向》，《中国房地产》2017年第28期。

任泽平：《从德国房价长期稳定反思中国楼市调控》，河北省廊坊市应用经济学会，2017。

丁祖昱：《十九大后房地产市场趋势判断》，《沪港经济》2017年第11期。

彭文生：《构建房地产市场长效调控机制》，《中国金融》2017年第20期。

刘向东：《中国房地产市场形势分析与展望》，《中国经济分析与展望（2016~2017）》，社会科学文献出版社，2017。

陈涛：《楼市长效机制建设窗口开启》，《经济参考报》2017年11月16日。

匡贤明：《以"租购同权"加快房地产市场转型升级》，《中国改革报》2017年12月14日。

阎岳：《2018年楼市调控的三大看点》，《证券日报》2017年12月25日。

姚冬梅、邹士年：《我国房地产市场进入3.0时代》，《中国物价》2017年第12期。

巴曙松：《中国房地产市场的主要问题及解决对策》，《新金融》2017年第11期。

（撰稿人：中国国际经济交流中心经济研究部副部长、副研究员，刘向东）

国有企业去杠杆进展及展望

我国国有企业普遍存在债务规模偏大、债务率偏高的问题,是制约国有资本做强做优做大、加大金融风险的重要因素。国企高债务问题是国民经济中多个深层次问题的综合反映,既有政府出资责任不到位、债务约束机制缺失等体制性因素,也有政企不分、破产机制尚未真正发挥效应等制度性因素,还有国企社会负担沉重等内部因素,以及金融市场化改革滞后等外部因素。展望2018年,我国企业去杠杆进程将明显提速。宏观层面上,我国非金融企业杠杆率(BIS口径)预计将回落至160%左右。微观层面上,我国非金融类国有企业资产负债率将回落至65.5%左右,规模以上工业企业中国有及国有控股企业资产负债率将回落至58%左右。建议2018年国企去杠杆工作围绕以下基本思路展开:统筹考虑财政、银行、企业的承受能力,积极稳妥、分期分类推进国企去杠杆。先稳住国有企业杠杆率,再推动适当降低杠杆率。从存量上适当削减已有存量债务余额,从增量上控制国企继续推升负债率,禁止上马高杠杆投资项目。

一 国有企业杠杆率的现状与进展

(一)国有企业杠杆率现状

在经济学语境中,"杠杆率"和"债务率"是两个意思相近、用来衡量债务负担的词组。宏观层面上的度量指标一般用杠杆率(债务总额与GDP的比值),微观层面上的度量指标一般用资产负债率(债务总额与资产的比值)。

在现代市场经济中，杠杆（债务）的存在有其客观必要性，经济增长离不开杠杆，同时杠杆也存在不耐性，债务不能无限扩张，它存在一个阈值。在阈值之下，可以通过提升债务、加杠杆来实现债务驱动的更高速增长，一旦超过阈值，债务过多过重就会影响市场信心，引起风险快速上行和信用急剧收缩，进而影响可持续增长。

由于各国国情差异较大，实务界和理论界对于杠杆率（债务率）阈值尚未形成比较一致的结论，主要观点归纳如下：①Cecchetti（2011）利用18个OECD国家1980~2010年的资金流量表进行估计，研究结论表明，政府部门和居民部门的杠杆率阈值是85%，企业部门的杠杆率阈值是90%。②发达国家企业的资产负债率一般保持在45%~60%。理论上，如果负债率小于45%（负债小于所有者权益），这样即使在破产的极端情况下，债权人的债权也能够得到完全的偿还。但是较低的负债率也会使企业错失在经济繁荣时期获取超额利润的机会。在总资产报酬率高于借款利率时，可以适当提高资产负债率，但最高一般不超过60%。资产负债率过高，将大幅减弱企业应对市场波动风险的能力，不利于企业可持续发展。

1. 我国企业杠杆率现状

根据国际清算银行（BIS）的季度杠杆率数据，从绝对水平上看，我国非金融企业的杠杆率偏高。2017年二季度末，我国非金融企业部门杠杆率为163.4%，远高于欧元区（103.4%）、二十国集团（95.2%）和新兴经济体（104.1%）的水平。

从变化趋势看，我国非金融企业的杠杆率已经开始下降。2016年三季度末我国非金融企业杠杆率为166.3%，较上季度末下降0.5个百分点，这是中国非金融企业杠杆率连续19个季度上升后的首次下降。2016年四季度末非金融企业杠杆率持平于三季度末，2017年一季度末较上季度末回落1个百分点，2017年二季度末较上季度末回落1.9个百分点。

从宏观层面考虑，我国非金融企业部门杠杆率偏高的主要原因有：一方面，我国融资体系以银行信贷等间接融资为主，直接融资市场发展相对较慢，这就决定了企业融资以债权形式为主、股权形式为辅，从而使得企业杠杆率相对较高。另一方面，我国利率市场化进程较为缓慢，长期以来利率水平都偏低于合理区间，激励着企业举债投资的积极性。我国投资率也持续处在较高水平，自2003年以来已经连续14年高于40%。

2. 国有企业债务率现状

关于国有企业债务率的数据主要有两个统计来源：一个是财政部主管的国有及国有控股企业（非金融类）经济运行情况统计，另一个是国家统计局主管的规模以上工业统计。

根据财政部统计数据，2015 年底，我国非金融类国有企业达到 16.7 万家，其中，中央企业 5.6 万家，地方国有企业 11.1 万家。2016 年底，我国非金融类国有企业资产总额为 131.7 万亿元，其中，中央企业 69.5 万亿元，地方国有企业 62.2 万亿元。非金融类国有企业负债总额为 87.0 万亿元，其中，中央企业 47.6 万亿元，地方国有企业 39.4 万亿元。非金融类国有企业资产负债率为 66.1%，其中，中央企业资产负债率为 68.6%，地方国有企业资产负债率为 63.3%。

表1 我国非金融类国有企业资产负债率情况

单位：%

年份	国有企业	中央	地方	工业	建筑	交通运输仓储	批零餐饮	房地产	社会服务
2003 年				56.8	76.9	57.0	79.7	78.4	47.7
2004 年				57.4	79.1	59.9	75.9	76.6	51.1
2005 年				56.3	79.0	57.8	73.8	76.2	49.1
2006 年				64.1	83.2	63.6	82.6	79.3	56.7
2007 年				54.2	78.4	56.8	72.8	73.8	53.5
2008 年	60.3			56.5	76.9	58.3	68.4	72.8	55.3
2009 年	61.5			57.5	75.1	59.9	70.9	73.2	56.3
2010 年	63.6			58.5	76.5	61.0	69.6	72.6	55.9
2011 年	64.2			59.1	74.4	62.4	71.5	71.7	55.6
2012 年	64.5	65.1	63.8	59.5	72.9	63.6	71.6	70.4	54.7
2013 年	65.1	65.7	64.4	59.5	71.7	64.0	72.7	70.2	54.1
2014 年	65.2	65.7	64.6	59.1	72.2	64.3	72.9	71.7	53.6
2015 年	66.3	68.0	64.4	59.0	71.0	63.9	69.9	72.2	52.8
2016 年	66.1	68.6	63.3						
2017 年 11 月末	65.9	68.1	63.8						

注：第 2～4 列数据来自财政部关于非金融类国有企业的月度统计。第 5～10 列数据来自财政部关于非金融类国有企业的年度统计。

根据国家统计局的统计数据，2016 年底我国国有及国有控股规上工业企业为 1.86 万家，占全部规上工业企业数的 4.9%；资产总额为 40.5 万亿元，占全部规上工业企业的37.9%；负债总额为24.8万亿元，占全部规上工业企业的41.7%；资产负债率为61.4%。

表2 我国规模以上工业企业资产负债率情况

单位：%

项目	规模以上工业企业	国有及国有控股企业	集体企业	股份制企业	外资企业	私营企业
2012年	57.8					
2013年	57.8					
2014年	56.8	61.5	58.5	57.5	55.4	52.0
2015年	56.2	61.4	58.9	57.1	54.2	51.2
2016年	55.8	61.4	61.1	56.6	54.1	50.7
2016年1~11月	56.1	61.6	61.1	57.0	54.3	51.1
2017年1~11月	55.7	60.8	59.3	56.6	54.3	51.6

综上，我国非金融类国有企业的负债率呈现出以下特点。

一是国有企业债务数额巨大，资产负债率很高。2016年我国非金融类国有企业负债总额为87.0万亿元，资产负债率高达66.1%。

二是中央国有企业的负债率高于地方国企。2016年非金融类中央企业资产负债率为68.6%，高出地方国有企业5.3个百分点。

三是服务业国企的负债率要明显高于工业国企。2015年，工业国企资产负债率为59.0%，分别低于建筑、交通运输仓储、批零餐饮、房地产等主要行业12个、4.9个、10.9个、13.2个百分点。

四是在规上工业中，国有及国有控股企业的负债率相对最高。2016年，国有及国有控股企业资产负债率为61.4%，分别高出集体企业、股份制企业、外资企业、私营企业0.3个、4.8个、7.3个、10.7个百分点。一个比较合理的推断是，国企的负债率普遍高于民企。

五是金融危机以后，非金融类国有企业资产负债率持续攀升。2016年非金融类国有企业资产负债率为66.1%，较2008年高出5.8个百分点。

六是2012年以来，工业国企的负债率稳中微降。随着宏观经济和工业运行逐渐趋稳，尽管工业国企的负债率水平仍然在60%的高位附近，但整体是逐渐下降的，其中2015年工业国企负债率较2012年下降0.5个百分点，2016年国有及国有控股规上工业企业负债率较2014年下降0.1个百分点。

3. 推动国企去杠杆的意义

国有企业债务负担过高，将对国有企业自身、企业间生产经营、银行系统、宏观经济等造成一系列负面后果。首先，危害国有企业持续健康发展。高负债率将使得国有企业利息包袱沉重，产品成本高，经济效益低，缺乏市场竞争能力。债务过高也会降低国企的信用资质，增加后续融资难度，加剧财务风险。债务还本付息的刚性需求也会挤压国企技术改造、设备更新、产品升级换代的资金，不利于国企转型升级。其次，破坏关联企业生产经营。国有企业拖欠、逾期债务，将影响与之业务往来的关联企业的资金回款速度，干扰关联企业的正常生产经营活动。逾期债务往往经由产业链条形成"三角债"问题，加长了企业间的债务锁链。债务长期拖欠也损害商业信用的严肃性，破坏市场环境和市场秩序。再次，损害银行系统资产质量。银行作为国有企业的主要债权人，国有企业债务负担过重，将可能增加银行系统持有的逾期贷款、企业呆账和亏损垫款等不良资产规模，导致银行系统的资产质量下降，资产风险增加。最后，影响宏观经济平稳运行。国有企业债务负担过重，往往伴随着生产经营困难，不能及时缴纳税款，影响政府财政的正常运行。此外，国企高负债率也制约着国有经济重要力量的发挥和经济效益的提升，不利于宏观经济平稳运行。

因此，解决国有企业高债务问题，推动国有企业去杠杆，将有利于改善国企财务状况，增强可持续发展能力；解开企业间债务锁链，保护商业信用；提升银行资产质量，促进金融服务实体经济；更好发挥国企作用，实现经济稳中有进。

之所以选择国有企业作为去杠杆的主攻方向，且作为一个重要的对象，主要是考虑以下因素：一是国有企业影响力大，标杆作用强，可以为集体企业、民营企业等去杠杆提供借鉴。二是国有企业负债率相对较高，去杠杆的现实需求更为迫切。三是僵尸企业中大部分是国有企业，长期占用土地、资金、劳动力等社会资源，产生较多的无效杠杆、静止杠杆。这些国有的僵尸企业很难通过市场化手段进行去杠杆，需要借助政府行政力量予以推动。四是政府作为国企出资人，可以行使出资人权利推动国企去杠杆。民营企业等作为独立的经济主体，由其出资人自主决定是否"去杠杆"，政府可以引导、可以鼓励，但不适宜直接介入推动民营企业降低杠杆。

（二）去杠杆的已有举措及进展

自"三去一降一补"重点任务启动以来，2016年去杠杆成效主要聚焦在防范金融风险、有效化解地方政府债务风险，2017年去杠杆成效主要聚焦在金融领域去杠杆，引导资金"脱虚向实"。具体地，我国在推动去杠杆方面出台了以下举措。

1. 财政政策连续积极有效，推动经济平稳增长

稳定的经济增长是去杠杆的基础。自2009年以来，我国已经连续九年实施积极的财政政策，政府财政赤字规模逐年攀升，以推动经济实现平稳增长。此外，2015年以来通过促进住户部门增加购房贷款，推动房地产市场去库存，缓解房地产开发企业的债务压力。当前，随着供给侧结构性改革的深入推进，部分产能过剩行业的供求关系发生积极变化，企业经营效益明显改善，我国经济和企业部门抵御债务风险的能力得到进一步增强。

2. 推动大规模减税降费，减轻企业经营负担

我国陆续出台了营改增扩围、扩大企业研发费用加计扣除范围、扩大享受减半征收企业所得税优惠的小型微利企业范围、取消停征和归并一批政府性基金、清理规范涉企收费等一系列减税降费政策，推动减轻企业负担。营改增已累计减税达1.7万亿元，2017年减税降费政策为企业减负超1万亿元。减税降费助力企业经营效益改善，将显著增加企业降低债务杠杆的能力。

3. 引导国企利用有利时机推动降杠杆

我国已经在部署推动国企，特别是央企降杠杆、减负债，推动资产负债率总体持续稳中有降，促进高负债企业负债率逐步回归合理水平。当前，政府决策层已经把国企降杠杆定位为"去杠杆"的重中之重，推动建立严格的分行业负债率警戒线管控制度，引导国企利用部分利润削减债务，积极稳妥推进市场化、法治化债转股，稳妥实施混合所有制改革，积极处置"僵尸企业"和治理特困企业。

4. 推进财政整固，规范地方政府债务管理

我国高度重视防范地方政府债务风险、保持财政可持续性，2015年以来基本建立了涵盖限额管理、预算管理、风险应急处置、日常监督等的地方政府规范举债制度体系，2017年又重点规范地方政府各种违法违规举债融资行为，坚决遏制隐性债务增量。督促高风险地区多渠道筹集资金化解地方政府债务风险。

5. 加强金融监管，主动防范化解系统性金融风险

全国金融工作会议明确提出，要把主动防范化解系统性金融风险放在更加重要的位置，着力防范化解重点领域风险。引导银行通过问题贷款重组、核销与转让等方式降低不良贷款余额，控制不良贷款增量。坚定执行稳健的货币政策和加强监管协调，推动金融体系降低内部杠杆。推动发展直接融资市场，积极有序发展股权融资。

在"去杠杆"系列政策效应的推动下，企业杠杆呈现出积极变化。2016年国有企业、规上工业企业的负债率呈现出双下降态势，国有企业经营效益明显改善，利润大幅增加，营造了"去杠杆"的有利时机。

二 国有企业高杠杆的成因

国有企业高负债问题的反复出现，表明这不是一个单纯的企业问题，而是国民经济中多个深层次问题的综合反映。具体来说，既有政府出资责任不到位、国企资本补充机制有待完善，债务约束机制缺失、国企投资决策不合理等体制性因素，也有政企不分、国企承担过多的指定性任务，破产机制尚未真正发挥效应等制度性因素，还有国企社会负担沉重等内部因素，以及金融市场化改革滞后等外部因素。

（一）国企资本补充机制有待完善

国有企业资本金来源问题一直是国有企业改革的重要内容。在计划经济体制下，国有企业作为政府的附庸，资金都是来自财政拨款，不存在资本金的概念。20世纪80年代国家实行"拨改贷"、"利改税"，将国有企业的基本建设、技术改造及流动资金由财政拨款改为银行贷款，导致企业所需要的外部资金全部变为商业性的借贷关系。国有企业向银行贷款进行投资建设、生产经营，既要还本付息，还要上缴利税，而这些资金形成的国有资产又全部归国家所有。国有企业开始面临着资本金来源不足的问题，出现了一批无资本金或资本金很少的企业。到20世纪90年代，由于资本金补充机制的缺失，国有企业的债务负担越来越重[①]。此后，1998~2002年通过破产关闭、债转股、上市等途径给国有企业补充了3万亿元资本金[②]，国有企业资本金问题得到基本缓解。尽管2002年之后国有企业实现了较长时间的发展壮大，但是常态化、制度化的国有企业资本补充制度仍

---

① 根据财政部1994年全国清产核资结果，在12.4万户国有工商企业中，资产总额为41370亿元，平均负债率为74.3%，约有26.7%的国有企业负债总额超过了账面资产总额。
② 黄奇帆：《国企改革的核心是市场化资本补充机制》，《国企》2013年第11期。

然没有建立，政府作为出资者也未能充分履行其应承担的出资责任。资本金偏少，导致国企被迫更多地借助外部债务资金进行扩大再生产，从而导致债务负担偏重、债务率偏高。

（二）国企债务约束机制仍未健全

国有企业债务惩罚机制缺失，一方面，体现在没有直接的利害关系人对负债承担责任。国有产权表面上是具体的，但国有企业法定代表人并不是真正的产权所有者，其身份是虚拟的。国有企业的股东和经理并不为国有企业的负债承担直接责任。另一方面，体现在国企破产渠道还未通畅，债务过多过重的惩罚效应无法及时体现出来，导致国有企业债务约束软化，不能发挥监督约束国企经营者的作用。部分国有企业经营者甚至形成了"企业是国家的，债务也是国家的"错误观念。此外，债务约束机制缺失造成国企普遍存在投资冲动。国企投资决策不合理，国有企业主业过多、方向不明，甚至少部分国有企业非主业投资比重偏大，存在盲目多元化投资问题，投资管理上漏洞和隐患较多。

（三）政企不分问题仍然比较普遍

政府监管部门没有界定清楚社会管理权和企业经营权，未能正确定位自身的管理权限，导致政企不分。国有企业行政色彩依旧浓烈，往往在政府面前国企是企业，在企业面前国企是政府代言人。国企负责人有着对应的行政级别，多数依然是由政府任命。国企负责人政企两栖的直接后果就是，国有企业负责人会考虑"政治前途"，必然倾向于政绩导向而非市场导向，也厘不清政府公共权力与资本所有者权利的界限，行政手段无处不在。政企不分导致国企承担过多的政府指定性任务，而政府指定性任务往往更加偏重社会效益，经济效益较低，这就导致了国有企业沉淀着一批低效率的投资经营领域。在经济低迷调整时期，部分地方党委、国资部门习惯性地把国有企业当作稳增长的"主阵地"，对冲经济下行压力，强压增长指标，导致一些投资项目、无效生产匆忙上马，降低了企业效益。

（四）国企退出机制尚未发挥效应

尽管国有企业职工下岗不再是禁区，但国有企业破产往往牵涉到人员安置、债权处理、程序繁琐等复杂问题，导致地方政府、国企自身以及债权银行三方都不愿意积极推动依法破产。由于退出机制不顺畅，很多困难国企在本应申请破产保护的时候选择一拖再拖，反而把企业彻底拖垮，沦为特困企业甚至僵尸企业。国有企业在社会主义市场经济条件下参与竞争，就必然要接受"生老病死"的生存法则，让破产退出成为选项之一。退出机制不顺畅，导致困难的国有企业更大概率地成为特困企业、僵尸企业。无经济效益却占用大量资源，降低资源配置效率；无竞争实力却扰乱市场秩序，占用社会金融资金；无偿债能力却吸纳大量企业拆借与银行贷款，加大金融风险。

（五）国企社会负担还未有效化解

现阶段国有企业社会负担主要集中在三个领域，一是国有企业办社会职能还没有完全分离，部分国有企业还拥有着大量的医院、学校和社区"三供一业"等职能机构。二是过去冗员、低工资政策导致现阶段离退休人员和困难群体较多，企业需要提供大量的资金补贴。三是厂办大集体①改革难度较大。国企通过主办"三供一业"对职工进行隐性补贴，通过内设医疗和教育机构方便职工就医、子女上学，这些本质上都属于职工福利。在效益好的时候，国有企业可以自行消化上述成本，承担内部提供的低效损失。一旦国有企业效益不好，"福利定势"又使得职工不愿意分离办社会、不愿意取消隐性补贴。国有企业从资产保有和职工稳定等因素考虑，主观上也不愿意分离。这样就使得社会负担问题成为企业长期的包袱，而且很容易在国企效益向好的时候出现企业办社会的回潮。国有企业社会负担重，除历史遗留原因外，也反映了国企职工薪酬福利体系不规范、企业成本费用控制不严等问题。据不完全统计，目前各级国资委监管企业办社会职能机构约 1.66 万个，其中职工家属区"三供一业"管理机构约 4900 个，国有企业因办社会职能每年需承担费用 1400 多亿元②。

（六）金融市场化改革进展缓慢

由于国有银行和国有企业在产权结构上具有同构性，我国银行系统普遍偏好对国有企业贷款，国有企业获得贷款的门槛相对较低。我国利率市场化改革较

---

① 20 世纪七八十年代，一些国有企业举办的向主办企业提供配套产品或劳务服务的厂办大集体企业，曾经为我国经济发展和安置回城知识青年、职工子女就业发挥了重要作用。但是，随着市场竞争不断加剧和国有企业改革不断深化，厂办大集体先天不足、体制性矛盾等问题越来越突出，越来越多的企业陷入困境，大量集体职工离岗失业。
② 引自《肖亚庆在全国国有企业"三供一业"分离移交工作视频会议上的讲话》。

慢，利率长期低于合理水平，导致企业增加负债的动机较为强烈。国有企业"半政府半企业"的特征，更是使其在债务融资时可以借助政府信用获得极低的利率水平，借贷成本偏低。此外，金融市场融资结构也有待优化，直接融资尤其是股权融资的比重很低。2016年社会融资规模中，直接融资占比仅为23.8%，企业过于依靠间接融资，导致债务规模扩大，债务风险也更为集中在银行系统。直接融资中股票融资发展严重不足，股票融资占社会融资规模的比重仅为7%，导致企业外部资金来源更多的是以债权形式而非股权形式提供①。对企业而言，股权资金成本比债权资金成本更具弹性，在企业效益下滑阶段可以通过少分红利，甚至不分红利的形式减少成本，支撑企业度过困难时期。

三 2018年国企去杠杆形势展望

国有企业过度负债的根源在于其低效率的经营能力。如果国有企业的每一份负债，都能形成一份高收益的资产，那么就不存在过度负债的忧虑。因此国有企业债务问题，债务是"表"，资产质量、经营效益是"里"。治本要从"里"入手，建立健全国企的法人治理结构，提升国企投资效益，增强国企盈利能力。治标要从"表"入手，削减国企存量债务规模，控制国企新增债务速度，促进债务率稳中有降。现阶段，化解国有企业存量债务的政策工具箱主要有利润用以还债、债权转股权、兼并重组、破产清算等。控制国有企业新增债务的工具箱主要有扩大股权融资规模、提高投资效益等。

2018年，国企去杠杆工作要从治标入手，为治本赢得时间，逐步迈向标本兼治。以治标促进治本，以治本巩固治标，持续保持合理有效利用杠杆的态势。基本思路是：统筹考虑财政、银行、企业的承受能力，积极稳妥、分期分类推进国企去杠杆。先稳住国有企业杠杆率，再推动适当降低杠杆率。从存量上适当削减已有存量债务余额，从增量上控制国企继续推升负债率，禁止上马高杠杆投资项目。

综合判断，2018年我国企业去杠杆进程将明显提速。宏观层面上，我国非金融企业杠杆率（BIS口径）预计将回落至160%左右。微观层面上，我国非金

---

① 受债券违约风险上升、发债成本提高的影响，2017年债券融资渠道大幅萎缩。2017年全社会融资规模中，直接融资占比低至6.8%，其中，股票融资占社会融资规模的比重仅为4.5%。

融类国有企业资产负债率将回落至65.5%左右，规模以上工业企业中国有及国有控股企业资产负债率将回落至58%左右。

四 政策建议

建议从以下八个方面出台相关政策推进国企去杠杆工作，既推动短期治理，又制度化长效机制，做到长短结合、标本兼治。

（一）完善国有资本补充机制

一是以管资本为主推动国有资本合理流动、优化配置，更多投向关系国家安全和国民经济命脉的重要行业和关键领域，稳妥有序地退出一般性竞争领域。二是建立国有资本投资运营平台资本补充机制，通过国有资本经营预算安排、企业利润留存、股票上市、私募基金、股权转让等方式补充资本，形成生生不息的资本循环。三是发起设立产业投资基金，发挥国有资本金的杠杆作用，引领社会资本更多投向重要前瞻性战略性产业、生态环境保护、科技进步、公共服务、国际化经营等领域，增强国有资本影响力。四是直接向国有企业注资，引导国有企业更好地服务于国家战略。

（二）建立负债率警戒线管控制度

一是针对工业企业、非工业企业、科研企业，制定三条负债率警戒线进行总体把握。二是不搞"一刀切"，结合行业生命周期、企业资产轻重等，制定分行业的企业负债率警戒线。三是设立分行业的达标时间表，推动国有企业在既定时间内实现负债率达标。四是加大考核力度，对高于警戒线的国企在年度经营业绩考核中增加资产负债率的权重。五是强化对极高负债率企业的管控，对于负债率大于70%的工业企业、负债率大于75%的非工业企业，实行负债率和负债总额双重管控。

（三）推动聚焦主业强化投资管理

一是推动国有企业聚焦主业、做强主业，提高核心竞争力。加强国有企业间的兼并重组，推动产业链关键业务重组整合，优化配置同类资源，实行专业化运营，提升运行效率。二是鼓励国有企业转让退出非主业、盈利能力弱的资产,清理处置低效无效资产和长期闲置资产,加快退出长期不分红、不盈利的参股股权和投资项目。三是督促国有企业加强投资管理,提高投资的决策水平和经济效益。严格把关主业投资、严控非主业投资、禁止安排推高负债率的投资项目。

(四) 加大财政资金支持力度

一是利用公共财政预算、国有资本经营预算,支持国有企业剥离办社会职能和解决历史遗留问题。二是探索实行税前还贷政策,对一些国有资本金投入明显不足的基建技改项目,允许建成运营还清贷款后再向财政缴纳税利。三是适当支持优势企业对特困企业的兼并重组项目,对评估、审计、法律顾问等前期费用及并购贷款利息进行补贴。四是继续对国有企业政策性关闭破产提供适当补助,妥善安置分流职工。

(五) 积极稳妥推进债转股

一是落实《关于市场化银行债权转股权的指导意见》,通过投资银行、信托投资公司和资产管理公司等社会中介机构,将国有企业承担的不良债务转化为中介机构对国有企业的股权投资,银行和国有企业之间的债权债务关系转化为中介机构对国有企业的股权投资关系。二是督促已签订债转股框架协议抓紧落实,筛选有发展前景、有转股意向的高负债国有企业实施债转股。三是鼓励国有资本投资、运营公司及有条件的央企基金采取各种市场化方式参与债转股。四是鼓励社会资本参与市场化债转股,支持债转股实施机构多渠道筹资。鼓励有条件有需求的地区探索新设政府出资市场化债转股专项基金开展市场化债转股。

(六) 督促利用部分利润降低债务

一是引导国有企业利用营业利润偿还尚未到期且允许提前偿还的债务,以减少债务总额。尤其是国企盈利大幅改善的时期,可以用盈利提前偿还部分成本较高的债务,从而节省利息支出、优化资产负债结构。二是地方政府相关部门要发挥组织协调作用,搭建政企银社对接平台,促成各方参与提前偿还债务的谈判。三是优先偿还展期债务以及允许提前还款、债务成本较高的存量债务。四是研究企业将提前还款节约的利息支出在三年内摊销并在税前抵扣的支持政策。

（七）推进兼并重组和破产清算

一是因企制宜、精准处置，对于僵尸企业和特困企业，该破产清算就破产清算，该兼并重组就兼并重组，下大力气去掉无效杠杆。二是鼓励优势国有企业兼并陷入债务困境的国有企业，以增资减债、担保替换、平移代偿、授信聚拢等方式，促进其债务重组，帮助其优化财务结构，尽快恢复生产。三是加强环保、能效、质量、安全、技术等方面的执法，依法依规倒逼"僵尸企业"加快退出。四是鼓励有条件的企业实施跨地区、跨所有制兼并重组。五是明确国有企业法人代表对债务风险的警示义务。当国有企业出现资不抵债、不能偿还当期债务时，法定代表人有向利益相关人充分告知风险，必要时启动破产申请程序的法律义务。

（八）进一步完善相关配套机制

一是加快推进国有企业改革。加快政府职能转变，进一步扩大国有企业经营自主权。以管资本为主深化国有资产监管机构职能转变，建立监管权力清单和责任清单。优化国有经济布局，加快发展混合所有制经济，推动形成有效制衡的公司法人治理结构。二是健全社会保障体系和再就业体系。加快社会保障体系建设，为国有企业破产清算中涉及的安置职工和退休人员提供基本生活保障，维护社会安定。优先扶持下岗职工就业创业，为其提供个性化的就业指导、职业培训、创业项目咨询和跟踪服务。利用失业保险金支持破产清算企业的职工在岗、转岗培训。三是多渠道推动股权融资。通过发展股权融资，替代部分债权融资，转变国有企业外部资金过度依赖债务资金的现状。鼓励企业通过 IPO、非公开发行、配股等方式从资本市场融资，支持企业开展资产证券化业务。推进股票发行交易制度改革，加强事中事后监管，完善退市制度。深化创业板、新三板改革，探索建立多层次资本市场转板机制。开展金融机构以适当方式依法持有企业股权的试点。设立政府引导、市场化运作的产业（股权）投资基金，积极吸引社会资本参加，鼓励金融机构以及全国社会保障基金、保险资金等通过认购基金份额等方式有效参与。

参考文献

Cecchetti S. G., Mohanty M. S., Zampolli F., The Real Effects of Debt, 2011.

黄奇帆:《国企改革的核心是市场化资本补充机制》,《国企》2013年第11期。

李红路:《从哈尔滨22户企业看解决国有企业债务负担的对策》,《中国工业经济》1996年第4期。

林凌:《对国有企业债务危机的基本认识》,《财经科学》1997年第1期。

任卫东、王金涛、刘健:《国企债务重组的"重庆经验"》,《上海国资》2005年第6期。

孙宝民:《国有纺织企业债务过度的成因及对策》,《中国纺织经济》1996年第9期。

石柏林:《国有企业"债转股"的法律思考》,《中南大学学报》(社会科学版)2000年第2期。

康健:《国有企业债务负担的现状与对策》,《沈阳大学学报》(自然科学版)1997年第1期。

陈文开:《国有企业债务问题探析》,《广西师范大学学报》(哲学社会科学版)1996年第4期。

曾康霖:《企业债务负担·破产·保护银行权益》,《金融研究》1996年第7期。

庞新文、朱红艳:《试析解决国有企业债务的途径——"拨改贷"变为"贷改投"》,《财会研究》1995年第12期。

陈为群:《妥善解决国有企业债务问题》,《财政研究》1995年第10期。

张晓文、蒋蔚青:《现代企业制度试点企业债务状况调查分析》,《管理世界》1995年第6期。

(撰稿人:国家信息中心经济预测部,胡祖铨)

生态文明建设进展与展望

十八大以来，生态文明建设被放在治国理政的重要战略位置，成为统筹推进"五位一体"总体布局和协调推进"四个全面"战略布局的重要举措。十八大报告提出"五位一体"战略布局，十八届三中全会提出加快建立系统完整的生态文明制度体系，十八届四中全会要求用严格的法律制度保护生态环境，十八届五中全会将绿色发展纳入新发展理念，十九大报告将生态文明提高到了千年大计的新高度。

过去几年，中央对生态文明建设的部署频度之高、推进力度之大，前所未有。2017年，在已有改革基础上，生态文明建设和体制改革持续推进，取得了丰硕成果。2018年，改革步伐还将继续，应评估前期改革成果，优先解决突出生态环境问题，在推进关键领域改革方面再进一步。

一 2017年生态文明建设和体制改革的重要进展

（一）党的十九大将生态文明提高到千年大计的新高度

十九大报告回顾了过去五年我国生态文明建设取得的主要成绩，提出了生态文明建设的新思想、新目标和新部署，为未来生态文明建设指明了方向。

在新思想方面，将坚持人与自然和谐共生作为新时代坚持和发展中国特色社会主义的基本方略，提出生态文明建设是中华民族永续发展的千年大计，生态文明建设功在当代、利在千秋等重要论断。在新要求方面，提出要牢固树立社会主义生态文明观,并明确我国社会的主要矛盾已经转化为人民日益增长的美好生活需要和不平衡不充分的发展之间的矛盾,我们要建设的现代化是人与自然和谐共生的现代化,要提供更多优质生态产品以满足人民日益增长的对优美生态环境需要。在新目标方面,提出到2020年,坚决打好污染防治攻坚战;到2035年,生态环境根本好转,美丽中国目标基本实现;到本世纪中叶,把我国建成富强民主文明和谐美丽的社会主义现代化强国,物质文明、政治文明、精神文明、社会文明、生态文明全面提升。在新部署方面,提出要推进绿色发展、着力解决突出环境问题、加大生态系统保护力度、改革生态环境监管体制。

这些新思想、新要求、新目标、新部署是新时代生态文明建设的指导思想和行动指南。

(二) 积极通过试点探索制度建设路径

2017年10月,中共中央办公厅、国务院办公厅印发了《国家生态文明试验区(江西)实施方案》和《国家生态文明试验区(贵州)实施方案》,加上2016年印发的《国家生态文明试验区(福建)实施方案》,2016年确定设立的三个国家生态文明试验区的实施方案全部发布,这标志着我国生态文明建设从顶层设计进入执行落实阶段。

党的十八届五中全会和"十三五"规划纲要明确提出设立国家生态文明试验区,并选择部分地区先行先试、大胆探索,开展重大改革举措的创新试验,充分发挥地方首创精神,探索可复制、可推广的制度成果和有效模式,引领带动全国生态文明建设和体制改革。

表1 三个国家生态文明试验区的战略定位和主要任务

国家生态文明试验区	战略定位	主要任务
福建省	国土空间科学开发的先导区 生态产品价值实现的先行区 环境治理体系改革的示范区 绿色发展评价导向的实践区	建立健全国土空间规划和用途管制制度 健全环境治理和生态保护市场体系 建立多元化的生态保护补偿机制 健全环境治理体系 建立健全自然资源资产产权制度 开展绿色发展绩效评价考核

续表

国家生态文明试验区	战略定位	主要任务
江西省	山水林田湖草综合治理样板区 中部地区绿色崛起先行区 生态环境保护管理制度创新区 生态扶贫共享发展示范区	构建山水林田湖草系统保护与综合治理制度体系 构建严格的生态环境保护与监管体系 构建促进绿色产业发展的制度体系 构建环境治理和生态保护市场体系 构建绿色共治共享制度体系 构建全过程的生态文明绩效考核和责任追究制度体系
贵州省	长江珠江上游绿色屏障建设示范区 西部地区绿色发展示范区 生态脱贫攻坚示范区 生态文明法治建设示范区 生态文明国际交流合作示范区	开展绿色屏障建设制度创新试验 开展促进绿色发展制度创新试验 开展生态脱贫制度创新试验 开展生态文明大数据建设制度创新试验 开展生态旅游发展制度创新试验 开展生态文明法治建设创新试验 开展生态文明对外交流合作示范试验 开展绿色绩效评价考核创新试验

（三）重点领域改革取得突破

党的十八大以来，党中央、国务院就加快推进生态文明建设做出一系列决策部署，先后印发了《关于加快推进生态文明建设的意见》（中发〔2015〕12号）和《生态文明体制改革总体方案》（中发〔2015〕25号）。这为当前和今后一个时期我国生态文明建设工作指明了方向，绘制了我国中长期生态文明体制改革蓝图，构建了生态文明体制的四梁八柱。其中的"八项制度"，是未来改革的核心内容。2017年，经过多方努力，其中六项制度取得突破性进展（见表2）。

表2 重点领域的主要改革内容

八项制度	2017年有突破性的改革进展
健全自然资源资产产权制度	—
建立国土空间开发保护制度	《关于完善主体功能区战略和制度的若干意见》（中央深改会议审议通过，未印发） 中办、国办印发《关于划定并严守生态保护红线的若干意见》
建立空间规划体系	中办、国办印发《省级空间规划试点方案》
完善资源总量管理和全面节约制度	
健全资源有偿使用和生态补偿制度	国务院印发《关于全民所有自然资源资产有偿使用制度改革的指导意见》

续表

八项制度	2017年有突破性的改革进展
建立健全环境治理体系	中办、国办印发《关于深化环境监测改革提高环境监测数据质量的意见》 国务院办公厅印发《第二次全国污染源普查方案》 环保部审议并原则通过《排污许可管理办法(试行)》 《跨地区环保机构试点方案》(中央深改会议审议通过,未印发)
健全环境治理和生态保护市场体系	环境保护部发布《关于推进环境污染第三方治理的实施意见》 地方加快推进排污权交易
完善生态文明绩效考核和责任追究制度	最高人民检察院、环境保护部、公安部联合出台《环境保护行政执法与刑事司法衔接工作办法》 中办、国办印发《关于建立资源环境承载能力监测预警长效机制的若干意见》 中办、国办印发《领导干部自然资源资产离任审计规定(试行)》

1. 建立国土空间开发保护制度

十八大以来,我国一直在持续推进主体功能区制度。2017年8月,中央全面深改组会议审议通过《关于完善主体功能区战略和制度的若干意见》,尽管尚未正式印发,但落实主体功能区制度已成为生态文明体制改革最为核心的工作之一。在此基础上,2017年2月,中共中央办公厅、国务院办公厅印发《关于划定并严守生态保护红线的若干意见》。这是继18亿亩耕地红线划定后,中央又提出了生态保护红线的概念,针对具有特殊重要生态功能的区域划定,是保障和维护国家生态安全的底线和生命线。文件还提出了各区域和省市划定红线的时间表,规定2017年年底前,京津冀区域、长江经济带沿线各省(直辖市)划定生态保护红线;2018年年底前,其他省(自治区、直辖市)划定生态保护红线;2020年年底前,全面完成全国生态保护红线划定,勘界定标,基本建立生态保护红线制度。划定并严守生态保护红线,是贯彻落实主体功能区制度的重要举措。

2. 建立空间规划体系

制定省级空间规划试点方案,是为贯彻落实党的十八届五中全会关于以主体功能区规划为基础统筹各类空间性规划、推进"多规合一"的战略部署。五中全会以来,各地推动了一批市县"多规合一"试点,取得了一定成效,在此基础上开展省级空间规划试点,为最终形成全国统一衔接的空间规划体系积累经验。2017年1月,中共中央办公厅、国务院办公厅印发《省级空间规划试点方案》,要求把国家经济安全、粮食安全、生态安全、环境安全等放在优先位置,从顶层设计的高度丰富了试点的内容。

3. 健全资源有偿使用和生态补偿制度

全民所有自然资源资产有偿使用制度是生态文明制度体系的一项核心制度。2017年1月,国务院印发《关于全民所有自然资源资产有偿使用制度改革的指导意见》。针对市场配置资源的决定性作用发挥不充分、所有权人不到位、所有权人权益不落实等突出问题,提出加大改革力度,力争到2020年,基本建立产权明晰、权能丰富、规则完善、监管有效、权益落实的全民所有自然资源资产有偿使用制度。针对土地、水、矿产、森林、草原、海域海岛等6类国有自然资源不同特点和情况,分别提出了建立完善有偿使用制度的重点任务。

4. 建立健全环境治理体系

我国环境治理体系存在解决污染防治能力弱、监管职能交叉、权责不一致、违法成本过低等问题,改革方案明确要求建立以改善环境质量为导向,监管统一、执法严明、多方参与的环境治理体系。

2017年9月,中共中央办公厅、国务院办公厅印发了《关于深化环境监测改革提高环境监测数据质量的意见》。针对地方不当干预环境监测行为时有发生,相关部门环境监测数据不一致现象依然存在,排污单位监测数据弄虚作假屡禁不止,环境监测机构服务水平参差不齐等环境监测数据出现的问题,提出治理意见,保证环境监测数据的真实性和保证环境决策依据的可靠性。

同月,国务院办公厅印发《第二次全国污染源普查方案》,开展第二次全国污染源普查,掌握各类污染源的数量、行业和地区分布情况,了解主要污染物产生、排放和处理情况,建立健全重点污染源档案、污染源信息数据库和环境统计平台,对于准确判断我国当前环境形势,制定实施有针对性的经济社会发展和环境保护政策和规划有重要意义。

11月,环保部审议并原则通过《排污许可管理办法(试行)》。实施排污许可制对实现工业污染源全面达标排放、落实重点地区空气质量改善目标等工作具有重要意义。《排污许可管理办法(试行)》是推动排污许可制实施的基础性文件,有助于强化排污者责任,提高环境管理效能,改善环境质量。

2017年5月,中央全面深化改革领导小组审议通过《跨地区环保机构试点方案》。10月,环境保护部在举行的例行新闻发布会上公布国内首个为重点解决区域大气环境问题而设置的跨地区环保机构——京津冀大气环保局将于2018年以前完成组建。设置跨地区环保机构是解决跨区域环境污染问题的重要手段，也是我国在健全环境治理体系上的又一次尝试。

5. 健全环境治理和生态保护市场体系

市场机制是经济发展的内生动力源泉，在生态文明建设中要处理好政府与市场的关系，特别要充分发挥市场的作用。2017年9月，环境保护部发布《关于推进环境污染第三方治理的实施意见》。推进第三方治理，是以环境污染治理"市场化、专业化、产业化"为导向，推动建立排污者付费、第三方治理与排污许可证制度有机结合的污染治理新机制，有利于引导社会资本积极参与，不断提升治理效率和专业化水平，是充分发挥市场作用的体现。

地方排污权交易试点取得成效。我国排污权交易地方试点工作已开展超过10年。2014年国务院办公厅印发了《关于进一步推进排污权有偿使用和交易试点工作的指导意见》。截至2017年8月，国家层面的试点地区共11个，其他地方自行确定的试点地区还有17个，2017年地方在推进排污权交易方面取得了一些进展，比如，浙江和山西等省份初步建立了排污权抵押贷款投融资机制，重庆市参照证券交易等金融资产制度推行了排污权政策登记机制。这些试点试验都为全国范围内排污权交易的开展提供了宝贵经验，也是发挥市场作用推进生态文明建设的最好示范。

6. 完善生态文明绩效考核和责任追究制度

近年来，我国在生态文明绩效考核和责任追究制度建设方面进展较快，形成了一批规范性文件，在实际工作中注重从"关键少数"着手，转变"重经济增长、轻生态建设"的发展理念，加大生态环境执法力度，极大震慑了环境违法行为。

2017年1月，为进一步健全环境保护行政执法与刑事司法衔接工作机制，依法惩治环境犯罪行为，最高人民检察院、环境保护部、公安部联合出台了《环境保护行政执法与刑事司法衔接工作办法》。9月，中共中央办公厅、国务院办公厅印发《关于建立资源环境承载能力监测预警长效机制的若干意见》。建立资源环境承载能力监测预警长效机制，对国土空间开发利用状况开展综合评价，可以更加清晰地认识不同区域国土空间的特点和属性，开发现状、潜力和超载状况，明确区域资源环境超载问题的根源，从而实施差异化的管控措施。

11月，中共中央办公厅、国务院办公厅印发《领导干部自然资源资产离任审计规定（试行）》。对于离任的领导干部，需要审计其贯彻执行中央生态文明建设方针政策和决策部署情况、遵守自然资源资产管理和生态环境保护法律法规情况、自然资源资产管理和生态环境保护重大决策情况、完成自然资源资产管理和生态环境保护目标情况、履行自然资源资产管理和生态环境保护监督责任情况、组织自然资源资产和生态环境保护相关资金征管用和项目建设运行情况等。

（四）开展专项执法行动

开展国家级自然保护区监督检查专项行动。针对2017年2~3月，中央督查组对祁连山国家级自然保护区生态环境破坏问题开展的专项督查结果，中共中央办公厅、国务院办公厅印发《关于甘肃祁连山国家级自然保护区生态环境问题督查处理情况及其教训的通报》，体现了党中央、国务院维护生态环境、建设生态文明的坚定意志和坚强决心，为进一步做好环境保护工作提供了根本遵循和坚强保障，对于推动环境保护事业发展具有历史性、标志性的意义。

10月，环保部等七部门联合组成10个"绿盾2017"国家级自然保护区监督检查专项行动国家巡查组，对全国的国家级自然保护区进行巡查，目前已对31个省（区、市）的112个国家级自然保护区进行了实地巡查，生态恢复措施正在落实。

开展长江经济带饮用水水源地环境保护执法专项行动。2016年以来，环境保护部在长江经济带持续组织开展地级以上集中式饮用水水源地环境保护执法专项行动。一年多来，推动解决了一批突出问题，大部分是一些历史遗留的"老大难"问题，整改难度相对较大，包括饮用水水源保护区内存在违法建筑和工业企业、农村面源污染、非法排污口等问题。

中央环保督查持续推进，环境执法力度不减。中央环保督察2015年底从河北开始试点，到2017年下半年已经实现了31个省份全覆盖，取得了很好的效果，忽视生态环境保护的状况明显改变。环境执法工作力度始终不减，坚决打击各类环境违法行为。环境保护部通报2017年1~10月全国适用《环境保护法》配套办法的案件总数32227件，同比增长126%。其中，按日连续处罚案件936件，比上年同期增长58%。罚款金额达10亿元，比上年同期增长48%；查封、扣押案件14692件，比上年同期增长144%；限产、停产案件7193件，比上年同期增长112%；移送行政拘留7093起，比上年同期增长161%；移送涉嫌环境污染犯罪案件 2313 件，比上年同期增长 54%。

六大区域督查中心由事业单位转为环境保护部派出行政机构。环境保护部华北、华东、华南、西北、西南、东北环境保护督查中心由事业单位转为环境保护部派出行政机构，并分别更名为环境保护部华北、华东、华南、西北、西南、东北督察局，解决了督查中心的执法身份问题，将有力推进国家环境治理体系和治理能力现代化进程。

二 生态文明建设和体制改革成效及存在的问题

（一）生态文明建设和体制改革成效显著

2017 年，全社会贯彻绿色发展理念的自觉性和主动性继续增强，生态文明建设取得了明显成效。

一是空间格局不断优化。党的十八大以来，主体功能区制度逐步落实。中共中央办公厅、国务院办公厅印发《关于划定并严守生态保护红线的若干意见》，生态保护红线的划定工作有序推进，至少已有 12 个省份初步划定生态保护红线。继续完善主体功能区的政策即将出台，推进国家公园体制改革，国土空间布局得到优化。

二是资源、能源的利用率明显提高。国家统计局发布的数据显示，2017 年我国能源消费结构明显优化，天然气、水电、核电、风电等清洁能源消费占能源消费总量的比重比上年提高约 1.5 个百分点，煤炭所占比重下降约 1.7 个百分点。单位产品能耗多数下降。39 项重点耗能工业企业单位产品生产综合能耗指标中八成多比上年下降。节能降耗取得新成效。经初步核算，2017 年，全国单位 GDP 能耗下降约 3.7%，顺利完成全年下降 3.4% 的目标任务。

三是环境质量持续改善。"大气十条"实施四年多来，全国空气质量有了明显改善。2017 年是"大气十条"第一阶段收官之年，大气污染治理力度空前，全国空气质量明显好转。北京市率先宣布已完成"大气十条"要求的目标。2017 年，北京市优良天数 226 天，约占全年的 62%，比 2016 年增加 28 天；全年 PM2.5 有 9 个月的月均浓度为近 5 年同期最低水平。2017 年，河北省平均达标天数 202 天，占全年总天数的 55.3%，较 2013 年增加 73 天。PM2.5 年平均浓度为 65 微克/立方米，较上年 70 微克/立方米同比下降 7.1%；较 2013 年的 108 微克/立方米下降43微克/立方米，降幅达到39.8%，超出"大气国十条"确定的较2013年下降25%的目标14.8个百分点。

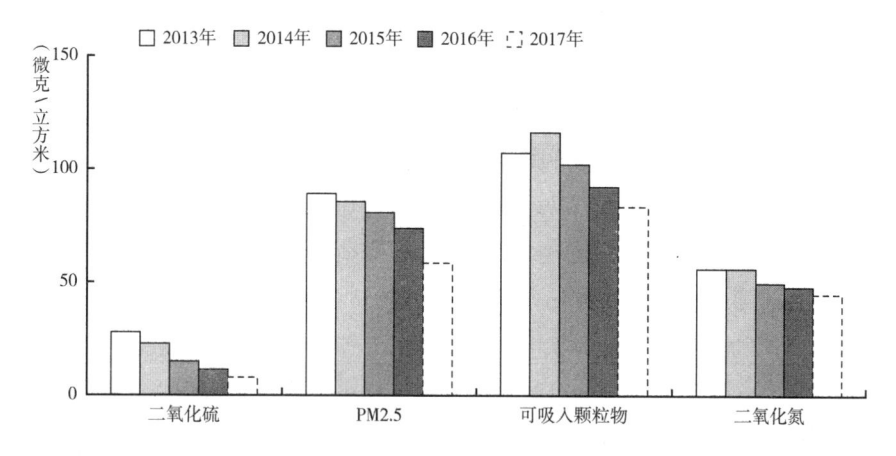

图1　2013~2017年北京各项污染物年均浓度变化

水质状况也持续改善。从环境保护部公布的2017年上半年全国水质情况看，全国水环境质量呈改善趋势。根据国控地表水监测网数据，2017年上半年，全国地表水水质优良（Ⅰ～Ⅲ类）水体比例为70.0%（2017年目标为68.3%），同比上升1.2个百分点；丧失使用功能（劣于Ⅴ类）水体比例为8.8%（2017年目标为8.4%），同比下降1.7个百分点。但全国共有27个断面水质下降，部分地区完成2017年水质目标难度仍然较大。

四是生态文明制度体系不断完善。2017年，中央办公厅、国务院办公厅发布多项政策，包括《关于划定并严守生态保护红线的若干意见》、《省级空间规划试点方案》、《关于深化环境监测改革提高环境监测数据质量的意见》、《关于建立资源环境承载能力监测预警长效机制的若干意见》、《领导干部自然资源资产离任审计规定（试行）》等，是对《生态文明体制改革总体方案》提出的生态文明体制改革"八项制度"的落实，也意味着我国生态文明制度体系进一步完善。

五是生态文明国际影响不断扩大。积极参与联合国可持续发展议程相关工作，率先发布《中国落实2030年可持续发展议程国别方案》。向联合国交存《巴黎协定》批准文书，在应对全球气候变化中积极承担大国责任，引导应对气候变化国际合作。积极履行《生物多样性公约》和《蒙特利尔议定书》等国际环境公约。我国正在努力探索适合中国发展阶段和国情的生态文明建设之路，也正在为全球生态环境治理提供"中国方案",成为全球生态文明建设的重要参与者、贡献者、引领者。

(二)存在的问题和障碍

当前我国生态文明建设水平仍滞后于经济社会发展,生态环境方面的历史欠账较多,很多问题是中国发展面临的特有问题,没有国际经验可以借鉴,需要开展改革创新试验,才能探索出真正适合我国国情和各地发展阶段的生态文明制度模式。要实现这样的目标,我们还有很长的路要走。

当前,我国生态文明建设存在以下问题。

第一,部分改革领域进度较慢,前后政策衔接不够。虽然体制改革顶层设计已经基本确立,但仍有改进的空间。部分改革相对滞后,比如自然资源产权制度改革没有国际经验可以参考,国内试点也未见明显成效,改革难度较大,需要集中力量突破难点问题。有些改革涉及相关法律要进行修订,进展比较缓慢。另外,部分改革存在内容交叉等问题。比如,新环保法明确"地方政府对本辖区的环境质量负责",这与设置跨区域环保机构的改革存在冲突。

第二,部门掣肘突出,协调难度大。目前,我国生态文明建设职责分散在环保、发改、水利、国土、林业、建设、农业等部门中,"水里和陆地的不是一个部门管"、"一氧化碳和二氧化碳不是一个部门管"、"环保不下水,水利不上岸"等部门职能交叉多、分工不明确现象依然存在。多头管理导致环保部门对综合和专业部门的监督难以实现,统一监管难以实现。同时,各部门均按照部门上位法要求和管理的需求建立相应的监测网络,独立开展不同领域的环境监测工作,监测力量重复浪费,监测数据难以互通共享,而且由于各自的监测方法、监测时间和评价方法不统一,各部门发布公报的结论有差异或冲突,对公众产生干扰,影响政府公信力。

第三,部分地方政府治理能力不足,影响改革进程。各地方政府发展理念存在较大差别,在经济发达地区或生态基础好的地区,生态观念比较强,能清楚地认识到生态建设和环境保护不仅不会对经济发展造成阻碍,反而极大地推动了社会整体利益提升。但在不少地区还存在发展理念未转变的问题,仍然坚持生态环境让位经济发展的政策,对于环境保护检查采用应付的手段。另有一些地方政府短期内找不到兼顾经济发展和环境保护的方法,特别是,近年改革文件密集出台,文件数量多、专业性强,一些地方政府有选择性地推动改革,或者采取以

"文件落实文件"的消极做法。

第四，市场机制发挥作用不足。近年来，生态文明建设的重点在制度的完善和政府监管力度的加强上，但市场激励方面的改革进程相对较慢，在如何正确划分政府和市场的行为边界问题上，仍需要开展更多的探索。

三 生态文明建设展望与建议

2017年，我国生态文明建设和体制改革取得了显著成绩，但生态环境的现状仍与人们对良好生态环境的需求存在较大差距。2018年，生态文明建设的任务仍然艰巨，要按照十九大报告提出的新要求和新部署，继续贯彻绿色发展理念，推进生态文明体制改革，加大环境污染治理力度，推动形成人与自然和谐发展现代化建设新格局。

（一）推动机构改革，理顺部门关系

当前，生态文明体制改革的顶层设计由中央深改组负责，但执行层面职能交叉问题严重。建议可先由中央财经领导小组办公室承担生态文明建设的协调工作，加强各项改革的协同推进，保证改革目标的实现。同时，主要的生态文明建设主管部门，包括发改、环保、国土、林业、农业、工信等应根据本部门承担的生态文明建设职能，明晰各自权责，建立相互协调机制，解决职责不清、协调难度大的问题。同时，要对各部门在之前设立的各种保护区、示范区、实验区等进行梳理，到期后的各种示范、试点不再继续，统一将生态文明建设试点试验工作放在生态文明建设试验区进行，改变制度体系碎片化、低效率的问题。

按十九大报告要求，尽快就新设国有自然资源资产管理和自然生态监管机构的顶层设计做出部署，建议在中央层面设立专门的委员会负责相关工作，解决现在已有部门无法独立完成相关改革任务的问题。

（二）理顺中央地方关系，解决跨区域生态环境问题

我国在解决跨区域生态环境问题，特别是跨流域水污染问题方面进行了多年探索，各大流域都设立了流域委员会，对于解决流域水环境问题发挥了重要作用，但并没有从根本上解决跨流域污染问题。目前，除了流域水环境问题，空气污染也面临跨区域协调问题。生态环境问题具有跨区域、流动性的特点，需要区

域协作，提高治理效率。建议在中央层面设立跨区域决策协调机制，负责协调解决跨行政区的生态环境问题，特别是要关注资金分配的问题，可开展基于生态补偿的横向转移支付试点，探索研究跨区域环境问题的制度创新。在解决跨区域生态环境问题时，还应注意科学界定中央和地方的权责。

（三）完善生态补偿制度，健全市场体系

生态补偿制度是我国生态文明制度体系最重要的组成部分之一，核心要义是对提供生态系统服务功能价值的补偿付费。多年来，国家和地方层面都开展了多种类型的生态补偿试点，取得了很多好的经验，特别是流域生态补偿的试点经验可以推广。同时，各地也在探索在重点生态功能区、流域上游水源地、大气污染防治联防联控区域内等开展生态补偿实践，可在此基础上，推动建立有利于生态环境保护的财政转移支付制度，特别是横向财政转移支付，这也将是我国财政转移支付制度的创新尝试。

我国生态文明建设制度体系已经基本构建完成，近年来，改革的重心放在完善监管、加强绩效考核和离任审计等制度上。2018 年及今后一段时期，应将改革重点转到健全环境治理和生态保护市场体系上来。一方面，推行排污权交易制度。2017 年全国碳排放交易市场已经正式启动，排污权交易市场也应加快推进。扩大排污权有偿使用和交易试点，将更多条件成熟地区纳入试点。在重点流域和大气污染重点区域，合理推进跨行政区排污权交易。另一方面，建立绿色金融体系。推广绿色信贷，研究采取财政贴息等方式加大扶持力度，鼓励各类金融机构加大绿色信贷的发放力度。支持银行和企业发行绿色债券，鼓励对绿色信贷资产实行证券化。支持设立各类绿色发展基金。在环境高风险领域建立环境污染强制责任保险制度。

（四）继续推进信息公开，完善公众参与机制

长期以来，环保领域存在官方公布的环境质量信息与公众的切实感受相差较大的情况，这一方面环保监测能力不足，监测点数量较少、位置选择不科学等因素导致数据代表性不强，不能反映完整的环境质量状况，另一方面存在地方瞒报、虚报信息及企业篡改监测数据等现象，导致信息不准确。除严惩信息造假外，还应加强政府和企业环境信息公开，接受社会监督。

推动政府和企业环境信息公开。公众对于环境问题最基本的权利是知情权，

应以公众知情权为核心，细化信息公开的方式，信息公开的内容既要包括政府部门掌握的环境质量监测信息、监管部门环境信息，也应包括企业公开排污处理信息、污染源信息等。

加强企业环境信用体系建设。建立企业环保守信激励、失信惩戒机制，将企业的环保守信和失信行为，及时向社会公开，使失信者时时受限。加强对环保失信行为的市场性约束和惩戒，及时公开披露其相关信息，协助征信机构纳入信用记录和信用报告，引导银行、证券、保险等金融机构对其提高贷款利率和保险费率，限制提供贷款、保荐、保险等服务。

完善公众参与机制。建立环境保护网络举报平台和举报制度，健全举报、听证、舆论监督等制度，保障公众的环境监督权。建立政府与社会各界的沟通协商机制，在政策周期中的各个环节，充分鼓励公众参与。

（撰稿人：中国国际经济交流中心信息部副研究员，陈妍）

共享经济发展与展望

近年来,中国共享经济发展快速,创新活跃,重点应用领域取得了显著成就,有效带动了社会就业、促进了创新创业,已成为打造经济发展新动能的重要力量。

一 2017年我国共享经济发展现状

(一)市场规模持续增长

共享经济规模这几年持续增长。国家信息中心数据显示,2015年,我国共享经济市场规模约为1.96万亿元,其中交易额1.81万亿元,融资额1460亿元。参与的人数约5亿人,提供服务者的人数约6000万;2016年,我国共享经济实现市场交易额为3.45万亿元,同比增长103%,平台企业的数量也超过了1000家,参与的人数达到了6亿人,提供服务者的人数约6000万;国家发改委有关部门预测,预计2017年底,我国共享经济的交易规模将达到4.5万亿元。

(二)共享领域向纵深扩展

我国共享经济发展活跃,正在从汽车共享、单车共享、住房共享等先发领域逐渐向生产制造领域共享、知识共享、劳务共享、科研资源共享等更广阔的范围拓展。

在汽车共享领域,我国共享经济模式起步较其他行业早,已经涌现出了网约车、顺风车、分时租赁、P2P租车等典型业态，形成了商业模式齐全、出行选择多样的行业生态。国家信息中心数据显示，2016年我国汽车共享市场规模超过2000亿元，用户规模超4亿人，日均订单数量超过2000万人。

在共享单车领域，共享单车是继我国网约车等新经济发展之后的新亮点，也是我国共享经济发展的典型形式，对解决城市出行"最后一公里"、构建绿色交通出行体系、推动传统产业转型升级产生了积极影响。共享单车与高铁、移动支付和网购一起成为我国新"四大发明"，享誉全球。我国共享单车发展迅猛。中国互联网络信息中心（CNNIC）发布的第40次《中国互联网络发展状况统计报告》（以下简称为《报告》）指出，截至2017年6月，共享单车用户规模已达1.06亿，占网民总体的14.1%。共享单车市场投放量达1600万辆，其业务覆盖范围已经由一、二线城市向三、四线城市渗透，融资能力较强的共享单车品牌开始涉足海外市场。

在知识共享领域，已经出现了包括在线问答、网络直播、在线健康咨询、在线教育、创意众包等在内的众多新兴业态。国家信息中心数据显示，2016年我国知识共享领域市场交易额达610亿元，同比增长205%。创意众包在我国知识共享领域中发展较快。截至2016年底，我国创意设计共享领域注册用户超过1600万，服务商超过1300万家，雇主遍布超过25个国家与地区。

在制造业领域，工信部信软司副司长安筱鹏在2016中国互联网应用创新年会上发言时指出，制造业将是共享经济的主战场。中国是制造业大国，也是互联网大国，如果能够把两个优势叠加起来，将形成叠加效应、聚合效应和倍增效应。在制造业内，生产环节的分享方式主要包括以租代买、按时计费、按件计费等。目前已有不少制造企业开始试水共享经济。如沈阳机场的"i5机床"，可以按照加工零部件的数量或加工零部件的时间给沈阳机床付费，企业购买的不是"机床"，而是"机床加工能力"。上海名匠正探索自己为客户建设智能工厂，客户可以按工厂加工产品的数量来收费的新模式，本质上是制造工厂所有权跟使用权的分离，是共享经济进入制造环节的一种重要的探索。

在劳务领域，涌现出了一系列劳务众包的共享经济新业态，以物流、设计、旅游等劳务共享为特征的共享经济发展迅速。在众包物流方面，涌现了京东众包、人人快递、饿了么"蜂鸟"、美团众包、我快到、51送、闪送、E快送等企业；在货运O2O方面，涌现出了1号货的、云鸟配送、货车帮、罗技物流、蓝犀牛、速派得、运满满、货拉拉、福佑卡车等企业。

（三）领头企业加快国际化步伐

在汽车、单车、办公、住宿等共享经济领域我国领头企业加快了国际化布局，逐步走向全球。在网约车领域，2016~2017年，滴滴通过投资海外网约车平台加快了国际化步伐。已投资了巴西的99（原名为99Taxis）、印度的Ola、南非和欧洲的Taxify、中东的Careem、东南亚的Grab，以及美国的Uber和Lyft。在共享单车领域，ofo已入驻新加坡、英国、美国等的多个城市。摩拜已经进入了英国的曼彻斯特和索尔福德、日本的福冈和札幌、意大利的佛罗伦萨和米兰等多个海外城市。在共享办公领域，2017年6月，优客工场在新加坡开始了国际化扩张，已经落地纽约、旧金山、伦敦、洛杉矶等重要国际大都市。

（四）灵活就业规模持续扩大

共享经济就业的重要特征就是灵活就业，是灵活就业的蓄水池。中国人民大学劳动人事学院、首都经济贸易大学联合发布的《新经济，新就业——2017年滴滴出行平台就业研究报告》显示，2016年共有2107.8万人通过滴滴平台获得收入，包括专车、快车司机，代驾司机，以及顺风车车主，相当于2016年全国第三产业就业人员的6.2%。另外，滴滴平台上还有178.8万名司机是复员、转业军人。同时，滴滴平台还为209.3万名女性提供了就业机会。

（五）行业政策持续优化

2017年7月，国家发展改革委等八部门联合印发了《关于促进分享经济发展的指导性意见》（以下简称《意见》），就如何进一步营造公平规范市场环境、促进共享经济更好更快发展等进行了部署。《意见》提出，要合理界定不同行业领域共享经济的业态属性，分类细化管理。避免用旧办法管制新业态，破除行业壁垒和地域限制，进一步取消或放宽资源提供者市场准入条件限制。探索建立政府、平台企业、行业协会以及资源提供者和消费者共同参与的共享经济多方协同治理机制。

2017年8月2日，为鼓励和规范互联网租赁自行车发展，交通运输部、中央网信办、国家发展改革委等10部门联合出台《关于鼓励和规范互联网租赁自行车发展的指导意见》（以下简称《指导意见》）。《指导意见》坚持问题导向，实施包容审慎监管，明确了发展定位、引导有序投放车辆、完善自行车交通网络、推进自行车停车点位设置和建设等鼓励发展政策。鼓励新技术推广应用，充分利用车辆卫星定位、大数据等信息技术加强所属车辆经营管理，创新经营服务方式，不断提高用户体验，提高服务水平。营造良好发展环境，包括明确责任分工、加强社会公众治理、建立公平竞争市场秩序等，促进行业健康发展。

（六）信用体系日益完善

一方面，政府积极为共享经济发展提供信息体系支撑。全国信用信息共享平台归集信息超过百亿条。现已归集信用信息超过 107 亿条，连通 42 个部门、所有省区市和 50 家市场机构，并与国家人口库建立了信息核查与叠加机制，形成了法人和非法人信用信息数据库以及个人信用信息数据库。另一方面，平台企业自建信用评价体系，为共享经济提供信用支持服务。各类共享经济平台企业已普遍搭建起平台生态内的信用评价体系，对供需双方的基本情况、交易行为、相互评价等信息进行信用分析评估，并根据信用评分情况进行分类管理。国家信息中心发布的《信用助力分享经济发展报告》指出，截至 2017 年 4 月，在全国 381 个城市，仅芝麻信用提供的免押金场景就覆盖了酒店、房屋短租、民宿、汽车租赁、共享单车、便民物品、农业设备租赁等八大行业，累计提供免押金额合计 313.8 亿元。在网约车领域，许多平台企业均建立了网约车车主服务信用档案和服务评分制度，根据服务分值差异调控资源配置；在家政领域，许多平台企业建立起家政技师的技能信用档案，方便其他雇主通过查看前雇主的评价和技能综合评分来选择更优质的技师。

二 当前我国共享经济存在的主要问题

（一）理论和认识尚未达成一致

共享经济在我国的发展还刚刚起步，政府和公众对此认识不到位甚至还存在诸多误解，主要涉及共享经济的理论基础、定义，共享经济与传统行业的关系，共享经济与现有管理制度的关系等。2015 年，社会普遍认为共享经济主要是将"闲置"资源有效利用，而共享单车的实践表明"闲置"不是共享经济最核心的特点。社会公众还认为，共享经济与传统的租赁经济概念一样，只不过是"旧瓶装新酒"。两者存在本质的不同，传统租赁经济不具有互联网特征，而共享经济的典型特征是通过互联网平台来优化资源配置，使得资源得到有效利用，节省了用户成本。现有的管理制度、法律法规、监督体制等都不适应共享经济发展，导致新业态发展受阻。同时，社会上也出现了大量伪共享企业，利用新概念吸纳用户，消费者权益难以得到保障。

（二）管理制度不适应共享经济发展

当前，我国经济管理制度和产业政策是建立在工业文明的基础上的，强调集权、层级管理、区域和条块分割等管理方式。而共享经济主要是具有去中心化、跨区域和跨行业特征，是典型的平台经济。传统的管理方式和行业许可制度不适应新经济发展，管理部门习惯性地用旧制度管理新业态。比如，网约车、远程医疗、在线教育、民宿等共享经济新业态仍存在诸多政策障碍。从事医疗资源共享的共享经济平台，若仍要取得医疗许可证，则会大大制约医疗资源的有效整合利用。如果大多数共享经济仍按照线下经营实体资格条件，很多平台型企业可能因不具备条件而随时被认为是"非法"的，面临被取缔的风险。

（三）一些地方思想理念落后于中央

中国经济发展的最大动能来自广大群众和企业的实践与创造，"大众创业、万众创新"更是激起了全社会创新和创业高潮，涌现出了共享经济、包分包众等新业态新模式，我国经济发展迸发出了无尽的活力。然而，一些地方政府和官员习惯用旧理念、旧政策来管理新业态、新模式，政策不从国家大局出发，不从市场实际情况出发，不从人民的根本需求出发，而是从部门和集团利益出发，保护了旧业态，扼杀了企业和市场的创新，导致我国新经济发展受阻。以网约车和共享单车为例，各地政策实施细则，反映了我国一些地方政府和部分官员没有真正理解共享经济的内涵和作用，没能真正领悟中央提出的创新、协调、绿色、开放、共享五大发展理念，一些地方网约车和共享单车政策阻碍了我国以网约车、共享单车为代表的共享经济创新发展。

（四）政策落实不到位

党的十八大以来，党中央和国务院明确提出，要使市场在资源配置中起决定性作用和更好发挥政府作用。本届政府更是将创新驱动作为国家发展重大战略，高度重视共享经济、大数据、人工智能等新业态发展，实施"大众创业、万众创新"和"互联网+"行动计划,明确要求政府简政放权,激发微观经济主体活力。但在共享经济发展实践中,中央有关政策落实不到位,以交通部网约车为例,《网络预约出租汽车经营服务管理暂行办法》(以下简称《暂行办法》)明确提出,各地网约车实施细则要遵循"乘客为本、改革创新和统筹兼顾"等原则,为网约车政策指明了方向。但各地在实践过程中,大部分延续了传统出租车的计划监管模式。有些地方不了解互联网,对新业态、新理念缺乏认识,存在严重的路径依赖。从大多数直辖市和省会重点城市出台的实施细则和部分城市公开征求意见来看,大部分城市不是本着"乘客为本"的原则,设置了众多与出行安全无关的准入门槛,包括轴距、排量、功率、车价、车长、车龄等,并普遍采用了价格和数量等传统管制模式,无视平台经济发展规律,严重影响了群众出行、社会就业、新经济发展和企业创新。

(五) 一些地方和部门利益阻碍

共享经济对传统行业会产生一定的冲击,尤其是新业态刚起步,对传统行业冲击尤为明显。以出租车为例,网约车刚出现的时候,传统出租车业务受到一定的冲击。因此,地方政府或主管部门在制定新业态管理办法时,会习惯性地用传统办法来管理新业态,保护传统行业的利益。一些地方政府强调维护传统出租车既得利益,提高网约车准入门槛,甚至将网约车作为黑车进行打击。运营多年的出租车公司和固化的既得利益群体主导了话语权,制定实施细则前未进行有效的政企沟通和网约车调研。因此,各地公布的网约车实施细则,存在明显的保护传统出租车行业的特点。

三 2018年我国共享经济重点领域展望与政策建议

(一) 强化宽松包容的管理思路,消除共享经济发展面临的政策障碍

共享经济正向各行各业广泛渗透,大量新业态不断涌现,对现有的政策、制度、法律提出了新的挑战。政府应强化宽松包容的管理思路,充分考虑不同行业领域共享经济的业态属性,分类细化管理,对"看不准"的新业态,可以稍微等等看,支持和引导各类市场主体积极探索共享经济新业态、新模式。一是进一步取消或放宽资源提供者市场准入条件限制,破除行业壁垒和地域限

制,避免用旧办法管理新业态。二是加强释法、修法等工作,按程序及时调整不适应共享经济发展和管理的法规和政策规定,不断优化法律服务。三是根据共享经济的不同形态和特点,合理界定不同运营模式下平台企业应承担的法律责任。四是在各领域提供宏观预期指导的同时,避免监管过细过严,增强政策的包容性和灵活性。

(二)强化企业规范管理,保障消费者权益

自2015年以来,大量资本涌入共享单车,我国共享单车呈爆发式增长。行业发展最好的时候,全国有74家共享单车企业,全球共有4亿注册用户,融资总额高达230亿元,累计完成订单115亿单,投放市场的单车总量约2300万辆。但随着交通运输部8月3日发布的《关于鼓励和规范互联网租赁自行车发展的指导意见》的实施,共享单车行业门槛日益提高,一些小的单车企业出现倒闭,很多用户的押金无法赎回。据公开媒体报道,目前悟空单车、町町单车、小鸣单车、酷骑单车、小蓝单车相继出现押金无法退回的现象。从公开的数据来看,目前共享单车押金至少100亿元。①从有关媒体调查看,目前大多数共享单车企业存在用户押金"挪用"现象②,小蓝单车纷纷出现大多数用户押金无法返还就是最好的例证。此外,各共享单车普遍没有对用户押金进行专门的托管,存在极大的风险。建议按照《关于鼓励和规范互联网租赁自行车发展的指导意见》有关规定,各地应做好摸底工作,研究配套政策和措施,落实地方政府主体责任,落实押金专门托管,保护消费者利益,促进行业健康有序发展。各地方政府要加强宣传,防止有的企业打着"共享经济"的旗帜,欺骗消费者,尤其要打击金融欺诈。

(三)适时评估有关政策,调整不合理条款

关于鼓励和规范共享的政策典型,目前有交通运输部的网约车政策和共享单车政策。但从各地实践看,普遍存在不适应新经济发展要求的若干条款,尤其一些地方在政策执行的时候出现了"钓鱼执法"和暴力执法等现象,这对未来共

---

① 根据《中国互联网络发展状况统计报告》,截至2017年6月,共享单车用户规模已达到1.06亿。按用户平均超过百元押金估算,整个共享单车行业的押金数量或已超100亿元,其中还不包括用户提前充值的各类未消费余额。

② http://money.163.com/17/1203/20/D4OPRVD5002580S6.html.

享经济发展造成不明朗的预期，扰乱了市场秩序。建议适时对《网络预约出租汽车经营服务管理暂行办法》和《关于鼓励和规范互联网租赁自行车发展的指导意见》各地执行情况进行全面评估，对不符合经济发展规律的条款进行调整。

一是终止网约车有关不合理的政策条款。建议对不符合实际情况且遭到网约车司机、乘客和行业抵制的条款，梳理清楚后应尽快废除。对不同城市政策细则不同的问题，应分类处置，废除那些与安全无关的网约车准入门槛，如对车辆设置的轴距、排量、价格、车龄、车长、功率等非安全因素的门槛；取消带明显就业歧视的户籍规定条款，取消要求全国性平台在多地设立分支机构和分区域报送信息等规定。

二是调整部分共享单车不合理政策。建议停止有些地方出台的共享单车数量管控和排他性竞争等不平等条款等准入性限制，而应采取更加公平的市场竞争原则，引导有竞争力的企业积极参与市场竞争。应减少对市场的直接干预，强化共享经济发展规范、技术标准和监督管理。

三是落实中央"放管服"改革的要求。坚持包容审慎监管，坚持"以人为本"的原则，鼓励和规范共享经济发展。科学界定共享经济平台企业、资源提供者和消费者的权利、责任及义务，明确追责标准和履责范围。强化全国性平台信息安全监管，实现数据安全可控；加大政府和主管部门对网约车或共享单车等平台的监管力度，强化平台的主体责任和依法纳税的主体责任。

（四）鼓励通过技术手段，提高共享经济治理现代化水平

在短短两年时间里，我国共享单车从国内走向国际，引领全球共享单车创新发展。以交通运输部《指导意见》为分界，我国共享单车上半场野蛮生长的时代告一段落，将进入下半场，一些体量小的单车公司将加速倒闭，共享单车行业发展将出现寡头竞争格局。上半场快速发展源于技术应用和市场驱动，但主要还是归功于市场规模红利；下半场仍然靠市场和技术双轮驱动，但更主要的是靠技术创新驱动，才能更好地解决当前存在的问题，实现可持续发展。

一是通过定位系统实现精准管理。如果仅以规模扩张为重点，而无精准管理，单车数量会越来越多，将有可能成为城市垃圾，增加城市管理难度，并造成巨大的浪费。鼓励利用北斗等定位技术，实现单车精准定位和精准管理。

二是使用人工智能提升管理水平。共享单车管理涉及车辆投放、运营调度、车辆停放和故障车识别与处理等，目的是要提高车辆的使用效率，实现最大化使

用。鼓励共享单车企业大规模使用人工智能,引导用户参与故障车和"僵尸车"的处理。

三是构建大数据平台,提升共享单车企业的核心竞争力。平台企业要实现所有投放车辆实时在线,及时了解车辆状况;要实现每个用户骑行数据可追溯,绘制城市乃至全国用户骑行数据,改善企业投放策略,优化城市公共交通等。这是共享单车企业的核心竞争力,也是企业未来盈利的"蓝海"。

四是积极利用电子围栏技术规范共享单车管理。针对用户乱停车问题,政府应划定"禁停区",实施负面清单管理,企业应积极利用电子围栏等技术,引导用户规范停车。

(五)以构建产业互联网平台为抓手,加速推动互联网与制造业深度融合

制造业共享经济发展尚处于起步阶段,需要政府部门加强财税、金融、人才等多方面的政策引导和支持。①

第一,把制造业共享经济作为智能制造的战略重点。建议加强众包、云制造等典型分析模式的宣传推广,引导制造企业深度树立共享经济理念,探索基于所有权和使用权分离的生产组织模式创新,加快互联网向生产环节的渗透,促进传统制造业主动适应共享经济发展趋势,以共享经济为突破,加快发展智能制造,推动制造业转型升级。

第二,加强制造业共享经济发展的政策引导。鼓励地方政府筛选一批技术含量高、质量保障有力的制造产品,建立财政补贴重点推荐产品目录,设立专项引导资金。

第三,构建制造业共享经济产业新生态。制造业大企业具有较为明显的资源优势,应鼓励行业龙头企业积极发展共享经济,搭建开放共享的公共平台,整合产业链上下游各个环节的资源,提升企业需求链、产业链、供应链、创新链的快速响应与传导能力。

第四,加强制造业共享经济网络和信息安全保障。应切实提升网络技术安全水平,确保制造业共享经济网络平台安全稳定运行。妥善保管客户信息和企业资料,避免信息泄露。制订应急预案,妥善处理网络和信息安全突发事件。应积极

---

① 赛迪顾问报告,http://www.sohu.com/a/197646141_378413。

推进网络信息安全、个人信息保护等方面的地方立法,加强基础信息资源和个人信息保护,强化互联网信息安全管控,确保制造业共享经济有序开展。

(六)通过购买服务和完善公共交通网络,鼓励共享单车企业发展

针对具有准公共属性的共享单车,各城市管理部门,应履行更多的责任,完善城市基础设施,包括完善自行车交通网络,合理布局慢行交通网络和自行车停车设施,将其纳入城市综合交通体系规划,并与城市公共交通规划相衔接。应主动推进自行车道建设,提高自行车道的网络化和通达性。要优化自行车交通组织,完善道路标志标线,纠正占用非机动车道等违法行为,保障自行车通行条件。对城市重要商业区域、公共交通站点、交通枢纽、居住区、旅游景区周边等场所,应当规划配套的自行车停车点位或者通过电子围栏等设定停车位,为自行车停放提供便利。鼓励地方政府通过购买服务的方式,与共享单车企业合作,解决市民出行难等问题。

(七)提高制度供给质量,营造良好的市场竞争环境,培育共享经济新动能

一是更加注重机制建设。按照鼓励创新、包容审慎的原则,加快建设政府、平台企业、行业协会等多方参与的共享经济协同治理机制,依法推进各类信用信息平台的无缝对接,建立政府企业间的信息共享合作机制,同时还要建立多方参与的共享经济专家研讨机制。

二是提高政策的科学性。建议从国家层面成立共享经济政策专家咨询委员会,各部门有关共享经济的新业态、新模式相关的管理办法需要通过专家咨询委员会论证。发挥行业协会作用,在新业态管理办法出台方面,需要行业发挥更加积极的作用,与龙头企业充分沟通,更加广泛地听取社会公众意见,防治出现政策"熔断"。

三是加强平台企业管理。加强平台企业信息安全的管理,防治出现个人隐私滥用和泄露。防止平台企业利用技术和规模优势实施垄断,加强企业市场定价监测,鼓励竞争,引导共享经济健康有序发展。

(撰稿人:中国国际经济交流中心产业规划部副研究员,张影强)

当前我国金融风险形势及其应对

2017年以来，世界经济出现了明显复苏迹象，但增长动力仍然不足。我国经济稳中向好，把防控金融风险放到更加重要位置，并积极处置了一些风险点，整体风险水平有所下降，但仍存在一些潜在风险，如资本外流、金融体系流动性趋紧、政府债务增加、国有企业杠杆率过高、互联网金融风险等。

一 人民币汇率及资本流出风险防控

2017年，人民币兑美元双边升值了5.8%，但人民币兑一篮子货币汇率保持相对稳定。此外，外汇储备规模、外债余额保持稳定，银行结售汇差额和资本账户差额收窄，资本外流风险得到了有效控制。

（一）人民币汇率波动及资本流出风险

2017年3月、6月和12月美联储三次加息，人民币兑美元汇率不仅不贬，反而出现大幅度升值，这和2016年走势大相径庭。2017年初，中国人民银行果断出手，加强了资金流出监管，遏制住了人民币快速贬值势头。1~8月，人民币兑美元汇率升值接近7%；9月之后，出现双向波动走势，2017年底人民币兑美元汇率基本维持在6.5~6.6，银行结售汇差额和资本账户差额收窄。近年来，资本外流增加导致外汇储备减少，从2014年6月最高点3.99万亿美元降至2017年初低于3万亿美元。2017年以来，随着加强外汇监管，外汇储备出现稳步回升趋势，11月回升至3.1万亿美元。

从短期看，美联储加息政策并未对我国金融体系产生较大冲击，但潜在风险也不容忽视。美元加息是一把双刃剑，一方面吸引外部资金流入美国，推动美元升值，进而增加人民币贬值压力，另一方面提高了美国国内企业和居民的融资成本，加息过快可能会导致美国经济下滑。加之，美联储实施缩表操作，即卖出前期持有的MBS、回笼基础货币，相当于货币政策紧缩。单个政策作用是有限的，但加息、缩表、减税政策会产生叠加效应，对我国资本流动和外汇市场产生影响。

当前，欧洲央行和日本央行仍然实行较为宽松的货币政策，会强化美元加息效果，美、欧、日政策分化也增加了外部金融环境的复杂性。近年来，随着我国经济进一步对外开放，企业和居民用汇需求上升，一旦市场预期改变导致集中换汇，则可能导致资本流出风险。资本流出方式多种多样，部分企业通过经常项目跨境转移资金形成风险，例如，在人民币升值时以虚假贸易流入境内套取高利率和升值的收益，在人民币贬值时减少出口量致使资金流出。也有部分企业盲目投资房地产、酒店、影城、娱乐业、体育俱乐部等领域，形成风险隐患。更有部分高净值个人以旅游购汇、保险购汇、留学购汇、亲友蚂蚁搬家式购汇等向海外转移资产导致资本外流风险。这些都增加了防控资本流出风险的难度。

（二）应对风险的建议

第一，要保持合理的外汇储备，这是应对风险的基础。外汇储备既不能过多，也不能过少。过多意味着我国用自身经济资源去支持其他国家经济增长，而我国只换来对应的外汇储备，还要承担他国货币贬值、息票较低的影响。过少则无法在当前金融秩序下应对金融震荡，缺少应对资本外流的缓冲手段。拥有一定的外汇储备还可以方便调整储备资产结构，使外汇储备在欧元、日元、英镑与美元之间更合理地分配，进而影响美元指数走势，增强维护人民币汇率的操作工具。

第二，建立合理有效的汇率管理机制。一是加强企业经常项目结售汇管理，对出现明显的虚假贸易，应加大处罚力度；二是对服务贸易最大的旅游支出进行监管，加强外管局、银联和商业银行间的大数据运用，防止大额外汇资金转移；三是加强对地下钱庄的打击，增加非法跨境资金的转移成本，减少国际收支平衡中较大的净误差与遗漏数值；四是加强资本项目下的直接投资、证券投资和其他投资监管，对非主营业务的跨境并购的企业行为进行多重审核，防止借并购之名行跨境转移资金之实；五是加强对蚂蚁搬家购汇的监管，增强对个人违法违规购汇、资本转移行为的认定能力和管控能力。

第三,加强国际金融合作。一是推进"一带一路"建设,拓展人民币的国际使用范围,增加人民币在亚欧大陆贸易发展中的计价结算占比;二是提升人民币在国际支付结算中所占份额,增强自身计价结算地位;三是强化人民币储备货币地位,推动IMF扩大SDR使用,鼓励更多国家将人民币纳入其外汇储备;四是加强各国货币政策协调和金融监管合作,防范国际资本大规模跨境流动的风险。

第四,做好外部输入性风险防控,重点应对美元走强、美国货币政策和财政政策同时发力、大宗商品价格大幅上涨以及地缘政治和战争等外部冲击。

二 银行体系风险防控

2017年以来,我国银行体系信用风险仍处于高位,但进一步恶化势头有所缓解,市场风险与流动性风险所形成的交叉风险突出,影子银行风险仍不容忽视。

(一) 银行不良贷款问题

2017年以来全国不良贷款率指标持续攀升的势头得到遏制。截至2017年三季度末,关注类贷款率实现连续4个季度回落,但不良贷款问题远没有得到解决。一是不良贷款水平处于高位,数量庞大。2017年三季度末不良贷款余额为1.67万亿元,关注类贷款余额为3.42万亿元,合计相当于商业银行2016年净利润的3倍。商业银行关注类贷款迁徙率仍然偏高,消化存量仍需时日。二是处置不良贷款支出增加,严重侵蚀了银行利润。我国不良贷款率得以维持在目前的1.74%水平,且持续恶化势头得到了一定程度的遏制,实属来之不易。银行为此付出了沉重的代价。其中,打包转让和核销等处置方式实际造成银行利润直接损失,而维持当前178.8%的平均拨备覆盖率也大幅压缩了银行当期利润空间。三是不良率高企还间接影响银行资金流向实体经济。出于趋利避害的考虑,在目前不良贷款居高不下的情况下,银行普遍加大了风险控制力度,主动避免涉足制造业和批发零售业等较高风险行业。

(二) 银行债券市场业务的风险

2016年底以来,债券市场出现较大波动,利率短期内明显走高,对市场造成较大冲击。具体来看,一是银行资金大量流入债券市场。目前我国银行机构仍普遍存在追求资产规模的倾向,扩大主动负债和非贷款类投资成为当前的主要策略。其中，同业存单、同业理财、债券投资形成的业务链条扩张速度最快，小型银行面临的债券市场风险最为突出。虽然2017年以来的金融去杠杆工作取得一定成效，但流入债券市场的银行资金数额依然很大。2017年末，同业存单余额达到8万亿元，不到2年的时间已经达到政策性银行债发行余额的59.5%。二是机构高杠杆操作提高债券市场系统性风险。在长达两年多的债券牛市中，机构普遍采用高杠杆博取高收益，回购交易被各类机构普遍采用，证券公司和基金子公司的资管计划、私募基金等普遍采用分级模式，杠杆率进一步提升。在目前利率中枢整体上移的情况下，高杠杆机构对利率上涨的承受能力较弱，容易形成机构降杠杆和利率攀升的恶性循环。三是未来债券到期数量大幅增加，再融资压力较大。我国企业发行债券期限以5年期居多，3年期次之，2014年以来，我国企业发行债券的规模快速增长，由此导致未来一段时间我国企业债券到期数量大幅增加。从中期票据、公司债（不含私募债）、企业债情况来看，2017~2018年总偿还量分别为14600亿元、15500亿元，而2016年的总偿还量仅为11400亿元。

（三）银行资产管理业务的风险

近年来，我国资产管理行业快速扩张，管理资金规模庞大。2017年6月末，资产管理行业管理资金规模（不排除业务交叉导致的重复计算）合计106.09万亿元，管理资金规模达到银行业金融机构总资产余额的43.6%。其中的风险隐患不容忽视。一是大量银行资金突破原有风险管理体系，参与资产管理业务。从负债端来看，个人和企业的银行存款通过银行理财产品转移至资产管理行业。2017年6月末，个人类和机构专属类银行理财产品余额合计为19.62万亿元，与住户和企业存款之比达到16.4%。从资产端来看，银行机构将原有贷款业务转移成对接银行理财产品。2017年6月末，银行理财产品中配置了非标准化债权类资产和权益类资产合计占比为26%左右。二是大量金融类和非金融类机构涉足使得资管机构庞杂，机构间存在大量业务交叉，从资金来源方至资金最终使用方之间资金链条过长、业务环节过多。加之不同类型机构对资管产品存在或明或暗的担保责任，资产管理业务过于复杂，相关机构责任很难有效区分，风险有效识别性较弱，提高了系统的脆弱性。三是2017年以来，统一监管制度制定进程加快，11月，中国人民银行就《关于规范金融机构资产管理业务的指导意见（征求意见稿）》（以下简称《指导意见》）正式向社会公开征求意见。从未来趋势看，推进资管行业统一监管是大势所趋，但从具体过程来看，统一监管措施的推进仍面临一些挑战，包括短期内消除期限错配显著加大了银行控风险压力，净值管理打破刚性对付也加大了银行理财产品赎回压力。

（四）应对风险的建议

一是货币政策要继续保持稳健的总基调，增强货币政策定力，形成稳定市场预期，维持金融机构逐步压缩表内外资产规模的态势，挤出金融体系内部循环的过量资金，稳步去除金融体系风险隐患。二是发挥宏观审慎政策逆周期调控作用，赋予MPA考核更灵活的政策手段，实施非对称的差别准备金调整机制，研究制定资产管理行业宏观审慎管理框架，重视对多牌照金融机构和金融控股集团的管理，将重点企业纳入系统重要性金融机构加强监管。三是重塑我国金融监管理念，所有金融活动都要在监管的范围视野之内，所有的信息监管机构都要能看得到，所有的行为监管机构都要能监管得到。明确树立法律、法规、规章、规范性文件的权威性，对于现有制度，不允许监管主体自己去判断管还是不管，不允许市场主体自己决定遵守不遵守。四是逐步提高功能监管在整个金融监管体系中的占比，由以机构监管为主向以功能监管为主转变，适应金融机构逐步向混业经营发展的趋势，避免监管真空和监管过度。五是银行机构要合理控制主动负债规模，拓展资金来源渠道，提高主动负债管理的能力。金融机构要平衡好金融同业业务利润与风险的关系，提高对风险的重视程度，按照实质重于形式的原则全面做好风险管理工作。在有选择性和数量可控的情况下，打破刚性兑付问题，使信用风险溢价真正体现出来，使整个金融体系摆脱为风险溢价买单的零和博弈。

三 我国政府债务风险防控

近年来，我国政府债务整体风险可控，但地方政府负债特别是或有债务的规模仍然偏大，有待进一步消化。

（一）政府债务的构成及规模

截至2017年三季度，我国中央直接政府债务，即中央财政国债的余额达到12.89万亿元。中央或有政府性债务包括中央或有财政债务，以及中央或有部门及所属单位的债务。截至2017年三季度，我国广义政府性外债包括债务证券和贷款，共计约合人民币10274亿元，去除中央财政负责偿还的中央政府外债，其余为中央政府或有外债 9098 亿元。中央政府或有外债结合 2017 年三季度铁路总公司负债总额 4.72 万亿元以及由财政部提供担保的中央汇金投资有限责任公司发行的债券 1090 亿元，合计中央政府或有债务 5.81 万亿元。

在当前财政体制下，地方政府所负债务的构成较为复杂，界定也较为模糊。"新预算法"施行之后，我国地方政府债务的构成包括地方政府债券以及以非政府债券形式存在的存量政府债务。直接债务方面，截至 2016 年底，我国地方政府债余额为 15.32 万亿元，其中地方政府一般债务余额为 97867.78 亿元，地方政府专项债务余额为 55296.23 亿元。因缺乏直接的数据来源，考虑到一方面地方政府债存量上升，而另一方面 2014 年底前的非债券存量地方债务的削减有一定的相向的效果，仍以 15.32 万亿元估算截至 2017 年三季度的地方政府债的规模作为大致的估计。在或有债务方面，我国地方政府或有债务中主要是由各地的融资平台举债形成。随着当前相关政策规范的出台，地方政府债券实行了一系列严格的管理制度，其总体构成和规模相对公开透明，地方政府举债融资已经明显规范。因此，目前对我国政府债务风险的分析主要集中于地方政府的"或有债务"。截至 2017 年三季度，我国地方国有企业总体负债为 47.63 万亿元。参考审计署 2013 年底的摸底调查数据，按照 20% 的政府财政偿还比例计算，计入地方政府实际债务统计的规模为 9.53 万亿元。

PPP 因其具体落实操作过程中的不规范性，多数采取"明股实债"形式，为地方政府带来潜在风险。在 PPP 项目中，有的需要政府付费，有的需要政府补助，这都增加了政府未来支出责任。但这两项支出都存在不确定性，因此，很难精确估算政府债务规模。根据财政部公布的项目库信息计算，截至 2017 年三季度，我国 PPP 相关的地方政府性债务规模为 4.81 万亿元。

（二）当前政府债务风险①

截至 2016 年末，全国政府债务 27.33 万亿元，其占 GDP 的比重，即政府负债率为 36.7%。在此基础上，加上截至 2016 年底的政府或有债务计 16.81 万亿

---

① 因为债务水平和经济增速在年内增速变化不同，后者相对更为持续，所以依照类似的办法计算 2017 年三季度的"负债率"等指标并将其与 2016 年末的负债率进行比较并不恰当，会夸大相应的衡量指标，按照 2017 年三季度现有数据计算，当前我国政府负债率水平为 47.6%，相对于 2016 年末 36.7% 的负债率，实际上放大了实际负债水平的增幅，此处主要以 2016 年的年度数据作为示例分析。

元,得到相应的全国政府性债务总规模为44.14万亿元,政府负债率将上升到59.3%。这一水平接近欧盟60%的预警线,但仍显著低于当前主要市场经济国家和新兴市场国家水平。以债务率(政府债务余额/政府综合财政实力)指标衡量,我国2016年地方政府债务率为80.5%,较2015年的89.2%下降8.7个百分点。考虑地方政府或有债务,可计算的地方政府的政府性债务的债务率约为139.6%。各国对于债务率并没有较为一致的警戒标准,但从各国实践横向比较来看,我国地方政府的债务率水平处在相对较高位置。综合来看,我国政府性负债的负债率并不高,整体风险可控,但地方政府负债特别是或有债务的规模仍然偏大,有待进一步消化。

我国政府债务风险成因既有历史因素也有结构性因素。在分税制体制下,地方政府有通过非规范途径获取收入平衡事权的动机;行政管理体制改革滞后,政府行为急功近利,增加地方政府财政负担;债务管理制度不健全,是地方政府性债务不断增加的制度性原因;金融监管制度不完善为地方政府性债务的不断累积提供便利;地方政府融资途径主要依靠间接融资,限制了地方政府通过的融资资金来源;政府逆周期调控也加速了地方政府性负债积累。

较长一段时期,我国地方政府债务的风险主要是结构性问题,包括:地方政府或有债务监管有待加强;地方政府债券的置换任务仍然较重;地方融资平台转型缓慢;新兴融资模式出现,地方政府不规范举债需进一步规范;债务期限错配的问题依然存在;债务负担呈现地区差异等。

我国经济进入新常态,增速有所放缓,结构性调整的问题较为突出。宏观经济的未来发展是影响政府债务风险的首要因素。同时,宏观经济面临下行压力的同时,国有企业、财税、金融与资本市场等方面体制改革的任务较为艰巨,各项改革内容是否能够及时协调推进也是影响政府债务风险的重要因素。

(三) 政策建议

一是保持经济稳定增长,推进经济结构调整。保持经济相对稳定增长为化解债务风险提供较为宽松的经济环境,避免经济增速过度下滑,对政府财政出现双面挤压。同时,继续推进经济结构调整,充分发挥市场在资源配置中的主导作用。二是建立地方政府债务风险监测预警机制。构建符合我国国情的地方政府债务风险指标体系及警戒标准。构建地方政府债务风险指标,并针对不同经济发展状况及财务水平设定差别化的警戒线标准。三是进一步完善制度建设,规范地方政府举债行为。探索更加全面系统的债务统计与管理制度,完善地方政府债券市场信用评级和信息披露机制,加强债券限额管理的主动性,将债务融资与国库资金进行联动管理。四是针对PPP等新型融资模式创新监管模式。规范PPP项目、设立明确严格的项目实施标准、明确PPP等新型融资方式的监管模式,尽快明确监督机制,并明确权责,充分发挥监管机构职能。

四 我国国企去杠杆及其风险防控

(一) 国企高杠杆率及其潜在风险

截至2017年10月末,全国国企、央企和地方国企资产负债率分别为65.9%、68.1%和63.7%,央企杠杆率明显偏高,比2016年底分别下降0.2个、0.5个和上升0.4个百分点,但是基础并不牢靠。近年来,以东北特钢为代表的企业债券违约事件暴露了国企潜在风险的冰山一角。从行业杠杆率看,制造业杠杆率较稳定,高科技和新兴产业杠杆率下降,资源型行业杠杆率上升。总体上,近年来私企在去杠杆,而国企杠杆率上升。特别是2008年金融危机之后,国企杠杆率大幅超过私企杠杆率。

其他财务指标也反映国企潜在风险状况并未明显缓解。一是应收账款规模增长、应收账款周转率下降。截至2017年10月,全国大中型工业企业应收账款高达8.88万亿元,同比增加7.8%,增速比上年同期回落2.3个百分点。国有及国有控股工业企业应收账款3.06万亿元,同比增加4.8%,增速比上年同期回落2.3个百分点。近年来,国有及国有控股企业应收账款增速呈下降趋势,但应收账款整体水平居高不下。国企应收账款周转率也呈下降趋势。2016年全国国企和地方国企应收账款周转率平均值都是6.5次,而2011年分别为8.5次和8.2次。二是财务费用支出增加。截至2017年10月,全国大中型工业企业财务费用同比增加6.1%,比上年同期上升13.8个百分点;其中,国有及国有控股工业企业财务费用同比增加2.9%,比上年同期上升13.2个百分点。同期,大中型工业企业利息支出同比增加6.1%,比上年同期上升14.5个百分点;国有及国有控股工业企业利息支出同比增加5.%,比上年同期上升14.3个百分点。三是存货增速回升。截至2017年10月,全国工业企业存货累计同比增长11.0%,比上年同期上升9.6个百分点;大中型工业企业存货累计同比增长11.3%,比上年同期上升

10.8 个百分点；国有及国有控股工业企业存货累计同比增长 8.5%，比上年同期上升 10.0 个百分点。四是现金流动负债比率下降。2016 年全国国有企业和地方国有企业现金流动负债比率分别为 5.9% 和 4.3%，都比 2015 年下降了 1.6 个百分点。

（二）国企高杠杆率的原因

1. 外部原因

经济下行压力下，为完成稳增长任务，国企增加负债、扩大投资。近年来铁路、公路、机场、水利、电网等基建项目，以及灾后重建、棚户区改造等民生项目基本落在国企身上。在项目资金来源中，国家预算内资金仅占 10%。金融体系不发达也是其中的重要原因。我国金融体系以银行间接融资为主，贷款类型偏向生产经营，贷款对象偏向大型企业。

2. 内部原因

预算软约束是国企高杠杆率的幕后推手，其典型表现就是政府兜底。国企经营管理不善，盈利能力差。产权约束力弱。对国企经营者激励和监督不够，国有资产运行效率较低，使得自有资金比例减少。各级管理人员自身利益和地方官员对政绩要求都促使国企增加负债。此外，社会负担过重，也促使国企扩大负债。

（三）国企去杠杆现状及存在的问题

截至 2017 年 6 月，债转股共签约 56 个项目，涉及 45 家企业，签约规模 7095 亿元。但成功落地项目只有 10 个，涉及金额 734.5 亿元，占签约规模的 10% 左右。从目前签约项目看，集中在钢铁、煤炭等产能过剩较突出的领域。从操作层面看，债转股存在以下突出问题。

一是债转股目标企业选择。不应对正常类企业实施债转股，也不能对僵尸企业实施债转股。应选择符合国家政策导向、具有市场前景，眼下仅因负债率高、财务压力大而暂时困难的企业。在贷款质量形态上，主要选择正常和关注类贷款。

二是债转股资本占用和资金利用。债转股直接减少银行低风险权重贷款，增加高风险权重的股权投资，降低银行资本充足率，从而严重影响银行的积极性。银行通过附属公司实施债转股，也面临资金筹措困难，投资债转股周期长、风险高，社会资本参与意愿不强的问题。

三是债转股退出渠道。银行债转股的退出渠道有限。到证券市场首次公开发行（IPO）成功率较低；到产权交易所挂牌交易一般要预先找好接盘者，否则很难成交；赎回条款对企业实际控制人的财务能力要求高，赎回资金也较难落实。

四是"一企多债"问题。当债务人在多家银行及非银行债权人都有负债时，若仅由部分银行对债务人实施债转股，则可能出现已实施债转股的银行被动"掩护"未转股银行或非银行债权人撤退的情形。

（四）对策建议

第一，坚持稳中求进原则，发挥金融监管部门作用。不急于求成，不设置事实上的规模要求。做好试点工作。在试点期间，不设规模和数量目标，而是结合各参与主体意愿和能力，成熟一家、实施一家，待真正总结出成熟经验后再推广。与此同时，充分发挥金融监管部门作用。

第二，加强政策沟通和协调，完善配套的市场化债转股实施细则。国资委应做好顶层设计，在债转股名单、具体标准、程序、分类、作价方法、资产评估、优先股等方面给予明确。

第三，发挥商业银行作用。加强政策研究，完善本行债转股业务实施细则。配套制定本行开展债转股的管理要求、操作流程，指导本行依法合规开展债转股工作。

第四，合理确定地方政府参与度。对地方政府角色进行规范。建立完善的沟通协调机制，保证地方政府在债转股过程中能够适当参与。

第五，建立健全投资项目资本金制度，硬化企业预算约束，在清产核资基础上，明确产权归属和风险承担主体，改变无人承担风险的现状，杜绝企业过度负债的制度条件。

第六，推动国企债务重组，因企施策。对严重资不抵债、没有重组希望、产业重要性低的企业，依法实施破产；对资产负债率高、管理水平低但有重组希望的企业，实施兼并重组；对经营情况一般、资产利润率较高、因注资不足而导致资产负债率过高及亏损的企业，通过债转股、职工持股等优化资本结构。

第七，与资本市场对接。发展风险投资、私募股权基金，帮助债转股企业引进战略投资者；完善多层次资本市场体系，对企业上市提供专业辅导，鼓励企业上市或被上市公司并购。

第八，深化国企改革，完善公司治理机制。加快推进混合所有制改革。健全国企资本金制度，硬化企业预算约束。加强企业内部管理，转换经营机制，提升盈利能力。

五 互联网金融风险防控

(一) 互联网金融发展现状、新特点与新趋势

互联网金融属于新兴金融,主要借助支付、云计算、社交网络与搜索引擎等互联网工具,为投资者提供资金融通、支付与信息中介等业务,具体模式有第三方支付、互联网理财、网络借贷平台(P2P)、互联网消费金融、互联网银行、互联网众筹等。其中,第三方支付交易规模2017年上半年为60万亿元;互联网理财2016年规模增长至2.6万亿元,预计到2020年将达到16.7万亿元;全国P2P网贷的贷款余额在2017年11月末达到1.68万亿元,创历史新高;互联网消费金融整体交易规模在2017年有望达到8933亿元;现金贷规模已超万亿元,2017年全年总成交量为上年的6倍;而互联网银行虽然快速增长但规模相对传统银行仍过小(资产规模和利润均不足传统商业银行的1%)。

2017年是互联网金融行业迎来全面监管的第二年,我国互联网金融行业整体生态环境明显改善,累积风险已得到控制和治理,渐趋合规、理性。未来,行业将继续深度洗牌,而打造优质资产端、提高平台风险定价能力成为趋势,且金融科技将注重拓展应用的深度和广度,可以预见行业正走向有序化,将有效弥补传统金融的不足,有望承载普惠金融的重担。

(二) 互联网金融的主要风险

一是法律和监管风险。互联网金融在中国迅猛发展的一个重要原因是法律和监管体系尚不完善,大量的互联网金融产品创新、交易方式创新游走于"灰色"地带,缺少法律和监管制约。

二是互联网金融放大流动性与市场风险。互联网金融企业不受期限配置和缺口管理制度约束,加上比商业银行更有优势的实时交易业务,导致其流动性风险更大。大量同质化互联网金融产品也会增加市场变动的趋同性,一旦发生"小概率"流动性风险事件,市场恐慌情绪传染蔓延的速度则会更快。

三是信用风险在互联网金融领域更加隐蔽。互联网金融往往面临征信信息不全、不透明的问题,无法让投资者有效辨识借款人的信用或者项目的安全程度,无法落实有效的担保等,其信用风险不可小觑。

四是互联网金融数据安全风险。金融平台的用户认证信息是黑客攻击的重要目标，包括交易数据、资产数据、信用卡、身份信息等，既可以卖给诈骗团伙用于洗钱，还可以卖给竞争对手进行购买力和潜在客户的分析。

五是数字货币、ICO 与区块链金融风险。数字货币及区块链金融在技术上存在漏洞而容易受到黑客攻击，在法律上存在发行合法性问题等风险，还极易被用来进行洗钱、违法赌博等犯罪活动。此外，伴随着比特币在 2017 年火起来的加密货币 ICO，绝大多数都是骗局，其中蕴含的风险更大。

六是普惠金融、消费金融发展过程中潜在的风险。例如，现金贷等个别消费金融产品超越法律红线的高利率、逼迫借款人多头借贷引致较大信用风险、游走在法律边缘的暴力催收。

（三）互联网金融风险产生的原因

一是监管不到位。金融监管模式大幅滞后于金融创新的实践，无法切实推动金融改革和创新的进程。"一行三会"四大金融监管机构虽各有分工，但仍然存在责任不清的问题，使得金融创新在现行监管体制下容易出现监管重置、监管套利和监管真空等监管不到位的现象。

二是征信体系不完善。当前央行在我国个人征信市场一家独大，而 P2P 等互联网金融企业尚不能接入央行征信系统，造成互联网企业在甄别借款人风险方面数据来源有限。而且 P2P 借款人逾期信息没有进入央行征信系统，针对借款人违约也没有太实质的信用惩戒机制。

三是投资者不够理性。一方面，投资者不一定能充分认识投资失败对个人的影响。另一方面，个体理性也不意味着集体理性。一旦投资者因货币市场出现大幅波动而赎回资金，可能会导致货币市场基金遭遇挤兑。

四是刚性兑付问题。我国针对投资风险的各种隐性或显性担保大量存在，风险定价机制在一定程度上是失效的。

五是互联网金融机构欺诈和非理性行为。金融机构可能开发和推销风险过高的产品，消费者可能购买自己根本不理解的产品。

（四）应对措施

一是做好问题平台清理整治工作。持续推进 P2P 风险专项整治，做好校园网贷和"现金贷"业务活动的清理整顿工作。

二是持续加强监管。监管机构应构建灵活的、具有针对性与弹性的监管体系，既要弥补监管缺位，又要避免过度监管。充分加强行业自律监管，用行业准入制度来代替政府的行政审批。通过加强行业协会的作用，助推行业的规范化发展。

三是将 P2P 等互联网金融机构建接入信用征信体系。目前虽然存在阻碍，但未来 P2P 平台相关信息接入征信系统是大势所趋，毕竟 P2P 的业务模式越来越趋于成熟、在金融领域的影响也越来越大。只有做到整个金融系统中信用信息充分共享，才能从根本上提高效率、降低风险，让造假者无处遁形。

四是培养理性的个人投资者。政府既要进行合理监管，做好政策法规的制定，也要通过舆论加强宣导，创造良好的理性投资环境。互联网金融企业不仅要自觉遵循各类规章法则，同时也要积极加强对项目风险的审核，保证所推出的产品符合监管要求。投资者也要在实践中自觉养成理性思维。

五是打破刚性兑付。投资者在选择理财、P2P 等投资产品时必须重点考虑风险因素，不能仅仅看收益率水平的高低。

六是通过针对性监管等控制区块链金融风险。首先，国家应积极探索法律、法规、监管政策，设立研究部门、监管部门，在没有把握的情况下应不予认可比特币具有货币的法律地位。其次，加强对比特币的监管和消费者保护。最后，金融企业在积极投入、应用区块链技术的同时，也应该看到其可能产生的风险，防范风险。大家共同营造一个健康的金融生态环境，积极稳妥地推进区块链技术的应用和发展。

（撰稿人：中国国际经济交流中心当前金融风险与应对研究课题组）

东莞市加快构建开放型经济新体制

改革开放近四十年来,东莞取得了令人瞩目的发展成就,具备在开放型经济体制机制创新上深入探索的优势条件。同时,国内外经济形势正在发生深刻复杂的变化,面临新的问题和挑战。东莞需要全面落实国家开放型经济建设战略部署,结合自身特色和实际,以开放促改革、促创新,形成规范化、制度化的开放型经济新体制,在更高水平深层次参与全球化,力争在新一轮开放型经济发展中发挥示范引领作用。

一 东莞市构建开放型经济新体制的基础与环境

(一)发展成就与优势条件

作为全国外贸强市,东莞市既有雄厚的经济基础,也有独特的优势条件,对推进开放型经济新体制综合试点试验形成强有力支撑。

1. 经济实力雄厚,对外开放程度高

2016年东莞市地区生产总值达6827.67亿元,进入全国地级市排名前20强;同比增长8.1%左右,快于全省全国平均水平,增速为近三年最快。东莞市进出口总额、出口总额分别达11000亿元和6500亿元,分别稳居全国大中城市第5位和第4位。东莞市外贸进出口增速在全国外贸总额前五名城市中排名第一。

2. 经济市场化程度高,政府职能转变快

东莞经济市场化程度走在全国前列,以外资企业和民营企业为主,改革开放的自主性和能动性强。积极推动体制机制改革创新,在商事登记、"三互"大通关和项目直接落地等重点领域改革持续取得有效突破,领跑全省全国,增强了经济发展活力和动力。

3. 产业转型升级成效显著,科技创新能力有所增强

东莞多年来持续改革创新,初步探索出一条加工贸易转型升级的发展道路。近8000家外资企业从加工贸易转向一般贸易或混合贸易,拥有自主品牌加工贸易企业2000多家。深入落实创新驱动发展战略,整合创新资源,优化创新环境,培育出一批高新技术企业。机器人及智能装备、电子商务、现代物流、文化创意等产业加快发展。

4. 区位优势明显,对外交通路网密集便利

东莞处于粤港澳大湾区核心位置,是粤港澳大湾区建立世界级的创新中心和制造业转型升级高地中的重要基地。东莞市还是"一带一路"双节点城市,具有显著的地理空间优势。东莞路网密集,对外交通方便。地处广州、深圳、香港三大机场中心,莞深有八条高速,广深港客运专线、深广和谐号、深茂高铁等在莞设站,莞深地铁实现无缝对接。

(二) 面临的问题与挑战

从外部来看,全球经济依然处在金融危机后的曲折复苏阶段,东莞产业发展受到越南、印度、印尼等发展中国家低端产业和发达国家高端产业两头挤压,东莞传统劳动密集型制造业出口大幅下降,外资企业迁出压力增大。从国内看,中国经济发展进入新常态,东莞也处于转型升级的关键阶段,在粤港澳大湾区城市群中,相比周边地区,东莞的自身条件和基础并不突出,创新投入强度、科技创新人才仍显不足,有被政策边缘化危机感。国土开发空间矛盾突出,开发率接近50%,拥有用地指标不到1万亩。金融服务能力不能适应经济发展需要。自主改革开放空间不足,任何突破现有体制和政策的措施,需要逐级上报关主管部门,特别是涉及多个部门时,更加难以取得实质性突破。

二 总体要求

立足于"一带一路"、粤港澳大湾区、加工贸易转型升级试点等国家战略,解放思想、先行先试,建设法治化、市场化、国际化的营商环境,推进规范化、制度化经济运行管理新方式,打造高水平、高层次、全方位开放新格局,形成多领域、多渠道国际合作竞争新优势,以供给侧结构性改革思维创新要素配置,向创新驱动转变,向全球价值链中高端攀升,形成开放型政策试验新高地。

(一)主要目标

到"十三五"期末,准入前国民待遇加负面清单的管理模式成熟完善,事中事后监管体系发挥关键作用,国际化、法治化、市场化营商环境达到世界水准;园区协同开放,加工贸易企业创新能力显著提升、产品结构明显优化、产业层次明显提高,金融、科技、产业融合发展;莞深同城一体化机制成熟,港澳服务贸易合作园区形成,莞台高端制造业合作发挥重要示范作用;发达国家研发中心集聚效应显现,以"一带一路"为核心全方位开放合作格局取得全面进展,基本建成体现四个全面战略布局和五大发展理念、与国际高标准投资贸易规则相衔接的开放型经济新体制。

(二)指标体系

为更好地评估东莞构建开放型经济新体制进展情况,发挥督促作用,根据构建开放型经济新体制综合试点试验要求推进的六大重点任务,设立6个一级指标,一级指标下面设立3~7个二级指标。

表1 开放型经济新体制评估指标体系

	一级指标	二级指标
开放型经济	运行管理	负面清单项目数
		企业平均注册天数
		投资项目从申请到批准设厂天数
		企业综合税负率
	协同开放	单位地区生产总值能耗
		研发支出占地区生产总值比
		万人人口有效发明专利
	国际合作	国际技术贸易总额/贸易总额
		海外人才/地区常住人口
		对外直接投资额(含金融类)/地区生产总值

续表

一级指标		二级指标
开放型经济	外贸促进	实际关税率
		国际服务外包总额/地区生产总值
		一般贸易出口中高新技术产品比重
		世界品牌500强数
		加工贸易增值率
		货物进出口额/地区生产总值
	金融服务	银行机构代客涉外收付款总额/地区生产总值
		贷款全年新增额/地区生产总值
		社会融资规模余额/地区生产总值
	全方位开放	水铁联运货流量/地区生产总值
		跨境班列年运营量/地区生产总值
		"一带一路"沿线国家进出口总额/地区进出口额
		"一带一路"沿线国家投资总额/地区进出口额

三 对东莞的建议

瞄准国际先进经贸规则和营商环境，科学有序推进各项试点试验工作，促进东莞在更高起点上实现更高水平发展，确保如期取得一批可向全国复制和推广的经验做法，彰显东莞对全国构建开放型经济新体制的示范和带动作用。

（一）加快形成开放型经济运行管理新模式

1. 深化行政审批制度改革

深入推进行政审批制度改革，推出权力清单、责任清单和负面清单，构建边界清晰、分工合理、权责一致、运转高效、依法保障的行政服务体系。推动行政审批事项按照完全取消审批、审批改备案、实行告知承诺制、提高审批透明度和可预期性、强化准入监管等方式进行改革。推进事权下放，推行市镇权责清单制度。建设和完善网上政务大厅，实现审批事项网上全程办理，打造政府服务，特别是审批服务"单一窗口"。

2. 完善外商投资管理模式

对外商投资实行准入前国民待遇加负面清单管理模式，提高外资准入的开放度和透明度。对外商投资和对外投资项目，将东莞市一级的行政审批权限下放到园区和镇，实行备案登记制度。试行由东莞办理省属权限的鼓励类、允许类外商投资企业设立、变更和终止等相关许可手续。在 CEPA 框架协议下，对港澳服务提供者在东莞投资属于备案范围的服务贸易项目实行备案制。实施外资企业依法承诺制、备案制和事后监管制，实现外商投资从项目审批、市场准入、工程建设到运营监管的全流程优化。

3. 完善事中事后监管体系

强化市场主体责任，构建"政府主导、部门监管、企业自律、社会监督"的多元共治体系。健全综合监管平台，实现各领域监管信息的实时传递和无障碍交换，构建覆盖企业全生命周期的企业信息大数据平台。完善公共信用信息服务平台，建立和实施"一处违法，处处受限"的失信惩戒和约束联动机制，推动社会信用体系建设。探索建立市场主体利益相关方协商机制，在政府经济决策过程中强化社会公众参与。

4. 加快建立与国际通行规则相衔接的服务体系

加强东莞市商事调解中心与境外商事调解、仲裁机构的交流合作，建设公平贸易工作站，帮助企业做好外贸摩擦的预警、咨询、对话、磋商、诉讼等工作。加强行业协会商会职能建设，强化行业协会商会的社会公共职能，提高东莞行业协会商会会员的法律地位。积极推进行政审批评估评审技术服务机构脱钩改制，鼓励社会力量参与公共服务，逐渐构建与国际接轨的中介服务体系。

5. 完善知识产权保护

加强东莞知识产权保护与仲裁机制建设。建立信息共享机制，联合开展知识产权执法保护行动，形成多元化处理知识产权纠纷机制。加大企业知识产权保护宣传力度，出台"全覆盖"的知识产权扶持与奖励政策，降低知识产权保护成本。加大电子商务等新型领域的知识产权执法力度，严厉打击各种涉及专利、商标、版权等领域的侵权行为。

（二）积极建立各类开发区（园区）协同开放新机制

1. 创新行政管理体制

进一步下放审批权限，赋予园区规划、国土、财政、环评、项目立项、施工许可等市级审批权限。探索实行园镇领导交叉任职，建立有效的决策机制、协调机制、约束机制。完善各镇（街）园区专门的港澳台对接机制，促进莞港澳台服务业合作深入发展。

2. 提高土地利用效率

在市级园区开展"多规融合"试点，充分整合与土规、城规、控规、发展规划等不符的土地资源。完善市镇两级城市更新常态化改造机制，统筹协调全市城市更新工作。采取创新产业用地分类、鼓励土地混合使用、提高产业用地容积率上限、土地分期出让、规范土地弹性引导与量化控制等措施，提高土地集约利用水平。

3. 建立多元化投融资机制

探索建立政府主导、市场参与、社会资金广泛参与的投融资机制。加强园区与金融机构合作，通过设立专项发展基金、发债、投行、信托等形式，引导国内外各类资金参与园区开发建设。采取PPP融资模式推进园区基础设施建设。设立城投公司，允许投资公司参与土地收储和土地一级开发，用市场化手段加快园区开发建设。

4. 建立园区产业转移和对接机制

设立东莞市园区间的产业对接及转移协调平台，就产业合作发展、产业转移对接、共同投资开发、重大项目推进等加强协调，共同构建要素高效流通、资源合作分享的区域创新网络，实现产业转移与承接的周期更短、成本更小、效果更好。

5. 建立园区创新协同机制

加强对产学研合作的引导，将创业中心的孵化功能延伸，建立企业孵化园。遵循"政府引导、企业共建"模式，联合"产学研用投"共同参与，建设园区科技公共服务平台协作共享网络。以协作共享网络为纽带，形成满足行业共用、共享软硬件需求的条件类平台和以提高产业科技水平为目标的技术类平台。

（三）进一步完善国际合作新方式

1. 完善"走出去"服务机制

完善境外投资备案管理制度，推进境外投资便利化。建立境外投资服务平台，为东莞企业"走出去"提供高效、专业、便捷服务。推进境外股权投资和离岸业务的税收创新。进一步完善境外投资扶持政策，为企业出海开展绿地投资、并购投资、联合投资等业务提供便利。

2. 建立人才服务体系和管理制度

建立灵活有效的柔性引进人才机制，多渠道引进欧美等发达国家高端人才。建设莞港合作创新创业平台、海峡两岸青年创业基地，创建松山湖（生态园）

高新区省级人才发展改革试验区。深化人事制度改革和薪酬制度创新,打破人才体制壁垒,畅通人才进出渠道,建立符合人才成长规律和有利于人才发展的政策体系。探索在东莞具备条件的公立学校开设国际班,满足海外人才子女教育多样化需求;探索提供国际化的医疗保障措施,鼓励符合条件的医疗机构与国内外保险公司合作,加入国际医疗保险直付网络系统。

3. 完善国际技术交流和合作机制

按照"政府引导+企业自主"的原则,积极鼓励企业在海外建立新型研发机构,与海外有关高校院所共建海外研发机构。进一步探索促进国际技术转移新机制,充分利用深圳商务科技平台等现有的国际技术转移平台,引导平台现有国际技术合作的成熟资源转移至东莞。充分发挥互联网的信息传播优势,探索发展"互联网+国际技术转移"模式,搭建统一、专业、有效的国际技术转移信息共享平台,为企业谋求国际技术转移合作提供对接信息。

4. 完善与港澳台全方位合作机制

尽快制定出台《关于推动莞港澳服务贸易自由化的实施方案》,在"负面清单"上放开手脚、迈开大步,承接港澳服务业。借鉴广东省粤港澳合作促进中心经验,建立有效的莞港澳服务业合作促进工作机制。发挥莞港资源优势,联合赴海外开展品牌、技术收购和"走出去"投资。支持东莞松山湖建设粤港澳服务贸易自由化省级示范基地。结合两岸生物技术产业合作基地等需求,以方便进出、严密防范质量安全风险为原则,开展对台进口检验检疫制度创新。落实《东莞市莞港澳台科技创新创业联合培优行动计划(2016~2020)》推动港澳台青年来莞创业。

5. 发挥政府、企业、协会等组织的对外联络功能,建立多层次合作机制

发挥东莞驻外经贸办事处的作用,探索与欧美、以色列等国家的使领馆、商会协会、贸易振兴机构、产业服务机构建立代表处联络机制,搭建营商营销网络平台。利用与东莞友好城市的交流平台,加强与所在国在先进技术领域的对接合作。积极引进欧美等发达国家的专业认证、检测等服务机构,提供产品检测、认证和设计、公共推广等服务。

(四)全力建设质量效益导向的外贸促进新体系

1. 完善外贸综合服务体系

制定外贸综合服务企业诚信管理办法,把按差错数考核改为按差错率考核,免除违规处罚的连带责任,按照实际营业收入征收印花税,税收征管实行国内制度"平行复制",即实行参照国内其他地区(自贸试验区等特殊区域除外)有利于企业发展的现行税收征管方式、标准执行,推动外贸新业态发展。加大对重点外贸综合服务企业出口退税的帮扶力度,对信用度高的大型优质企业简化出口退(免)税日常审核,提高退税办理效率。完善加工贸易数据统计体系,建成加工贸易综合信息平台。

2. 强化跨境电商服务平台和便利化机制建设

深入推进基于"单一窗口"的跨境电商"三互"大通关改革,实施"园区仓储+公共平台+智能核放"的跨境电商通关模式。创新商品备案自动审核模式,实现低风险商品7×24小时实时备案。对出口商品采取"清单核放、汇总申报"方式办理通关手续。对进口商品实行"集中申报、核查放行"。对出境商品以检疫监管为主,一般工业制成品出口不再进行法检。实施跨境电商出口退税无纸化管理。

3. 建立便利化的口岸管理和通关协作机制

强化大通关协作机制,加快建设统一的电子口岸平台,实现各口岸管理部门之间"信息互换、监管互认、执法互助"。依托"网上海关"平台,推进审批集约化、网络化,除总署规定由直属海关负责审批的项目以外,其余减免税业务集中由东莞海关办理,适时拓展到原产地、审价、归类等多项征管业务领域。建立东莞进出口企业正面清单,将东莞片区属地生产型企业纳入正面清单。试点建立以合格假定为核心的检验监管模式、以风险管理为重点的检验监管模式,开展第三方采信工作。探索创新加工贸易以本地保税仓储方式出口复进口检测监管模式。开展出口集聚产业WTO/TBT评议基地建设。推动虎门港与南沙港、深圳港建立"一关通"。加快保税仓和出口监管仓整合,探索在出口监管仓实施入仓退税。扩大东莞保税维修试点范围,允许企业开展同一集团企业产品乃至全球同行业相关产品的检测维修。

4. 完善跨境电商税收征管机制

在充分评估骗税风险、严把退(免)税审核关的前提下,整合资源、创新管理,优化跨境电商退税监管;建立电商退税高速公路,在外贸企业出口退税"一级审核"的基础上,集中人手,抓住重点环节,优先审批,实时滚动办理零售出口退税,减少重复审核,尝试按商品大类设置综合退税率、对申报资料缺失出口货物实行"无票免税"等政策措施。

5. 建立加工贸易与科技创新资源合作对接机制

支持企业加大研发投入、设立研发中心（机构）或区域性研发总部。建设技术成果展示与交易平台，完善科技成果转化服务体系，鼓励加工贸易企业参与科技成果交易。创新重点科技园区投资开发和管理激励机制，拓展重大科技项目引进渠道，加快集聚科研、设计、检测等实体研发（设计）机构。加大政府购买服务和科技创新券的推广应用力度，建立政府引导基金财政持续投入机制，建立省市合作"机器换人"融资租赁专项基金，积极筹建国家智能制造装备监督检验中心。简化深加工结转备案程序，明确深加工结转业务税收政策，对深加工结转业务实行统一的免税政策。深加工结转业务在最终出口前的各环节实行免税，最终出口企业按照现行加工贸易复出口货物有关规定实行退（免）税管理，鼓励加工贸易企业增加国内采购和从事深加工结转。

6. 建立加工贸易产品自主品牌营销体系

建立加工贸易企业品牌营销扶持体系，扶持一批品牌培育和运营专业服务机构。鼓励和引导企业收购和引进海外品牌、创建国内自主品牌、联合知名零售连锁企业创建联合品牌。支持加工贸易企业实施品牌战略，打造生产型出口企业百强品牌。鼓励优势产业集群所在镇街注册并推广区域品牌，争创广东省或全国知名品牌创建示范区，提高区域知名度。

7. 建立支持加工贸易企业由"单纯生产制造"向"生产服务混合型"转变的体制机制

按照"政府搭台，企业唱戏"的方式，重点通过"众筹、众包、众扶、众智"等多种方式，优化整合现有服务外包企业，支持其提供生产性服务，尤其是开展科技研发、知识产权保护、人才培训服务、品牌营销、市场推广、法律咨询、会计核算等多领域的现代服务活动。

8. 深化产品质量制度改革

提高国产产品检验检测标准，加快建设智能制造装备国检中心、强制性产品认证指定实验室，推广先进质量管理方法，开展产品质量风险监测，提升产品环保和安全等标准，完善企业产品质量追溯和质量安全检验检测体系。完善制造业技术标准体系，组织实施关键基础产品质量攻关计划。重点行业实施能效"领跑者"制度和名牌带动战略。建立行业出口质量安全示范区，推动东莞优势制造行业向规模化、高端化、品牌化发展。

（五）积极探索金融服务开放型经济新举措

1. 加快推进金融制度创新

研究出台相关实施细则和政策措施，推动金融开放创新。建立自由贸易账户，推动账户开立和使用便利化。适时启动个人境外投资、限额内可兑换等试点。探索以境外股权、资产等抵押融资担保、第三方担保、融资租赁等方式，拓展"内保外贷"、"外保外贷"等跨境融资渠道。充分利用政府信用，将政府投融资项目的国有企业作为债务主体，进入国际金融市场，融入境外低成本的资金。支持东莞银行和东莞农商行积极利用全口径跨境融资政策，支持本市基础设施建设和企业融资。充分利用外商投资融资租赁企业的外债额度，搭建融资租赁公司与融资企业的合作平台，引导融资租赁企业积极融入境外低成本的资金。

2. 完善金融服务实体经济的机制

支持设立孵化基金和政策性融资担保基金，促进外贸企业开发新技术、开拓新市场。大力发展股权投资基金，建立政府引导基金财政持续投入机制，试点推行"拨贷联动支持计划"。鼓励金融机构创新进口设备抵押贷款、进口保单质押融资等金融产品。积极开展订单质押贷款、应收账款质押贷款业务。支持运用承兑和贴现等票据融资方式，为中小企业提供低成本融资工具。鼓励各金融机构依托虎门港，与资质强、信誉好的仓储物流企业合作，为银行信贷提供第三方动产质押管理，开展仓单质押、动产质押、保兑仓和开证监管等方式的融资业务，对于成长型小企业开办股权质押融资业务。

3. 建立金融机构"走出去"体系

大力支持本地法人银行提高国际化水平和跨境融资能力，打通本地法人银行与境外金融机构直接沟通渠道，探索在香港等地设立本地法人银行的境外分支机构。支持莞港澳三地机构共同设立人民币海外投贷基金，为企业开展海外投资并购提供投融资服务。争取以证券业合作作为东莞与港澳台金融合作的突破口，促进东莞资本市场的完善与发展。支持基金、信托、金融租赁等机构通过国际合作对"一带一路"项目提供融资支持。

4. 建立新型经济金融组织体系

推动海外资产管理机构落户，鼓励外资金融机构设立合资证券公司，吸引国际知名投行落户。支持风险投资、股权投资等类型基金的发展，为成长企业提供必要的金融服务。提高政府引导基金的运作效率，推动相关产业基金成立和发展。支持融资租赁企业发展，满足出口制造业企业固定资产投资需求。建立以政策性为主体的融资担保体系，搭建企业与金融机构之间的桥梁。支持小额贷款公司发展。

（六）尽快形成全方位对外开放新格局

1. 完善落实"一带一路"战略服务机制

鼓励企业参与"一带一路"沿线国家投资和贸易。建立与"一带一路"国家政府、商会协会以及企业三个层面的合作机制，推动与沿线国家开展产能合作。主动融入粤港澳大湾区建设，进一步推动开拓国际航线。探索打造国际采购、国际配送和全球集拼分拨管理平台。探索与世界各地港口建立港口联盟，推动东莞港与国际一线港口实现对接。以港口为"引擎"，打造临港经济创新发展生态圈。以广州、深圳、香港三大机场"一小时经济圈"为中心，力争开设更多"空陆联运"直通模式的机场货站，铺设通达沿线国家的"空中丝路"。

2. 出台高效、联动的东莞特色水铁联运服务保障机制

支持口岸基础设施建设，鼓励企业开展水铁联运业务。争取重启"台湾—虎门—石龙—中亚"、"东南亚—黄埔—石龙—中亚"水铁联运过境业务通道，打造连接"一带"、"一路"地区的货运交通枢纽和产品集散地。积极申报多式联运海关监管中心，将各种运输方式的货物进行换装、仓储、中转、集拼、配送等作业集合为一体，提高通关效率。

3. 构建大宗商品交易体系

依托东莞产能和区位优势，立足商品现货交易，建设集交易、仓储、物流、结算等功能于一体的大宗商品现货交易平台，培育国际商品交易集散中心、信息中心和定价中心，打造国际国内重要原材料及商品市场集聚地。鼓励有实力的商贸企业、制造企业建设大宗商品现货交易平台。大力引进清算、结算中心等相关机构，加快建设集大宗商品交易、结算、金融服务等功能于一体的交易平台，实行大宗商品交易平台增值税平进平出。

（撰稿人：中国国际经济交流中心经济研究部"东莞加快构建开放型经济新体制研究"课题组，执笔人：杨绪珍、张焕波、刘向东）

后　　记

《中国经济分析与展望》（简称《国情报告》）每年年初出版，是中国国际经济交流中心（简称"国经中心"）倾力打造的中国经济年度分析展望报告。该报告立足中国经济发展现实，以"国际眼光、全球视野"对2017年中国宏观经济形势和重点领域、热点问题进行分析，并对2018年发展前景做出预测。本书突出战略性、系统性、前瞻性、针对性和实用性，体现了国经中心"同享人类智慧，共谋人类发展"的宗旨。

国经中心常务副理事长、执行局主任张晓强和总经济师、执行局副主任陈文玲亲自指导了2017~2018年度《国情报告》的编写工作，审改所有书稿。国经中心经济研究部部长杨绪珍担任本报告编写组组长，设计研究框架并撰写总报告《深化供给侧结构性改革　着力提升经济发展质量》，组织写作并对所有文稿进行初审修改。

该报告主要为国经中心研究人员的研究成果，还收录了知名专家学者的稿件。社会科学文献出版社皮书分社邓泳红社长、吴敏编辑等为本报告的出版付出了巨大心血。在此，对大家的辛勤付出，表示由衷的感谢，同时欢迎读者对报告的疏漏给予指正。

中国国际经济交流中心
2018年3月1日

图书在版编目(CIP)数据

中国经济分析与展望.2017－2018／中国国际经济交流中心编著.－－北京：社会科学文献出版社，2018.4
（CCIEE智库报告）
ISBN 978－7－5201－2425－6

Ⅰ.①中… Ⅱ.①中… Ⅲ.①中国经济－经济分析－2017－2018②中国经济－经济展望－2017－2018 Ⅳ.①F123.2

中国版本图书馆CIP数据核字（2018）第048746号

·CCIEE智库报告·
中国经济分析与展望（2017~2018）

编　　著／中国国际经济交流中心

出 版 人／谢寿光
项目统筹／邓泳红
责任编辑／吴　敏

出　　版／社会科学文献出版社·皮书出版分社（010）59367127
　　　　　地址：北京市北三环中路甲29号院华龙大厦　邮编：100029
　　　　　网址：www.ssap.com.cn
发　　行／市场营销中心（010）59367081　59367018
印　　装／三河市尚艺印装有限公司

规　　格／开　本：787mm×1092mm　1/16
　　　　　印　张：27.75　字　数：487千字
版　　次／2018年4月第1版　2018年4月第1次印刷
书　　号／ISBN 978－7－5201－2425－6
定　　价／158.00元

本书如有印装质量问题，请与读者服务中心（010－59367028）联系

▲ 版权所有 翻印必究